职业教育汽车类专业新形态系列教材

# 汽车电控系统检修

主 编 李国华 陈志成
副主编 柯玉磊 陈 永
参 编 付 欣 赵延虎 莫 昊 吴建兵 杨 凡

机械工业出版社

本书是根据教育部公布的职业院校汽车类专业教学标准、汽车维修行业职业需求和汽车维修类技能考试大纲以及1+X职业技能等级证书鉴定标准组织编写的。

本书采用项目任务式体例编写模式，全书共包括发动机电控系统总体认识、电控燃油喷射系统的检修、空气供给系统的检修、发动机电控点火系统的检修、排放控制系统的检修、发动机电控系统故障自诊断、柴油机电控系统原理与检修、自动变速器的检修、制动控制系统的检修、电控动力转向系统的检修、电控悬架系统的检修，共计11个项目、20个任务。

本书可作为职业院校汽车类专业的教学用书，也可作为技能高考用书和相关专业人员的参考书。

为方便教学，本书配有习题答案、电子课件等资源。凡选用本书作为授课教材的教师均可登录 www.cmpedu.com，以教师身份免费下载或来电咨询：010-88379201。

**图书在版编目（CIP）数据**

汽车电控系统检修 / 李国华，陈志成主编. -- 北京：机械工业出版社，2025.3（2025.7重印）. --（职业教育汽车类专业新形态系列教材）. -- ISBN 978-7-111-77829-5

Ⅰ. U472.41

中国国家版本馆 CIP 数据核字第 2025NJ5771 号

机械工业出版社（北京市百万庄大街22号　邮政编码100037）

策划编辑：于志伟　　责任编辑：于志伟

责任校对：郑　婕　陈　越　　封面设计：张　静

责任印制：单爱军

北京盛通数码印刷有限公司印刷

2025年7月第1版第2次印刷

184mm×260mm · 14.25印张 · 397千字

标准书号：ISBN 978-7-111-77829-5

定价：58.00元

电话服务　　网络服务

客服电话：010-88361066　　机　工　官　网：www.cmpbook.com

010-88379833　　机　工　官　博：weibo.com/cmp1952

010-68326294　　金　书　网：www.golden-book.com

封底无防伪标均为盗版　　机工教育服务网：www.cmpedu.com

# 前言

# Preface

本书是根据教育部公布的职业院校汽车类专业教学标准、汽车维修行业职业需求和汽车维修类技能考试大纲以及1+X职业技能等级证书鉴定标准组织编写的。本书以能力为本位，以工作过程为导向，以职业活动为主线，以任务为驱动，引入全新的任务驱动式教学模式，突出体现了以学生为主体，全面贯彻党的教育方针，落实立德树人的根本任务，培养德智体美劳全面发展的社会主义建设者和接班人。

本书采用项目任务式体例编写模式，全书共包括发动机电控系统总体认识、电控燃油喷射系统的检修、空气供给系统的检修、发动机电控点火系统的检修、排放控制系统的检修、发动机电控系统故障自诊断、柴油机电控系统原理与检修、自动变速器的检修、制动控制系统的检修、电控动力转向系统的检修、电控悬架系统的检修，共计11个项目、20个任务。本书以企业典型工作任务为驱动，依照汽车维修作业项目的工艺流程，以拆卸—诊断—检修为项目知识技能结构，整体结构循序渐进，直观明了，突出“做中教，做中学”的职业教育特色，符合生产实践要求，并融入了素质教育内容，为培养学生的工匠精神打下基础。

本书由李国华、陈志成担任主编，柯玉磊、陈永担任副主编，参与编写的还有付欣、赵延虎、莫昊、吴建兵、杨凡。在本书编写过程中，得到了湖北汽车工业学院韩同群教授和十堰亨运集团汽车销售服务有限公司技术总监、湖北工匠张龙技能大师的大力支持，在此表示衷心的感谢。

由于作者水平有限，书中错误和不妥之处在所难免，敬请读者批评、指正。

编　者

# 二维码清单

| 名称 | 图形 | 名称 | 图形 |
| --- | --- | --- | --- |
| 1-1. 发动机 | | 2-1. 燃油泵结构 | |
| 1-1. 发动机电子控制系统组成 | | 2-2. 电控汽油喷射系统工作原理 | |
| 1-1. 发动机电子控制系统功用 | | 2-2. 喷油器类型、功用、工作原理 | |
| 1-1. 燃油供给系统功用 | | 2-2. 检查喷油器 | |
| 1-1. 燃油供给系统工作过程 | | 3-2. 怠速控制系统工作原理 | |
| 1-1. 燃油供给系统组成 | | 3-2. 占空比型怠速控制原理 | |
| 2-1. 燃油供给系统组成 | | 3-2. 电子点火系统组成 | |

（续）

| 名称 | 图形 | 名称 | 图形 |
| --- | --- | --- | --- |
| 4-1. 电子点火系统组成 | | 7-2. 更换喷油器 | |
| 5-1. 可变废气再循环工作原理 | | 7-2. 检查喷油器 | |
| 5-1. 普通电子式废气再循环系统组成 | | 8-1. 电控自动变速器组成动画二 | |
| 5-1. 闭环控制式废气再循环组成 | | 8-1. 自动变速器电控系统组成动画三 | |
| 5-2. PCV 系统工作原理 | | 8-1. 电控自动变速器组成动画三（2） | |
| 5-2. 空气泵式二次空气喷射系统工作原理 | | 8-1. 自动变速器电控系统工作原理动画四 | |
| 5-2. PCV 系统功用 | | 8-1. 液力变矩器结构 | |
| 6-1. 故障自诊断系统组成 | | 8-1. 离合器的工作原理动画二 | |

（续）

| 名称 | 图形 | 名称 | 图形 |
| --- | --- | --- | --- |
| 8-2. 自动变速器基本检查 | | 10-2. 动画 1 电控转向系统的组成 | |
| 8-2. 自动变速器控制系统检查视频二 | | 10-2. 视频 1EPS 系统故障码的读取 | |
| 8-2. 自动变速器电控系统检查 | | 11-1. 动画 1 悬架类别 | |
| 9-1. ABS 检测 | | 11-1. 动画 2 主动悬架 | |
| 10-1. 动画 1 液压动力转向工作原理 | | 11-1. 动画 4 半主动悬架 | |

# 目录

# Contents


前言

二维码清单

项目一　发动机电控系统总体认识 …… 1

项目二　电控燃油喷射系统的检修 …… 11

任务一　燃油供给系统的检修 …… 12

任务二　燃油喷射系统的检修 …… 22

项目三　空气供给系统的检修 …… 31

任务一　控制系统的检修 …… 32

任务二　怠速控制系统的检修 …… 43

任务三　进气增压系统的检修 …… 57

项目四　发动机电控点火系统的检修 …… 70

任务一　电控点火控制 …… 71

任务二　常见车型典型点火控制的检修 …… 86

项目五　排放控制系统的检修 …… 96

任务一　主动排放控制系统的检修 …… 97

任务二　被动排放控制系统的检修 …… 105

项目六　发动机电控系统故障自诊断 …… 119

任务一　OBD-Ⅱ第二代车载故障诊断系统 …… 120

任务二　发动机电控系统故障诊断与排除 …… 131

项目七　柴油机电控系统原理与检修 …… 137

任务一　“位置控制”式电控柴油机系统的检修 …… 138

任务二　共轨式电控柴油机喷射系统的检修 …… 155

项目八　自动变速器的检修 …… 170
任务一　电控自动变速器的结构与控制原理 …… 171
任务二　电控自动变速器的检修 …… 179
项目九　制动控制系统的检修 …… 185
任务一　ABS 的检修 …… 186
任务二　ASR 的检修 …… 194
项目十　电控动力转向系统的检修 …… 201
任务一　电控液力助力转向系统的检修 …… 202
任务二　电动助力转向系统的检修 …… 208
项目十一　电控悬架系统的检修 …… 212
任务　主动电控悬架系统的检修 …… 213
参考文献 …… 219

# 项目一

# 发动机电控系统总体认识

## 【项目概述】

汽车发动机广泛采用了电子控制系统（以下简称电控系统），系统功能包括燃油喷射控制、点火控制、怠速控制、EGR（废气再循环控制）、配气正时控制和可变进气控制等。电控系统工作是否正常，直接关系到发动机的运转是否正常，因此，发动机电控系统的故障诊断与维修是发动机维修作业的一项重要内容。博世 L/LH 型 MPI（多点燃油喷射系统）喷射工作原理示意图如图 1-1-1 所示。

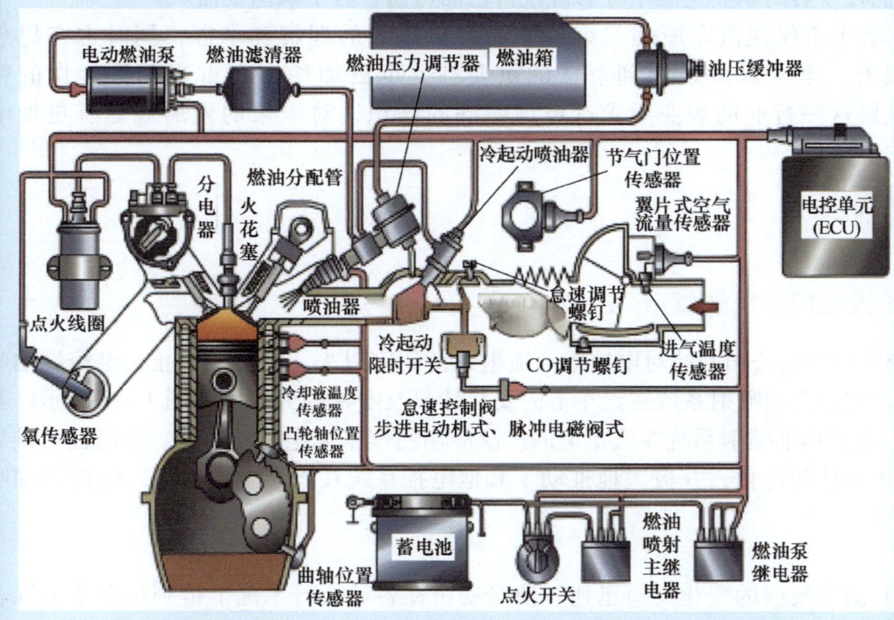


图 1-1-1 博世 L/LH 型多点燃油喷射系统喷射工作原理示意图

学习和研究汽车发动机电控系统的作用、工作原理、结构和检修方法，对于从事汽车方面的工作具有十分重要的意义。虽然汽车发动机电控系统的结构、性能随着其他技术的发展和人们要求的改变不断变化，但是，只要真正掌握汽车发动机电控系统的作用和基本工作原理，及时了解各种新技术在汽车发动机电控系统中的应用动态，就一定能适应汽车发展的要求，真正维护好汽车发动机电控系统。

| 知识目标 | 能力目标 | 素养目标 |
|---|---|---|
| 1. 了解发动机电控系统的总体组成、工作原理及主要传感器和执行器 | 1. 能通过与客户交流、查阅相关维修技术资料等方式获取车辆信息 | 1. 能够在工作过程中与小组其他成员合作、交流，培养团队合作意识，锻炼沟通能力 |
| 2. 能够找出、识别发动机电控系统的主要传感器、执行器、ECU及燃油泵、燃油滤清器等部件 | 2. 能使用万用表、故障诊断仪、示波器及发动机综合分析仪等常用检测设备 | 2. 提升认识问题、分析问题和解决问题的能力 |
| 3. 掌握发动机电控系统的结构特点、工作原理及电路分析方法 | 3. 能完成各类汽车发动机电控系统装配、诊断和检测 | 3. 养成一丝不苟、精益求精的工匠精神 |
| 4. 掌握发动机电控系统控制电路及各元件的检测方法 | 4. 能会识读常见车型发动机电控系统电路 | |

“责任与团队合作”。在这个主题中，教师首先通过实际案例向学生展示一些汽车维修中发生的安全事故，如未经授权擅自进行维修所造成的车辆故障等。通过分析案例，引导学生认识到责任的重要性，提示他们在今后的职业生涯中务必规范自己的行为，勇于承担责任。

经过教学实践，学生不仅在汽车原理与维修方面有更深入的理解和掌握，同时也在思想道德素质方面得到提升。学生深刻认识到责任的重要性，也更加珍惜和重视团队合作的精神，同时，对汽车维修这一行业的职业要求有更加明确的认识，对未来的发展规划有更加清晰的思考。

## 知识点一　发动机电控系统的优点

自从1953年美国本迪克斯公司开始对电控燃油喷射系统研究以来，到目前为止，电控燃油喷射技术已经相当完善。电控汽油喷射系统在汽车上的安装情况及零件的分配图如图1-1-2所示，其组成如图1-1-3所示。电控燃油喷射系统在汽车上的广泛应用使汽车无论是动力性、经济性、排放性和舒适性等都得到了整体的优化，并极大地推动了其他电控系统在汽车上的应用。电控燃油喷射系统的主要优点如下：

### 1. 保持动力

ECU（电控单元）对节气门的变化反应迅速，使发动机在各种运行工况下得到最合适的混合气浓度，加减速行驶的过渡运行阶段，燃油控制能够迅速地做出反应，使汽车加速、减速性能更加良好，并能保持良好的动力性能指标。

### 2. 提高效率

在进气系统中，由于没有像化油器那样的喉管部位，进气阻力减小。再加上对进气管道的合理设计，就能充分利用吸入空气惯性的增压作用，增大进气量；由于ECU系统控制非常精确，减少了发动机的爆燃倾向，因此允许发动机采用更高的压缩比，从而提高了发动机的热效率。

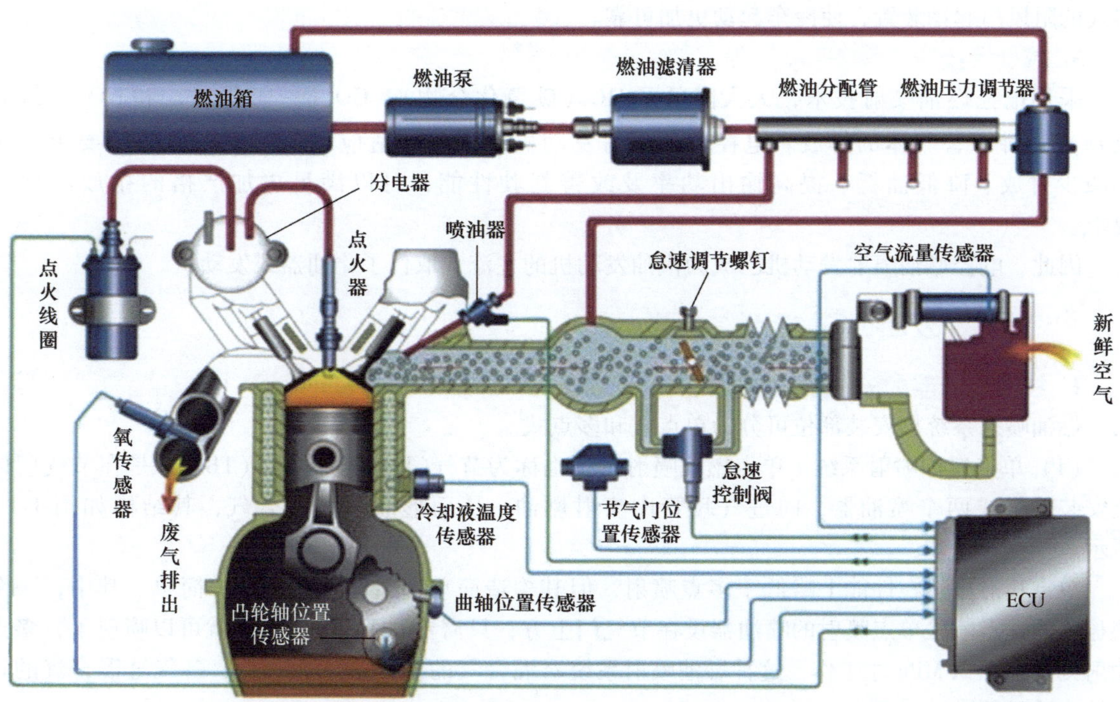


图 1-1-2　电控汽油喷射系统在汽车上的安装情况及零件的分配图

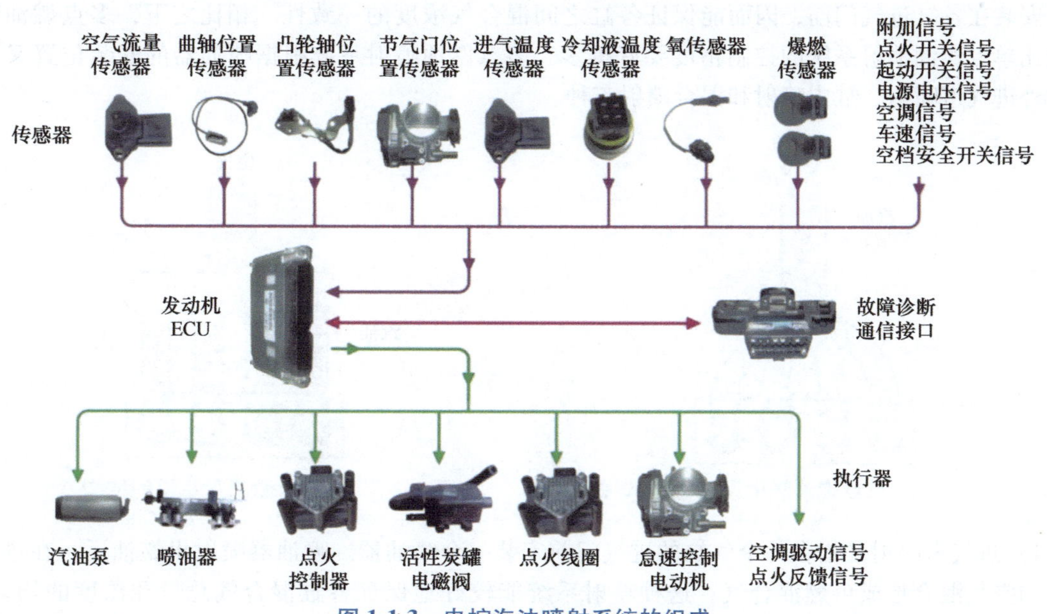


图 1-1-3　电控汽油喷射系统的组成

### 3. 运转平稳

电控燃油喷射系统增大了燃油的喷射压力，因此雾化效果比较好；由于每个气缸均安装一个喷油器，因此各缸的燃油分配比较好，有利于提高发动机运转的稳定性。

### 4. 易于起动

当汽车在不同地区行驶时，对大气压力或外界环境温度变化引起的空气密度的变化，发动机控制单元（ECU）能及时准确地做出补偿。尤其有利于冬季低温环境下的冷车起动，摒弃了化油器式的阻风门起动装置，使冷车起动更加可靠。

### 5. 减少污染

采用电控燃油喷射技术，大大降低了HC（碳氢化合物）、CO（一氧化碳）和$NO_X$（氮氧化物）三种有害气体的排放。电控燃油喷射发动机能很好地适应目前对汽车的使用要求，能够减少排放、降低油耗、提高输出功率及改善驾驶性能，可以满足更加严格的排放法规的要求。

因此，电控燃油喷射发动机已成为汽油发动机的主流，取代了化油器式发动机。

## 知识点二 发动机电控系统的分类

### 1. 按照喷油器的安装部位分类

燃油喷射系统按安装部位可分为单点式和多点式。

（1）单点燃油喷射系统 单点燃油喷射系统也称为节气门体喷射系统（TBI），是在节气门体上安装一个或两个喷油器，向进气歧管中喷射燃油，从而形成可燃混合气，其结构如图1-1-4所示。

单点喷射虽然在性能上略低于多点喷射，但其构造简单，工作可靠，维护简单。其中，一个很显著的优点就是单点喷射的喷油器设在节气门上方，只需要0.1MPa的低压就可以喷射了，多点喷射则要在0.35MPa才工作，这种燃油喷射系统对混合气的控制精度比较低，各气缸混合气的均匀性也比较差。

（2）多点燃油喷射系统 多点燃油喷射系统的结构如图1-1-5所示，是在每个缸装有一只喷油器，安装在各缸进气门前，因而能保证各缸之间混合气浓度的一致性。相比之下，多点燃油喷射系统比单点燃油喷射系统的控制精度要好得多。多点燃油喷射系统根据喷油器的安装位置又可分为缸外进气道喷射、缸内喷射和混合喷射三种。

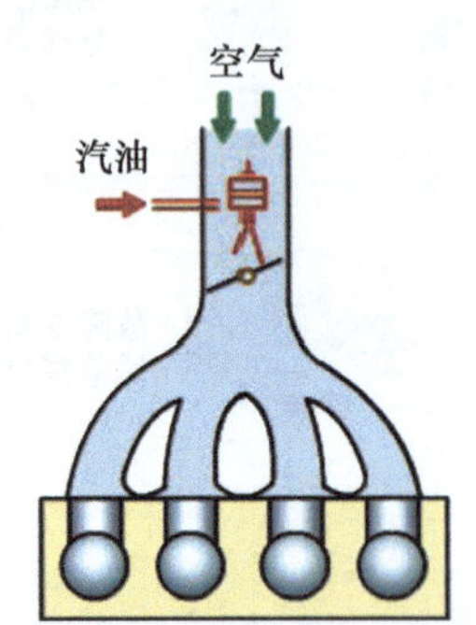


图1-1-4 单点燃油喷射系统的结构

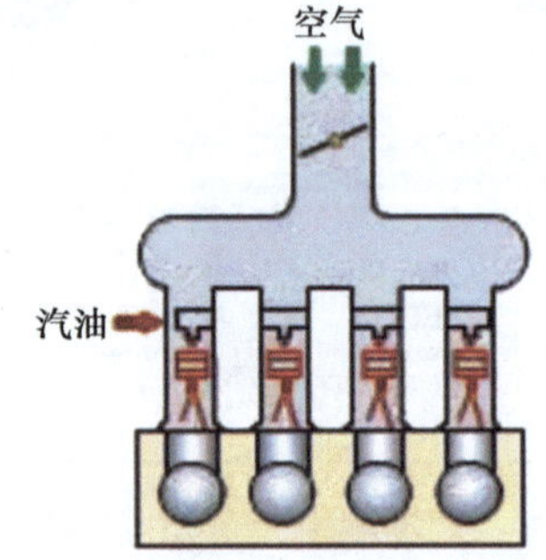


图1-1-5 多点燃油喷射系统的结构

1）进气道喷射是指在每个气缸的进气门前安装一个喷油器。喷油器喷射出燃油后，在进气门附近与空气混合形成可燃混合气，这种喷射系统能较好地保证各缸混合气总量和浓度的均匀性，大多数车型（如奥迪A6、丰田卡罗拉以及捷达等）都采用这种多点燃油喷射系统。

2）缸内喷射系统的结构如图1-1-6所示，是指将高压燃油直接喷到气缸内，类似于柴油机的燃油缸内喷射。由于对喷油器有耐高温、高压的要求以及存在发动机设计上喷油器的安装空间等困难，因此使用不是很多。不过这种喷射技术使用特殊的喷油器，燃油喷雾效果更好，并可在缸内产生浓度渐变的分层混合气，改善燃烧质量，因此越来越受到重视，目前已经是一种发展趋势。

3）混合喷射，由于排放标准的日益严格，车辆动力的需求和环境保护成了对立面，此时一种由缸内直喷和歧管喷射的组合喷射方式被开发出来，称为“混合喷射”，其结构如图 1-1-7 所示，混合喷射的发动机集优点于一身，其高昂的制造成本让其大多用于高端车型或者高配车型中。

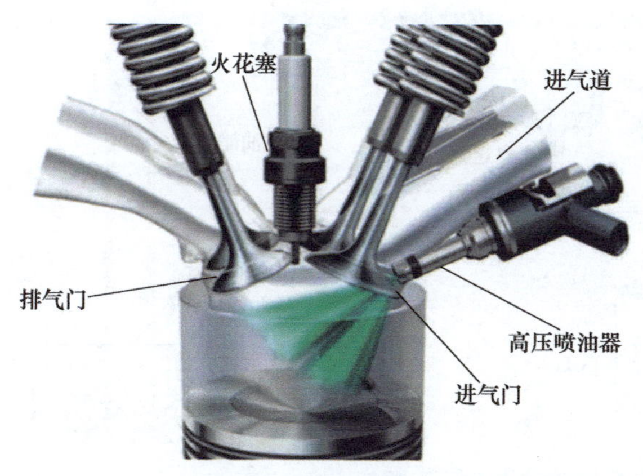


图 1-1-6　多点汽油缸内喷射系统的结构

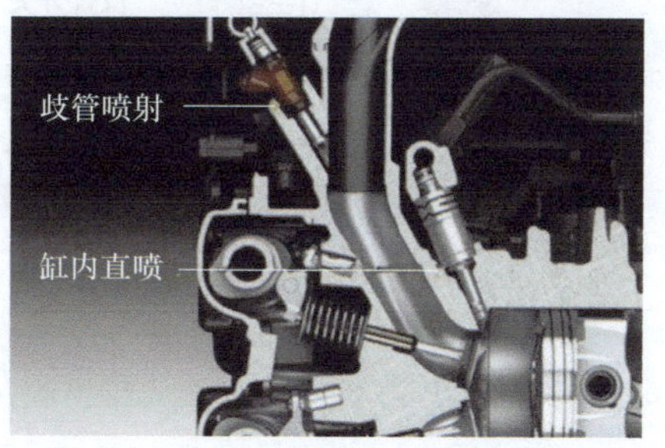


图 1-1-7　多点汽油混合喷射系统的结构

### 2. 按照喷油器的喷射方式分类

燃油喷射系统按喷射方式可分为连续性和间歇性。

（1）连续性燃油喷射系统　在连续性燃油喷射系统中，汽油被连续不断地喷入进气歧管并在进气管内蒸发后形成可燃混合气再被吸入气缸内。由于连续喷射不必考虑发动机的工作时序，所以控制系统结构比较简单。

（2）间歇性燃油喷射系统　间歇性燃油喷射系统是在发动机运转期间间歇性地向进气歧管中喷油，其喷油量的大小取决于喷油器的开启时间，即发动机 ECU 发出的喷油脉冲宽度。这种燃油喷射方式广泛应用于电控燃油喷射系统中。

根据喷油时序，间歇喷射又可分为同时喷射、分组喷射和顺序喷射三种形式。

1）同时喷射是指各缸喷油器在 ECU 的同一指令下同时开启和关闭，其喷射脉宽相等。

2）分组喷射是 V 型发动机的一种电喷方式，以对称的方法喷汽油。将一台多缸发动机的全部气缸进行分组，一般四缸分为两组，六缸分为 2~3 组，八缸分为 4 组。同一组喷油器采用同时喷射方式，不同组喷油器采用交替喷射。

3）顺序喷射是指各缸喷油器按照发动机的工作顺序依次进行喷射，由于顺序喷射方式在最佳的喷油时间向各缸喷射汽油，因此有利于改善发动机的燃油经济性。但要求系统对喷油的气缸进行识别，同时要求喷油器驱动回路与气缸的数目相同，所以控制方式比较复杂。目前，绝大部分车型都采用燃油顺序喷射系统。

### 3. 按照进气量检测方式不同分类

电控燃油喷射系统按进气量检测方式不同可分为 L 型和 D 型。

（1）L 型电控燃油喷射系统　L 型电控燃油喷射系统是以质量流量方式检测进气量，用空气流量传感器直接测量发动机吸入空气流量传感器的空气量。此方法检测精度高，其结构如图 1-1-8 所示。

（2）D 型电控燃油喷射系统　D 型电控燃油喷射系统是以速度密度方式检测进气量，即用进气压力传感器来检测进气管的负压变化，从而感知发动机的进气量，其结构如图 1-1-9 所示。进气量测量精度低于 L 型电控燃油喷射系统。

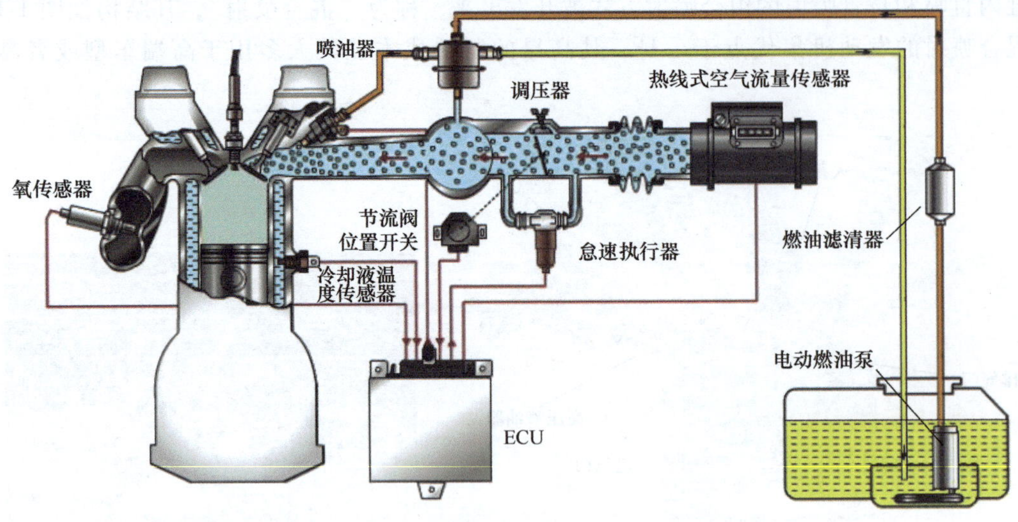


图 1-1-8　L 型电控燃油喷射系统的结构

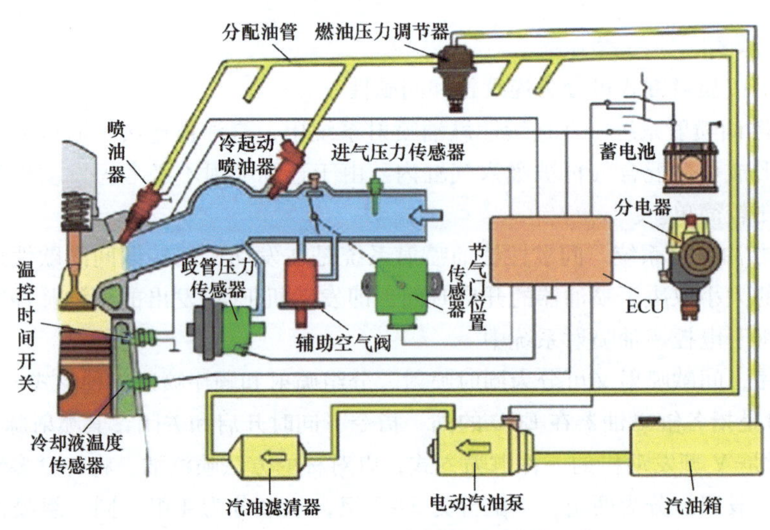


图 1-1-9　D 型电控燃油喷射系统的结构

## 一、燃油供给系统零件认知实训

### 1. 任务描述

通过实训熟悉燃油供给系统各零部件名称及安装位置。

### 2. 实施条件

工作准备如下：

(1) 器材　实训汽车 4 台或电控发动机实训台架 4 台。

(2) 耗材　三件套。

(3) 资料　汽车维修手册。

(4) 工量具　通用工具一套。

### 3. 实施步骤

完成对燃油供给系统零件的认知实训并规范填写工单：

| 任务名称 | | 学生姓名 | 组别 | | 工位号 | |
|---|---|---|---|---|---|---|
| | | 用时 | | | 零件号 | |
| 序号 | 操作步骤 | 使用工量具 | 检测数据 | 测量标准 | 结果分析 | 小计 |
| 1 | 打开车门，铺好“三件套”，拉动发动机舱盖手柄 | | | | | |
| 2 | 打开发动机舱盖，铺好发动机舱防护罩，拆下发动机护板 | | | | | |
| 3 | 找出各喷油器、燃油分配管、燃油压力调节器、油压脉动阻尼器，并观察其各自的位置 | | | | | |
| 4 | 打开汽车行李舱，拆下行李舱底部的燃油箱盖板，观察燃油箱及电动燃油泵、燃油滤清器 | | | | | |
| 5 | 现场 7S | | | | | |
| 总分 | 100 | 总计 | | | | |
| 教师签名 | | 得分 | | | | |

### 4. 注意事项

1）能够熟练找出各传感器、电动燃油泵和继电器盒等。

2）习惯性使用“三件套”、发动机舱防护罩等汽车防护物品，养成良好职业习惯。

3）养成“采取安全防护措施”的习惯。

4）养成工具、零部件、油液“三不落地”的职业习惯，工具及拆下的零部件等都应整齐地放置在工具车及零件盘中。

### 5. 评价与反馈

| 名称 | | 组别 | | 学生姓名 | | 工位号 | |
|---|---|---|---|---|---|---|---|
| | | 用时 | | | | 零件号 | |
| 序号 | 考核项目 | 评分标准 | 分数 | 学生自评 | 小组互评 | 教师评价 | 小计 |
| 1 | 团队协作 | 是否协同<br>有效工作 | 10 | | | | |
| 2 | 工作态度 | 是否积极主动<br>追求精益求精 | 10 | | | | |
| 3 | 任务方案 | 是否正确合理 | 20 | | | | |
| 4 | 任务完成情况 | 操作方法正确<br>数据正确记录<br>分析结果正确 | 30 | | | | |
| 5 | 安全规范 | 有无安全隐患<br>设备、工量具使用规范标准<br>遵守劳动纪律 | 20 | | | | |
| 6 | 现场 7S | 是否做到 | 10 | | | | |
| 总分 | | | 100 | | | | |
| 教师签名 | | | | 总计 | | | |

## 二、排放控制系统零件认知实训

### 1. 任务描述

通过实训熟悉排放控制系统各零部件名称及安装位置。

### 2. 实施条件

工作准备如下：

（1）器材　实训汽车 4 台或电控发动机实训台架 4 台。

（2）耗材　三件套。

（3）资料　汽车维修手册。

（4）工量具　举升机。

### 3. 实施步骤

完成对发动机排放控制系统零件的认知实训并规范填写工单：

<table>
<tr><td rowspan="2">任务名称</td><td colspan="2" rowspan="2"></td><td>学生姓名</td><td></td><td>组别</td><td></td><td colspan="2">工位号</td><td colspan="2"></td></tr>
<tr><td>用时</td><td colspan="3"></td><td colspan="2">零件号</td><td colspan="2"></td></tr>
<tr><td>序号</td><td colspan="5">操作步骤</td><td>使用工量具</td><td>检测数据</td><td>测量标准</td><td>结果分析</td><td>小计</td></tr>
<tr><td>1</td><td colspan="5">打开车门，铺好“三件套”，拉动发动机舱盖手柄</td><td></td><td></td><td></td><td></td><td></td></tr>
<tr><td>2</td><td colspan="5">打开发动机舱盖，铺好发动机舱防护罩，拆下发动机护板</td><td></td><td></td><td></td><td></td><td></td></tr>
<tr><td>3</td><td colspan="5">找出 EGR 阀、活性炭罐、三元催化转化器，如图 1-1-10～图 1-1-12 所示，并观察其各自的位置</td><td></td><td></td><td></td><td></td><td></td></tr>
<tr><td>4</td><td colspan="5">现场 7S</td><td></td><td></td><td></td><td></td><td></td></tr>
<tr><td colspan="2">总分</td><td colspan="2">100</td><td colspan="2">总计</td><td colspan="5"></td></tr>
<tr><td colspan="2">教师签名</td><td colspan="2"></td><td colspan="2">得分</td><td colspan="5"></td></tr>
</table>

图 1-1-10　EGR 阀实车位置图

图 1-1-11　活性炭罐实车位置图

### 4. 注意事项

1）能够熟练找出各传感器、电动燃油泵、继电器盒等。

2）习惯性使用“三件套”、发动机舱防护罩等汽车防护物品，养成良好职业习惯。

3）养成“采取安全防护措施”的习惯。

4）养成工具、零部件、油液“三不落地”的职业习惯，工具及拆下的零部件等都应整齐地放置在工具车及零件盘中。

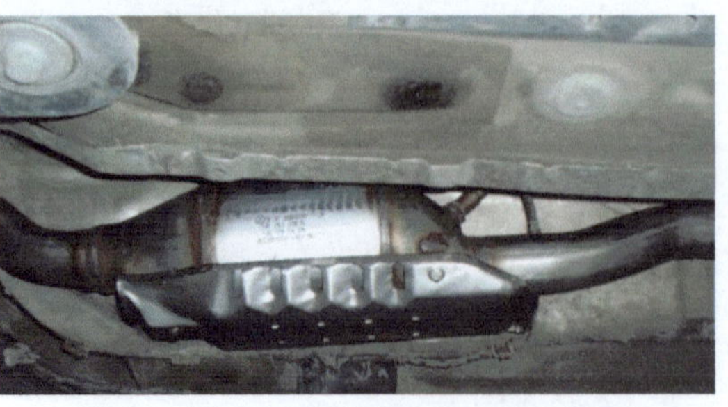

图 1-1-12　三元催化转化器实车位置图

**5. 评价与反馈**

| 名称 | | 组别 | | 学生姓名 | | 工位号 | |
|---|---|---|---|---|---|---|---|
| | | 用时 | | | | 零件号 | |
| 序号 | 考核项目 | 评分标准 | 分数 | 学生自评 | 小组互评 | 教师评价 | 小计 |
| 1 | 团队协作 | 是否协同<br>有效工作 | 10 | | | | |
| 2 | 工作态度 | 是否积极主动<br>追求精益求精 | 10 | | | | |
| 3 | 任务方案 | 是否正确合理 | 20 | | | | |
| 4 | 任务完成情况 | 操作方法正确<br>数据正确记录<br>分析结果正确 | 30 | | | | |
| 5 | 安全规范 | 有无安全隐患<br>设备、工量具使用规范标准<br>遵守劳动纪律 | 20 | | | | |
| 6 | 现场 7S | 是否做到 | 10 | | | | |
| 总分 | | 100 | | | | | |
| 教师签名 | | | | 总计 | | | |

2021 年汽车类技能高考真题（来源于毕业学生口述）：

【题干】按汽油喷射时刻，汽油喷射系统可以分为（　　）。

选项：A. 缸内直接喷射系统和缸外进气管汽油喷射系统

B. 单点汽油喷射系统和多点汽油喷射系统

C. 连续性喷射系统和间歇性喷射系统

D. 以上均可

【答案】C

【解析】按照喷油器的安装部位不同分类，汽油喷射系统可分为缸内直接喷射系统和缸外进气管汽油喷射系统；按照喷油器的安装部位和数目不同分类，汽油喷射系统可以分为单点汽油喷射系统和多点汽油喷射系统；按照汽油喷射时刻、喷射方式不同，可以分为连续性喷射系统和间歇性喷射系统。

【难易度】基础题

【考纲知识点】2-10. 理解电控燃油供给系统的基本结构及工作原理，会诊断及检修电控汽车燃油供给系统常见故障。

**一、判断题**

1. 电控汽油发动机的燃油喷射压力一般为 0.3~0.4MPa。（　　）
2. 电控发动机的主要优点是减少排放污染。（　　）
3. 多点喷射的性能优于单点喷射的性能。（　　）

4. 按照汽油喷射的控制方式不同，发动机燃油喷射系统可分为机械控制式（K 型）和电子控制式（EFI）两种。 （ ）

二、单选题

1. 汽油发动机电控系统主要由（ ）组成。

A. 空气供给系统　B. 燃油供给系统　C. 点火系统　D. 电控系统

2. ECU 对顺序喷射式喷油器的控制方式为（ ）。

A. 一个喷射指令控制一个喷油器　B. 一个喷射指令控制一组喷油器

C. 一个喷射指令控制所有喷油器　D. 无法确定

3. 电控汽油发动机 ECU 对急减速控制的目的是（ ）。

A. 减少燃油消耗　B. 降低发动机输出功率　C. 减少排放污染　D. 无法确定

4. 电控汽油发动机进气不必预热的主要原因是（ ）。

A. 使用的汽油牌号高　B. 高压细雾状喷射，汽油汽化容易

C. 空气流速大，有利于混合气形成　D. 无法确定

# 项目二

# 电控燃油喷射系统的检修

## 【项目概述】

通过搭建电控燃油供给系统的检修、燃油喷射系统的检修等学习情境，整理电控燃油喷射系统资讯信息，在教师的指导和帮助下，学生小组合作完成电控燃油喷射系统实训项目，做中学、学中做，完成本学习项目的任务。

## 任务一　燃油供给系统的检修

燃油供给系统是发动机电控系统的重要部分，燃油供给系统主要组成部件的布置和结构图如图 2-1-1 所示，在熟悉燃油供给系统主要组成部件的布置和结构基础上，掌握电动燃油泵、燃油压力调节器、燃油滤清器等部件的作用及类型、结构及原理、维护与检修方法。

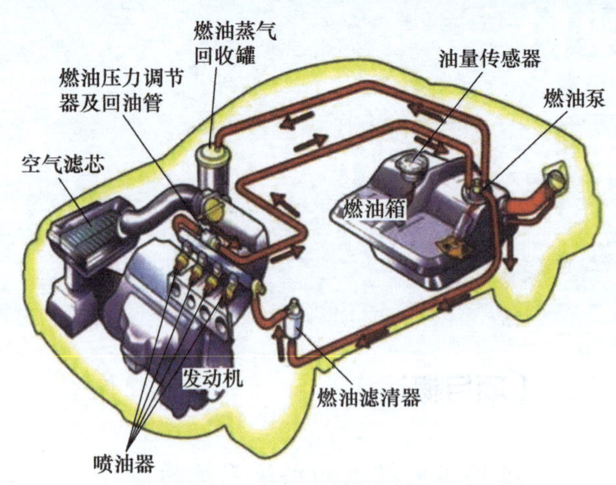


图 2-1-1　燃油供给系统主要组成部件的布置和结构图

| 知识目标 | 能力目标 | 素养目标 |
| --- | --- | --- |
| 1. 了解燃油供给系统的组成、安装位置及分类 | 1. 通过以下的学习，学生应能对燃油供给系统进行说明，能独立完成对燃油供给系统的检测工作 | 1. 能够在工作过程中与小组其他成员合作、交流，培养团队合作意识，锻炼沟通能力 |
| 2. 了解燃油供给系统各部件的工作原理 | 2. 掌握燃油供给系统各部件的常见故障与排除 | 2. 提升认识问题、分析问题和解决问题的能力 |
| 3. 了解无回油管路供油系统 | 3. 掌握燃油供给系统的燃油压力测试方法及通过燃油压力判断其系统故障 | 3. 养成一丝不苟、精益求精的工匠精神 |

对于职业院校来说，要大力推动职业教育生态建设，在育人环境上下功夫，营造崇尚劳动和技能，弘扬新时代劳模精神、劳动精神、工匠精神的良好育人环境。

聚焦学校在高技能人才培养、产教融合、科教融汇方面的亮点与特色，结合典型人物和典型事迹，讲好技能成才的故事和职业教育改革发展的故事，让更多高素质技术技能人才被看见，让职业教育被社会了解，激励更多年轻人走技能成才、技能报国之路，营造职业教育改革发展的良好环境。

### 知识点一　燃油供给系统的基本组成

燃油供给系统是电控燃油喷射系统中的重要组成部分，其主要由燃油箱、电动燃油泵、燃油滤清器、燃油分配管、燃油压力调节器、喷油器、活性炭罐和输油管等组成，部分车型还设有油压脉动缓冲器、冷起动喷油器等，如图 2-1-2 所示。

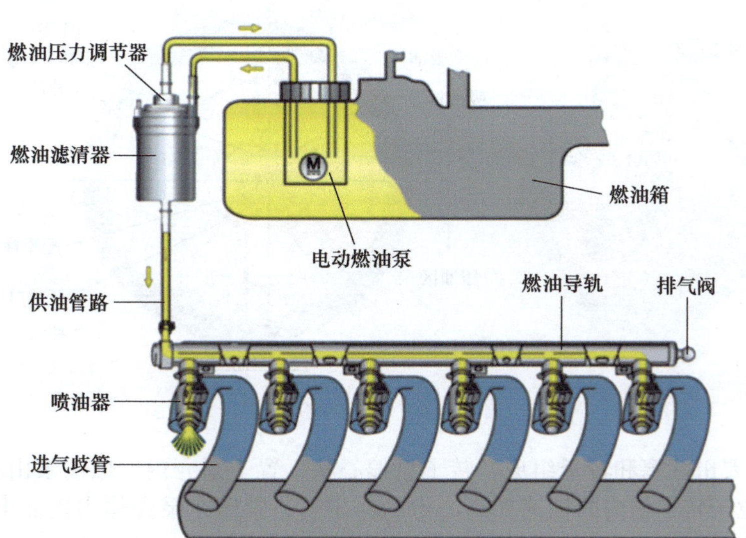

图 2-1-2 燃油供给系统的组成

燃油供给系统的主要作用是向发动机提供燃烧所需要的燃油，燃油从燃油箱被燃油泵加压后，经燃油滤清器过滤燃油中的杂质，供给喷油器。

## 知识点二 电动燃油泵

电动燃油泵是一种由小型直流电动机驱动的燃油泵，其作用是将燃油从燃油箱中吸出，给电控燃油喷射系统提供具有一定压力的燃油。电动燃油泵的燃油泵和电动机安装在一起。

### 一、电动燃油泵的分类

电动燃油泵按安装位置的不同，可分为内置式和外置式两种。

内置式：电动燃油泵安装在燃油箱中，具有噪声小、不易产生气阻、不易泄漏、管路安装较简单等优点。

外置式：电动燃油泵串接在燃油箱外部的输油管路中，优点是容易布置、安装自由度大，但噪声大，易产生气阻。

按燃油泵结构不同，可分为涡轮式、柱塞式、齿轮式、转子式和侧槽式等类型。

目前，在电控汽油喷射系统中大多数应用的电动燃油泵都为内置式的涡轮泵，安装在燃油箱内，总成结构如图 2-1-3 所示。外置式电动燃油泵多采用滚珠式，它串接在燃油箱外部的输油管路中，优点是容易布置，安装自由度大，但噪声大，且燃油供给系统易产生气阻，所以只有少数车型应用。

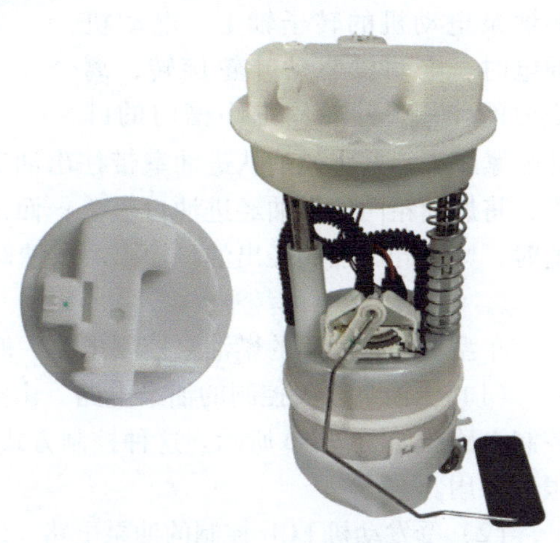
图 2-1-3 内置式汽油泵总成结构图

### 二、电动燃油泵的组成

#### 1. 柱塞式电动燃油泵

柱塞式电动燃油泵主要由燃油泵电动机、柱塞泵和出油阀等组成，其结构如图 2-1-4 所示。

柱塞式电动燃油泵一般安装在燃油箱外面，因其输出压力波动较大，所以在出油端必须安装阻尼减振器。

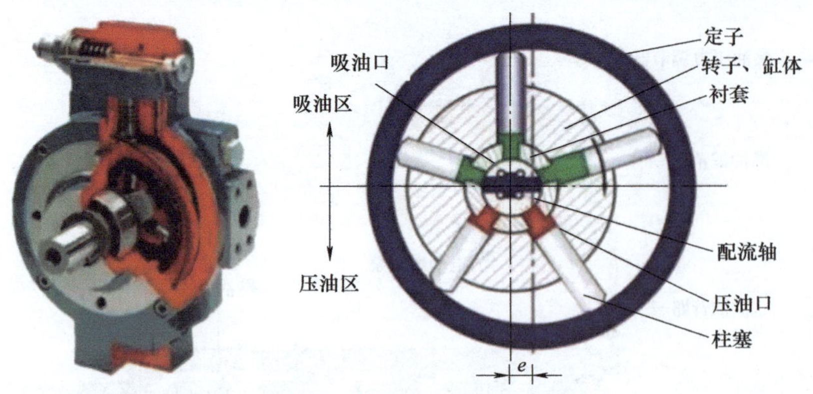


图 2-1-4　柱塞泵的结构

1）柱塞泵主要由柱塞和转子组成，转子呈偏心状，置于泵壳内，燃油泵由直流电动机驱动，当转子旋转时，位于转子槽内的柱塞在离心力的作用下，紧压在泵壳体内表面上，对周围起密封作用，在相邻两个柱塞之间形成了工作腔，在燃油泵运转过程中，工作腔转过出油口后，其容积不断增大，形成一定的真空度，当转到与进油口连通时，将燃油吸入；而吸满燃油的工作腔转过进油口后，其容积又不断减小，使燃油压力提高，受压燃油流过电动机，从出油口输出。

2）限压阀作用：当系统油压过高时起作用，从而避免因油压过高损坏管路。

3）单向止回阀作用：当油泵不转时该阀门关闭，避免管路中的燃油流回燃油箱，造成下次起动时不容易着车。

### 2. 涡轮泵

涡轮式电动燃油泵（涡轮泵）主要由电动机、涡轮泵、出油阀（单向阀）、泄压阀（安全阀）等组成，油箱内的燃油进入燃油泵内的进油室前，首先经过滤网初步过滤。电动机和叶片连成一体，密封在同一壳体内。涡轮泵主要由叶轮、叶片、泵壳体和泵盖等组成，其结构示意图如图 2-1-5 所示，叶轮安装在燃油泵电动机的转子轴上。电动机通电时，电动机驱动叶轮旋转，离心力的作用，叶轮周围小槽内的叶片贴紧泵壳，并将燃油从进油室带往出油室。由于进油室燃油不断被带走，所以形成一定的真空度，将燃油箱内的燃油经进油口吸入；而出油室燃油不断增多，燃油压力升高，当油压达到一定值时，则顶开出油阀经出油口输出。出油阀和泄压阀的作用与涡轮泵、电动燃油泵相同。

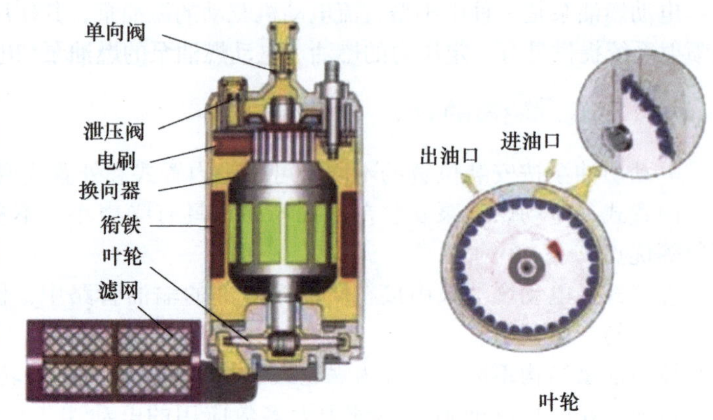


图 2-1-5　涡轮泵的结构示意图

### 3. 电动燃油泵的控制电路

车型不同，采用的燃油泵控制电路一般也不同，主要分为以下几种类型：

（1）受油泵开关控制的油泵电路　由空气流量传感器中的燃油泵开关对燃油泵工作进行控制，控制电路图如图 2-1-6 所示。这种控制方式用于 L 型翼片空气流量传感器系统中，这种电路目前已很少采用。

（2）受发动机 ECU 控制的油泵电路　由 ECU 和断路继电器对燃油泵工作进行控制，控制电路图如图 2-1-7 所示。这种控制方式，多用于 D 型系统及 L 型热线式和卡门式空气流量传感器系统中。

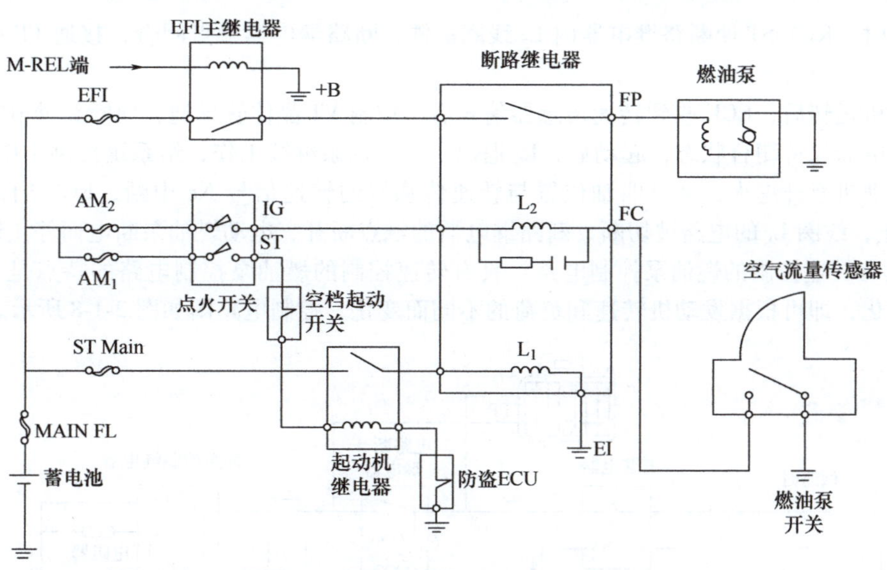


图 2-1-6 受油泵开关控制的油泵电路图

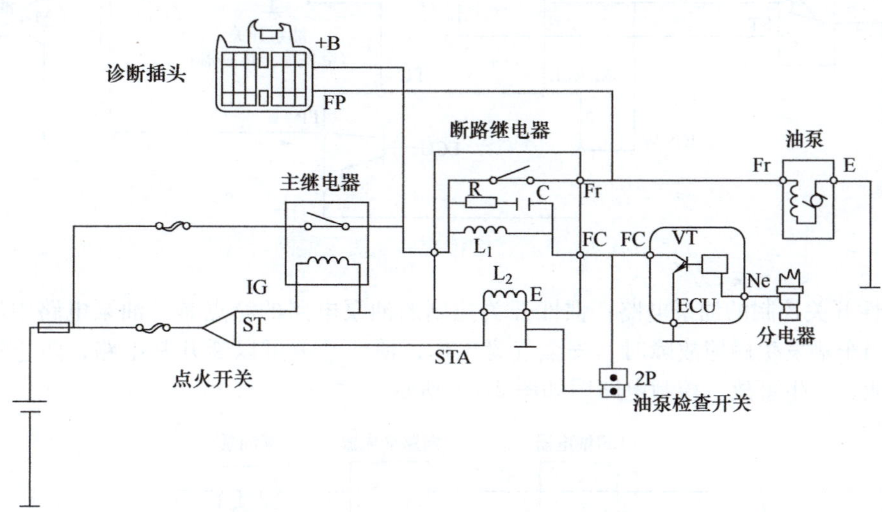


图 2-1-7 受发动机 ECU 控制的油泵电路图

1）组成。受发动机 ECU 控制的油泵电路由主熔丝、主继电器、断路继电器、油泵、发动机 ECU 和诊断座等组成。

2）元件安装位置。发动机 ECU 位于仪表台下方。主熔丝、主继电器、断路继电器位于发动机舱的熔丝盘内。

3）适用车型。适用于凯美瑞，花冠用 3S-FE、4S-GE、5S-FE、JZ 系列发动机，皇冠 3.0 或 1JZ-FE 发动机等车系。

4）工作原理。断路继电器中有两组线圈，一组线圈（$L_2$）直接由点火开关起动档控制，另一组线圈（$L_1$）由 ECU 控制。

当 KEY-ON 时，主继电器闭合，接通了发动机 ECU 和断路继电器的电源。发动机 ECU 接收到点火信号时，控制 FC 线搭铁，使断路继电器闭合，给 FP 提供电源，油泵开始转动。3~5s 后，发动机 ECU 没有收到起动或发动机转速信号，就会截止 FC 线，断路继电器断开 FP 电源，油泵停止转动。实现三秒功能，建立系统工作油压，方便起动着车。

起动车时，KEY-ST 使断路继电器内 $L_2$ 线圈搭铁，断路继电器触点闭合，接通 FP 电源，油泵工作。

当发动机运转后，ECU 收到转速传感器信号后，控制 VT 晶体管导通，使断路继电器工作，使触点断路继电器保持闭合状态，起动后，$L_2$ 退出工作。油泵继续工作，给系统提供工作油压。

如果发动机意外熄火，来自曲轴位置与转速传感器的转速信号 Ne 中断，ECU 内部的晶体管 VT 立即截止，线圈 $L_1$ 的电路被切断，断路继电器的触点断开，电动燃油泵断电而停止运转。

（3）具有转速控制的燃油泵控制电路　具有转速控制的燃油泵控制电路的特点是，燃油泵的转速可以变化，即可根据发动机转速和负荷的不同而变化。控制电路图如图 2-1-8 所示。

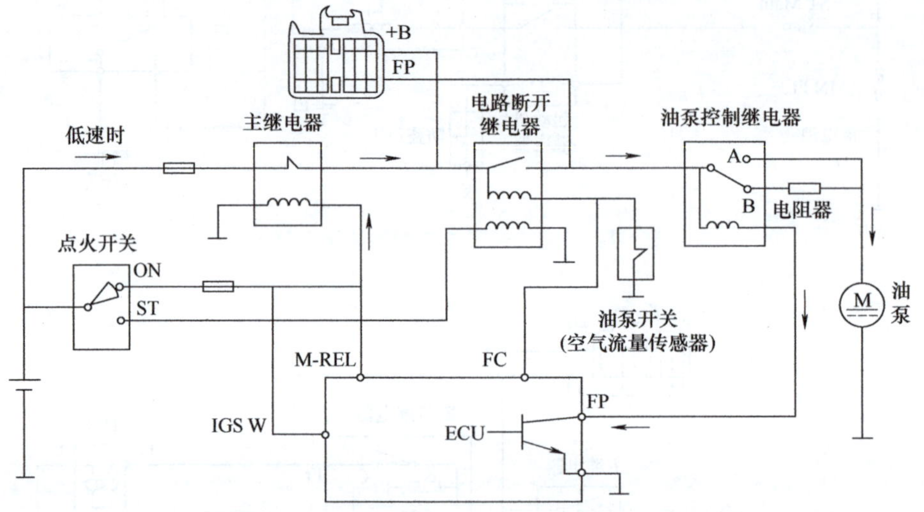


图 2-1-8　具有转速控制的燃油泵控制电路图

（4）惯性开关控制的油泵电路　惯性开关控制的油泵电路的特点是，油泵电路中串联了一个惯性开关，当车辆发生碰撞故障时，安全气囊工作，惯性开关可以断开其电路，防止油泵继续转动，燃油外泄，发生事故。控制电路图如图 2-1-9 所示。

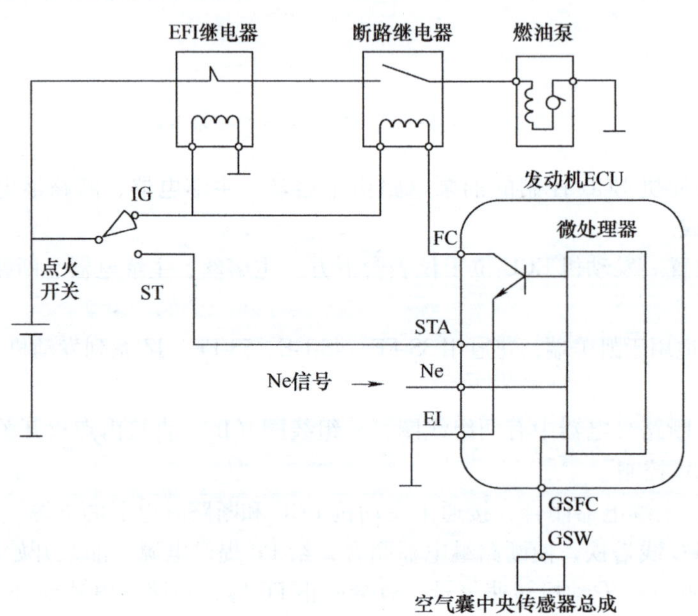


图 2-1-9　惯性开关控制的油泵电路图

## 知识点三 燃油压力调节器

燃油压力调节器的作用是保持输油管内燃油压力与进气管内气体压力的差值恒定，进气管内的真空度随节气门的转动而产生波动，将进气管的真空引入燃油压力调节器，可使燃油压力与进气压力之间的压力差保持恒定。

燃油压力调节器根据安装位置分为两种类型，一种与燃油分配管相连，特点是带回油管；另一种在燃油箱中，特点是无回油管。压力差一般为250~300kPa，使喷油量唯一取决于喷油器开启时间。

### 1. 带回油管的燃油压力调节器

带回油管的燃油压力调节器通常安装在燃油分配管的一端（燃油分配管的作用是固定喷油器和燃油压力调节器，并将燃油分配给各喷油器），其外形如图2-1-10所示，结构如图2-1-11所示，燃油压力调节器主要由膜片、弹簧和回油阀等组成。燃油压力调节器的工作原理是，当发动机工作时，燃油压力调节器膜片上方承受的压力为弹簧的弹力和进气管内气体的压力之和，膜片下方承受的压力为燃油压力，当膜片上、下承受的压力相等时，膜片处于平衡位置不动。当进气管内气体压力下降（真空度增大）时，膜片向上移动，回油阀开度增大，回油量增多，使输油管内燃油压力也下降；反之，当进气管内的气体压力升高时，则膜片带动回油阀向下移动，回油阀开度减小，回油量减少，使输油管内燃油压力也升高。

图 2-1-10 燃油压力调节器

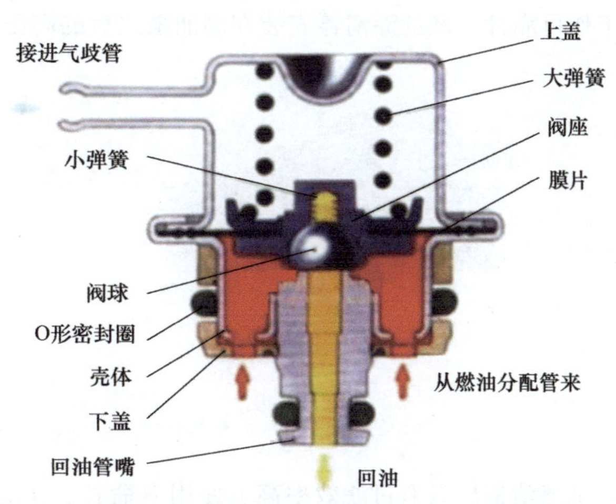


图 2-1-11 带回油管的燃油压力调节器的结构

由此可见，在发动机工作时，燃油压力调节器通过控制回油量来调节输油管内的燃油压力，从而保持喷油压力恒定不变。

### 2. 无回油燃油系统

无回油燃油系统实际并不是真的没有回油管，只是将回油管和燃油压力调节器与燃油泵、燃油滤清器、燃油表传感器等组成一体，一起组合安装在燃油箱内，燃油压力调节器和燃油滤清器位于总成的上部，由一条油管将燃油分配管和此总成连接起来。燃油压力调节器的安装位置和内部结构如图2-1-12所示。

无回油管的燃油压力调节器是一个弹簧加载的压力调节器，它主要由调节阀和调压弹簧组成。它的作用是把燃油管的压力限定在350kPa。当燃油压力小于350kPa时，调压阀在调压弹簧的作用下落座；当燃油压力大于350kPa时，调压阀克服调压弹簧的作用力向下移动，多余的燃油便经过调压阀和阀座之间的间隙流入调压弹簧室，再返回燃油箱，这样可减少燃油热量以及燃油气泡的形成。无回油管燃油供给系统也称为峰值型供油系统。

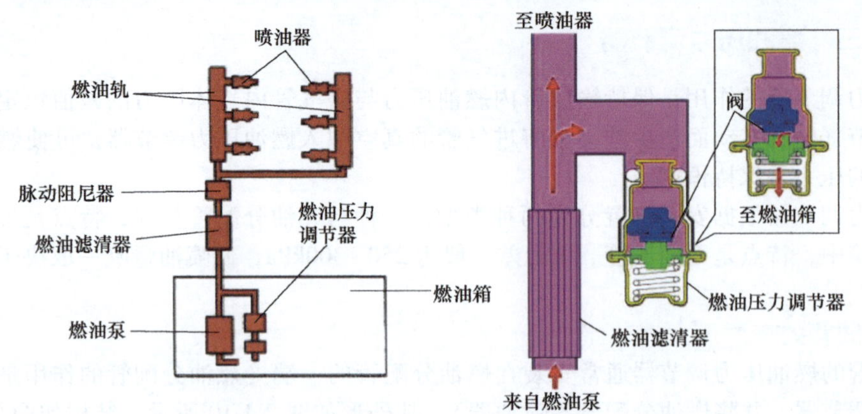


图 2-1-12　燃油压力调节器的安装位置和内部结构

## 知识点四　燃油滤清器

汽油在储运及加注过程中，难免会混入一些机械杂质和水分，这些杂质随着燃油进入燃油供给系统中和发动机气缸内，就会加速气缸磨损。燃油滤清器（图 2-1-13）的作用就是滤除燃油中的氧化铁和粉尘等固体夹杂物，防止燃料系统堵塞，减少系统的机械磨损，确保发动机稳定运转，提高工作可靠性。燃油滤清器安装在燃油泵之后的高压油路中，安装位置一般在车身底部。

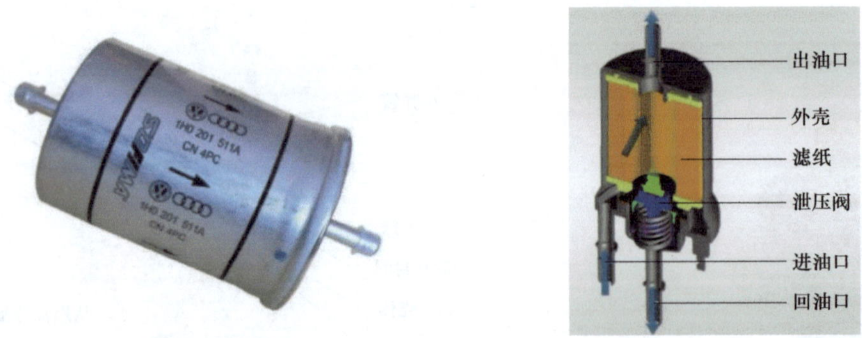


图 2-1-13　燃油滤清器的结构

燃油滤清器应具有过滤效率高、使用寿命长、压力损失小、耐压性能好、体积小、重量轻等性能。滤清器内部经常受到 200~300kPa 的燃油压力，因此耐压强度要求在 500kPa 以上。

汽车汽油滤清器内部结构基本相同，多采用纸质滤芯，外壳用硬塑料或金属封闭，为易耗品。燃油从入口进入滤清器，经过壳体内的滤芯过滤后，清洁的燃油从出油口流出。

燃油滤清器更换周期应参照生产商所提供的时间表，并根据当地油品，调整其更换周期，但不可高于生产商的标准。一般汽车每行驶 20000~40000km 或 1~2 年，应更换燃油滤清器。

更换燃油滤清器时，应首先释放燃油供给系统压力，并注意燃油滤清器壳体上的箭头标记为燃油流动方向。长期不更换可造成车辆加速无力或无高速等故障现象。

### 一、燃油供给系统油压测试

#### 1. 任务描述

燃油供给系统的故障一般都是由油压过高或过低造成的，油压过高会造成混合气过浓，油压

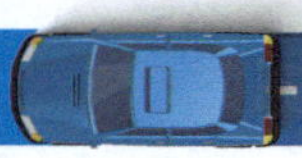



过低会造成混合气过稀。但是这不等于混合气过浓或过稀就一定是由于燃油供给系统引起的，比如说油压正常，但是混合气偏稀，就可能是由于空气供给系统漏气引起的。但是如果油压过高或过低，就必须从燃油供给系统入手进行检测了。

### 2. 实施条件

（1）工位　准备4个工位。

（2）设备　汽油发动机实训台架。

（3）工具　燃油压力表（图2-1-14）、一字螺钉旋具。

（4）资料　汽车维修手册。

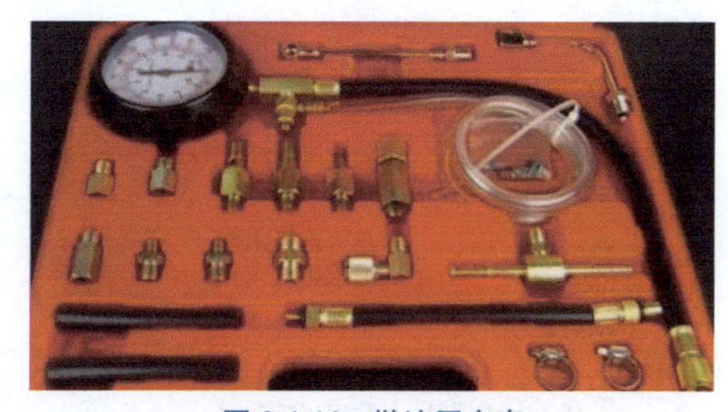

图 2-1-14　燃油压力表

### 3. 实施步骤

完成电控燃油喷射发动机的燃油压力测量并规范填写工单：

<table>
<tr><td rowspan="2">任务名称</td><td colspan="2" rowspan="2"></td><td>学生姓名</td><td></td><td>组别</td><td></td><td colspan="2">工位号</td><td colspan="2"></td></tr>
<tr><td>用时</td><td colspan="3"></td><td colspan="2">零件号</td><td colspan="2"></td></tr>
<tr><td>序号</td><td colspan="5">操作步骤</td><td>使用工量具</td><td>检测数据</td><td>测量标准</td><td>结果分析</td><td>小计</td></tr>
<tr><td>1</td><td colspan="5">用机油压力表检查燃油压力。泄压：先拔下燃油泵熔丝、继电器或燃油泵插头，然后起动发动机，待发动机自行熄火后，再起动发动机2~3次，然后取下电池负极</td><td></td><td></td><td></td><td></td><td></td></tr>
<tr><td>2</td><td colspan="5">安装燃油压力表：将燃油压力表与进油管串联，带测压口的车辆将燃油压力表与测压口连接。拆卸油管时，在油管插头下方放一块毛巾或棉布，防止燃油泄漏到地面</td><td></td><td></td><td></td><td></td><td></td></tr>
<tr><td>3</td><td colspan="5">静态油压：不要起动发动机，将油泵诊断插头（“+B”和“fb”端子的丰田）的两个端子用跳线连接，将点火开关转到“ON”位置使油泵工作，静态油压一般在300kPa左右</td><td></td><td></td><td></td><td></td><td></td></tr>
<tr><td>4</td><td colspan="5">怠速油压：复位燃油泵熔丝或继电器，起动发动机，使燃油泵怠速运转。此时油压表的读数为怠速工作油压，丰田汽车的正常值应为200~300kPa</td><td></td><td></td><td></td><td></td><td></td></tr>
<tr><td>5</td><td colspan="5">最大油压：用软布包裹的钳子夹住回油管。此时油压表的读数是油泵的最大供油压力，一般是正常工作油压的2~3倍</td><td></td><td></td><td></td><td></td><td></td></tr>
<tr><td>6</td><td colspan="5">残余油压：松开油管卡箍，停止发动机，停燃油泵10min后，油管保持压力应大于150kPa</td><td></td><td></td><td></td><td></td><td></td></tr>
<tr><td>7</td><td colspan="5">密封测试：指判断喷油器是否滴油正常的测试，拆下分油管，喷油器保持在上面，当燃油供给系统油压保持在供油压力以上（不发动），观看喷油器，在1min内不得有滴油现象</td><td></td><td></td><td></td><td></td><td></td></tr>
<tr><td>8</td><td colspan="5">油压分析：油压表的读数无非是零油压、正常油压、高油压、低油压。如果油压为零，首先检查燃油箱的油量，油路是否严重泄漏，燃油滤清器是否完全堵塞。排除可能性后，油压仍然为零。需要检查燃油供给系统的控制电路，如熔丝是否熔断，继电器是否不工作，油泵电路线束是否断路，油泵是否损坏等</td><td></td><td></td><td></td><td></td><td></td></tr>
<tr><td>9</td><td colspan="5">如果油压过高，主要检查调压阀顶部的真空管是否松动或开裂，或调压阀回油管是否堵塞等。当燃油压力过低，或油泵停止工作后2~5min内油压迅速下降时，在排除油路向外泄漏的前提下，喷油器存在泄漏现象，燃油压力调节器发生故障，燃油滤清器堵塞，油泵发生故障</td><td></td><td></td><td></td><td></td><td></td></tr>
<tr><td>10</td><td colspan="5">拆卸燃油压力表：先泄压，再拆卸燃油压力表，重新连接进油管，起动发动机，检查油管是否泄漏</td><td></td><td></td><td></td><td></td><td></td></tr>
<tr><td colspan="2">总分</td><td colspan="2">100</td><td colspan="2">总计</td><td colspan="5"></td></tr>
<tr><td colspan="2">教师签名</td><td colspan="2"></td><td colspan="2">得分</td><td colspan="5"></td></tr>
</table>

### 4. 评价与反馈

| 名称 | | 组别 | | 学生姓名 | | 工位号 | |
|---|---|---|---|---|---|---|---|
| | | 用时 | | | | 零件号 | |
| 序号 | 考核项目 | 评分标准 | 分数 | 学生自评 | 小组互评 | 教师评价 | 小计 |
| 1 | 团队协作 | 是否协同<br>有效工作 | 10 | | | | |
| 2 | 工作态度 | 是否积极主动<br>追求精益求精 | 10 | | | | |
| 3 | 任务方案 | 是否正确合理 | 20 | | | | |
| 4 | 任务完成情况 | 操作方法正确<br>数据正确记录<br>分析结果正确 | 30 | | | | |
| 5 | 安全规范 | 有无安全隐患<br>设备、工量具使用规范标准<br>遵守劳动纪律 | 20 | | | | |
| 6 | 现场 7S | 是否做到 | 10 | | | | |
| 总分 | | 100 | | | | | |
| 教师签名 | | | | 总计 | | | |

## 二、丰田受 ECU 控制的油泵电路检修

### 1. 任务描述

通常，当燃油供给系统压力不当或燃油泵不能工作时，就表明燃油供给系统有问题。如果发动机由于没有燃油输送而不能起动，首先应该检查油量是否足够，如足够，那么就应该检查该车的油泵控制电路是否正常。

### 2. 实施条件

（1）工位　准备 4 个工位。

（2）设备　丰田电控汽油发动机实训台架。

（3）工具　万用表。

（4）资料　汽车维修手册。

### 3. 实施步骤

在检查这种控制系统时，首先应判别是 ECU 内部故障，还是 ECU 外部的控制电路故障。完成受 ECU 控制的油泵电路检修操作并规范填写工单：

| 任务名称 | | 学生姓名 | | 组别 | | 工位号 | |
|---|---|---|---|---|---|---|---|
| | | 用时 | | | | 零件号 | |
| 序号 | 操作步骤 | | | 使用工量具 | 检测数据 | 测量标准 | 结果分析 | 小计 |
| 1 | 打开燃油箱盖，将点火开关置于“ON”位置（但不要起动发动机）。也可听油泵继电器有无吸合声，或在打开点火开关时触摸油泵继电器有无振动感 | | | | | | | |
| 2 | 在燃油箱口处倾听有无电动燃油泵运转的声音 | | | | | | | |
| 3 | 如果在打开点火开关后，能听到电动燃油泵运转 3~5s 后又停止，说明控制系统各部分工作正常 | | | | | | | |
| 4 | 若打开点火开关后听不到电动燃油泵运转的声音，说明电路或油泵本身有故障 | | | | | | | |

（续）

| 序号 | 操作步骤 | 使用工量具 | 检测数据 | 测量标准 | 结果分析 | 小计 |
|---|---|---|---|---|---|---|
| 5 | 可用一根短导线将故障检测插座内两个检测电动燃油泵的插孔（Fp+B 和两插孔）短接 | | | | | |
| 6 | 打开点火开关，如果能听到电动燃油泵运转的声音，说明 ECU 外部的电动燃油泵控制电路工作正常。故障在 ECU 内部，应检测 ECU | | | | | |
| 7 | 若仍听不到电动燃油泵运转的声音，则为 ECU 外部的控制电路故障，应检查断丝、继电器有无损坏，各电路有无断路或接触不良 | | | | | |
| 8 | 检测熔丝是否正常，若不正常应更换。如正常应分别检测四脚主继电器和五脚油泵继电器是否正常 | | | | | |
| 9 | 四脚电动燃油泵继电器的检测：四脚电动燃油泵继电器中有两脚是接继电器的电磁线圈，另外两脚接继电器常开触点。用万用表 Ω 档测量，继电器电磁线圈两脚之间应能导通，常开触点两脚之间应不导通。在电磁线圈两接脚上施加 12V 电压，同时用万用表 N 位测量常开触点两脚之间应能导通。若测量结果不符合要求，应更换电动燃油泵继电器 | | | | | |
| 10 | 五脚电动燃油泵继电器的检查：其中一组由起动开关控制，另一组由发动机 ECU 控制。用万用表 2 档测量这两组线圈，均应导通；测量常开触点两端（+B 和 Fp），应不导通；分别在两组线圈两端施加 12V 电压，同时测量常开触点两端，应导通。否则，应更换电动燃油泵继电器 | | | | | |
| 11 | 燃油泵检查要点：<br>燃油泵线圈电阻：0.1~50Ω<br>燃油泵耗用电流：一般在 7A 左右，最大输出阻力时应在 10A 以下<br>检查燃油泵的燃油输出压力和保压压力（此项必须在油压测试中才能进行，若将燃油泵单独检测，燃油泵必须完全放在汽油中，必须完全保证防火要求） | | | | | |
| 12 | 注意：燃油泵是靠汽油润滑和冷却的，因此燃油泵必须浸在燃油中才能测试，不能无油工作 5s 以上，否则会烧损燃油泵，造成燃油泵工作一段时间后油压不足或停止工作 | | | | | |
| 总分 | 100 | 总计 | | | | |
| 教师签名 | | 得分 | | | | |

## 4. 评价与反馈

| 名称 | | 组别 | | 学生姓名 | | 工位号 | |
|---|---|---|---|---|---|---|---|
| | | 用时 | | | | 零件号 | |
| 序号 | 考核项目 | 评分标准 | 分数 | 学生自评 | 小组互评 | 教师评价 | 小计 |
| 1 | 团队协作 | 是否协同<br>有效工作 | 10 | | | | |
| 2 | 工作态度 | 是否积极主动<br>追求精益求精 | 10 | | | | |
| 3 | 任务方案 | 是否正确合理 | 20 | | | | |
| 4 | 任务完成情况 | 操作方法正确<br>数据正确记录<br>分析结果正确 | 30 | | | | |
| 5 | 安全规范 | 有无安全隐患<br>设备、工量具使用规范标准<br>遵守劳动纪律 | 20 | | | | |
| 6 | 现场 7S | 是否做到 | 10 | | | | |
| 总分 | | 100 | | | | | |
| 教师签名 | | | | 总计 | | | |

## 典例精析

2022年汽车类技能高考真题（来源于毕业学生口述）：

【题干】在燃油压力调节器装在油轨上的燃油喷射系统中，发动机怠速运转时，拔下燃油压力调节器上的真空软管后，燃油压力应比怠速时的压力（　　）。

选项：A. 高　　B. 低　　C. 相同　　D. 以上都不是

【答案】A

【解析】燃油压力调节器的作用是保持输油管内燃油压力与进气管内气体压力的差值恒定，即根据进气管内压力的变化来调节燃油压力。压力之差一般为250~300kPa。使喷油量唯一取决于喷油器开启时间。拔下燃油压力调节器上的真空软管后，相当于进气管内压力升高，要使输油管内燃油压力与进气管内气体压力的差值恒定，必须提高输油管内燃油的压力。

【难易度】中等题

【考纲知识点】2-10. 理解电控燃油供给系统的基本结构及工作原理，会诊断及检修电控汽车燃油供给系统常见故障。

## 巩固提升

**一、判断题**

1. 无回油燃油供给系统实际上没有回油管。（　　）
2. 目前大多数电动汽油泵是装在燃油箱内部的。（　　）
3. 燃油供给系统的故障一般都是由油压过高或者过低造成的。（　　）
4. 清溢流断油控制条件之一是节气门关闭。（　　）

**二、单选题**

1. 燃油系统有回油系统的正常怠速油压为（　　）。

A. 250kPa　　B. 147kPa　　C. 400kPa　　D. 500kPa

2. 怠速控制的类型有（　　）。

A. 节气门直动式控制方式　　B. 节气门机械控制式

C. 节气门电子控制式　　D. 其他

3. 电控燃油喷射发动机燃油压力检测时，将油压表接在供油管和（　　）之间。

A. 燃油泵　　B. 燃油滤清器　　C. 分配油管　　D. 喷油管

4. 起动发动机前如果点火开关位于“ON”位置，电动燃油泵（　　）。

A. 持续运转　　B. 不运转

C. 运转10s后停止　　D. 运转2s后停止

# 任务二　燃油喷射系统的检修

## 任务描述

汽车发动机燃油喷射技术是关系到内燃机发展中能源和环保的问题，随着电子技术的发展，汽车发动机燃油喷射系统不断发展并日趋完善。电控燃油喷射系统以其对喷油量的精确控制，使喷射雾化良好、燃烧完全，不仅能提高汽车的动力性，而且还能显著改善汽车的综合性能和经济性。

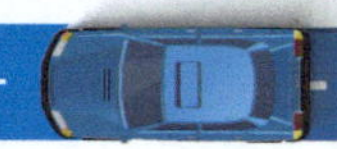

| 知识目标 | 能力目标 | 素养目标 |
|---|---|---|
| 1. 了解燃油喷射系统的工作原理 | 1. 学生能对各种燃油喷射系统进行说明，能独立完成对燃油喷射系统的检测工作 | 1. 能够在工作过程中与小组其他成员合作、交流，养成团队合作意识，锻炼沟通能力 |
| 2. 了解喷油正时控制策略 | 2. 掌握喷油正时控制、喷油量控制功能 | 2. 提升认识问题、分析问题和解决问题的能力 |
| 3. 了解喷油量控制功能 | 3. 掌握电控燃油喷射系统各部件的常见故障与排除方法 | 3. 培养一丝不苟、精益求精的工匠精神 |

当前，社会正处于快速发展的阶段，学校教育肩负着培养未来社会栋梁的重任。而学生的纪律约束和规矩意识的培养是学校教育的重要内容之一。因此，为了更好地推动学生“守纪律，讲规矩”，提高学风学貌，在教学过程中引导学生尊重规则和纪律，树立正确的价值观和行为准则。

通过本任务的学习，提高学生的纪律意识，使其遵守学校规章制度和社会规范。培养学生的自律能力，形成良好的行为习惯和礼仪风尚。营造积极向上的校园文化氛围，增强学生的学习兴趣和主动性。

## 知识点一　汽油喷射控制策略

汽油喷射控制包括喷油正时控制、喷油量控制和断油控制。控制方式有同步控制和异步控制：同步控制是指控制程序与发动机各缸工作循环相一致，具有规律性；异步控制是指控制程序与发动机各缸工作规律不一致，无固定位置和时间。

### 1. 喷油正时控制

喷油正时控制就是指 ECU 控制喷油器什么时候开始喷油。单点燃油喷射系统的喷油器工作由 ECU 根据发动机工况要求，控制喷油器连续喷油。多点燃油喷射系统的喷油器分为顺序喷射、分组喷射和同时喷射三种。

（1）同时喷射　同时喷射正时图如图 2-2-1 所示。

|  | 喷油 |  | 360° | 喷油 |  | 喷油 |  | 喷油 |  |
|---|---|---|---|---|---|---|---|---|---|
| 1缸 | | 进 | 压 | 功 | 排 | 进 | 压 | 功 | |
| 3缸 | | 排 | 进 | 压 | 功 | 排 | 进 | 压 | |
| 4缸 | | 功 | 排 | 进 | 压 | 功 | 排 | 进 | |
| 2缸 | | 压 | 功 | 排 | 进 | 压 | 功 | 排 | |

图 2-2-1　同时喷射正时图

各喷油器同时喷射，通常曲轴每转一转，喷一次油（每个工作循环同时喷油两次）各缸喷油时间不可能最佳，混合气质量不一致，电路结构与软件较简单，早期采用较多。喷油正时与发动机工作行程没有关系。

（2）分组喷射　分组喷射正时图如图 2-2-2 所示。

喷油　720°　喷油

| | | | | | | | |
|---|---|---|---|---|---|---|---|
| 1缸 | 进 | 压 | 功 | 排 | 进 | 压 | 功 |
| 3缸 | 排 | 进 | 压 | 功 | 排 | 进 | 压 |
| 4缸 | 功 | 排 | 进 | 压 | 功 | 排 | 进 |
| 2缸 | 压 | 功 | 排 | 进 | 压 | 功 | 排 |

图 2-2-2　分组喷射正时图

分组喷射就是把所有气缸的喷油器分成两组（四缸机）、三组（六缸机）或四组（八缸机），ECU 用两路、三路或四路控制电路控制各组喷油器，以各组最先进入做功行程的气缸为基准轮流交替喷射，每一个工作循环中各喷油器均喷射一次（或两次）。

（3）顺序喷射　顺序喷射正时图如图 2-2-3 所示。

喷油　360°　喷油　喷油　喷油

| | | | | | | | |
|---|---|---|---|---|---|---|---|
| 1缸 | 进 | 压 | 功 | 排 | 进 | 压 | 功 |
| 3缸 | 排 | 进 | 压 | 功 | 排 | 进 | 压 |
| 4缸 | 功 | 排 | 进 | 压 | 功 | 排 | 进 |
| 2缸 | 压 | 功 | 排 | 进 | 压 | 功 | 排 |

图 2-2-3　顺序喷射正时图

顺序喷射曲轴每转两转，各缸喷油器都轮流喷射一次，且按照发动机工作顺序依次喷射。顺序喷射方式由于要知道向哪一缸喷射，因此应具备气缸判缸信号。顺序喷射方式气缸内混合气的质量最好，各缸混合气的均匀度也最好。

### 2. 喷油量控制

喷油量控制是保证发动机在各种运行工况下，都能获得最佳的混合气浓度，以提高发动机的经济性和降低排放污染。在汽油机电控燃油喷射系统中，喷油量控制是通过控制喷油器喷油时间来实现的，控制模式分为发动机起动时的喷油量控制和发动机起动后的喷油量控制两种。

（1）发动机起动时的喷油量控制　在发动机起动时，由于转速变化很大，无论是 D 型或者是 L 型电控系统，都不能精确地控制进气量，也就无法确定合适的基本喷油时间。发动机起动时喷油量控制基本原理图如图 2-2-4 所示，先由 ECU 根据点火开关、曲轴位置传感器和节气门位置传感器提供的信号，判断发动机应为起动状态，再根据冷却液温度传感器信号确定基本喷油量曲线，如图 2-2-5 所示，同时根据起动状态，增加一次额外量，基本量加上额外量之和，作为起动时喷油量。有些发动机 ECU 还根据进气温度传感器信号和蓄电池电压信号对基本喷油量进行修正，然后确定起动时喷油量。发动机起动时的喷油量控制形式为开环控制。

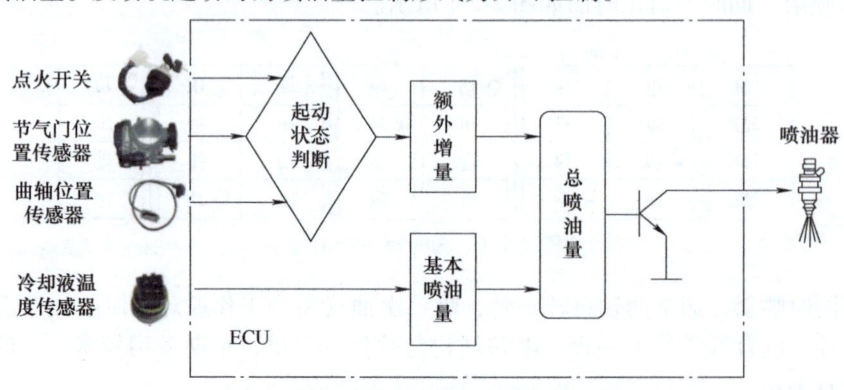


图 2-2-4　发动机起动时喷油量控制基本原理图

（2）发动机起动后的喷油量控制　发动机起动后，喷油器总喷油量由基本喷油量、修正量和额外增量组成，控制基本原理图如图 2-2-6 所示。

1）基本喷油量确定。D 型基本喷油量，ECU 根据发动机转速信号和进气歧管绝对压力信号来确定基本喷油量；L 型基本喷油量，ECU 根据发动机转速信号和空气流量传感器信号来确定基本喷油量。

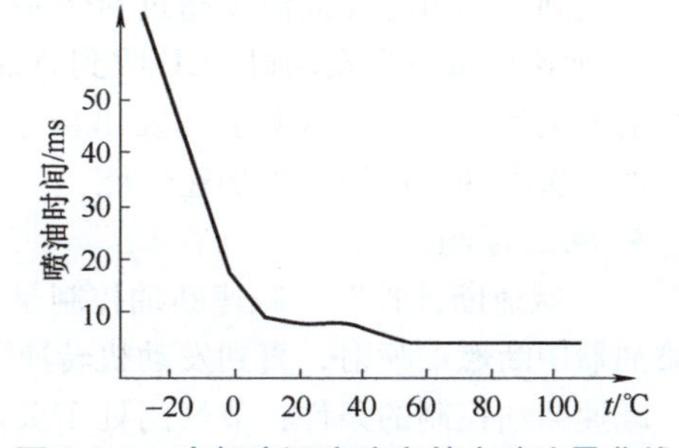

图 2-2-5　冷却液温度确定基本喷油量曲线

2）修正量确定。ECU 在确定基本喷油时间的同时，还必须根据各种传感器输送来的发动机运行工况信息，对基本喷油时间进行修正。

① 进气温度传感器。ECU 根据进气温度传感器提供的进气温度信号，对喷油时间进行修正。通常以 20℃为进气温度信息的标准温度，低于 20℃时空气密度大，ECU 适当延长喷油时间；反之适当缩短喷油时间，以防混合气偏浓。延长或缩短的最大修正量约为 10%。

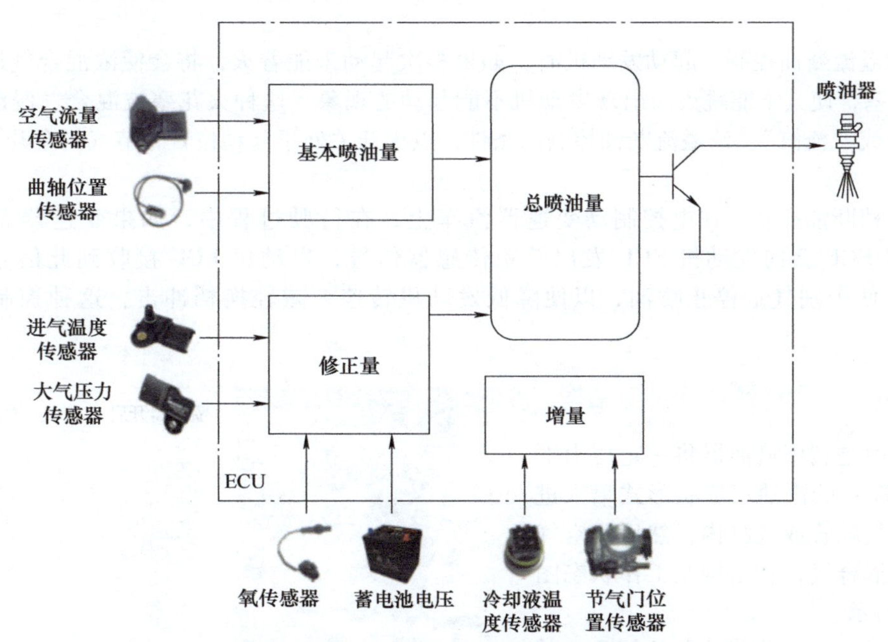

图 2-2-6　发动机起动后喷油量控制基本原理图

② 大气压力传感器。当发动机工作时，ECU 根据大气压力传感器信号确定修正系数的大小。通常以标准大气压为大气压力信息的标准压力，低于标准大气压时，实际进气量大于进气压力传感器的指示量，ECU 适当延长喷油时间；反之适当缩短喷油时间，以防混合气偏浓。延长或缩短的最大修正量也约为 10%。

③ 蓄电池电压。蓄电池电压的高低对喷油器的开启滞后时间有影响，电压低时，开启滞后时间长，则实际喷油量会减少、维持，ECU 必须根据蓄电池电压大小来修正喷油量。当蓄电池输入 ECU 的电压低于 14V 时，ECU 将增加喷油器的喷油量。

④ 氧传感器。氧传感器是闭环控制的反馈信号，当 ECU 接收到氧传感器（氧化锆型）的信号电压是高电位时，表明混合气偏浓，则 ECU 发出控制指令修正喷油量，使其减少，让混合气逐渐变稀。反之使其增加，让混合气逐渐变浓，空燃比逐渐减小。

3）额外增量确定。

① 暖机增量。发动机起动后暖机过程中，由于发动机温度较低，燃油雾化不好，会使混合气

变稀，燃烧不稳定，甚至容易熄火，必须增加喷油量。随着发动机温度的上升，喷油时间将逐渐缩短，直到发动机冷却液温度超过60℃后才停止加浓。

② 加速增量。当发动机 ECU 收到急加速信号时，即收到节气门位置传感器变化速率增大、进气量信号突然增加时，ECU 立即发出指令给各缸喷油器，使其以一个固定的喷油时间，同时向各缸增加一次喷油，以便改善加速性能。

### 3. 断油控制

(1) 减速断油控制　减速断油控制是当发动机在高转速运转过程中突然减速时，ECU 制动控制喷油器中断燃油喷射，直到发动机转速下降到设定的转速时，再恢复喷油。

减速断油控制的条件：节气门处于关闭状态，冷却液温度已经达到正常温度，发动机转速高于某一转速。

(2) 限速断油控制　在发动机运转过程中，ECU 随时都将曲轴位置传感器测得发动机实际转速与存储器中存储的迹象转速进行比较。发动机转速超过额定转速 80~100r/min，防止发动机继续加速造成飞车，导致发动机损坏，所以断油。当发动机转速降低至额定转速 80~100r/min，才恢复供油。

(3) 清溢流断油控制　起动发动机时，如果多次起动未能着火，将会使浓混合气进入气缸并会浸湿火花塞，使其不能跳火而出现发动机不能起动的现象，这种火花塞被混合气浸湿的现象称为“溢流”或“淹缸”。清溢流断油控制的条件：点火开关处于起动位置，节气门全开，发动机转速 350r/min。

(4) 升档断油控制　在电控制动变速器汽车上，在行驶过程中，如果变速器需制动升档时，变速器 ECU 会向发动机 ECU 发出转矩传感器信号，发动机 ECU 接收到此信号后，立即发出指令，使个别气缸停止喷油，以便降低发动机转速，减轻换档冲击，这种控制称为升档断油控制。

## 知识点二　喷油器的分类与结构

汽油喷射是利用喷油器将一定压力下（250~350kPa）的汽油以雾状形式喷入进气总管或进气歧管或气缸内，然后和空气混合成可燃混合气，其结构及工作状态图如图 2-2-7 所示。

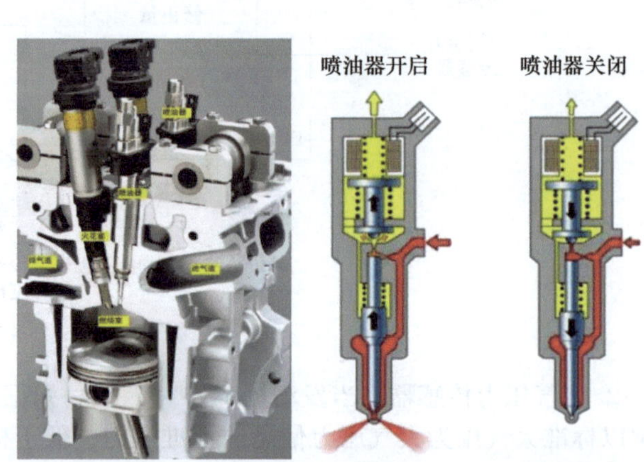

图 2-2-7　电控喷油器的结构及工作状态图

喷油器是燃油电动喷油器的简称，其主要由阀体、针阀、回位弹簧、衔铁、电磁线圈、进油滤网和线束插接器等组成。其作用是通过密封圈安装在进气歧管或进气道附近的缸盖上，根据 ECU 发出的喷油脉冲信号将电磁线圈接通。

在电磁线圈磁场的作用下，针阀克服弹簧力而升起，向进气歧管或总管喷射燃油，当 ECU 关闭喷油器时，停止喷射。

在喷油器的结构和喷油压差一定时，喷油器的喷油量取决于针阀的开启时间，即电磁线圈的通电时间。

(1) 喷油器按结构不同分类　按结构不同喷油器可分为轴针式、球阀式及片阀式三种，按其电磁线圈的阻值可分为高阻抗 12~17Ω、低阻抗 0.6~3Ω，其低阻抗喷油器不可直接加载蓄电池电压进行测试。

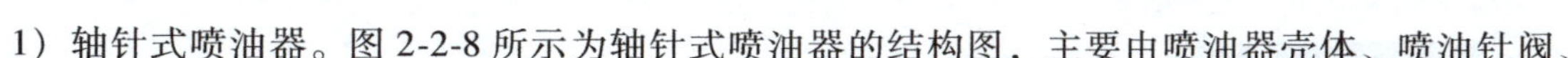



1）轴针式喷油器。图 2-2-8 所示为轴针式喷油器的结构图，主要由喷油器壳体、喷油针阀、套在针阀上的衔铁以及根据喷油脉冲信号产生电磁吸力的电磁线圈等组成。电磁线圈无电流时，喷油器内的针阀被回位弹簧压在喷油器出口处的密封锥形阀座上。电磁线圈通电时，产生磁场吸动衔铁上移，衔铁带动针阀从其座面上升约 0.1mm，燃油从精密环形间隙中流出。

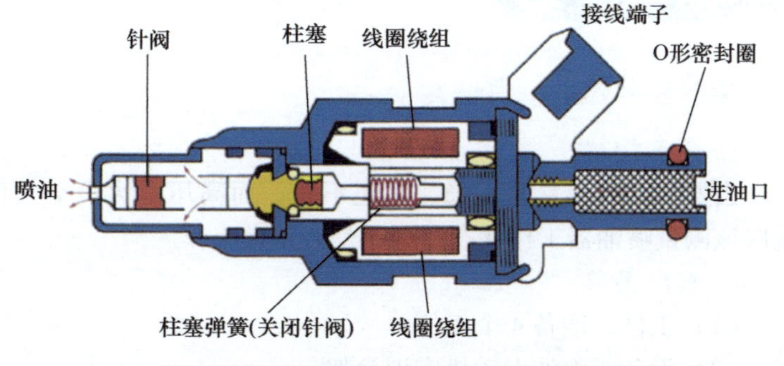


图 2-2-8 轴针式喷油器的结构图

2）球阀式喷油器。它与轴针式喷油器的主要区别在于阀针的结构。球阀式的阀针是用激光束将钢球、导杆和衔铁焊接在一起制成的，其重量减轻到只有普通式阀针的一半，这是采用短的空心导管实现的。球阀式喷油器在单点燃油喷射系统中也有应用，但结构与多点喷油器略有不同。

3）片阀式喷油器。采用重量较轻的阀片和空式阀座，不仅具有较大的动态流量范围，而且抗堵塞能力较强。

（2）喷油器的驱动方式　喷油器的驱动方式可分为电流驱动与电压驱动两种方式。电流驱动只适用于低阻抗喷油器，电压驱动既可用于低阻抗喷油器，又可用于高阻抗喷油器。

1）电压驱动。这种驱动方式，在发动机工作中，当 VT 晶体管导通时，接通喷油器回路，喷油器工作即会将燃油喷出，如图 2-2-9 所示。

在低阻抗喷油器中减少了电磁线圈的电阻和匝数，减少了电感，其优点是喷油器本身响应特性好，但由于电阻减小而使电流增大，会使线圈烧坏，因此，在电路中加入分压电阻。

在功率管 VT 截止时，喷油器电磁线圈存在电感，会将晶体管击穿，因此与晶体管并联设计了消弧回路。

2）电流驱动。当开启开始阶段，晶体管处于饱和导通状态，喷油器内电流最大，称为峰值电流，一般为 4~8A。当 B 点电压达到设定值时，控制回路使晶体管 VT 在喷油期间以约 20MHz 的频率交替地导通和截止，使电流保持在 1~2A，使针阀保持打开状态，如图 2-2-10 所示。

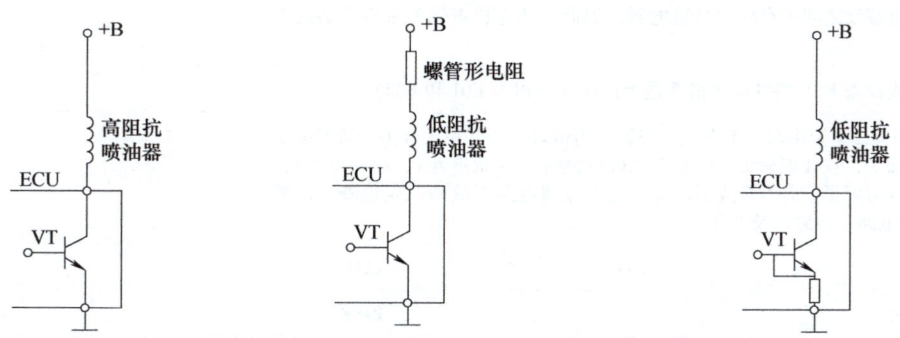


图 2-2-9 高、低阻抗喷油器电压驱动原理图　　图 2-2-10 低阻抗喷油器电流驱动原理图

喷油器工作原理：发动机 ECU 根据喷油控制回路信号将喷油器与电源回路接通时，电磁线圈通电并在周围产生磁场，吸引衔铁移动，而衔铁与阀体一体，因此克服弹簧张力而打开，燃油即开始喷射。当 ECU 将电路切断时，吸力消失，弹簧使阀体关闭，喷射停止。

喷油量的多少取决于阀体行程、喷口截面面积及喷射环境压力与燃料压力的压差和喷油时间。当前述各因素确定时，喷油量就取决于阀体的开启时间，即电磁线圈的通电时间。

## 喷油器的测量

### 1. 任务描述

当发动机出现怠速不稳、加速不良，而高压点火、空气供给系统各传感器、油压都正常时，就应该测量喷油器工作状态及电路是否正常工作。

### 2. 实施条件

(1) 工位　准备4个工位。

(2) 设备　汽油发动机实训台架。

(3) 工具　万用表、试灯、听诊器。

(4) 资料　汽车维修手册。

### 3. 实施步骤

完成喷油器的测量并规范填写工单：

<table>
<tr><td rowspan="2">任务名称</td><td rowspan="2" colspan="2"></td><td>学生姓名</td><td></td><td>组别</td><td></td><td colspan="2">工位号</td><td colspan="2"></td></tr>
<tr><td>用时</td><td colspan="3"></td><td colspan="2">零件号</td><td colspan="2"></td></tr>
<tr><td>序号</td><td colspan="5">操作步骤</td><td>使用工量具</td><td>检测数据</td><td>测量标准</td><td>结果分析</td><td>小计</td></tr>
<tr><td>1</td><td colspan="5">就车检查喷油器的工作情况：在发动机运转过程中，用听诊器（触杆式）或手指接触喷油器时，可听到或感觉到与发动机转速成正比的喷油频率。若声音不正常，则应检查喷油器及微处理器输出的喷油信号</td><td></td><td></td><td></td><td></td><td></td></tr>
<tr><td>2</td><td colspan="5">喷油器电阻值标准，多点喷射喷油器的电阻值为12~17Ω，热车工作一段时间后电阻值会略高（约高3~5Ω）。检查喷油器的电阻：拔下喷油器的导线插接器，用万用表欧姆档测量喷油器电阻值。20℃时该电阻值应为13.4~14.2Ω，若不符合要求，则应更换喷油器</td><td></td><td></td><td></td><td></td><td></td></tr>
<tr><td>3</td><td colspan="5">喷油器驱动电路的检查：脱开喷油器插接器，接通点火开关，检查插接器线束电源线的电压，应为蓄电池电压。若无电压，应检查点火开关至喷油器电源线之间的电路是否正常。此外，在一些喷油器驱动电路中，在点火开关和喷油器电源线之间还有燃油泵继电器，因此，还应检查燃油泵继电器的工作情况</td><td></td><td></td><td></td><td></td><td></td></tr>
<tr><td>4</td><td colspan="5">用万用表检查ECU搭铁端子搭铁是否良好（丰田为E01和E02）</td><td></td><td></td><td></td><td></td><td></td></tr>
<tr><td>5</td><td colspan="5">将一个330Ω电阻串联一个发光二极管作为试灯。断开点火开关，脱开喷油器插接器插头，在线束插头上接发光二极管试灯（注意极性），起动发动机，发光二极管应闪烁。若不亮或不闪烁，说明控制电路有故障，应检查喷油器至ECU的电路、传感器及ECU</td><td></td><td></td><td></td><td></td><td></td></tr>
<tr><td colspan="2">总分</td><td colspan="2">100</td><td colspan="2">总计</td><td colspan="5"></td></tr>
<tr><td colspan="2">教师签名</td><td colspan="2"></td><td colspan="2">得分</td><td colspan="5"></td></tr>
</table>

### 4. 注意事项

1）注意通风，防止火源，准备好消防设施。

2）在拆卸燃油管之前一定要先卸压。

3）油管不得有老化渗漏现象。

4）密封件、卡扣为一次性零件，维修时应更换。

5）在起动发动机时注意安全。

### 5. 评价与反馈

| 名称 | | 组别 | | 学生姓名 | | 工位号 | |
|---|---|---|---|---|---|---|---|
| | | 用时 | | | | 零件号 | |
| 序号 | 考核项目 | 评分标准 | 分数 | 学生自评 | 小组互评 | 教师评价 | 小计 |
| 1 | 团队协作 | 是否协同<br>有效工作 | 10 | | | | |
| 2 | 工作态度 | 是否积极主动<br>追求精益求精 | 10 | | | | |
| 3 | 任务方案 | 是否正确合理 | 20 | | | | |
| 4 | 任务完成情况 | 操作方法正确<br>数据正确记录<br>分析结果正确 | 30 | | | | |
| 5 | 安全规范 | 有无安全隐患<br>设备、工量具使用规范标准<br>遵守劳动纪律 | 20 | | | | |
| 6 | 现场 7S | 是否做到 | 10 | | | | |
| 总分 | | 100 | | | | | |
| 教师签名 | | | | 总计 | | | |

2022 年汽车类技能高考真题（来源于毕业学生口述）：

【题干】不属于减速断油的控制条件是（　　）。

选项：A. 节气门位置传感器的怠速触点闭合

B. 冷却液温度已经达到正常温度

C. 发动机转速高于某一转速

D. 节气门位置传感器的功率触点闭合

【答案】D

【解析】电控燃油喷射系统减速断油的控制条件是节气门位置传感器的怠速触点闭合，冷却液温度已经达到正常温度，发动机转速高于某一转速共三个条件。

【难易度】中等题

【考纲知识点】2-10. 理解电控燃油供给系统的基本结构及工作原理，会诊断及检修电控汽车燃油供给系统常见故障。

**一、判断题**

1. 喷油器电压驱动方式既可用于低阻抗喷油器，又可用于高阻抗喷油器。（　　）
2. 高阻抗喷油器减少了电磁线圈的电阻和匝数，本身的响应特性好。（　　）
3. 具有转速控制的燃油泵控制电路对燃油泵的控制更加精确。（　　）
4. 电控燃油喷射系统主继电器控制方式一般有两种：一种是由点火开关控制的；另一种是由发动机 ECU 控制的。（　　）

**二、单选题**

1. 发动机起动状态判定不需要（　　）信息。

A. 曲轴位置传感器　　　　B. 点火开关

C. 冷却液温度传感器　　　　D. 节气门位置传感器

2. D 型发动机起动后基本喷油量主要靠（　　）确定。

A. 进气歧管绝对压力信号　　　　B. 曲轴位置传感器

C. 空气流量传感器信号　　　　D. 节气门位置传感器

3. 进气温度高于 200℃时，空气密度减小，适度（　　）喷油时间，以防混合气偏浓。

A. 增加　　B. 减小　　C. 保持　　D. 其他

4. 关于油电路引起的发动机起动困难故障原因下列叙述中不正确的一项是（　　）。

A. 燃油压力太低　　　　B. 冷起动喷油器不工作

C. 缸套磨损严重　　　　D. 冷起动喷油器一直工作

5. 喷油器的驱动方式分为电流驱动与电压驱动两种方式，（　　）只适用于低阻抗喷油器。

A. 电流驱动　　B. 电压驱动　　C. 同时驱动　　D. 顺序驱动

6. 当停机熄火后油泵不转时（　　）关闭，避免管路中的燃油流回油箱，保证系统内有一定的残压避免造成下次起动时不容易着车。

A. 限压阀　　B. 单向止回阀　　C. 调压阀　　D. 分配阀

# 项目三

# 空气供给系统的检修

## 【项目概述】

速度密度式进气系统（D 型），利用进气歧管绝对压力传感器测得进气歧管中的绝对压力，然后根据绝对压力值和发动机转速推算出每一循环发动机吸入的空气量。由于进气歧管中的空气压力是变化的，因此速度密度方式不容易精确检测吸入的空气量。质量流量式进气系统（L 型）利用空气流量传感器直接测量吸入的空气量，通常用测得的空气流量与发动机转速的比值作为计算喷油量的标准。空气供给系统检修是燃油供给系统检修的基础。

通过搭建空气供给系统等学习情境，整理空气供给系统的资讯信息，在教师的指导和帮助下，学生小组合作完成空气供给系统检修实训项目，做中学、学中做，完成本学习项目的任务。

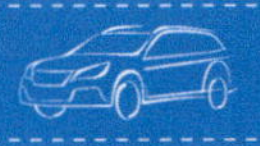

# 任务一 控制系统的检修

## 任务描述

要使发动机正常工作，必须为其提供连续可燃的空气汽油混合气，直接或间接地测量进入发动机的空气量，并按规定的空燃比计量汽油的供给量，从而形成可燃混合气，如图 3-1-1 所示。燃油供给系统的作用是提供连续的汽油，而空气供给系统的作用是测量和控制燃油燃烧时所需的空气量，为发动机可燃混合气的形成提供必要的空气。空气供给系统由空气滤清器、进气歧管、传感器、怠速控制和增压控制等组成。传感器在电控发动机中的作用是非常大的，它测量的准确度直接影响着汽车的动力性、经济性以及排放性。

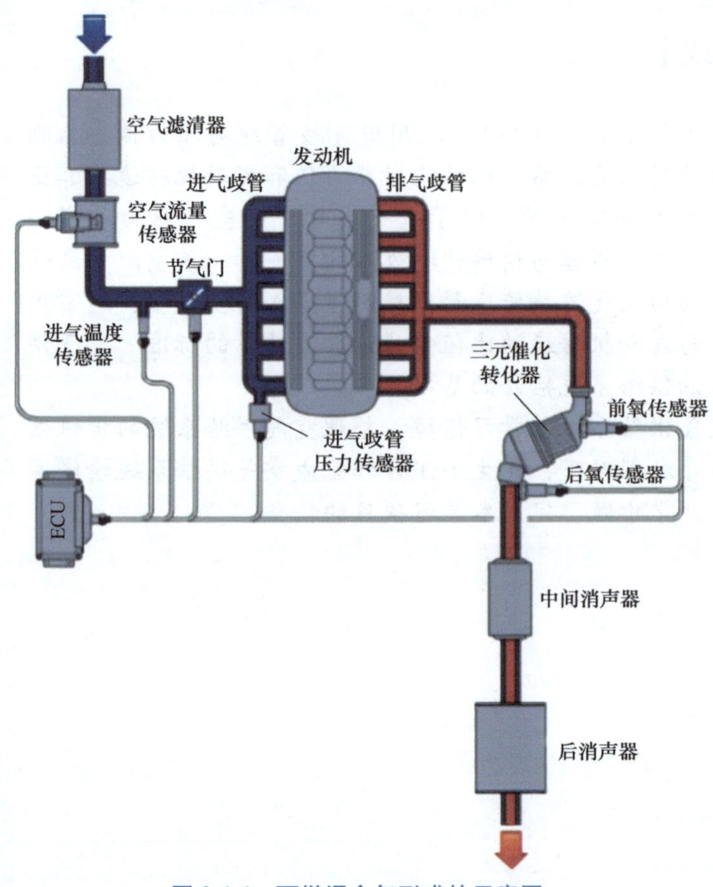


图 3-1-1　可燃混合气形成的示意图

## 学习目标

| 知识目标 | 能力目标 | 素养目标 |
| --- | --- | --- |
| 1. 了解空气供给系统的组成及分类 | 1. 学生能完成对空气供给系统部件的检测及部件更换工作 | 1. 能够在工作过程中与小组其他成员合作、交流，养成团队合作意识，锻炼沟通能力 |

（续）

| 知识目标 | 能力目标 | 素养目标 |
|---|---|---|
| 2. 了解空气供给系统传感器的工作原理与检测方法 | 2. 掌握空气滤清器的维护、节气门和进气管的检修方法 | 2. 提升认识问题、分析问题和解决问题的能力 |
| | 3. 掌握空气供给系统各部件的常见故障与排除 | 3. 培养一丝不苟、精益求精的工匠精神 |

## 职业素养

“爱岗敬业、创先争优”是一种追求卓越、积极进取的职业态度和行为，是企业和员工共同的职业素养和价值观。通过项目教育活动，可以提升学生的工作热情和责任感，加强团队合作和创新意识，促进学生形成融入企业的持续发展和进步的职业素养。

经过本任务的学习实践，学生不仅在汽车原理与维修方面有更深入的理解和掌握，同时也在思想道德素质方面得到提升。深刻认识到爱岗敬业意识和职业操守，增强工作责任感和使命感；培养学生的团队合作精神和创新意识，提高工作效率和质量；理解“爱岗敬业、创先争优”能推动企业管理和服务质量的持续改进，提升企业的竞争力和影响力。

## 资讯信息

### 知识点一　空气供给系统主要部件布置

空气供给系统主要由空气滤清器、进气测量装置、怠速控制装置、进气节流装置及进气增压装置等组成，如图 3-1-2 所示。

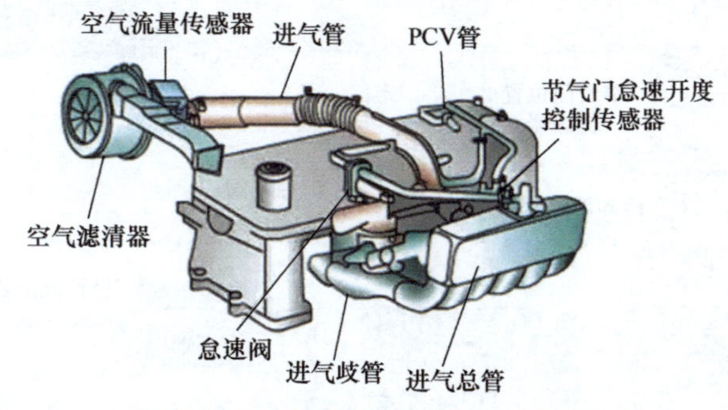


图 3-1-2　空气供给系统的组成示意图

怠速控制系统的怠速控制阀和控制系统的进气温度传感器、节气门位置传感器、进气歧管绝对压力传感器 D 型或空气流量传感器 L 型也安装在系统中，在部分电控燃油喷射发动机的空气供给系统中，还装有其他系统的元件。

#### 1. D 型发动机电控系统的空气供给系统

D 型发动机电控系统由于没有空气流量传感器，其空气供给系统结构简单，应用比较广泛。D 型发动机空气供给系统示意图如图 3-1-3 所示。发动机工作时，经空气滤清器后的空气，通过进气总管和节气门体被分配到各缸的进气歧管再进入气缸。流入进气总管的空气量取决于节气门体内的节气门开度和发动机转速。

#### 2. L 型发动机电控系统的空气供给系统

L 型发动机电控系统对空气量的测量更精确，应用也比较广泛。L 型发动机空气供给系统示意图如图 3-1-4 所示。

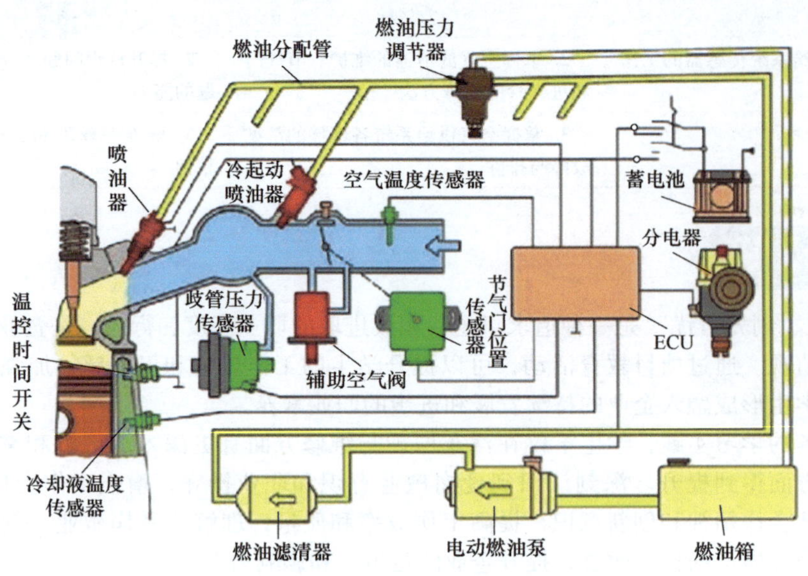


图 3-1-3　D 型发动机空气供给系统示意图

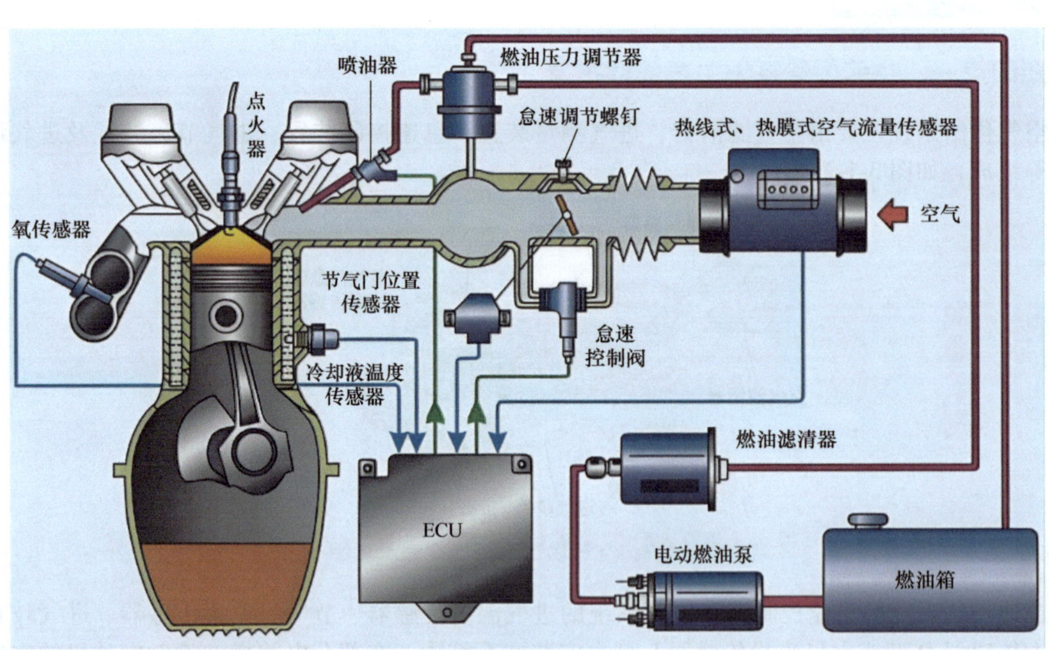


图 3-1-4　L 型发动机空气供给系统示意图

与 D 型发动机电控系统的空气供给系统相比，L 型发动机电控系统在空气供给系统中设置了空气流量传感器，取消了进气歧管绝对压力传感器，其他组成部件基本相同。

## 知识点二　空气供给系统主要部件的结构

### 1. 空气滤清器

空气滤清器是空气供给系统的主要组成部分，其功用是滤除空气中的杂质，以减轻发动机磨损。同时，空气滤清器也可减小发动机进气噪声。空气滤清器的安装位置如图 3-1-5 所示。

目前，汽车发动机广泛采用纸质干式空气滤清器，其滤芯是用树脂处理的微孔滤纸制成的，滤芯呈波折状，具有较大的过滤面积，其结构如图 3-1-6 所示。为保证滤芯上、下两端的密封，在滤芯两端装有密封圈。发动机工作时，空气由滤清器盖与外壳之间的空隙进入，经过滤芯滤清后，经接管流向气缸。

图 3-1-5 空气滤清器的安装位置

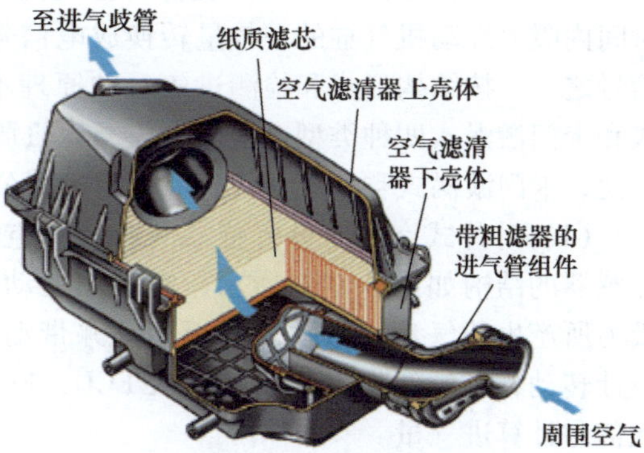

图 3-1-6 空气滤清器的结构

至进气歧管
纸质滤芯
空气滤清器上壳体
空气滤清器下壳体
带粗滤器的进气管组件
周围空气

## 2. 节气门体

节气门体的安装位置如图 3-1-7 所示，节气门体安装在进气管中，用以控制发动机正常工况下的进气量。节气门体主要由节气门、怠速控制装置和怠速空气道等组成，如图 3-1-8 所示。节气门位置传感器安装在节气门轴上，用来检测节气门的开度。

图 3-1-7 节气门体的安装位置

## 3. 进气管

进气管一般包括进气软管、进气总管和进气歧管。进气软管用于连接空气滤清器与节气门体，进气总管用于连接节气门体与进气歧管。有些发动机的进气总管与进气歧管制成一体，有些则是分开制造再用螺栓连接。典型的进气管实物图如图 3-1-9 所示。

图 3-1-8 电控发动机节气门体实物图

图 3-1-9 典型的进气管实物图

进气歧管的功用是给各缸分配空气。进气歧管用螺栓安装在气缸盖上，并在进气歧管与气缸盖之间装有密封垫，以防止漏气。发动机的进气歧管与排气歧管一般制成一体，称为整体式进、排歧管。

## 知识点三　空气供给系统主要传感器的结构

### 1. 空气流量传感器

空气流量传感器（MAF）也称为空气流量计，用于 L 型发动机电控系统中，其作用是将单位时间内吸入发动机气缸的空气量转换成电信号并输送给 ECU，作为决定喷油量和点火正时的基本信号之一。按结构形式和检测进气量的原理不同，空气流量传感器可分为叶片式、热线式、热膜式和卡门漩涡式四种类型。现代电控发动机质量型空气流量传感器（热膜式、热线式）应用最为广泛，卡门漩涡式空气流量传感器只有三菱公司生产的部分发动机还在使用。

（1）叶片式空气流量传感器　叶片式空气流量传感器的结构如图 3-1-10 所示，它利用发动机真空吸力所产生的气流，推动测量板运动并带动一个电位计转动，电位计将电压信号送入 ECU，ECU 使用此信号计算进气量。

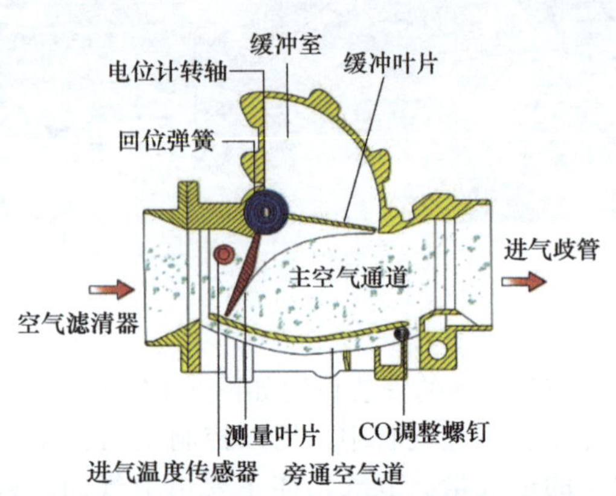

图 3-1-10　叶片式空气流量传感器的结构

（2）卡门漩涡式空气流量传感器　卡门漩涡式空气流量传感器通常与空气滤清器外壳安装成一体，其结构如图 3-1-11 所示。卡门漩涡式空气流量传感器是根据卡门涡流的理论制成的，它在进气道内设置一个涡流发生器（三角形或流线型立柱），空气流经涡流发生器时，在涡流发生器后方的气流中就会产生一系列不对称但十分规则的空气涡流（即卡门涡流），根据卡门涡流理论，涡流发生器内产生的涡流将沿气流流动方向向后移动，移动速度与空气流速成正比，因此，通过测量单位时间内的空气涡流数（即涡流频率），就可以计算出空气气流的流速和流量。测量单位时间内漩涡数量的方法有反光镜检测和超声波检测两种。

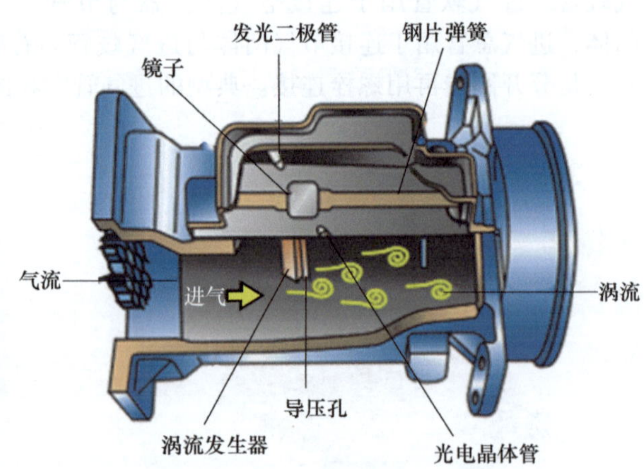

图 3-1-11　卡门漩涡式空气流量传感器的结构

1）反光镜式卡门漩涡式空气流量传感器的漩涡检测装置由反光镜、发光二极管和光敏晶体管、板弹簧等组成。其工作原理图如图 3-1-12 所示，其内只有一只发光二极管和一只光电晶体管。发光二极管发出的光束被一片反光镜反射到光电晶体管上，使光电晶体管导通，输出电流信号，再转换成电压信号。

2）超声波式卡门漩涡式空气流量传感器检测原理图如图 3-1-13 所示，是利用卡门漩涡引起的空气密度变化进行测量。空气流动方向的垂直方向安装超声波信号发生器，在其对面安装超声波接收器。从信号发生器发出的超声波因受卡门漩涡造成的空气密度变化的影响，到达接收器有时变早，有时变晚，而测出其相位差，利用放大器使之形成矩形波，则矩形波的脉冲频率为卡门漩涡的频率。

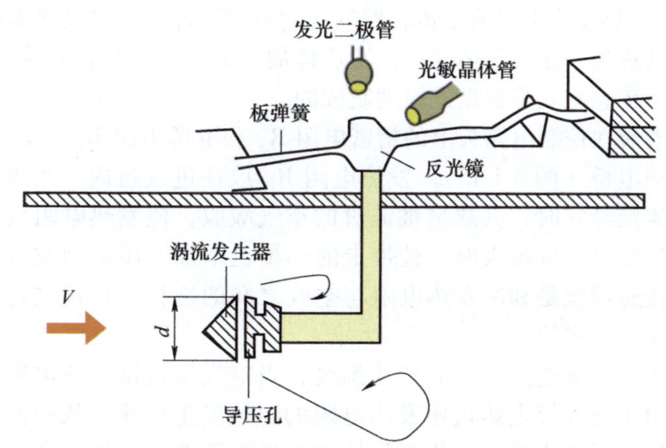

图 3-1-12 反光镜式卡门漩涡式空气流量传感器的工作原理图

（3）热线式空气流量传感器

1）热线式空气流量传感器的类型及组成。热线式空气流量传感器有两种：第一种是将热线电阻安装在主进气道中，称为主流测量方式的热线式空气流量传感器；第二种是将热线电阻安装在旁通空气道中，称为旁通测量方式的热线式空气流量传感器。热线式空气流量传感器主要由防护网、采样管、热线电阻、温度补偿电阻和控制电路板等组成，其结构如图 3-1-14 所示。

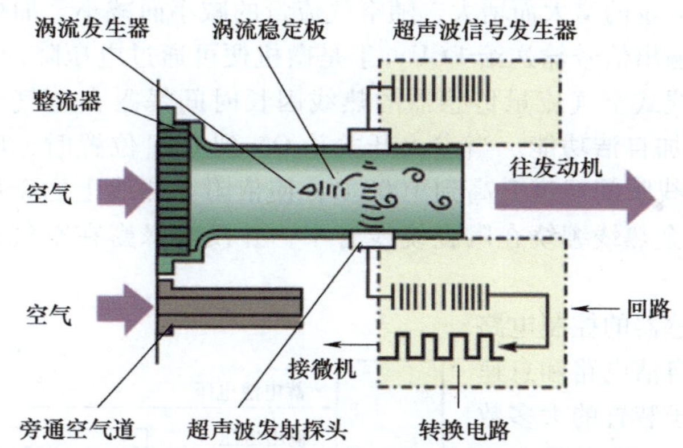

图 3-1-13 超声波式卡门漩涡式空气流量传感器检测原理图

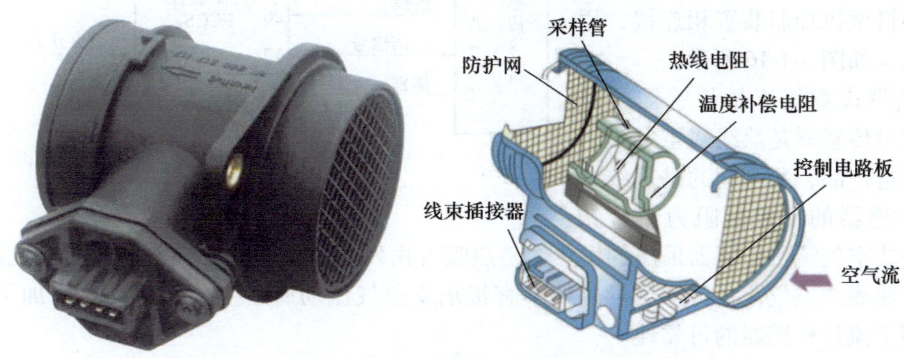

图 3-1-14 热线式空气流量传感器的实物及结构

热线式空气流量传感器在进气道设置一个发热体，在进气流经过发热体时带走了热量，为保持发热体的温度，传感器加大通过发热体的电流，此加大的电流被 ECU 用作计算发动机的进气量。

热线式空气流量传感器能在短时间内反映空气的流量，响应速度快，无运动组件，进气阻力小，不易磨损，测量范围大，因此在汽车上有着很广泛的应用。

2）热线式空气流量传感器的控制电路原理。在空气通道中放置一发热体，空气流经发热体时带走其热量，使发热体变冷，发热体周围通过的空气流量越多，被带走的热量也越多。热线式空气流量传感器就是根据此原理制成的。

安装在控制电路板上的精密电阻 $R_A$ 和电桥电阻 $R_B$，发热电阻 $R_H$ 及温度补偿电阻 $R_K$ 组成了惠斯通电桥（图 3-1-15）。发热电阻 $R_H$ 放在进气道内，当进气气流流经它时，其热量被流过的空气吸收，使发热电阻变冷，且空气流量增大时，被带走的热量也增加，质量型空气流量传感器就是利用发热电阻与空气之间的这种热传递进行空气流量测定的。

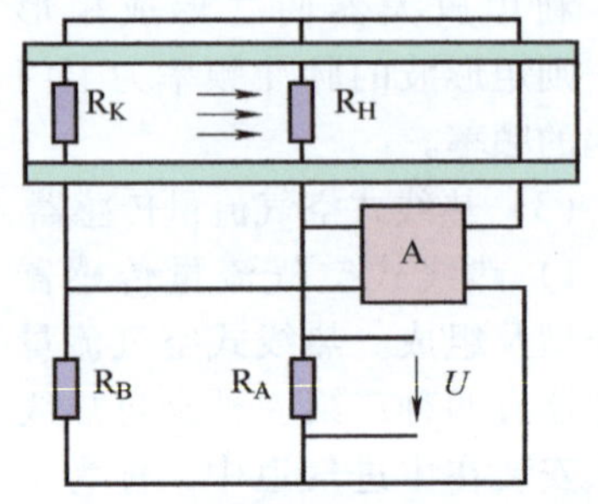

图 3-1-15　惠斯通电桥原理示意图

混合集成电路 A 控制热线温度，当空气流过该发热电阻时，由于空气带走热量使发热电阻的阻值发生变化，从而使惠斯通电桥失去平衡。为了保持该电桥的平衡，必须提高电压，加大通过发热电阻的电流，进而使发热电阻的温度升高，使原来的电阻值恢复。根据这一原理，通过控制电路，改变惠斯通电桥的电压和电流，使发热电阻损失的热量与电流加热发热电阻产生的热量相等，并使发热电阻的温度和其电阻值保持一致。这样，通过发热电阻的电流便是空气流量的单一函数，也就是发热电阻电流随空气流量的增大而增大，随空气流量的减小而减小。加热电流通过精密电阻 $R_A$ 产生的电压降作为电压输出信号输送给 ECU，于是微机便可通过电压降的大小测得空气流量，来控制精确的喷油量。热线式空气流量传感器的热线因长时间暴露在空气中，会造成空气中的杂质依附在热线上，需增加自洁功能。当点火开关从 ON 到 OFF 位置时，ECU 会给空气流量传感器一个自洁信号，使热线瞬间温度升高到 1000℃，使依附在热线上的杂质烧掉。因旁通热线式空气流量传感器上的铂金热线缠绕在陶瓷绕线管中，并没有暴露在空气中，所以就不需要自洁功能。

热线式空气流量传感器的控制电路板包括电桥平衡电路、自洁电路和怠速混合气调节电位器，电子装置的大多数元件（除 $R_H$、$R_K$ 和 $R_A$）都安装在这块集成电路板上。其上一般设置六端子插头与发动机微机控制装置相连接，用以传递信息，如图 3-1-16 所示。

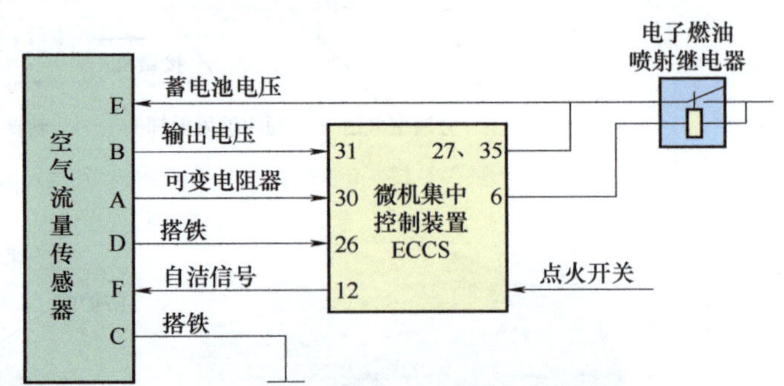

图 3-1-16　热线式空气流量传感器电路图

(4) 热膜式空气流量传感器　热膜式空气流量传感器是热线式空气流量传感器的改进产品，所不同的是热线式空气流量传感器的发热电阻为铂金铂丝，而热膜式空气流量传感器采用的发热体是热膜（由发热金属铂固定在薄的树脂膜上制成），而不是热线。热膜式空气流量传感器发热体不直接承受空气流动所产生的作用力，增加了发热体的强度，提高了流量传感器的可靠性。

由于轿车所使用的空气流量传感器大部分为热膜式，热膜式空气流量传感器安装在空气滤清器和进气软管之间，主要由控制电路、热膜、进气温度传感器和金属护网等组成，其结构如图 3-1-17 所示。

## 2. 进气歧管绝对压力传感器

进气歧管绝对压力传感器（MAP）一般装于发动机舱内，用一根真空管与进气歧管相接或直接装在节气门后方的进气歧管上。部分早期车型安装于ECU内或发动机舱内防火壁上。进气歧管绝对压力传感器的安装位置如图3-1-18所示。

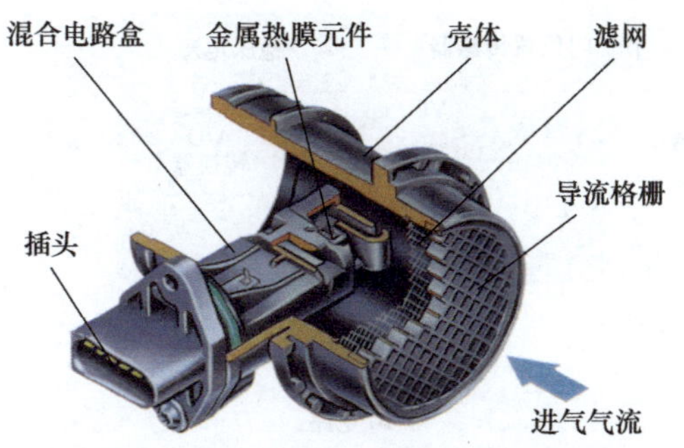


图3-1-17 热膜式空气流量传感器的结构

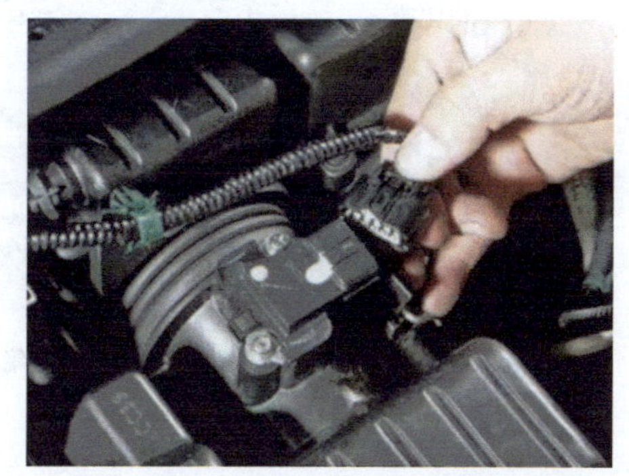

图3-1-18 进气歧管绝对压力传感器的安装位置

进气歧管绝对压力传感器的作用是测量进气歧管压力，用以将进气管内的压力变化转换成电信号，它与转速信号一起输入ECU，作为决定喷油器基本喷油量的依据。控制单元同时使用进气量计算发动机的负荷，以采用相应的发动机控制策略。

进气歧管绝对压力传感器有压敏电容式和压敏电阻式两种，应用于D型电控燃油喷射系统中。

## 3. 节气门位置传感器

节气门位置传感器（TPS）安装在节气门轴上，如图3-1-19所示，与节气门联动。其作用是检测节气门的开度及开度变化，并将其转变成电信号输送给ECU。ECU根据节气门位置传感器信号来判别发动机的工况，根据工况不同来控制喷油。在自动变速器车上，节气门位置传感器信号同时输入变速器ECU，来控制变速器换档时机和变矩器锁止时机。根据结构和原理不同，节气门位置传感器可分为可变电阻式、触点式和组合式三种。

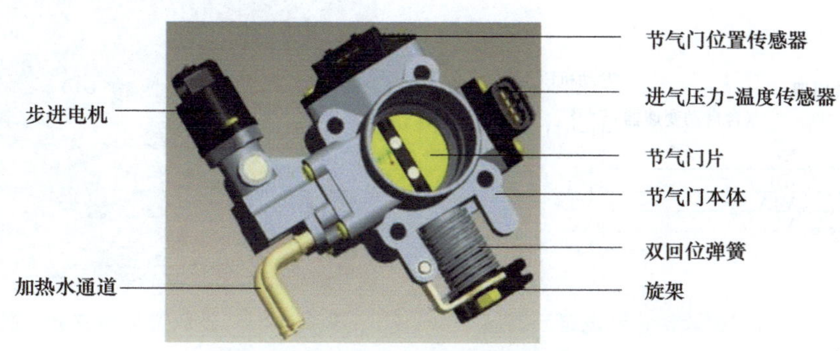


图3-1-19 节气门位置传感器

（1）触点式节气门位置传感器的结构与原理 触点式节气门位置传感器主要由一个滑动触点和两个固定触点组成。滑动触点（$E_2$）随节气门轴一起转动，滑动触点在节气门全关（怠速）时与怠速固定触点闭合，而在节气门接近全开时与全开触点（PSW）闭合；节气门开度在中间位置时，滑动触点与两个固定触点均断开。ECU根据触点的闭合情况确定发动机处于怠速、中等负荷或全负荷工况。

（2）可变电阻式节气门位置传感器的结构与原理 可变电阻式节气门位置传感器是一个线性电位计，由节气门轴带动电位计的滑动触点。根据其结构不同可分为三线式和四线式。

四线式可变电阻式节气门位置传感器原理示意图如图3-1-20所示。VC为ECU提供的5V电源，VTA 为传感器向 ECU 输入的信号，$E_2$ 为传感地线。节气门全关时，输出电压应约为 0.5V，给控制单元提供一个怠速信号，当驾驶人迅速踩下加速踏板时，ECU 检测信号电压的变化速率，以了解驾驶人的真正意图，并采取相应的控制模式。

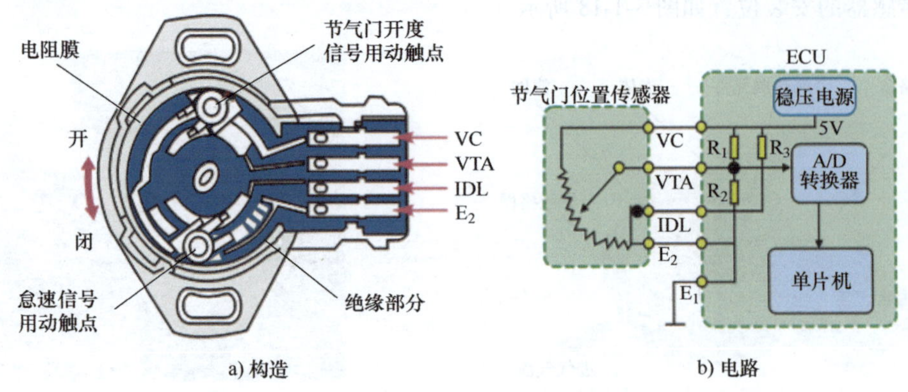


图 3-1-20　四线式可变电阻式节气门位置传感器原理示意图

（3）组合式节气门位置传感器的结构与原理　组合式节气门位置传感器组合了线式和开关型节气门，在丰田皇冠 3.0、雷克萨斯 LS400 等轿车装用的是由一个电位计和一个怠速触点组成的组合式节气门位置传感器，工作原理和检修方法参阅前两种节气门位置传感器，其电路示意图如图 3-1-21 所示。

#### 4. 进气温度传感器（THA）

（1）进气温度传感器的结构与作用　进气温度传感器通常安装在空气滤清器之后的进气软管上或空气流量传感器上，如图 3-1-22 所示，其作用是提高喷油器的控制精度。进气温度传感器的结构如图 3-1-23 所示，其主要由绝缘套、塑料外壳、防水插座、铜垫圈和热敏电阻等组成。

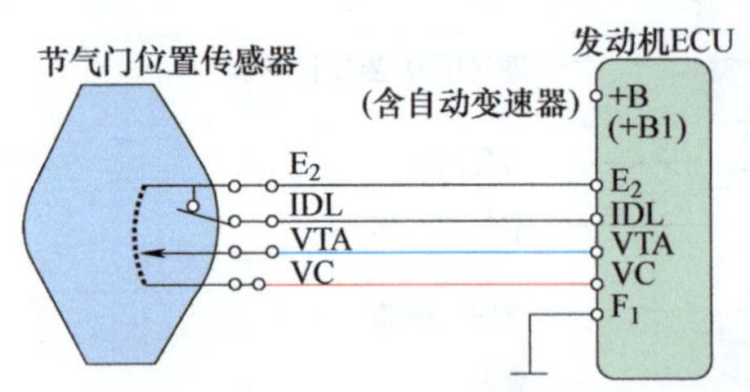


图 3-1-21　组合式节气门位置传感器电路示意图

图 3-1-22　进气温度传感器安装位置图

（2）进气温度传感器的原理　进气温度传感器用以检测进气温度，测量进气温度的目的是确定进气的密度，以提高进气量测量的精度。

进气温度传感器也是由负温度系数的热敏电阻组成的，即温度升高时传感器的电阻明显减小，ECU 根据输入的电信号对喷油量进行修正。

图 3-1-23　进气温度传感器的结构

## 丰田卡罗拉轿车热线式空气流量传感器的检查

### 1. 任务描述

丰田卡罗拉轿车出现冒黑烟、怠速游车的故障，而且黑烟随车辆加速而增多，耗油大。分析为：黑烟随车辆加速而增多，油耗大，可能是喷油量偏多、混合气过浓造成的。使用故障诊断仪读取故障码为P115C，解码为空气流量传感器信号不正确，检测空气流量传感器及工作电路是否正常。丰田卡罗拉轿车热线式空气流量传感器工作电路图如图3-1-24所示。

### 2. 实施条件

（1）工位　准备4个工位。

（2）设备　丰田卡罗拉汽车两辆或1ZR-FE发动机台架4台。

（3）工具　通用工具一套，万用表一只，吹风机一台，发动机舱防护罩一套，“三件套”一套。

（4）资料　汽车维修手册。

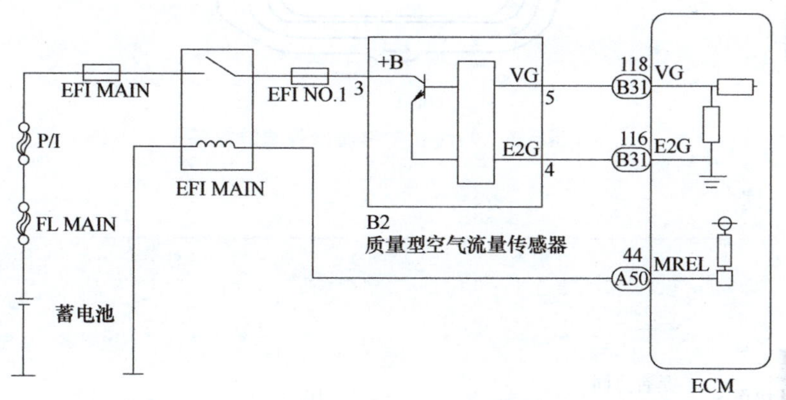


图3-1-24　丰田卡罗拉轿车热线式空气流量传感器工作电路图

### 3. 实施步骤

完成空气流量传感器及工作电路测量并规范填写工单：

| 任务名称 | | 学生姓名 | | 组别 | | 工位号 | |
|---|---|---|---|---|---|---|---|
| | | 用时 | | | | 零件号 | |
| 序号 | 操作步骤 | 使用工量具 | 检测数据 | 测量标准 | 结果分析 | 小计 | |
| 1 | 元件的检测：拆下传感器，在传感器插接器端子+B与端子E2G之间施加蓄电池电压，如图3-1-24所示；用万用表测端子VG与端子E2G之间的电压，并用吹风机向传感器热线吹风，测出电压值应为0.2~4.9V。风速越高，电压应越大，否则，更换传感器 | | | | | | |
| 2 | 电路的检测：检查传感器的供电电压，断开传感器插接器，其线束侧插接器B2如图3-1-25所示，接通点火开关，用万用表测B2-3号端子与车身搭铁之间的电压，应为9~14V，否则，进入步骤4 | | | | | | |
| 3 | 电路的检测：检查传感器与ECU之间的电路，断开ECU插接器，用万用表电阻档测B2-5（VG）至B31-118之间、B2-4（E2G）至B31-116之间的电阻，应小于1Ω；测B2-5（VG）或B31-118至车身搭铁之间、B2-4（E2G）或B31-116至车身搭铁之间的电阻，应大于10kΩ。如果不符合要求，则维修或更换线束或插接器 | | | | | | |

（续）

| 序号 | 操作步骤 | 使用工量具 | 检测数据 | 测量标准 | 结果分析 | 小计 |
|---|---|---|---|---|---|---|
| 4 | 检查熔丝 EFI NO. 1：从发动机舱继电器盒上拆下熔丝 EFI NO. 1，用万用表电阻档测断丝电阻值，应小于 1Ω，否则，更换熔丝；若正常，则维修或更换线束或插接器 | | | | | |
| 5 | 检查传感器搭铁情况：用万用表测传感器线束侧插接器 B2-4（E2G）至车身搭铁之间的电阻，应小于 1Ω，否则，检查 B2-4（E2G）与 ECU 线束侧插接器 B31-116 之间的导通情况；若正常，则更换 ECU | | | | | |
| 总分 | 100 | 总计 | | | | |
| 教师签名 | | 得分 | | | | |

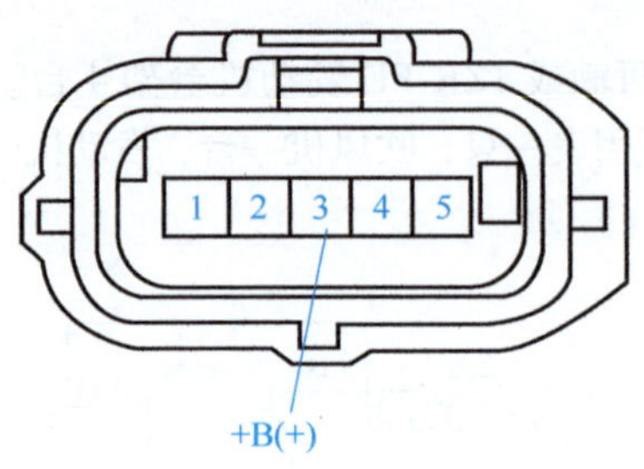


图 3-1-25　热线式空气流量传感器端子

### 4. 评价与反馈

| 名称 | | 组别 | | 学生姓名 | | 工位号 | |
|---|---|---|---|---|---|---|---|
| | | 用时 | | | | 零件号 | |
| 序号 | 考核项目 | 评分标准 | 分数 | 学生自评 | 小组互评 | 教师评价 | 小计 |
| 1 | 团队协作 | 是否协同<br>有效工作 | 10 | | | | |
| 2 | 工作态度 | 是否积极主动<br>追求精益求精 | 10 | | | | |
| 3 | 任务方案 | 是否正确合理 | 20 | | | | |
| 4 | 任务完成情况 | 操作方法正确<br>数据正确记录<br>分析结果正确 | 30 | | | | |
| 5 | 安全规范 | 有无安全隐患<br>设备、工量具使用规范标准<br>遵守劳动纪律 | 20 | | | | |
| 6 | 现场 7S | 是否做到 | 10 | | | | |
| 总分 | | 100 | | | | | |
| 教师签名 | | | | 总计 | | | |

2021 年汽车类技能高考真题（来源于毕业学生口述）：

【题干】超声波式卡门漩涡式空气流量传感器的输出信号是（　　）。

选项：A. 连续信号　　B. 数字信号　　C. 模拟信号　　D. 固定信号

【答案】B

【解析】超声波式卡门漩涡式空气流量传感器从信号发生器发出的超声波因受卡门漩涡造成的空气密度变化的影响，到达接收器有时变早，有时变晚，而测出其相位差，利用放大器使之形成矩形波，则矩形波的脉冲频率为卡门漩涡的频率。

【难易度】中等题

【考纲知识点】2-10. 理解电控燃油供给系统基本结构及工作原理，会诊断及检修电控汽车燃油供给系统常见故障。

## 巩固提升

**一、判断题**

1. 对于使用热膜式和热线式空气流量传感器的电控系统，测量进气量多少与大气压力无关，无须大气压力传感器。（　）
2. D 型电控燃油喷射系统的进气量采用空气流量传感器测量。（　）
3. 空燃比大于 14.7 的混合气是浓可燃混合气。（　）
4. 过量空气系数等于 1 的混合气是标准可燃混合气。（　）
5. 漩涡式空气流量传感器具有自洁功能。（　）

**二、单选题**

1. 下列不属于空气供给系统的是（　）。

A. 节气门体　　B. 空气滤清器　　C. 进气歧管　　D. 燃油滤清器

2. D 型发动机起动后基本喷油量主要靠（　）确定。

A. 进气歧管绝对压力信号　　B. 曲轴位置传感器

C. 空气流量传感器信号　　D. 节气门位置传感器

3. L 型发动机电控系统的空气供给系统与 D 型发动机电控系统相比，设置了（　）。

A. 曲轴位置传感器　　B. 空气流量传感器

C. 进气歧管绝对压力信号　　D. 节气门位置传感器

4. 进气温度高于 20℃时，空气密度减小，适度（　）喷油时间，以防混合气偏浓。

A. 延长　　B. 缩短　　C. 保持　　D. 其他

# 任务二　怠速控制系统的检修

## 任务描述

在汽车使用过程中，发动机怠速运转的时间约占 30%，怠速转速的高低直接影响燃油消耗和排放污染。怠速转速过高，会使燃油消耗增加；怠速转速过低，由于运行条件较差或负载增加，容易导致发动机运转不稳甚至熄火，同时又会增加排放污染。因此，电控发动机需要根据发动机怠速时工作条件及负荷的变化来控制怠速运转时的最低稳定转速。本次任务主要介绍电控发动机怠速控制系统的结构及检修的相关知识。气门直动式怠速控制系统的结构如图 3-2-1 所示。

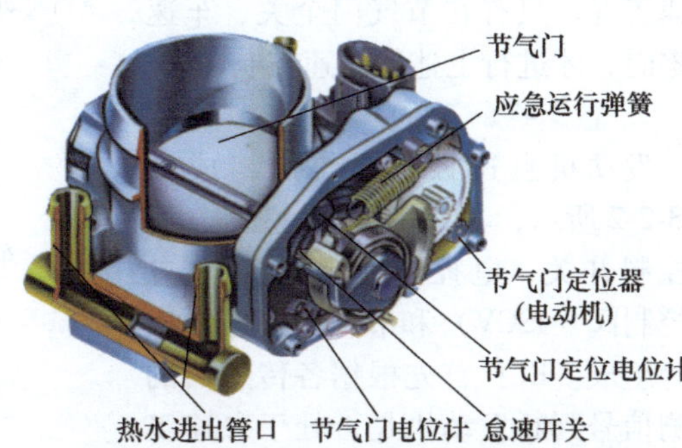


图 3-2-1　气门直动式怠速控制系统的结构

| 知识目标 | 能力目标 | 素养目标 |
| --- | --- | --- |
| 1. 了解发动机怠速转速的控制要求及控制方法 | 1. 掌握旋转滑阀式怠速控制阀、步进电机式怠速控制阀的检查方法 | 1. 能够在工作过程中与小组其他成员合作、交流，养成团队合作意识，锻炼沟通能力 |
| 2. 了解怠速控制系统的结构与工作原理 | 2. 掌握大众车系怠速控制系统的检查方法 | 2. 提升认识问题、分析问题和解决问题的能力 |
|  | 3. 掌握电子节气门控制系统的检查方法 | 3. 培养一丝不苟、精益求精的工匠精神 |

培养学生的爱国情感和增强专业认同感已经成为职教界关注的焦点议题之一。在这个主题中，教师首先通过实际案例向学生展示一些汽车维修中发生的爱国情感的真实案例，通过分析案例，引导学生理解“爱国情感与专业认同感”的重要性，引导他们在今后的职业生涯中扣好人生的第一颗纽扣；激发学生的兴趣与热爱，通过多样化的教学手段，使学生对国家的历史、文化和社会发展产生浓厚的兴趣。最后，同学们对汽车维修这一行业的职业要求有更加明确的认识，对未来的发展规划有更加清晰的思考。

## 知识点一　怠速控制系统的功用及组成

### 1. 怠速控制系统的功用

怠速工况是发动机在对外不做功的情况下，以最低稳定的转速运行的状态。此时发动机与传动系统完全脱离，其目的就是维持发动机在较低的转速下连续、平稳运转和提供其他各辅助装置的工作动力，比如空调、动力转向装置等突然开启或关闭时，使发动机转速稳定运行在某一速度范围。怠速工况是发动机的重要工况之一。影响发动机怠速性能的因素主要有两个方面，一方面是控制进入气缸的混合气流量，另一方面是对气缸可燃混合气进行点火的时刻。

在怠速控制系统中，ECU 根据节气门位置传感器信号和车速信号确认怠速工况。只有在节气门全关、车速为零时，才进行上述的怠速控制。

### 2. 怠速控制系统的组成

发动机怠速控制系统的组成如图 3-2-2 所示，其由各种传感器、信号控制开关、电控单元（ECU）、怠速控制阀（ISCV）和节气门旁通空气道等组成。ECU 首先根据各传感器的检测信号判断发动机是否处于怠速工况及发动机负荷的变化情况，然后根据存储在 ECU 的怠速控制程序确定一

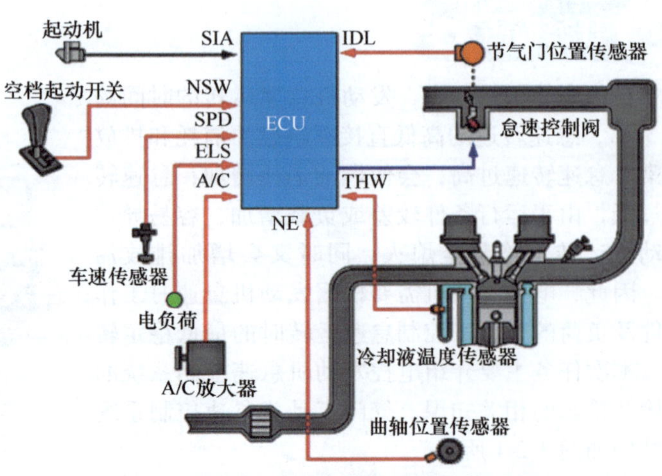


图 3-2-2　发动机怠速控制系统的组成

个怠速运转的目标转速，并与实际怠速转速进行比较，根据比较结果对怠速控制阀发出相应指令，进而控制节气门旁路中的空气流量，以调节进气量，使发动机的怠速转速达到所确定的目标值。

## 知识点二 怠速控制系统的类型

怠速控制的实质就是对怠速工况下的进气量进行控制。根据控制进气量方式的不同，怠速控制可分为节气门直动式和旁通空气式两种控制类型，如图 3-2-3 所示。

节气门直动式是通过执行元件改变节气门的最小开度，来控制怠速进气量；而在旁通空气式怠速控制系统中，设有旁通节气门的怠速空气道，由执行元件怠速控制阀控制流经怠速空气道的空气量。

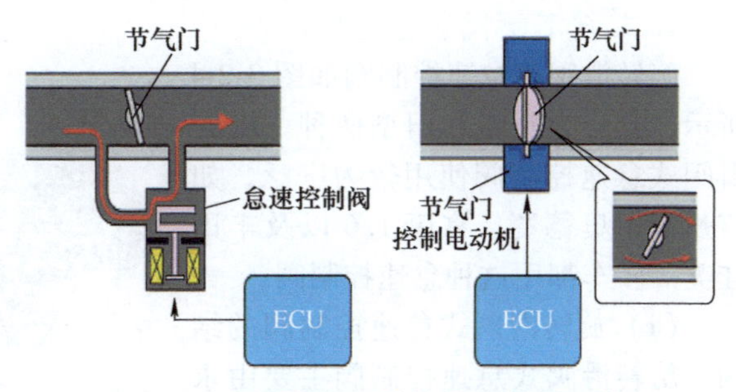


图 3-2-3 怠速控制系统的控制类型示意图

## 知识点三 怠速控制系统的控制策略

为了实现发动机在目标怠速转速下稳定运转，怠速控制系统主要完成起动初始位置的设定、起动控制、暖机控制、怠速预测控制、电器负荷增多时的怠速控制等控制内容。

### 1. 起动初始位置的设定

为了改善发动机的起动性能，关闭点火开关使发动机熄火后，ECU 继续给怠速控制执行机构供电约 2~3s，使怠速控制执行机构回到起动初始全开位置，为下次起动做好准备。

### 2. 起动控制

在起动期间，ECU 根据冷却液温度传感器信号来控制怠速控制执行机构，调节怠速控制阀的开度，使之达到起动后暖机控制的最佳位置。怠速控制阀的开度随冷却液温度的升高而减小，控制特性存储在 ECU 内。

### 3. 暖机控制

暖机控制又称为快怠速控制，在暖机过程中，ECU 根据冷却液温度信号按内存的控制特性控制怠速控制阀开度，随着温度上升，怠速控制阀开度逐渐减小。当冷却液温度达到设定温度时，暖机控制过程结束。

### 4. 怠速稳定控制

在怠速运转时，ECU 将接收到的转速信号与确定的目标转速进行比较。当其差值超过 20r/min 时，ECU 将通过怠速控制执行机构控制怠速控制阀，调节怠速空气供给量，使发动机的实际转速与目标转速相同。怠速稳定控制又称为反馈控制。

### 5. 怠速预测控制

发动机在怠速运转时，变速器档位、动力转向、空调工作状态的变化都使发动机的转速发生可以预见的变化。为了避免发动机怠速转速波动过大或熄火，在发动机负荷出现变化时，ECU 通过怠速控制执行机构提前调节怠速控制阀的开度。

### 6. 电器负荷增多时的怠速控制

在怠速运转时，如使用的电器负载增大到一定程度，蓄电池电压就会降低。为了保证电控系统正常的供电电压，ECU 根据蓄电池电压信号，通过怠速控制执行机构调节怠速控制阀的开度提高发动机的怠速转速，以提高发电机的输出功率。

### 7. 学习控制

在发动机使用过程中，由于磨损等原因会使怠速控制阀的性能发生改变，因此即使怠速控制阀的位置相同，实际的怠速转速也会与设定的目标转速略有不同。在此情况下，ECU 在利用反馈控制使怠速回归到目标值的同时，还可将怠速控制执行机构的运行情况存储在 ROM 存储器中，以便在此后的怠速控制过程中使用。

## 知识点四　怠速控制执行机构的结构及工作原理

### 1. 旋转滑阀式怠速控制阀

旋转滑阀式怠速控制阀如图 3-2-4 所示，其分为新型和旧型两种。旋转滑阀式怠速控制阀使用较为广泛，如广州本田奥德赛、富康 1.6 以及丰田佳美等轿车都用这种怠速控制阀。

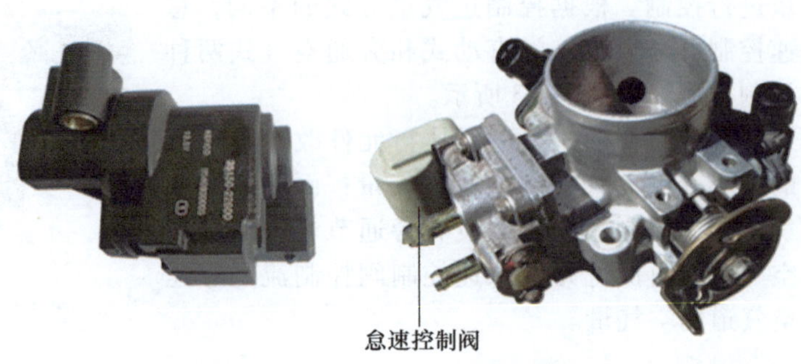


a) 新型旋转滑阀式怠速控制阀　　b) 旧型旋转滑阀式怠速控制阀

图 3-2-4　旋转滑阀式怠速控制阀

（1）旋转滑阀式怠速控制阀的结构　旋转滑阀式怠速控制阀主要由永久磁铁、旁通空气道、旋转滑阀和回位弹簧等组成。其中，旋转滑阀固装在电枢轴上，与电枢轴一起转动，用以控制通过旁通空气道的空气量；永久磁铁固装在外壳上，形成永久磁场；回位弹簧的作用是在发动机熄火后使怠速控制阀旁通道完全打开，如图 3-2-5 所示。

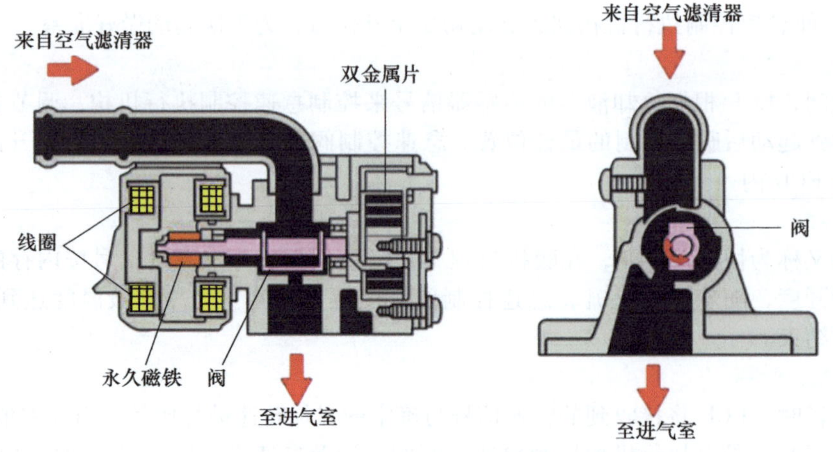


图 3-2-5　旋转滑阀式怠速控制阀的结构

（2）旋转滑阀式怠速控制阀的原理　新型旋转滑阀只有一组线圈，通过回位弹簧进行回位控制。它取消了双金属片的加热控制，其控制范围增大，且更精确，如图 3-2-6 所示。

### 2. 占空比控制的怠速控制阀

占空比怠速控制阀安装在进气歧管上，其实物外形及结构如图 3-2-7 所示。利用来自发动机控制模块的占空比信号控制经过节气门旁通道的进气量。

当发动机怠速运行时，发动机控制模块根据各种传感器的信号，向电磁线圈通以占空比可调的脉冲信号。控制信号的占空比决定了线圈中平均电流的大小，而平均电流的大小又决定了电磁阀的开度和发动机怠速的高低。占空比越大，线圈中的平均电流越大，线圈吸力越强，阀门升程高，开度大，旁通空气量大，怠速高；反之，怠速低。

控制过程同步进电机式和旋转滑阀式怠速控制阀基本一致，只是怠速控制阀的动作都是由发动机控制模块的占空比信号控制的，这种怠速控制阀在日产车和福特车上都有使用。占空比

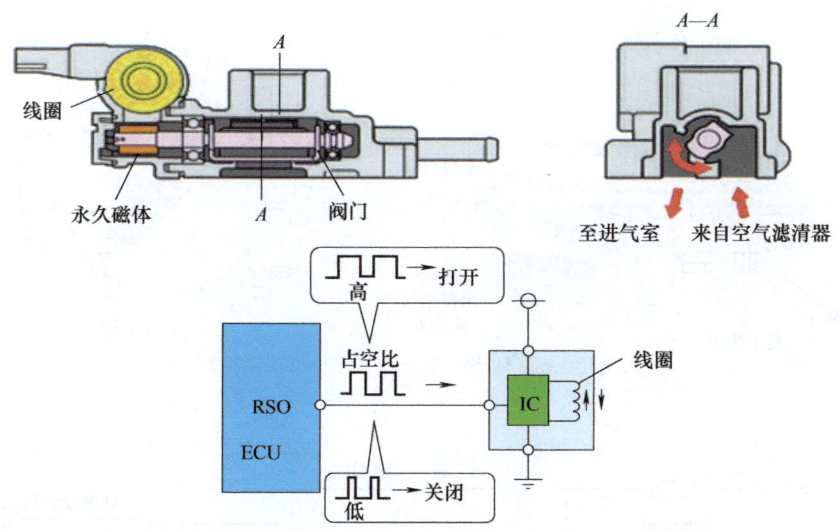

图 3-2-6 新型旋转滑阀式怠速控制阀的工作原理图

怠速控制阀的控制电路图如图 3-2-8 所示。

### 3. 步进电机式怠速控制阀

目前，相当一部分汽车都采用步进电机来控制发动机的怠速转速，如赛欧、奇瑞、切诺基及微型面包车等。

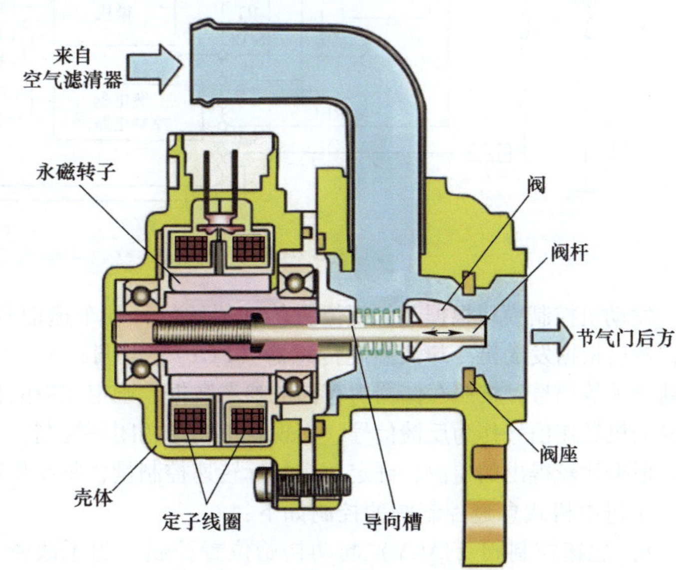

图 3-2-7 占空比怠速控制阀结构

步进电机式怠速控制阀的结构如图 3-2-9 所示。步进电机式怠速控制阀安装在发动机进气总管上，发动机控制模块根据各种传感器的信号在怠速控制阀插头各端子上加电压，从而使电机转子顺转或反转，使阀芯做轴向移动，改变阀芯与阀座之间的间隙，就可以调节流过旁通空气道的空气量。间隙小，进气量少，怠速低；间隙大，进气量多，怠速高。步进电机式怠速控制阀工作电路图如图 3-2-10 所示。

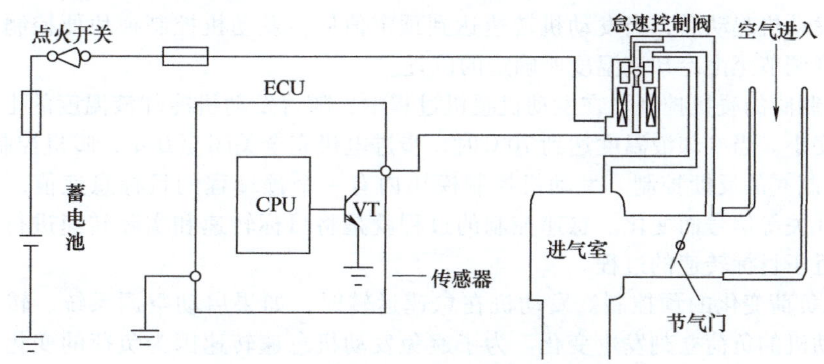

图 3-2-8 占空比怠速控制阀的控制电路图

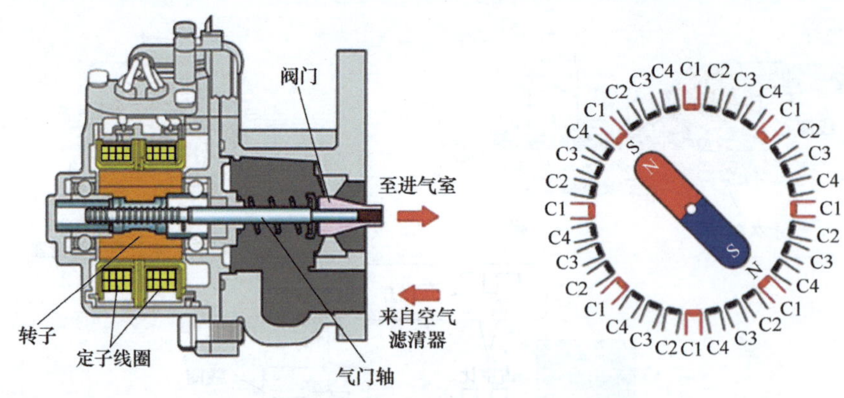


图 3-2-9 步进电机式怠速控制阀的结构

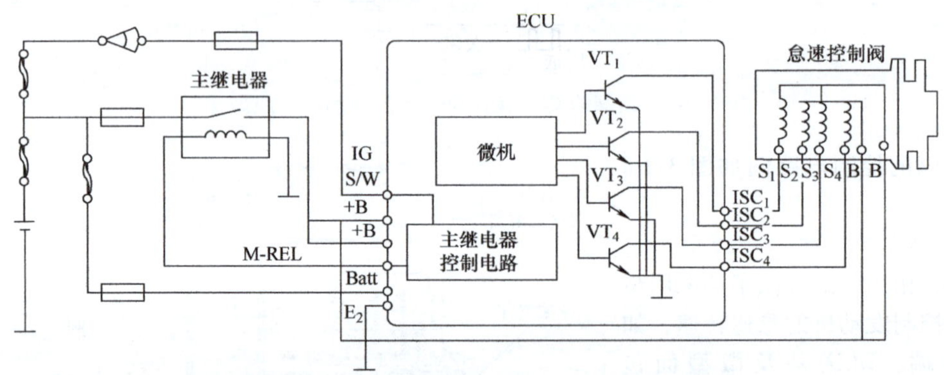


图 3-2-10 步进电机式怠速控制阀工作电路图

发动机控制模块根据节气门位置传感器的信号和车速信号，来判断发动机是否处于怠速运行状态，然后根据发动机冷却液温度传感器（ECT）、空调开关（A/C）、动力转向开关（PS）以及空档起动开关等信号，按照存储器内存储的参考数据，确定相应的目标转速。一般情况下，怠速控制常采用发动机转速信号作为反馈信号，实现怠速转速的闭环控制，即发动机的实际转速与目标转速进行比较，根据比较得出的差值，确定相应目标转速控制量，驱动步进电机，使实际转速趋近于目标转速。

步进电机式怠速控制阀的控制如下：

1）怠速控制阀（IACV）起动初始位置控制。为了改善发动机的起动性能，在每次关闭发动机点火开关后，发动机控制模块都要控制 M-REL 端子，继续给电控燃油喷射系统主继电器供电 2s，使其保持接通，以便步进电机完全打开到 125 步，为下次起动做好准备。

2）怠速控制阀的起动控制。发动机起动时，由于怠速控制阀预先设定在全开位置，发动机更容易起动。在发动机起动后，当发动机转速达到预定值后，发动机控制模块便控制步进电机，将怠速控制阀开度调节至由冷却液温度所确定的位置。

3）怠速控制阀的暖机控制。在发动机暖机过程中，随着发动机冷却液温度的上升，怠速控制阀的开度逐渐变小。当冷却液温度达到 70℃时，步进电机完全关闭至 0 步，暖机控制结束。

4）怠速控制阀的反馈控制。发动机控制模块内有一个预编程的目标怠速值，它根据空调开关、空档起动开关等信号而变化。怠速控制的过程就是将目标转速和实际转速进行比较，并使实际怠速转速接近于目标转速的过程。

5）发动机负荷变化的预控制。发动机在怠速运转时，如果启动空调系统、转动转向盘或挂档，都将使发动机的负荷立刻发生变化。为了避免发动机怠速转速因为负荷的变化而产生波动甚至造成熄火，在发动机转速出现变化前，发动机控制模块加大怠速控制阀的开度，提高发动机的怠速转速，保持发动机怠速运转的稳定性。

6）电气负载增多时的怠速控制。在怠速运转时，如使用的电气负载增大，比如打开前照灯，蓄电池电压就会降低。为了保证发动机控制模块+B 端子和点火开关 IGS/W 端子具有正常的供电电压，需要控制步进电机，提高发电机的输出功率，以维持蓄电池电压的稳定性。

7）学习控制过程。由于发动机在整个使用期间，其性能会发生变化，所以虽然步进电机怠速空气控制阀门的位置未变，但怠速转速和初设的数值也有可能不同。此时，发动机控制模块可在反馈控制的基础上进行学习控制，使发动机转速达到目标值。

### 4. 节气门直动式怠速控制执行机构

（1）节气门直动式怠速控制执行机构的结构　节气门直动式怠速控制执行机构的结构是通过节气门体怠速稳定控制器控制节气门的开启来实现怠速稳定控制的。怠速稳定控制器由一个直流电动机通过齿轮传动，控制节气门的开启。图 3-2-11 所示为捷达轿车采用的节气门直动式怠速控制执行机构。节气门体主要由节气门和怠速稳定控制器组成，该怠速稳定控制器主要由怠速电动机、齿轮减速机构、应急弹簧、节气门电位计、怠速节气门电位计和怠速开关等构成。怠速电动机可正反两方向旋转，通过减速机构直接驱动节气门转动，使节气门开度增大或减小。

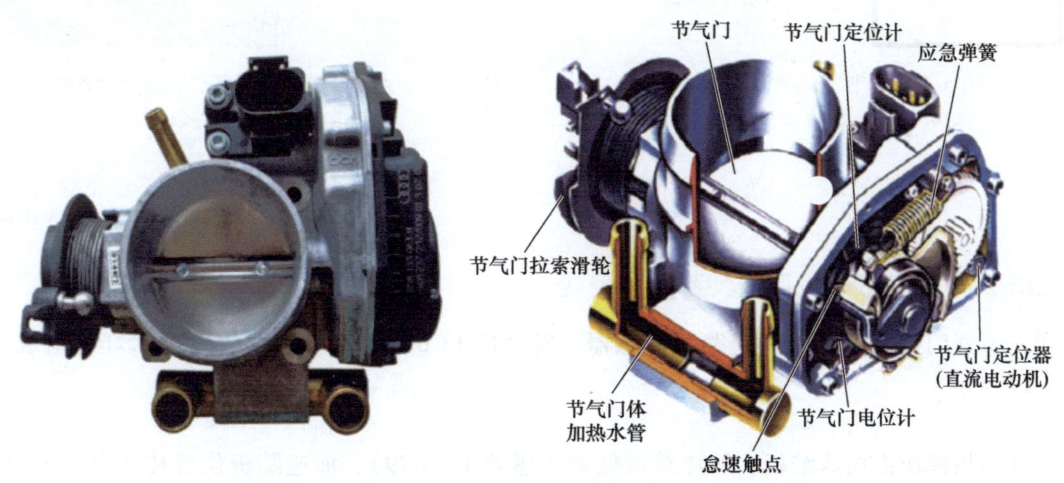


图 3-2-11　捷达轿车采用的节气门直动式怠速控制执行机构

（2）节气门直动式怠速控制执行机构的工作原理　节气门直动式怠速控制执行机构的控制电路图如图 3-2-12 所示，节气门体上的怠速稳定控制器通过一个 8 端子插接器与 ECU 相连，ECU 的 62 端子向节气门电位计和怠速节气门电位计提供 5V 工作电压，67 端子则通过 ECU 内部搭铁、75 端子和 74 端子分别接收来自节气门电位计和怠速节气门电位计的信号，69 端子与怠速开关相连，用来判定节气门是否进入怠速状态。在怠速开关闭合，69 端子电位为 0 的情况下，ECU 通过 66 端子和 59 端子向怠速电动机输出正向或反向的工作电流，使怠速电动机驱动节气门开大或关小，以达到稳定和调节怠速的目的。当需要锁定怠速电动机从而锁定节气门直动式怠速控制执行机构的控制电路节气门开度时，ECU 通过内部电路将 66 端子与 59 端子短接，即将怠速电动机的两个输入端子短接，利用电动机电枢感应电流所产生的磁场，形成电动机的转动阻力，从而产生制动效果。

当 ECU 根据转速、冷却液温度、空调开关等信号判定需要调节节气门开度，来稳定或控制发动机的怠速转速时，就会向怠速电动机提供正向或反向工作电流，使怠速电动机正向或反向运转，并通过齿轮减速机构驱动节气门开度增大或减小，怠速节气门电位计则将节气门怠速开度的变化情况随时反馈给 ECU。当发动机转速或节气门开度达到理想值时，ECU 又会将怠速电动机锁定，从而使节气门开度锁定。当节气门由大开度突然关闭时，怠速电动机还可以减缓节气门的关闭速度，起到节气门缓冲的作用。

在控制电路或怠速电动机等发生故障的情况下，应急弹簧还可将节气门拉开到某一预定的开度，保证发动机能以较高怠速应急运转，从而避免了熄火。

节气门直动式怠速稳定控制器的结构比较简单，但采用齿轮减速机构后，会导致执行速度变慢，动态响应性差，控制器的外形尺寸也比较大，安装时受到一定的限制，其主要应用在大众和奥迪等车系上，大众汽车节气门直动式插接器各端子的位置如图 3-2-13 所示。

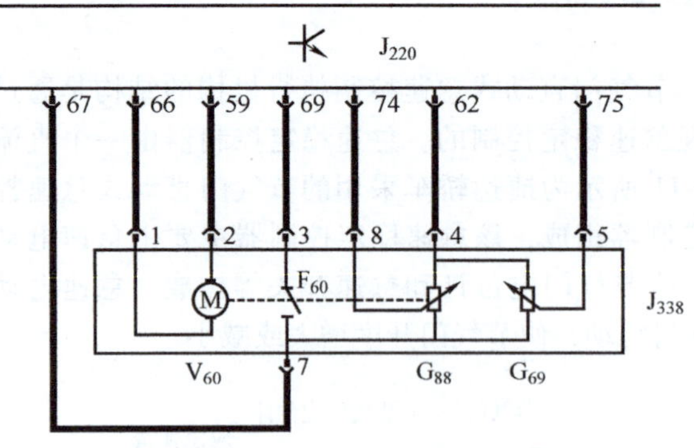

图 3-2-12　节气门直动式怠速控制执行机构的控制电路图

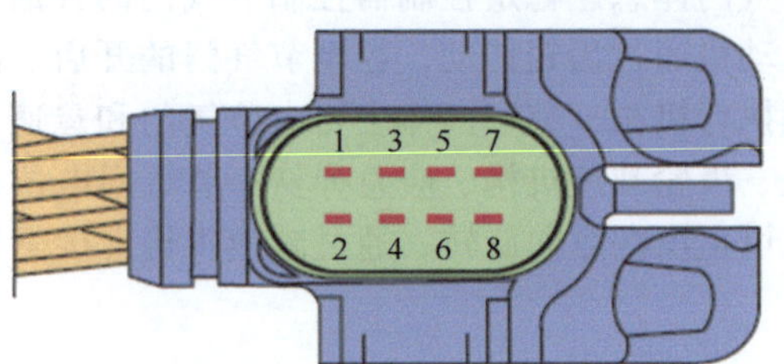

图 3-2-13　大众汽车节气门直动式插接器各端子的位置

1—怠速电动机正极　2—怠速电动机负极
3—怠速开关正极　4—传感器电源 5V
5—节气门位置传感器信号　6—空脚
7—怠速开关负极　8—怠速节气门位置传感器信号

## 知识点五　电子节气门控制系统的组成

电子节气门控制系统由加速踏板传感器、发动机 ECU、节气门体和故障指示灯等组成，如图 3-2-14 所示。

### 1. 加速踏板模块的结构

加速踏板模块由加速踏板、加速踏板位置传感器 1（G79）、加速踏板位置传感器 2（G185）组成，使用两个传感器是为了最大程度地保证安全性，这种系统配置也被称为“冗余系统”。在技术上，如果某种信息提供高于系统工作所要求时，则发生冗余，如图 3-2-15 所示。

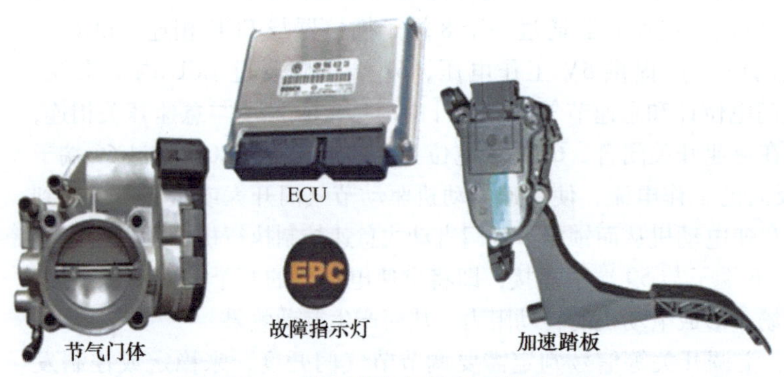

图 3-2-14　电子节气门控制系统的组成

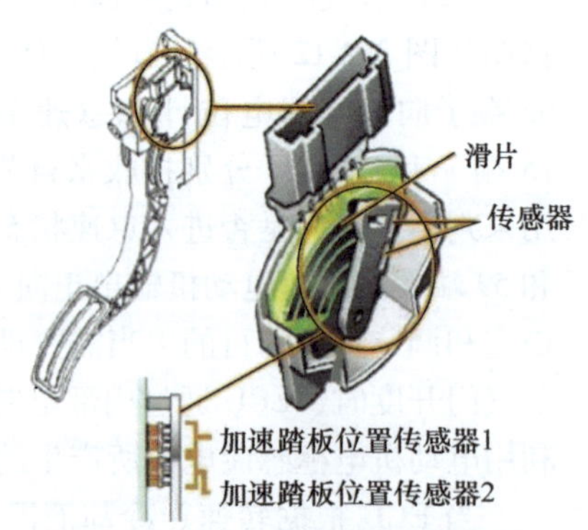

图 3-2-15　加速踏板总成及加速踏板位置传感器

发动机 ECU 能够根据两个加速踏板位置传感器所提供的信号识别出加速踏板当前的位置。两个传感器是滑动触点电位计，同轴安装在加速踏板上，滑动触点电位计输出电压，随加速踏板位置的变化而变化。

1）如果一个传感器发生故障，则发生以下情况：

① 存储故障码，并点亮 EPC 故障指示灯。

② 系统开始启动怠速运行模式，如果在定义的测试时间内第二个传感器在怠速位置内，则车辆继续运行。

③ 如果需要进入节气门全开状态，则发动机转速缓慢提高。

④ 此外，也通过制动灯开关 F 或制动踏板开关 F47 识别怠速，如图 3-2-18b 所示。

⑤ 舒适系统功能（如巡航控制）或发动机自动调节功能被关闭。

2）当两个传感器都发生故障时，则发生以下情况：

① 存储故障码，并点亮 EPC 故障指示灯。

② 发动机保持高怠速，最高 1500r/min 下运行，并不再对加速踏板的动作做出响应。

由于发动机管理系统的不同，两个传感器同时发生故障时可能不会被正确地识别出来，故障指示灯没有点亮。发动机在高怠速下运行，并不再对加速踏板的动作做出响应。

两个滑动触点电位计上的电源均为 5V。出于安全性的考虑，每个传感器都有单独的电源（红色）、搭铁线（棕色）及信号线（绿色），如图 3-2-16 所示。

传感器 G185 的电路中安装了一个串联电阻，两个传感器的特性曲线不同。在相应的数据块中读出的传感器信号以百分比的形式显示，因此，100%相当于 5V。

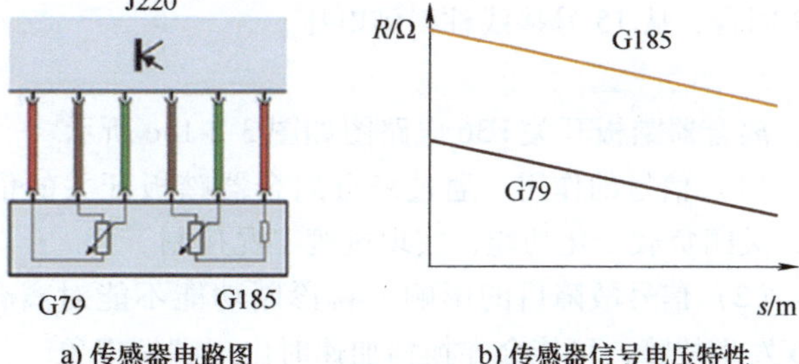


a) 传感器电路图　　b) 传感器信号电压特性

图 3-2-16　加速踏板位置传感器电路及特性图

## 2. 节气门控制单元 J338

节气门控制单元位于进气歧管上，能够向发动机提供足够的空气流量，它由节气门体、节气门、节气门驱动装置 C186、节气门驱动装置 G187 角度传感器 1、节气门驱动装置 G187 角度传感器 2 等组成。节气门控制单元的组成如图 3-2-17 所示。

## 3. 故障指示灯 EPC

接通点火开关后，EPC 点亮 3s，系统自检，如果系统没有故障码，或者在这期间没有检测到故障，则指示灯熄灭；如果系统中存有故障码，发动机 ECU 激活故障指示灯，故障指示灯直接由发动机 ECU 控制搭铁线（棕色），如图 3-2-18a 所示。

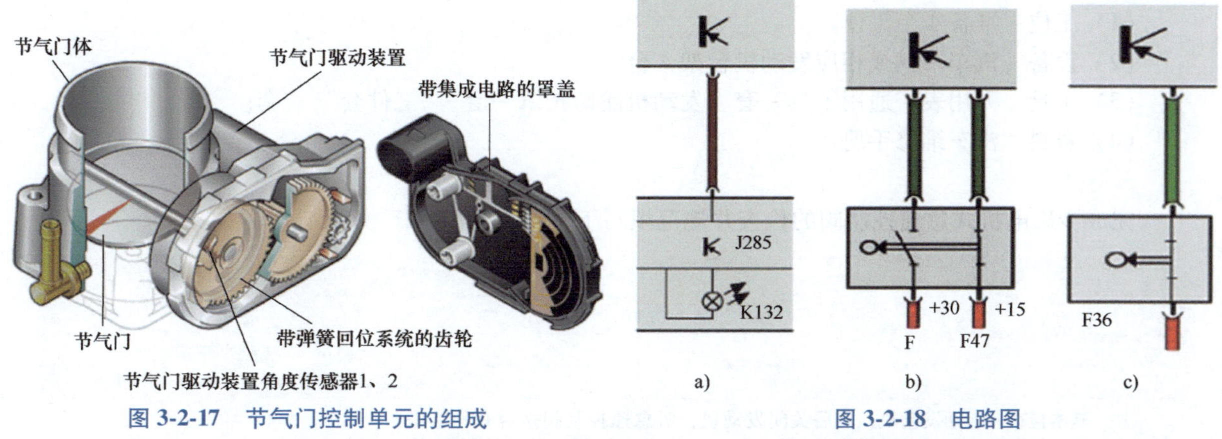


图 3-2-17　节气门控制单元的组成

图 3-2-18　电路图

故障指示灯发生故障时对节气门的功能没有影响，但是会在故障存储器中存储一个故障码。

故障指示灯没有闪码功能。

### 4. 辅助信号

制动灯开关 F 及制动踏板开关 F47 电路图如图 3-2-18b 所示。

(1) 信号的作用　两个传感器都集成在位于制动踏板的部件中，“制动踏板踩下”的信号在电子节气门控制系统中有以下两个作用：

1) 关闭巡航控制系统。

2) 加速踏板位置传感器发生故障时，被默认为怠速信号。制动踏板开关 F47 被作为发动机 ECU 的一个后备信息传感器。

(2) 信号故障的影响　如果一个传感器发生故障，或者发现输入信号不正常，发动机 ECU 开始执行以下功能：

1) 舒适系统功能，例如巡航控制系统被关闭。

2) 如果一个加速踏板位置传感器也发生故障，发动机转速限制在高怠速。

(3) 电路　在正常位置上，制动踏板开关 F 打开，从 30 号接线柱得到电压；制动踏板开关 F47 闭合，从 15 号接线柱得到电压。

### 5. 离合器踏板开关

离合器踏板开关 F36 电路图如图 3-2-18c 所示。

(1) 信号的作用　通过来自离合器踏板开关的信号，发动机 ECU 可以识别离合器踏板的状态，关闭负载变化功能，实现过渡工况控制。

(2) 信号故障后的影响　自诊断功能不能对离合器踏板开关进行检查，若离合器踏板开关 F36 发生故障，可能会在换档加速时出现喘振现象。

(3) 电路　在正常位置时，离合器踏板开关是闭合的，它从 15 号接线柱得到电源。

## 一、步进电机式怠速控制阀的检查

### 1. 任务描述

当发动机出现怠速发抖、怠速偏高、发动机在怠速时忽高忽低，踩加速踏板发动机正常时，从发动机现象可以分析为怠速控制阀出现故障。

### 2. 实施条件

(1) 工位　准备 4 个工位。

(2) 设备　汽车一辆或相应发动机台架 4 台。

(3) 工具　万用表、通用工具一套、发动机舱防护罩一套、“三件套”一套。

(4) 资料　汽车维修手册。

### 3. 实施步骤

完成步进电机式怠速控制阀的检查并规范填写工单：

| 任务名称 | | 学生姓名 | | 组别 | | 工位号 | | |
|---|---|---|---|---|---|---|---|---|
| | | 用时 | | | | 零件号 | | |
| 序号 | 操作步骤 | | | 使用工量具 | 检测数据 | 测量标准 | 结果分析 | 小计 |
| 1 | 基本检查：起动发动机，然后关闭发动机，听怠速控制阀是否有“咔嗒”声，进行起动位置设定时所发出的声音：有，则怠速控制阀及其控制电路基本正常；无，则怠速控制阀及其控制电路存在故障，如图 3-2-19 所示 | | | | | | | |

（续）

| 序号 | 操作步骤 | 使用工量具 | 检测数据 | 测量标准 | 结果分析 | 小计 |
|---|---|---|---|---|---|---|
| 2 | 元件的检测：检查怠速控制阀的电阻，拔下怠速控制阀的插接器，用万用表电阻档测量步进电机 4 个线圈的电阻值：$B_1$ 与 $S_1$ 之间、$B_1$ 与 $S_3$ 之间、$B_2$ 与 $S_2$ 之间、$B_2$ 与 $S_4$ 之间的电阻值均为 10~30Ω（丰田汽车）。如果有一处不正常，则更换怠速控制阀 | | | | | |
| 3 | 元件的检测：检查怠速控制阀的运行，从节气门体上拆下怠速控制阀；将蓄电池的正极接在怠速控制阀的 $B_1$ 端子和 $B_2$ 端子上；按照 $S_1$—$S_2$—$S_3$—$S_4$ 的顺序将蓄电池的负极与各线圈的端子相连，怠速控制阀应逐步伸出；按照 $S_4$—$S_3$—$S_2$—$S_1$ 的顺序将蓄电池的负极与各线圈的端子相连，怠速控制阀应逐步缩入<br>如果不符合要求，则更换怠速控制阀 | | | | | |
| 4 | 电路的检测：检查怠速控制阀的供电电压，将点火开关转至“ON”位置，用万用表电压档测怠速控制阀插接器中 $B_1$ 端子和 $B_2$ 端子的对地电压，应为 12V，否则检查主继电器与怠速控制阀插接器 $B_1$ 端子和 $B_2$ 端子之间的电路<br>如果以上情况都正常，但怠速控制阀仍然不工作，则更换 ECU | | | | | |
| 总分 | 100 | 总计 | | | | |
| 教师签名 | | 得分 | | | | |

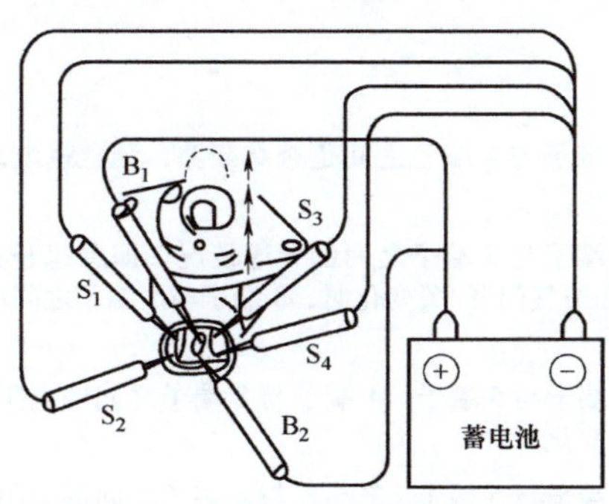


图 3-2-19　步进电机测量端子示意图

### 4. 评价与反馈

| 名称 | | 组别 | | 学生姓名 | | 工位号 | |
|---|---|---|---|---|---|---|---|
| | | 用时 | | | | 零件号 | |
| 序号 | 考核项目 | 评分标准 | 分数 | 学生自评 | 小组互评 | 教师评价 | 小计 |
| 1 | 团队协作 | 是否协同<br>有效工作 | 10 | | | | |
| 2 | 工作态度 | 是否积极主动<br>追求精益求精 | 10 | | | | |
| 3 | 任务方案 | 是否正确合理 | 20 | | | | |
| 4 | 任务完成情况 | 操作方法正确<br>数据正确记录<br>分析结果正确 | 30 | | | | |
| 5 | 安全规范 | 有无安全隐患<br>设备、工量具使用规范标准<br>遵守劳动纪律 | 20 | | | | |
| 6 | 现场 7S | 是否做到 | 10 | | | | |
| 总分 | | 100 | | | | | |
| 教师签名 | | | | 总计 | | | |

## 二、节气门直动式的检测

### 1. 任务描述

当发动机无怠速、加速无反应、踩下加速踏板车辆正常起动，松开加速踏板发动机熄火时，就应该检测节气门直动式怠速控制系统是否正常。大众汽车怠速稳定控制器上插接器各端子的位置如图 3-2-13 所示。在进行上述检查的过程中，如果发现怠速稳定控制器存在问题，则需要对怠速稳定控制器进行单独检查。

### 2. 实施条件

（1）工位　准备 4 个工位。

（2）设备　大众汽车或相应发动机台架 4 台。

（3）工具　万用表、通用工具一套、发动机舱防护罩一套、“三件套”一套。

（4）资料　汽车维修手册。

### 3. 实施步骤

完成节气门直动式的检测操作并规范填写工单：

| 任务名称 | | 学生姓名 | | 组别 | | 工位号 | | |
|---|---|---|---|---|---|---|---|---|
| | | 用时 | | | | 零件号 | | |
| 序号 | 操作步骤 | | | | 使用工量具 | 检测数据 | 测量标准 | 结果分析 | 小计 |
| 1 | 测怠速稳定控制器插接器的 1 端子与 2 端子之间是否有断路，测怠速电动机是否断路 | | | | | | | | |
| 2 | 测怠速稳定控制器插接器的 3 端子与 7 端子之间的导通情况，即怠速开关的工作情况，并开/关节气门。在节气门开/关变化时，3 端子与 7 端子之间应随之发生通/断变化 | | | | | | | | |
| 3 | 测怠速稳定控制器插接器的 4 端子与 5 端子、4 端子与 8 端子之间的电阻，电阻值应随节气门开度的变化而变化 | | | | | | | | |
| 4 | 测怠速稳定控制器插接器的 7 端子与 5 端子、7 端子与 8 端子之间的电阻，电阻值应随节气门开度的变化而变化<br>以上检查如不符合要求，则更换怠速稳定控制器或节气门体 | | | | | | | | |
| 5 | 接通点火开关，测怠速稳定控制器插接器线束侧 3 端子、4 端子是否有 5V 工作电压，如无，则检查与 ECU 之间的电路及 ECU 的供电电源，若都正常，则换 ECU | | | | | | | | |
| 6 | 测怠速稳定控制器插接器线束侧 1、2、5、7、8 端子与 ECU 之间是否导通，且电路电阻是否小于 1Ω，如不符合要求，则维修断路点和接触不良点 | | | | | | | | |
| 7 | 检查节气门是否有卡滞、脏污现象，如果有，则进行维修 | | | | | | | | |
| 总分 | | 100 | | | 总计 | | | | |
| 教师签名 | | | | | 得分 | | | | |

### 4. 评价与反馈

| 名称 | | 组别 | | 学生姓名 | | 工位号 | |
|---|---|---|---|---|---|---|---|
| | | 用时 | | | | 零件号 | |
| 序号 | 考核项目 | 评分标准 | 分数 | 学生自评 | 小组互评 | 教师评价 | 小计 |
| 1 | 团队协作 | 是否协同<br>有效工作 | 10 | | | | |
| 2 | 工作态度 | 是否积极主动<br>追求精益求精 | 10 | | | | |

（续）

| 序号 | 考核项目 | 评分标准 | 分数 | 学生自评 | 小组互评 | 教师评价 | 小计 |
|---|---|---|---|---|---|---|---|
| 3 | 任务方案 | 是否正确合理 | 20 | | | | |
| 4 | 任务完成情况 | 操作方法正确<br>数据正确记录<br>分析结果正确 | 30 | | | | |
| 5 | 安全规范 | 有无安全隐患<br>设备、工量具使用规范标准<br>遵守劳动纪律 | 20 | | | | |
| 6 | 现场 7S | 是否做到 | 10 | | | | |
| 总分 | | | 100 | | | | |
| 教师签名 | | | 总计 | | | | |

## 一、现代轿车加速游车故障排除案例分析

### 1. 故障现象

一辆现代轿车，因加速不畅来修理厂检修。

### 2. 故障分析

加速抖动是一种快速的无规律的波动，它与混合气过稀、火弱、缺缸或某些机械原因有关。

### 3. 故障诊断与排除

试车中发现速度只有 30~50km/h，并且在行驶中出现忽快忽慢的现象，俗称加速“游车”现象。车主告之此车以前时有此故障现象，现在根本就行驶不了。“游车”现象常发生在怠速工况，很少遇到加速也有“游车”的故障。为了更确切地分析这种现象，将车用举升机举起做了加速试验。慢慢踩下加速踏板，发动机转速随之升高，当转速升至近 2000r/min 时不再升高，继续踩下加速踏板无效，反而出现转速下滑的现象。踩住加速踏板细心观察，当转速下滑至 1500r/min 时又开始上升，一直到近 2000r/min 时又重复下滑，根本不受加速踏板的控制，松开加速踏板后进入怠速工况，转速非常稳定（800r/min）。根据以往的经验，这会不会是断油功能在启用呢？这条思路应该确认一下。于是拆下一个喷油器插头接入试灯，又重复了以上的加速试验，果然发现，当发动机转速上升至 2000r/min 时，试灯熄灭，转速下滑至 1500r/min 时试灯又亮起，发动机转速也随同试灯的亮灭而有节奏地波动，从而证实了断油功能的启用。ECU 启用断油功能有高转速断油、减速断油、清溢流断油三个条件。分析认为此车应属于减速断油。虽然，此时为加速而不是减速，但 ECU 判别的条件为只要在怠速工况，超过极限转速便启用断油功能。

经过试验及分析，问题一定出在怠速开关上，很可能是怠速开关在加速时处于闭合状态。由于此车为直动式怠速控制，其怠速开关不在节气门位置传感器，而是在怠速执行电机伸缩杆的顶部，在怠速时顶部一直顶在节气门联板上，怠速开关始终为闭合状态，当加速时节气门在节气门拉索的带动下开大节气门翻板的开度，此时怠速电机的伸缩杆顶部脱离开节气门的联板，所以怠速开关为打开状态。为了确认怠速开关的状态，经查阅资料并测量了怠速电机位置传感器插头的 3 号端子（怠速开关信号），果然与设想的一致，无论在怠速工况还是加速工况，此开关始终闭合。经检查发现，怠速电机伸缩杆顶部扭曲变形，触点开关打不开，经简单处理后，开关功能恢复，再试车，故障消失。

### 4. 结论

此车的加速“游车”，从表面上看它并不符合减速断油的逻辑，但它符合减速断油的条件。由于怠速开关常闭，因此 ECU 始终判此车处于怠速工况，当加速超过 2000r/min 时，ECU 便认为转速超过了怠速极限，所以 ECU 采用断油功能加以转速上升的控制断油控制。由于有断油和恢复供油的功能，所以使发动机动力有明显的变化，导致加速游车。

## 二、爱丽舍轿车怠速波动故障排除案例分析

### 1. 故障现象

爱丽舍轿车，行驶里程为 8.7 万 km，驾驶人反映，发动机在怠速运转时，转速在 700～1100r/min范围内波动。

### 2. 故障分析

当发动机怠速运转时转速忽高忽低时，肯定是怠速控制系统出现故障，原因一般为怠速控制阀故障。

### 3. 故障诊断与排除

电控燃油喷射发动机怠速时，由发动机 ECU 根据各传感器提供的发动机转速、工作温度、进气压力以及空调使用等信号，对进入气缸的空气和供油量进行控制。当供油正常时，则主要通过控制与节气门平行的怠速控制阀来补充进入气缸的空气量。

检查供油、空气管路，均为正常。可以断定该故障是怠速补充空气不及时，造成气缸内空燃比不稳定所致。

该车怠速控制阀上端为一个受发动机 ECU 控制的步进电机，步进电机旋转时，改变进入进气管的空气量，以改变混合气的浓度。若旋转阀受油气污染，就会发生转动呆滞，进而会影响控制的准确性。将怠速控制阀从进气管拆下，用清洗剂喷入怠速控制阀清洗油垢，然后对旋转阀滴几滴低黏度机油进行润滑后装复，起动发动机，发动机怠速转速符合标准，运转稳定，故障排除。

2021 年汽车类技能高考真题（来源于毕业学生口述）：

【题干】步进电机电控怠速控制系统怠速工作达到正常工作温度时，步进电机控制到(　　)步。

选项：A. 125　　B. 100　　C. 85　　D. 0

【答案】D

【解析】步进电机电控怠速控制系统怠速工作达到正常工作温度时，怠速进气道的开度应调至最小，因此步进电机控制到 0 步。

【难易度】中等题

【考纲知识点】2-10. 理解电控燃油供给系统的基本结构及工作原理，会诊断及检修电控汽车燃油供给系统常见故障。

**一、判断题**

1. 为了改善发动机的起动性能，在每次关闭发动机点火开关后，继续给电控燃油喷射系统主

继电器供电 2s 使其保持接通，以便步进电机完全关闭，进入起动初始位置。（　　）

2. 在发动机转速出现变化前，发动机控制模块增加怠速控制阀的开度，增大进气量，提高发动机的怠速转速，保持发动机怠速运转的稳定性。（　　）

3. 由于发动机在整个使用期间，其性能会发生变化，所以虽然步进电机怠速控制阀门的位置未变，但怠速转速和初设的数值也有可能不同。（　　）

4. 发动机高怠速的速度最高为 1200r/s。（　　）

5. 在怠速控制系统中，节气门位置传感器信号确认怠速工况。（　　）

6. 怠速控制系统主要由三部分组成。（　　）

**二、单选题**

1. 在怠速运转时，ECU 将接收到的转速信号与确定的目标转速进行比较，当其差值超过（　　）时，ECU 将通过怠速控制执行机构控制怠速控制阀，调节怠速空气供给量。

A. 10r/min　　B. 20r/min　　C. 30r/min　　D. 40r/min

2. 怠速控制类型有（　　）和旁通空气式。

A. 节气门直动式控制方式　　B. 节气门机械控制式

C. 节气门电子控制式　　D. 其他

3. 步进电机的工作范围为（　　）个步进极。

A. 0~150　　B. 0~125　　C. 0~175　　D. 0~215

4. 在怠速控制系统中，ECU 根据节气门位置传感器信号和（　　）确认怠速工况。

A. 怠速信号　　B. 空气流量传感器信号　　C. 车速信号　　D. 电压信号

5. 发动机关机延时 2s 后，步进电机式怠速控制阀处于（　　）步状态。

A. 0　　B. 65　　C. 90　　D. 215

## 任务三　进气增压系统的检修

### 任务描述

进气增压系统通过提升发动机的充气系数，进而提高发动机的输出功率。汽车发动机常用的增压系统有废气涡轮增压控制系统和进气谐波增压系统，也可以通过可变进气相位或气门升程提高发动机的充气系数。

大多数汽车都配备了增压发动机，也就是说用一个增压器将更多的空气压入发动机的燃烧室，然后喷射更多的燃油，以达到小排量高功率输出的效果。所有这些发动机都有一个增压器，要么是涡轮增压器，要么是增压器，或者是两者都有。废气涡轮增压控制系统的工作过程示意图如图 3-3-1 所示。

### 学习目标

| 知识目标 | 能力目标 | 素养目标 |
|---|---|---|
| 1. 了解谐波增压系统 | 1. 掌握废气涡轮增压控制系统的工作原理 | 1. 能够在工作过程中与小组其他成员合作、交流，培养团队合作意识，锻炼沟通能力 |
| 2. 了解废气涡轮增压控制系统 | 2. 掌握废气涡轮增压控制系统的检测方法 | 2. 提升认识问题、分析问题和解决问题的能力 |
| 3. 了解可变配气正时 | 3. 掌握可变配气正时的工作原理 | 3. 养成一丝不苟、精益求精的工匠精神 |

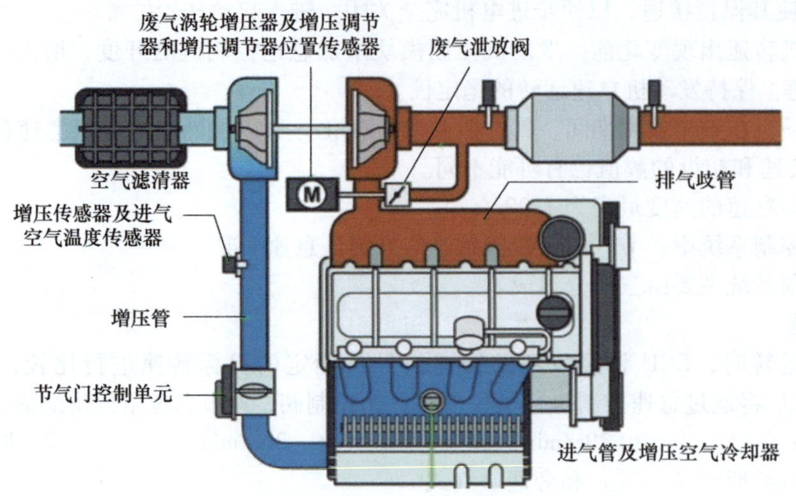

图 3-3-1　废气涡轮增压控制系统的工作过程示意图

“公民意识”是指人们对自己身份、权益和责任的认识、理解和参与，是一个全面的社会参与素养。加强学生的公民意识教育，可以培养学生的社会责任感和公共事务参与意识，提升他们的公共意识和社会服务意识，有利于塑造积极向上的公民形象。

通过本任务的学习，学生深刻认识到“公民意识”的重要性。学生对汽车维修这一行业的职业要求有更加明确的认识，增强学生个人服从集体、局部服从大局的意识，公民意识，集体意识，爱国意识。

## 知识点一　谐波增压系统

谐波增压系统是用于提高发动机的输出功率和输出转矩的，是通过在不同的驾驶情况下增加或减少进气量来实现的。在发动机低速或中速中等负荷下，需要限制进气量并提高进气速度，以改善燃油的雾化质量和燃烧效率；而在大负荷和高速工况下要求增加进气量，以提高发动机的输出功率和输出转矩。

### 1. 日产汽车发动机可变空气供给系统

日产汽车发动机可变空气供给系统工作示意图如图 3-3-2 所示。当发动机在低速中、小负荷工作时，转换阀关闭，进气会通过细长的进气管流入，可以提高进气流速。细长管的动态效应改善了中低速的转矩特性，当发动机在高转速大负荷工作时，转换阀开启，空气流经短而粗的进气管道，大大提高了充气量，从而获得较大的效率。

### 2. 奥迪 V6 发动机的可变空气供给系统

奥迪轿车 V6 发动机的进气总管由上下两部分组合而成，安装在气缸体 V 形夹角内。在上半部的各缸进气管口均装有一个进气增压控制阀，经连杆联动机构、真空膜盒和电磁真空阀，由 ECU 根据发动机转速进行控制。

在发动机静止状态和转速低于 4100r/min 时，该阀关闭，进气歧管路径长度长，进气谐波波长大，与中低转速相匹配，可获得谐波增压效果，使此时的输出转矩增大，如图 3-3-3a 所示。当发动机转速高于 4100r/min 时，各缸的进气增压控制阀由 ECU 控制一起打开，进气通道被“短路”，

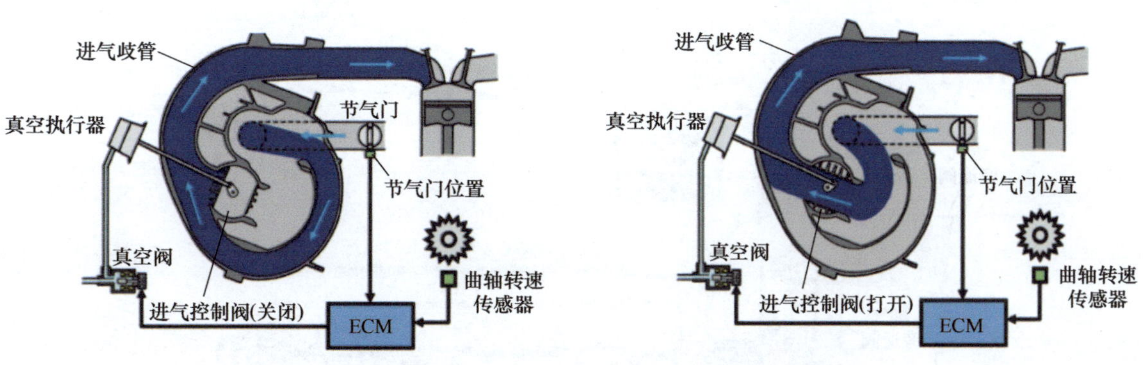


图 3-3-2 日产汽车发动机可变空气供给系统工作示意图

相当于进气歧管路径长度缩短，进气谐波波长变短。这种情况与高速相匹配，同样能产生谐波增压效果，使此时的输出最大功率增大，如图 3-3-3b 所示。

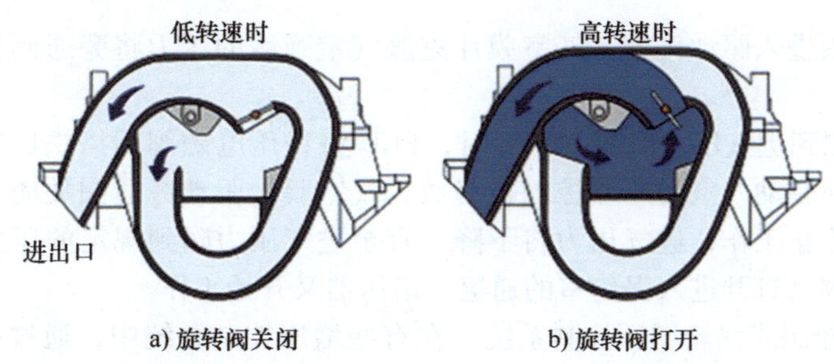


a) 旋转阀关闭 b) 旋转阀打开

图 3-3-3 奥迪 V6 发动机进气谐波增压系统工作示意图

## 知识点二 废气涡轮增压控制系统

涡轮增压控制系统是一种动力增压控制系统，按其动力源的不同，可分为机械增压、废气涡轮增压、复合增压和气波增压等形式。目前，汽车上应用较为广泛的是废气涡轮增压控制系统。

### 1. 废气涡轮增压控制系统的组成及工作原理

废气涡轮增压控制系统是利用发动机排出的废气能量来驱动增压装置进行工作的，其主要由涡轮增压器、冷却器和控制装置等组成。当发动机工作时，发动机排出的废气冲击安装在排气管道中的动力涡轮，使动力涡轮转动，同时，动力涡轮带动与其同轴的、安装在进气管道中的增压涡轮，使其一同转动。增压涡轮相当于一个空气压缩机，可将进气管道内的空气增压后送给发动机，以增加发动机的进气量，提高发动机的输出功率。另外，为了降低增压后的空气温度，在进气管道中通常安装有冷却器，以对增压后的空气进行冷却；为了对增压系统的压力进行控制，还装有压力传感器、电磁阀及控制单元等控制装置。废气涡轮增压控制系统的组成及工作原理图如图 3-3-4 所示。

### 2. 废气涡轮增压控制系统的控制过程

废气涡轮增压控制系统主要是对增压压力进行控制，根据控制方法的不同，它可分为旁通气道控制式和涡轮转速控制式两种。

（1）旁通气道控制式涡轮增压控制系统　采用旁通气道控制式的涡轮增压控制系统，主要是控制废气流动的旁通阀受驱动气室的控制，而 ECU 控制释压电磁阀的工作。

1）当 ECU 检测到进气压力低于 98kPa 时，释压电磁阀不通电，释压电磁阀将通气口关闭，压

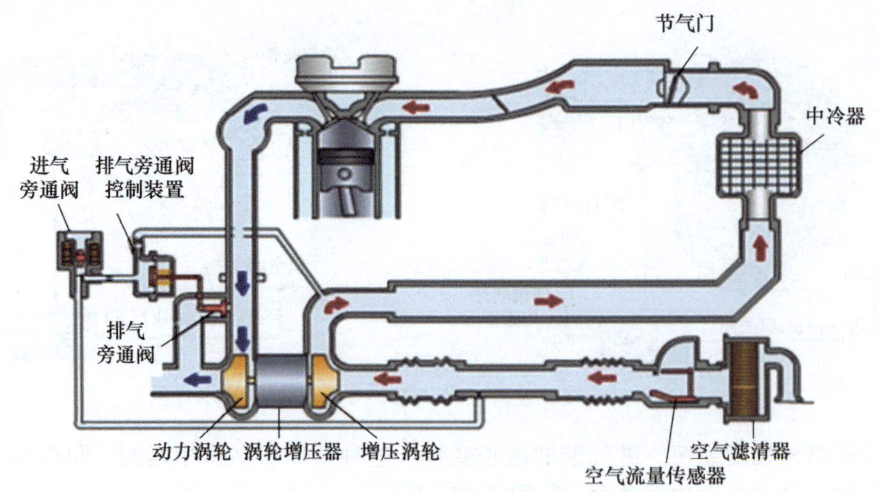


图 3-3-4　废气涡轮增压控制系统的组成及工作原理图

缩空气经释压电磁阀进入驱动气室，气室膜片克服气室弹簧的压力将旁通阀打开，废气流经涡轮室使增压器工作。

2）当 ECU 检测到进气压力高于 98kPa 时，ECU 将释压电磁阀的搭铁回路接通，释压电磁阀将通气口打开，通往驱动气室的压缩控制被释放，气室膜片驱动旁通阀关闭，废气不经涡轮室而直接排出，增压器停止工作，进气压力将下降，直至进气压力降到规定的压力时，ECU 又将释压电磁阀关闭，旁通阀又打开进入涡轮室的通道，增压器又开始工作。

（2）涡轮转速控制式涡轮增压控制系统　在有些增压控制系统中，通过控制增压器的转速来控制增压压力，切换阀驱动气室工作时可改变切换阀的开度，控制流过涡流室通道截面面积，喷嘴环驱动气室工作时刻改变增压器喷嘴环的角度，控制涡轮叶片的角度，两个驱动气室的空气通道都装有受 ECU 控制的电磁阀。ECU 根据发动机的运行工况（加速、爆燃、冷却液温度、进气量等信号），确定增压压力的目标值，并通过进气管压力传感器来检测发动机的实际增压压力值。ECU 利用实际增压压力与目标值的差值，控制电磁阀的开度，从而控制进入驱动气室的空气压力，改变切换阀的开度和喷嘴环的角度，从而控制废气涡轮增压器的转速，使实际增压压力符合发动机所需要的目标增压压力。

### 3. 废气涡轮增压器的结构及工作原理

废气涡轮增压器是由涡轮室和增压器组成的机器，其外形如图 3-3-5 所示。涡轮室进气口与排气歧管相连，其排气口接在排气管上；增压器进气口与空气滤清器管道相连，其排气口接在进气歧管上。涡轮和叶轮分别装在涡轮室和增压器内，两者同轴刚性连接。

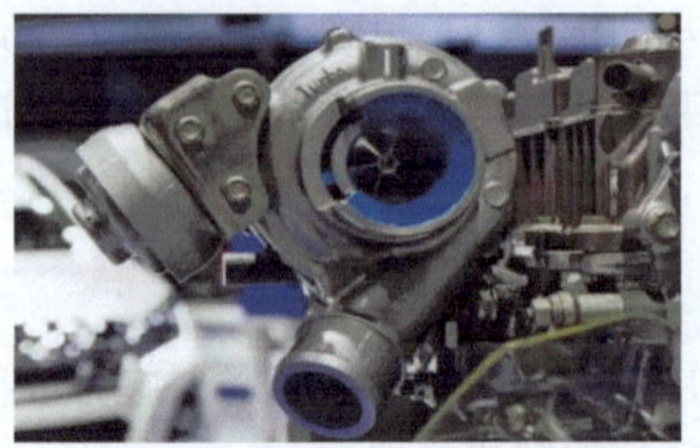

图 3-3-5　废气涡轮增压器实物图

涡轮增压器实际上是一种空气压缩机，通过压缩空气来增加进气量。它是利用发动机排出的废气惯性冲力来推动涡轮室内的涡轮，涡轮又带动同轴的叶轮，叶轮通过转动压缩由空气滤清器管道送来的空气，使之增压进入气缸。

### 4. 增压后的空气冷却

中冷器又称作中央冷却器，简称中冷器，中冷器是增压系统的一部分。当空气被高比例压缩后会产生很高的热量，使空气膨胀密度降低，而同时也会使发动机温度过高造成损坏。为了得到更高的容积效率，需要在注入气缸之前对高温空气进行冷却。这就需要加装一个散热器，将高温高压空气分散到许多细小的管道里，而管道外有常温高速流过的空气或冷却液，从而达到降温的目的。大众 EA211 1.4T 纵置发动机空气供给系统示意图如图 3-3-6 所示。

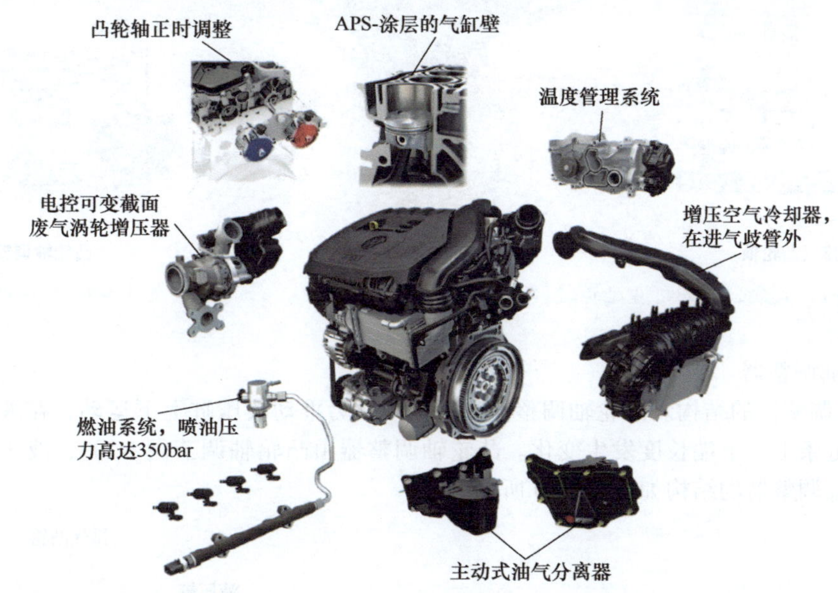


图 3-3-6　大众 EA211 1.4T 纵置发动机空气供给系统示意图

## 知识点三　可变配气正时

发动机在低速运转时气流惯性小，需要相对较小的气门重叠角；发动机在高速运转时气流惯性大，需要相对较大的气门重叠角。这样则会增加进气量和减少残余废气量，使发动机的换气过程趋于完善。四冲程发动机的进气迟后角和气门重叠角，应随发动机转速的升高而加大。如果气门升程也能随发动机转速的升高而加大，则将更有利于获得良好的发动机高速性能。

轿车中所使用的可变配气正时有两种，分别为可变配气相位、可变气门升程。其中，以大众公司的可变凸轮轴调节系统、丰田公司可变正时系统可变配气相位 VVT-i、本田公司的可变气门升程 VTEC 极具代表性。

### 1. 大众公司的可变凸轮轴调节系统

大众公司的五气门双顶置凸轮轴发动机广泛采用可变凸轮轴调节系统，如 ANQ、AEB、AWL 等发动机。

采用可变凸轮轴调节系统的发动机进气凸轮轴由排气凸轮轴通过链条带动，在改变链条上部或下部的长度时，将进气门转过一个相对角度，如图 3-3-7 所示。

（1）调节策略 V6 发动机

1）功率调整。调整功率时，链条下部短，上部长，进气门延迟关闭，进气管内气流流速高，气缸充气量足。因此高转速时，功率大，如图 3-3-8 所示。

2）转矩调整。凸轮轴调整器向下拉长，于是链条上部变短，下部变长。因为排气凸轮轴被齿形带固定了，此时排气凸轮轴不能被转动，进气凸轮轴被转过一个角度，进气门提前关闭。在这个位置时，中、低转速可获得大转矩输出，如图 3-3-9 所示。

3）工况控制怠速。怠速时，进气门延迟关闭，如图 3-3-8 所示。

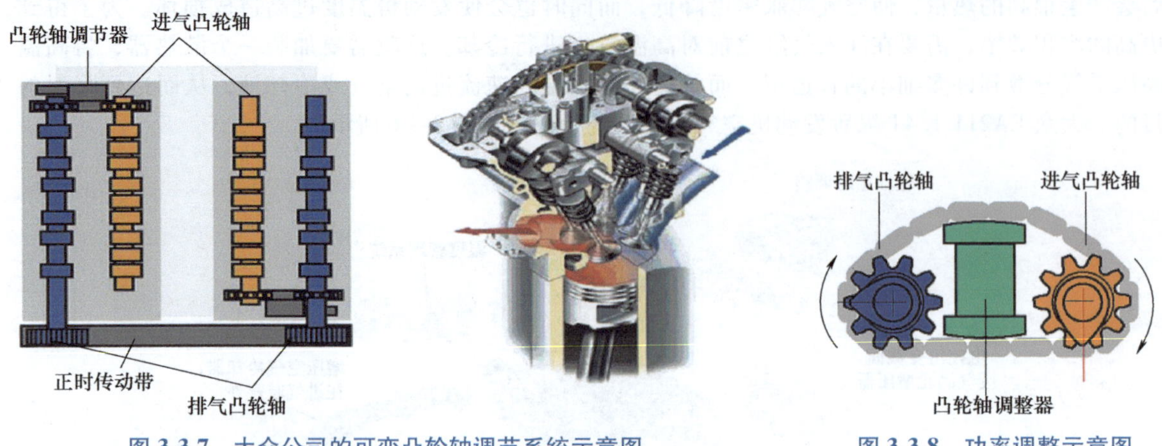


图 3-3-7　大众公司的可变凸轮轴调节系统示意图　　图 3-3-8　功率调整示意图

（2）凸轮轴调整器

1）凸轮轴调整器的结构。凸轮轴调整器利用机油压力推动液压缸上下运动，在液压缸运动的同时带动正时链条上、下端长度发生变化。凸轮轴调整器由凸轮轴调节阀 N205、液压缸和张紧器等组成。凸轮轴调整器的结构如图 3-3-10 所示。

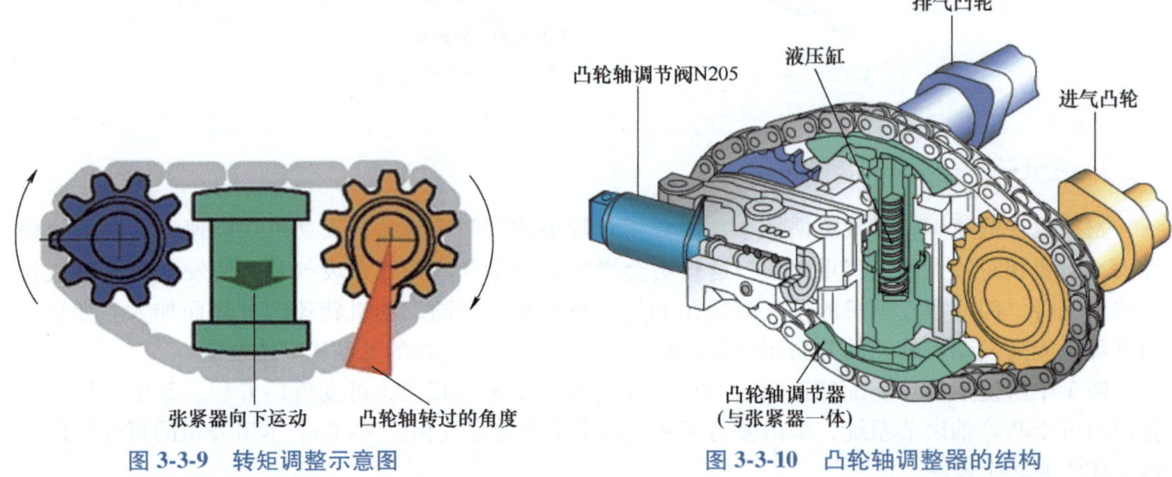


图 3-3-9　转矩调整示意图　　图 3-3-10　凸轮轴调整器的结构

2）凸轮轴调整器的工作原理。当凸轮轴调节阀 N205 接通控制油道 A 时，张紧器向上运动，进气凸轮迟后一定角度为功率调节。凸轮轴调整器的工作原理图如图 3-3-11 所示。当凸轮轴调节阀 N205 接通控制油道 B 时，张紧器向下运动，进气凸轮轴提前一定的角度为转矩调节。

## 2. 丰田公司可变正时系统可变配气相位 VVT-i

（1）VVT-i 原理　可变配气相位 VVT-i 系统（图 3-3-12）利用油压来调整进气凸轮轴转角气门正时进行优化，从而提高功率输出、改善燃料消耗率和减少废气排放。VVT-i 系统设计用于在曲轴角约 40°范围内对进气凸轮轴进行变动，从而对气门正时进行控制，根据来自各传感器的信号，以获得最适合发动机状态气门正时，如图 3-3-13 所示。

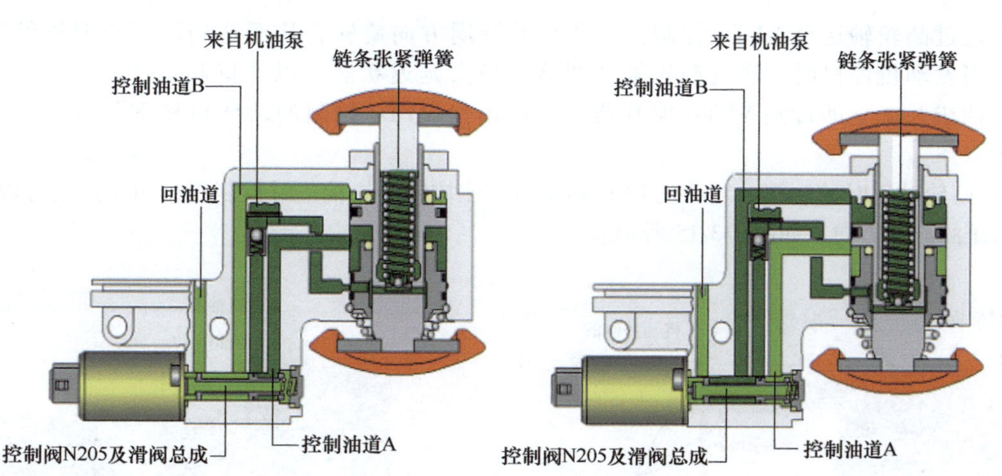


图 3-3-11　凸轮轴调整器的工作原理图

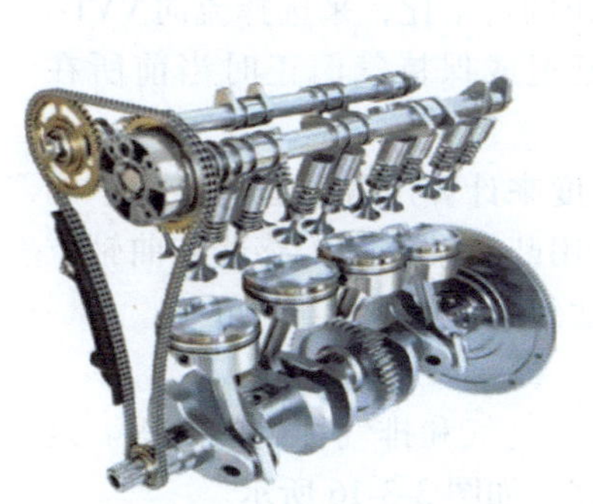

图 3-3-12　可变配气相位 VVT-i 结构示意图

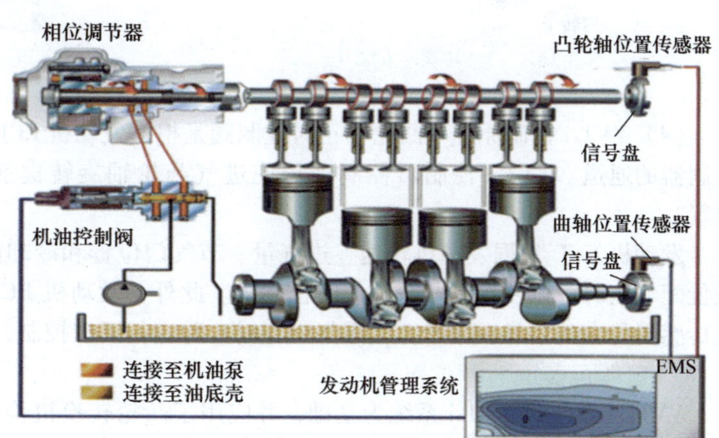


图 3-3-13　可变配气相位 VVT-i 控制原理示意图

（2）发动机对配气正时的需求

1）在低温、低负荷低速时或者在低负荷时，延迟气门正时可减少气门重叠，以减少排出的废气逆吹入进气侧，从而达到稳定怠速、提高燃料消耗率和起动性能。

2）在中等负荷或者在高负荷中低速时，提前气门正时可增加气门重叠，以增加 EGR 使用和降低填充损失，从而改善了排放控制和燃料消耗率。此外，同时提前进气门的关闭可减少进气被逆吹回进气侧，改善了容积效率。

3）在高负荷高速时，提前气门正时可增加气门重叠，以增加 EGR 使用和降低填充损失，从而改善了排放控制和燃料消耗率。同时，提前进气门的关闭时间可减少进气被逆吹回进气侧，改善了容积效率。此外，凸轮轴位置传感器的反馈控制被用于将实际进气的气门正时维持在目标气门正时里。

（3）VVT-i 系统构造　VVT-i 系统的构造如图 3-3-14 所示，部件包含着可通过调整进气凸轮轴转角气门正时的 VVT-i 控制器和一个控制油压的凸轮轴正时机油控制阀，凸轮轴正时机油控制阀是控制油压的。

1）VVT-i 控制器。控制器由一个正时链条驱动的外壳及固定在凸轮轴上的叶片组成。控制油压通过凸轮轴送至 VVT-i 控制器的叶片沿圆周方向旋转，从而达到配气正时连续变化的目的。当发动机停机时，进气凸轮轴被调整到最大延迟状态，以维持起动性能。在发动机起动后，油压并未立即传到 VVT-i 控制器时，锁销使 VVT-i 控制的动作机械部件锁定，防止撞击产生噪声。

2）凸轮轴正时控制阀。发动机 ECU 利用占空比控制凸轮轴正时控制阀，用于控制分配 VVT-i 系统油压的流动方向，如图 3-3-15 所示。

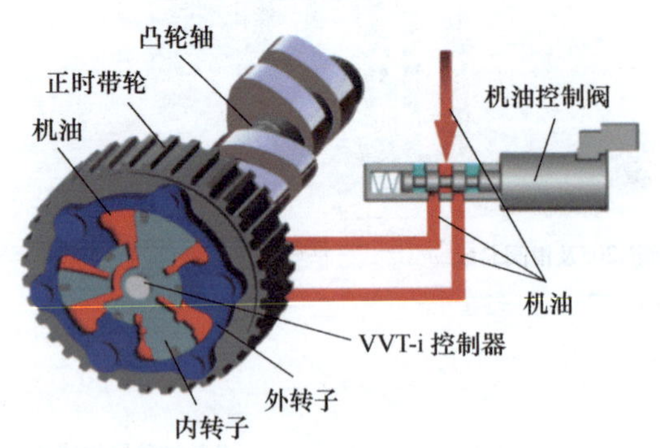

图 3-3-14　VVT-i 系统的构造

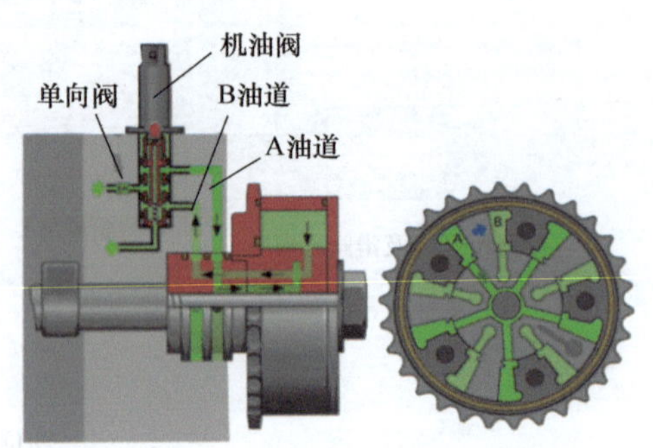

图 3-3-15　凸轮轴正时控制阀的结构

（4）VVT-i 控制原理　凸轮轴正时控制阀是根据发动机 ECU 输出的占空比，来选择流向 VVT-i 控制器的通道。VVT-i 控制器控制油压使进气凸轮轴旋转提前，延迟或保持气门正时当前所在位置。

发动机 ECU 根据发动机转速、进气量、节气门位置和冷却液温度来计算出各种运行条件下的最佳配气正时，以便控制凸轮轴正时控制阀。此外，发动机 ECU 使用凸轮轴位置传感器和曲轴位置传感器传出的信号，来计算实际气门正时，并进行反馈控制，以达到气门的目标配气正时。

### 3. 智能可变配气相位 VVTL-i

VVTL-i 系统以 VVT-i 系统为基础，并应用了凸轮转换机构来改变进气和排气气门的升程。这样可以在不影响燃油经济性和排放性能的前提下，实现动力性能提高，如图 3-3-16 所示。

VVTL-i 系统的构造部件与 VVT-i 系统的基本相同。VVTL-i 系统的主要部件有 VVTL 机油控制阀、凸轮轴和摇臂，如图 3-3-17 所示。

（1）VTL-i 机油控制阀　VVTL-i 机油控制阀在发动机 ECU 的控制下，利用对滑阀位置控制，来实施对凸轮转换机构的高速凸轮侧的油压控制操作。

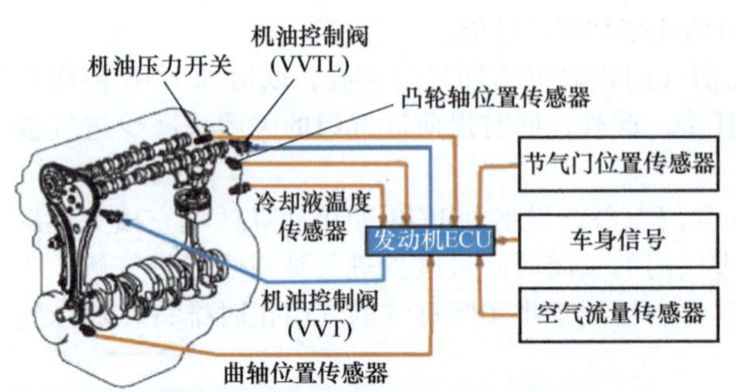

图 3-3-16　VVTL-i 保持控制原理图

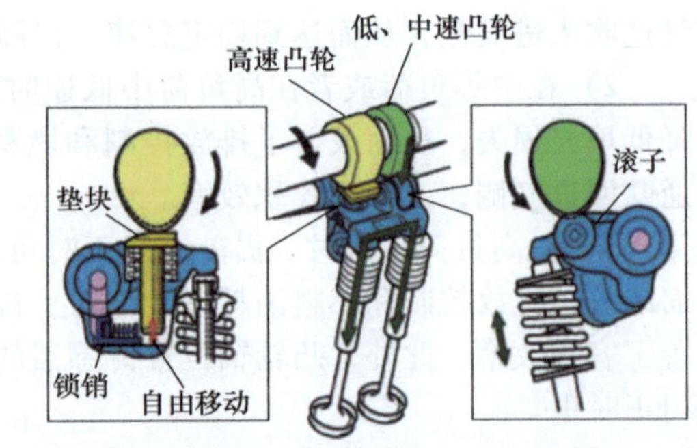

图 3-3-17　智能可变配气相位 VVTL-i 结构示意图

（2）凸轮轴和摇臂　为改变气门的升程量，凸轮轴上有两种类型的凸轮：每个气缸都有低、中速用凸轮和高速用凸轮。凸轮转换机构是由气门和凸轮之间的摇臂构成的。VVTL 机油控制阀的油压传送到摇臂油孔并将锁销推到垫块的下方，这样垫块被固定并和高速凸轮衔接。当失去油压作用时，锁销被弹簧力弹回，使垫块处于自由状态，这使垫块能在垂直方向自由移动，从而使高速用凸轮失效。

控制原理：进气和排气凸轮轴所对应的每个气缸都有两个不同升程量的凸轮，并且发动机ECU通过油压来控制这些凸轮，使之动作。

低、中速时机油控制阀打开回油口，油压不能作用在凸轮的转换机构上。油压没有作用在锁销上，弹簧将锁销推到未锁定方向。在这种情况下，垫块丧失互顶作用，所以，这时由低、中速用凸轮提升气门，如图3-3-18和图3-3-19所示。

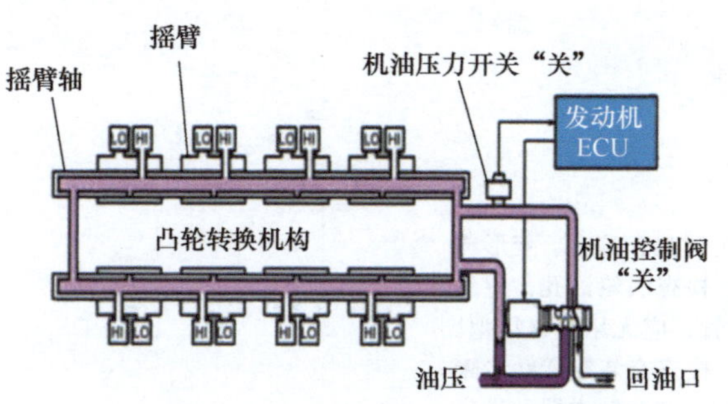

图3-3-18 低、中速控制液压油路示意图

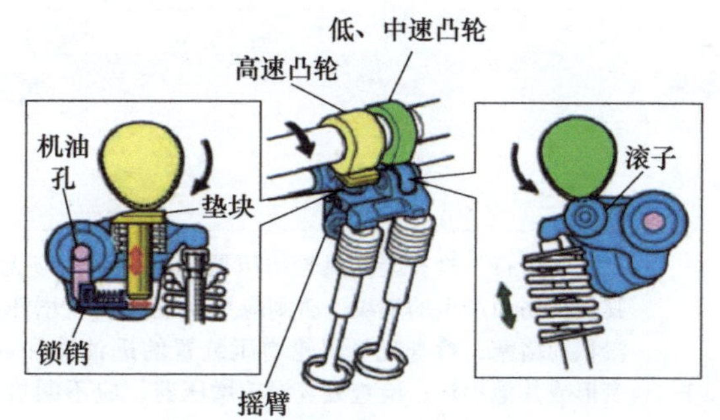

图3-3-19 高速控制原理示意图

#### 4. i-VTEC是本田公司可变气门升程系统

VTEC系统的全名是“Variable Valve Timing and Lift Electronic Control”，就是“可变气门相位及升程控制系统”，其结构如图3-3-20所示。

当发动机在中、低转速时，三根摇臂处于分离状态，普通凸轮推动主摇臂和副摇臂来控制两个进气门的开闭，气门升程量较小。此时虽然中间凸轮也推动中间摇臂，但由于摇臂之间是分离的，所以两边的摇臂不受它控制，也不会影响气门的开闭状态。发动机达到某一个设定的转速时，ECU即会指令电磁阀起动液压系统，推动摇臂内的小活塞，使三根摇臂锁成一体，一起由高角度凸轮驱动。这时气门的升程和开启时间都相应增大，使单位时间内的进气量更大，发动机动力也更强。这种在一定转速后突然的动力爆发极大地提升了驾驶乐趣。当发动机转速降到某一转速时，摇臂内的液压也随之降低，活塞在回位弹簧的作用下退回原位，三根摇臂分开。

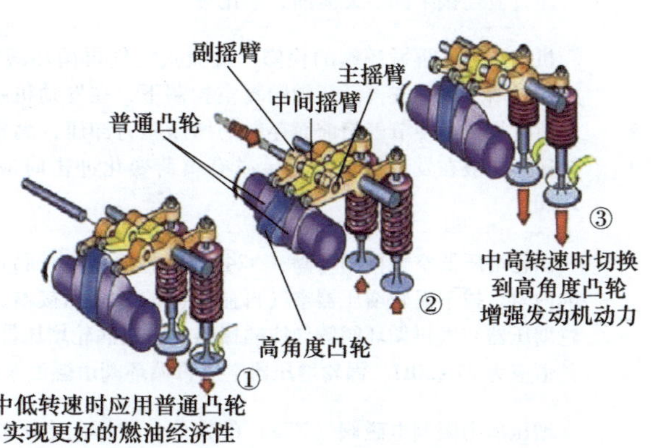

图3-3-20 i-VTEC可变气门升程系统示意图

### 一汽奥迪A6 1.8T（AEB）发动机废气涡轮增压控制系统的检修

#### 1. 任务描述

一汽奥迪A6 1.8T（AEB）发动机采用了废气涡轮增压控制系统。废气涡轮增压控制系统主要是利用废气带动涡轮增压控制系统的部件，从而提高进气量，增大发动机的功率。当涡轮增压控

制系统出现故障时，会导致发动机输出动力不足，就采用的涡轮增压器来进行检测。

**2. 实施条件**

（1）工位　准备4个工位。

（2）设备　奥迪A61.8T汽车一辆或相应发动机台架4台。

（3）工具　VAG1551专用故障诊断仪一套、发动机舱防护罩一套、“三件套”一套。

（4）资料　汽车维修手册。

**3. 实施步骤**

完成废气涡轮增压控制系统的检查并规范填写工单：

<table>
<tr><td rowspan="2">任务名称</td><td rowspan="2"></td><td>学生姓名</td><td></td><td>组别</td><td></td><td>工位号</td><td colspan="2"></td></tr>
<tr><td>用时</td><td colspan="3"></td><td>零件号</td><td colspan="2"></td></tr>
<tr><td>序号</td><td colspan="3">操作步骤</td><td>使用工量具</td><td>检测数据</td><td>测量标准</td><td>结果分析</td><td>小计</td></tr>
<tr><td>1</td><td colspan="3">基本检查：检查废气涡轮增压器的涡轮壳，应无因为过热、咬合、变形或其他损伤而产生的裂纹，否则应更换废气涡轮增压器；检查涡轮油孔，应无淤积和堵塞；检查废气涡轮增压装置的进油管和回油管，应无堵塞、压瘪、变形或其他损坏；检查废气涡轮增压器，应不漏机油；检查安装在活性炭罐和废气涡轮增压器前部进气软管之间的活性炭罐单向阀、制动助力器和进气歧管之间的单向阀，应安装正确，上面的箭头应指向导通方向；检查所有的管路，应连接牢固、无泄漏、老化等</td><td></td><td></td><td></td><td></td><td></td></tr>
<tr><td>2</td><td colspan="3">机械式空气再循环阀的检修：机械式空气再循环阀装在涡轮增压器前面，在通过增压器空气再循环阀的真空控制下，在发动机超速切断、怠速及部分负荷时打开，使节气门前面存在的增压压力卸压，涡轮增压器保持在较高的转速。一般在发动机功率不足或有负荷变化冲击时应检查机械式空气再循环阀</td><td></td><td></td><td></td><td></td><td></td></tr>
<tr><td>3</td><td colspan="3">涡轮增压器空气再循环阀（N249）的检修：检查涡轮增压器空气再循环阀的内阻。拔下涡轮增压器空气再循环阀的导线插接器，用万用表电阻档在涡轮增压器空气再循环阀侧导线插接器处检查涡轮增压器空气再循环阀的电阻，其值应为27~30Ω。涡轮增压器空气再循环阀由燃油泵继电器供电</td><td></td><td></td><td></td><td></td><td></td></tr>
<tr><td>4</td><td colspan="3">增压压力限制电磁阀（N75）的检修：增压压力限制电磁阀的检修过程和方法与涡轮增压器空气再循环阀的检修过程和方法完全一样，只是增压压力限制电磁阀内阻为23~35Ω</td><td></td><td></td><td></td><td></td><td></td></tr>
<tr><td>5</td><td colspan="3">增压最高压力的测试：将变速器挂入3档，在发动机转速为2000r/min时以节气门全开进行加速，观察仪表板上的发动机转速表。在发动机转速约为2500r/min时，压力表上显示的值应为160~170kPa（VAS5051），或VAG1551上显示组115的显示区4上显示的数据为160~170kPa</td><td></td><td></td><td></td><td></td><td></td></tr>
<tr><td>6</td><td colspan="3">增压压力传感器的检测：当增压压力过高时，ECU将切断发动机的燃油供给，以保护发动机。检查增压压力传感器的信号电压，插上增压压力传感器导线插接器，用万用表V档测量增压压力传感器导线插接器信号端子和搭铁端子之间的电压。发动机怠速运转时，信号电压值约为1.90V；发动机急加速时，信号电压值应为2.00~3.00V</td><td></td><td></td><td></td><td></td><td></td></tr>
<tr><td colspan="2">总分</td><td colspan="2">100</td><td colspan="2">总计</td><td colspan="3"></td></tr>
<tr><td colspan="2">教师签名</td><td colspan="2"></td><td colspan="2">得分</td><td colspan="3"></td></tr>
</table>

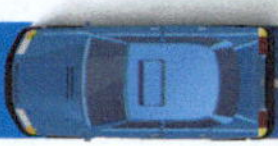



### 4. 评价与反馈

| 名称 | | 组别 | | 学生姓名 | | 工位号 | |
|---|---|---|---|---|---|---|---|
| | | 用时 | | | | 零件号 | |
| 序号 | 考核项目 | 评分标准 | 分数 | 学生自评 | 小组互评 | 教师评价 | 小计 |
| 1 | 团队协作 | 是否协同<br>有效工作 | 10 | | | | |
| 2 | 工作态度 | 是否积极主动<br>追求精益求精 | 10 | | | | |
| 3 | 任务方案 | 是否正确合理 | 20 | | | | |
| 4 | 任务完成情况 | 操作方法正确<br>数据正确记录<br>分析结果正确 | 30 | | | | |
| 5 | 安全规范 | 有无安全隐患<br>设备、工量具使用规范标准<br>遵守劳动纪律 | 20 | | | | |
| 6 | 现场 7S | 是否做到 | 10 | | | | |
| 总分 | | | 100 | | | | |
| 教师签名 | | | | 总计 | | | |

## 一、丰田皇冠轿车发动机怠速不稳、加速无力故障排除案例分析

### 1. 故障现象

一辆丰田皇冠轿车，发动机怠速不稳，行驶中加速无力。

### 2. 故障分析

造成发动机怠速不稳、加速无力的原因有很多，主要有点火系统故障、燃油系统故障、怠速控制系统故障、传感器（空气流量传感器、节气门位置传感器等）故障、进气增压系统故障等。进气谐波增压系统控制阀卡死，也可能导致控制电磁阀烧坏。

据车主反映，此前已在一家维修厂修理过，更换了燃油系统及点火的相关部件，但故障仍未解决。

### 3. 故障诊断与排除

根据车主反映结合该车故障现象，进行以下检查：

1）用故障诊断仪对电控系统进行自诊断，检查是否存在故障码，结果故障诊断仪未提示任何故障码。

2）进一步确认燃油供给和点火系统是否正常，经检查，没有发现任何问题，可排除其存在故障的可能性。

3）用故障诊断仪进行执行元件测试，当检查到进气谐波增压控制阀时，电磁阀没有工作。检查电磁阀电阻，发现电磁阀已经断路。进一步拆开进气谐波增压控制阀检查，发现其阀轴已被油污卡住不能转动，更换了电磁阀后试车，故障排除。

## 二、别克汽车没有高速故障排除案例分析

### 1. 故障现象

一辆配置有涡轮增压发动机、手动 5 速变速器的别克轿车，挂 5 档时，加速踏板完全踩到底，

最高车速只有110km/h。该车没有故障码，维修人员怀疑是离合器打滑，但分解后发现离合器从动盘的摩擦片很厚，换新片后最高车速还是只有110km/h。

**2. 故障分析**

没有故障码说明汽车没有高速的原因可能在机械方面。在汽车机械故障中最容易导致没有高速的就是离合器打滑，但任何故障分析都不能代替故障诊断。离合器工作正常起步时离合器踏板抬到接近1/2时汽车就可以起步了，若离合器打滑，则离合器踏板快抬到终点时（摩擦力矩不足所致）汽车才可以勉强起步。本来抬一下离合器踏板就可以诊断出来的故障，维修人员却拆半轴、支撑发动机、拆变速器、拆离合器，最后还换了一片离合器从动盘，但任何问题也没有解决。其实，汽车突然没有高速除常见的离合器打滑外，还可能是由于发动机排气不畅引起的。

**3. 故障诊断与排除**

汽车没有高速，没有故障码，用手试一下排气尾管出气口怠速和急加速时排气的气流，如果气流明显小于其他车，急加速时排气管处也没有异常响声，说明三元催化转化器堵塞。拆下氧传感器，检查传感器触头的颜色即可做出准确的故障诊断。

1）氧传感器触头的颜色发黑，且测试孔被积炭堵塞，说明混合气过浓，三元催化转化器前部被积炭堵塞。

2）氧传感器触头的颜色为暗红色，说明氧传感器和三元催化转化器因铅中毒堵塞。

3）该车上游和下游氧传感器触头的颜色均为白色，说明氧传感器被冷却液污染。三元催化转化器被冷却液中的硅中毒后，会造成失效和堵塞，造成失去尾气转化功能和排气不畅，充气系数明显下降，汽车低、中速基本正常，但没有高速。

打开此车的散热器盖，急加速没有见散热器内翻水花，说明发动机缸盖垫密封良好，通过排除法可初步诊断为涡轮增压发动机的进气歧管垫密封不良，导致负责进气歧管中冷的冷却液进入发动机燃烧室。

4）更换发动机进气歧管垫和三元催化转化器后，汽车恢复最高车速，同时排除了冷却液流失的故障。

2021年汽车类技能高考真题（来源于毕业学生口述）：

【题干】在可变配气相位控制中，对发动机性能影响最大的是（　　）。

选项：A. 进气门提前角　　B. 进气门迟闭角

C. 排气门提前角　　D. 排气门迟闭角

【答案】B

【解析】大众公司调节策略V6发动机功率调整。调整功率时，链条下部短，上部长，进气凸轮轴逆旋转方向转过一定角度，进气门延迟打开，进气门延迟关闭；排气门相位不变。进气门延迟关闭影响最大，因此，进气管内气流流速高，气缸充气量足。

【难易度】难度题

【考纲知识点】2-10. 理解电控燃油供给系统的基本结构及工作原理，会诊断及检修电控汽车燃油供给系统常见故障。

**一、判断题**

1. 奥迪V6发动机在发动机静止状态和转速低于4100r/min时，增压控制阀总是打开，进气歧管路径长度长，进气谐波波长大，与中低转速相匹配。（　　）

2. 丰田 VVTL-i 系统应用了凸轮转换机构来改变进气和排气气门的配气相位，实现动力性能提高。（ ）

3. 中冷器是增压系统的一部分。当空气被高比例压缩后会产生很高的热量，从而使空气膨胀密度升高，而同时也会使发动机温度过高造成损坏。（ ）

4. V6 发动机调整功率时，链条下部长，上部短，进气门延迟关闭，进气管内气流流速高，气缸充气量足。（ ）

5. VVT-i 系统利用油压来调整进气凸轮轴转角气门正时进行优化，从而提高功率输出、改善燃料消耗率和减少废气排放。（ ）

**二、单选题**

1. 根据发动机工况的不同，进入进气歧管的 EGR 率一般控制在（ ）范围内。

A. 6%~13%　　B. 13%~23%　　C. 6%~23%　　D. 23%~33%

2. 丰田公司的 VVTL-i 系统以 VVT-i 系统为基础，并应用了凸轮转换机构来改变进气和排气气门的（ ），实现动力性能提高。

A. 升程　　B. 配气相位　　C. 升程和配气相位　　D. 无法确定

3. 日产 VG20 发动机，当发动机在低速中、小负荷工作时，转换阀关闭，进气会通过（ ）的进气管流入，可以提高进气流速，改善了中低速的转矩特性。

A. 细长　　B. 细短　　C. 粗长　　D. 粗短

4. 奥迪 V6 发动机转矩调整时，凸轮轴调整器向下拉长，于是链条上部变短，下部变长，进气凸轮轴被转过一个角度，（ ）。

A. 进气门提前关闭，排气门提前关闭　　B. 进气门提前关闭，排气门相位不变

C. 进气门延迟关闭，排气门延迟关闭　　D. 进气门延迟关闭，排气门相位不变

# 项目四

# 发动机电控点火系统的检修

## 【项目概述】

发动机电控点火系统是汽油发动机的重要组成部分，点火系统的性能良好与否对发动机的功率、油耗和排气污染等影响很大。如果点火系统发生故障，就会影响发动机的动力性能、经济性和排气净化等性能，甚至会导致发动机不能工作。

通过搭建电控点火系统检修学习情境，整理电控点火系统的资讯信息，在教师的指导和帮助下，学生小组合作完成电控点火系统检修实训项目，做中学、学中做，达成认识电控点火系统组成并掌握点火系统故障排除方法。

# 任务一 电控点火控制

## 任务描述

电控发动机两大核心控制功能是电控燃油喷射控制和电控点火控制。电控点火控制的特点是：点火正时（或点火提前角）受ECU的控制，相对于以前的有触点和无触点点火系统而言，其点火正时的控制精度大大提高，且适应工况变化的能力更强，从而使发动机的性能得到进一步的改善；各缸点火顺序仍然由机械式分电器控制。电控点火系统按照结构可分为有分电器式和无分电器式。电控点火控制系统的布置安装如图4-1-1所示。

图 4-1-1　电控点火控制系统的布置安装

采用电控点火控制技术可以满足现代高速发动机对点火系统较高的点火能量和击穿电压的要求，可以实现点火时刻与发动机运行工况更好地匹配，能够实现对点火系统更加优化的集中控制功能，更好地满足对发动机动力性和经济性的要求。本次任务主要介绍电控点火系统检修的相关知识。

## 学习目标

| 知识目标 | 能力目标 | 素养目标 |
|---|---|---|
| 1. 了解电控点火系统原理与检修方法、发动机对点火正时的控制要求、ECU对点火正时的控制方法 | 1. 能通过与客户交流、查阅相关维修技术资料等方式获取车辆信息。能使用万用表、故障诊断仪、示波器及发动机综合分析仪等常用检测和诊断设备对ECU控制点火系统进行检测 | 1. 能够在工作过程中与小组其他成员合作、交流，培养团队合作意识，锻炼沟通能力 |
| 2. 掌握ECU控制点火系统的结构特点、工作原理及电路分析方法。掌握ECU控制点火系统控制电路及各元件的检测方法 | 2. 能按照正确操作规范进行传感器、执行器和控制器的更换。能进行系统匹配设定，能对发动机进行测试、检查和评估ECU控制点火系统的修复质量 | 2. 提升认识问题、分析问题和解决问题的能力 |
| 3. 掌握ECU控制点火系统的故障诊断与排除方法 | 3. 能识读常见车型ECU控制点火系统电路 | 3. 养成一丝不苟、精益求精的工匠精神 |

## 职业素养

“科学精神”是“中国学生发展六大核心素养”之一，包括理性思维、批判质疑、勇于探究这三个基本要点。勇于探究是对科学问题进行探讨，有见解，有发现，有创新。勇于探究的表现是：具有好奇心和想象力；不畏困难，有坚持不懈的探索精神；大胆尝试，积极寻求有效的问题解决方法，为科学精神的养成保驾护航。所以说，勇于探究是科学精神的“开路先锋”。

科学精神的核心是求真、务实和实用，学生应该注重观察和实训，以事实为根据，排除主观臆断和迷信思想。只有通过大量观察和实训，汽车专业学生才能真正了解事物的本质和规律。这种科学精神的核心使人们对世界有着独特而深入的认识，能够不断改变和提高自己的生活质量。

## 知识点一　电控点火系统的功能

### 1. 点火正时的控制

（1）发动机对点火正时的控制要求　点火提前角是从火花塞发出电火花，到该缸活塞运行至压缩上止点时曲轴转过的角度。当汽油机保持节气门开度、转速以及混合气浓度一定时，汽油机功率和耗油率随点火提前角的改变而变化。对应于发动机每一工况都存在一个最佳点火提前角。适当的点火提前角，可使发动机每次循环所做的机械功最多。点火提前角过大，易爆燃；点火提前角过小，排气温度升高，功率降低。

为了使发动机工作处于最理想的状态，要求点火正时能够随工况的变化而变化，要求发动机ECU总是按照最佳点火正时的要求控制点火正时，为此，发动机ECU内都会有类似于图4-1-2所示的点火正时脉谱图。

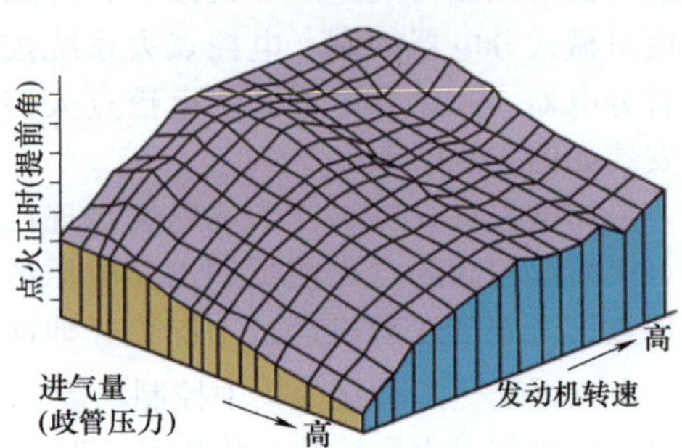

图4-1-2　点火正时脉谱图

影响最佳点火正时的因素主要有以下四个方面：

1）发动机的转速。转速升高时，燃烧所占的曲轴转角增大，点火正时应随之提前，点火提前角增大；反之，转速降低时，点火正时应该随之推后，点火提前角减小，如图4-1-2所示。

2）发动机的负荷。负荷增大时，进气量增大，新鲜混合气密度增大，燃烧加快，点火正时应该随之推后；反之，负荷减小时，点火正时应随之提前，但为了避免怠速不稳，怠速时的点火提前量必须减小，甚至为零。

3）爆燃。爆燃是由于燃烧过程中末端混合气的自燃造成的。轻微的爆燃可以改善燃油经济性和动力性，但过度爆燃会产生多方面的不利影响，比如燃油消耗增大、动力下降、发动机过热等。

点火提前角增大时，产生爆燃的倾向也增大，因此，当发动机产生持续爆燃时，应逐步减小点火提前角，爆燃消除后，再逐步恢复原有点火提前角。在一般情况下，发动机处于爆燃与不爆燃的临界状态时，综合性能最佳。

4）发动机冷却液温度。发动机冷却液温度较低时，燃烧较慢，要求点火正时适当提前，点火提前角增大；发动机温度较高时，燃烧较快，应适当减小点火提前角。但有一特例，在发动机暖机过程中，随着发动机温度的升高，应适当增大点火提前角。

（2）发动机ECU对点火正时的控制方式　点火正时控制可分为两个阶段控制，第一阶段是起动时点火正时控制，第二阶段是起动后发动机正常运转时点火正时控制。

1）起动时点火正时控制。起动发动机时，由于转速及进气流量极不稳定，ECU很难通过计算来确定最佳点火正时，因此，往往会以固定的点火正时（初始点火提前角）进行点火，此时的点火提前角一般不超过10°，此控制过程属于开环控制。

2）起动后点火正时控制。ECU根据发动机的转速和负荷信号，确定基本点火提前角；并根据其他信号修正，以确定实际的点火提前角，并向电子点火控制器输出点火信号。此时的点火提前角由初始点火提前角、基本点火提前角、校正点火提前角三个部分组成。

基本点火提前角：由ECU根据发动机负荷和转速参照图4-1-2所示的脉谱图计算而出，但怠速时，基本点火正时仅与转速有关。

有些车型上，ECU的内部存有两套点火正时脉谱图，以适应不同燃油辛烷值的需要。

校正点火提前角：

预热校正：当发动机冷却液温度太低时，点火正时需要适当提前，在极冷的条件下，通过该校正功能可将点火提前大约15°。

过热校正：当发动机冷却液温度过高时，为了防止发生爆燃或进一步过热，点火正时需要适当推后，这种校正最多可使点火推后5°。

怠速稳定性校正：怠速时，如果发动机的转速偏离了目标值，ECU将会通过适当调节点火正时的方式稳定转速：如果转速低于目标值，ECU会使点火适当提前；如果转速高于目标值，ECU会将点火适当推后，通过这种校正，点火正时的变化值最大为±5°。

爆燃校正：发动机出现爆燃时，ECU会根据爆燃传感器信号的大小或频率来判断爆燃的强度，并对点火正时进行适当延迟。

爆燃较强时，点火正时延迟较多；当爆燃较弱时，点火时间延迟较少；爆燃停止时，点火正时便停止延迟，有时还会将点火正时稍微提前，直到再次发生爆燃，然后再重新开始延迟，控制策略如图4-1-3所示。通过这种修正，点火正时的延迟最大为10°。

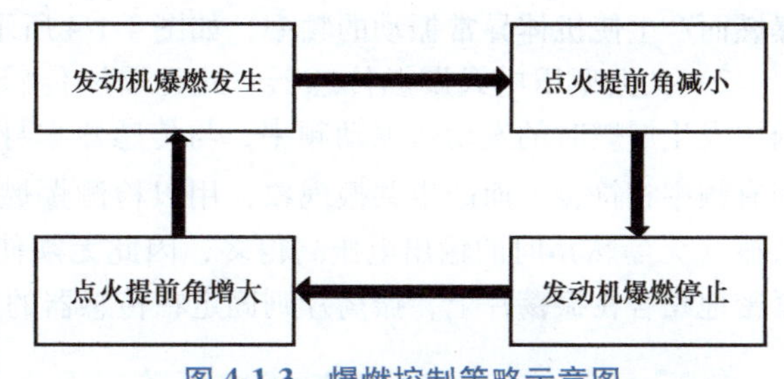

图4-1-3 爆燃控制策略示意图

转矩控制校正：配备电控自动变速器的汽车进行自动换档时，由于发动机瞬时空载而使转速升高，因此会造成一定的换档冲击。为了减小这种冲击，某些车型的发动机会在换档时适当延迟点火，以降低发动机的转矩。

转速校正：当汽车从减速转换为加速时，点火时间需要提前，以便满足加速过程的需要。

巡航控制校正：当汽车以巡航状态行驶时，如果遇到下坡，巡航控制ECU会发出一个信号给发动机ECU，发动机ECU则适当延迟点火，以减小发动机的转矩，从而利于车速的稳定。

驱动防滑控制校正：驱动防滑控制系统工作时，为了降低发动机的转矩，点火时间适当延迟。

最大和最小提前角控制：当ECU计算得出的点火正时超出正常范围时，实际点火正时则选为规定的最大值或最小值，从而防止发生事故或影响发动机的工作性能。

### 2. 通电时间控制

（1）通电时间控制方法　通电时间控制也称为闭合角控制，转速升高时，闭合角增大，以确保初级电流足够大；转速降低时，闭合角减小，以确保点火线圈不会过热。

闭合角（也称为导通角）是指点火线圈初级电路导通期间曲轴转过的角度。

（2）点火线圈恒流控制功能　在正常转速范围内，使点火线圈的初级电流能迅速达到并不超过规定值（一般为6~7A），以减小转速对次级电压的影响，同时，还可防止因初级电流过大而烧坏点火线圈。

### 3. 爆燃的控制

气缸内部分未燃混合气在火焰前峰到来之前自行燃烧，在气缸内形成无方向的爆炸燃烧，简称爆燃，又因为爆燃时会引起强烈的振动，并伴有强烈的金属敲击声，又称为爆燃。

爆燃破坏发动机的正常燃烧，从而使发动机的动力性、经济性变差，排污加重；在局部产生强烈的冲击波，将破坏发动机气缸壁上的润滑油膜，使发动机工作条件恶化；容易造成发动机过热，使各部机件热负荷增加，冷却液温度失去控制，长时间后，将会造成冷却液沸腾而使发动机无法工作。

利用爆燃传感器感知发动机有无爆燃现象，并将信号送至ECU，ECU利用此信号调整点火提前角。

在电控发动机中，点火系统大部分采用的是闭环控制。起反馈作用的元件是爆燃传感器；爆燃传感器能反映发动机有无爆燃发生，当发动机发生爆燃时，会向发动机ECU发送信号。当发动机发生爆燃时，会推迟点火提前角。爆燃传感器安装在发动机缸体上，利用振动法检测爆燃的传感器有磁致伸缩型和半导体压电型两种类型。其中，压电型又有共振型和非共振型之分。

1）磁致伸缩式爆燃传感器。这种爆燃传感器安装在发动机上，将发动机振动频率转换成电压信号，输送给发动机 ECU，以检测发动机爆燃的强度。它主要是由磁芯、电磁铁和磁感应电磁线圈等构成的。当缸体振动时，磁芯受振偏位，使磁感应电磁线圈内的磁通量产生变化，而在磁感应电磁线圈内造成感应电流。当发动机的爆燃强度与设定值相同时，爆燃传感器输出最大的电压信号，以表示发动机由于爆燃而产生使机体异常振动的频率，如图 4-1-4 所示。

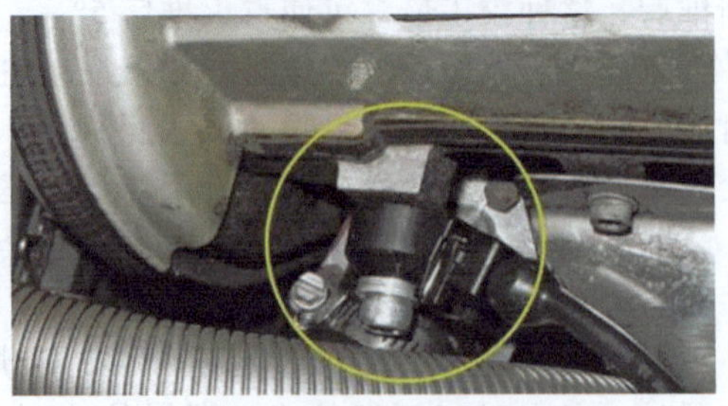

图 4-1-4　磁致伸缩式爆燃传感器

2）共振型压电式爆燃传感器。此种爆燃传感器利用发生爆燃时的发动机振动频率，与传感器本身的固有频率相符合，而产生共振现象，用以检测爆燃是否发生。该传感器在爆燃时的输出电压比非共振（无爆燃）时的输出电压高得多，因此无须使用滤波器，即可判别有无爆燃产生。压电元件紧密地贴合在振荡片上，振荡片则固定在传感器的基座上。

## 知识点二　有分电器电控点火系统的组成及工作原理

### 1. 有分电器微机控制点火系统的组成

有分电器微机控制点火系统的组成示意图如图 4-1-5 所示，其主要由输入信号（各种传感器及开关）、ECU、分电器（内装点火控制器）、点火线圈和火花塞等组成。

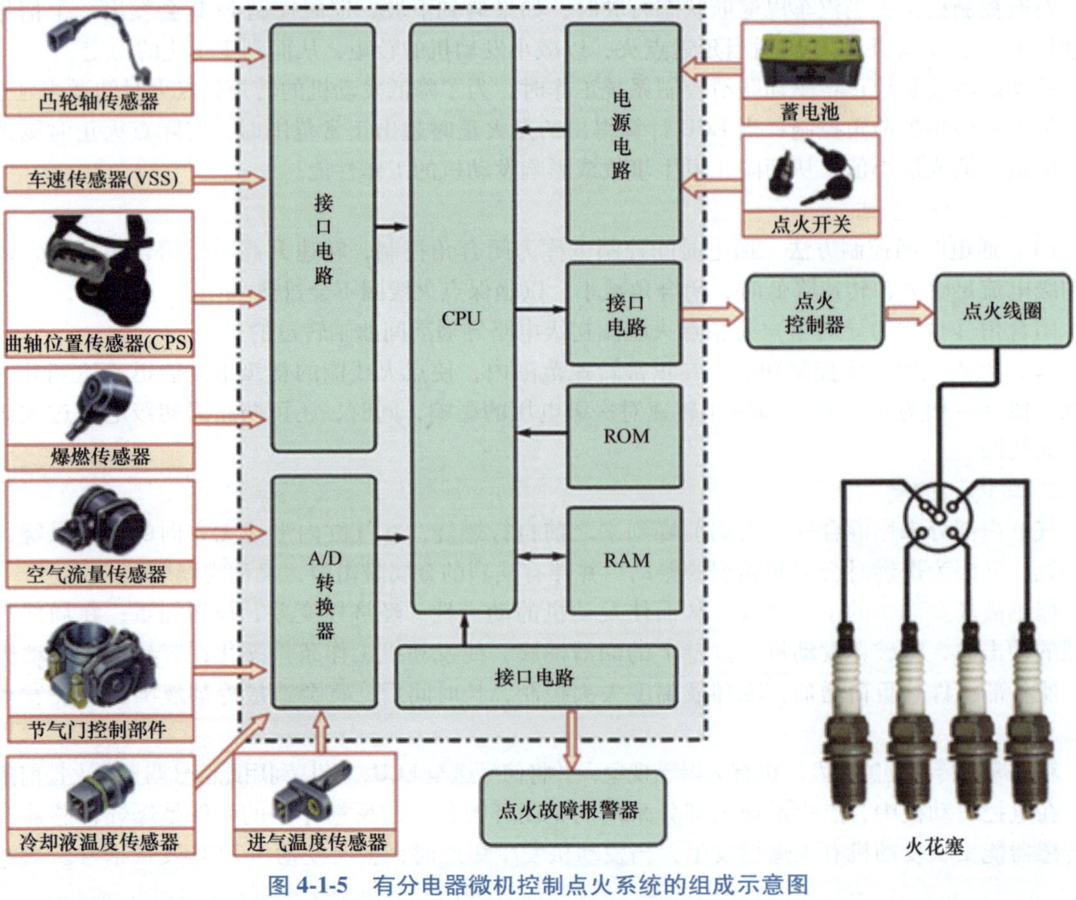

凸轮轴传感器
车速传感器(VSS)
曲轴位置传感器(CPS)
爆燃传感器
空气流量传感器
节气门控制部件
冷却液温度传感器
进气温度传感器
接口电路
A/D转换器
CPU
电源电路
接口电路
ROM
RAM
接口电路
蓄电池
点火开关
点火控制器
点火线圈
点火故障报警器
火花塞

图 4-1-5　有分电器微机控制点火系统的组成示意图

（1）输入信号　输入信号的作用是检测发动机各种运行参数，为控制单元提供点火控制所需的各种信号，其主要包括各种传感器（曲轴位置传感器、凸轮轴位置传感器、爆燃传感器、进气歧管绝对压力传感器、节气门位置传感器、冷却液温度传感器等）和开关（A/C开关、空档位置开关等），与电控燃油喷射系统共用输入信号。各种输入信号的作用见表4-1-1。

表4-1-1　各种输入信号的作用

| 输入信号 | 传感器 | 功能 |
| --- | --- | --- |
| 曲轴转角 | 曲轴位置传感器 | 检测曲轴转角信号并输入ECU，点火系统的主控信号 |
| 凸轮轴转角 | 凸轮轴位置传感器 | 检测凸轮轴转角信号并输入ECU，点火系统的主控信号 |
| 进气量 | 空气流量传感器或进气压力传感器 | 检测进气量信号并输入ECU，点火系统的主控信号 |
| | 进气温度传感器 | |
| 废气中氧气浓度 | 氧传感器 | 检测发动机尾气中的含氧量信号并输入ECU，点火系统的修正信号 |
| 节气门开度 | 节气门位置传感器 | 检测节气门开度信号并输入ECU，点火系统的修正信号 |
| 爆燃条件 | 爆燃传感器 | 检测发动机爆燃信号并输入ECU，点火系统的修正信号 |
| 冷却液温度 | 冷却液温度传感器 | 检测冷却液温度信号并输入ECU，点火系统的修正信号 |
| 起动信号 | 起动开关 | 向ECU输入起动信号，点火系统的修正信号 |
| P位或N位信号 | 空档位置开关 | 向ECU输入P位和N位信号，点火系统的修正信号 |
| 空调压力 | 空调A/C开关 | 向ECU输入空调工作信号，点火系统的修正信号 |
| 车速 | 车速传感器 | 向ECU输入车速信号，点火系统的修正信号 |

（2）ECU　电子控制单元又称为ECU、ECM、PCM，是以单片微型计算机为核心所组成的电子控制装置，具有强大的数学运算、逻辑判断、数据处理与数据管理等功能。ECU是汽车电控系统的控制中心，其功用是在发动机工作时，它不断接收各输入信号输入的信息，并进行运算、分析和比较，按内部存储的程序计算出最佳的控制参数，并向执行器发出控制指令。同时，ECU还具有自诊断功能，当各传感器的输入信号和执行器的工作情况出现异常时，会记录相应的故障信息，以便于诊断时读取。ECU主要由输入回路、A/D转换器、微处理器和输出回路等组成。

（3）点火线圈　点火线圈利用变压器的原理可将汽车电源提供的12V低压电转变成能击穿火花塞电极间隙的15~20kV的高压直流电。按其磁路结构形式的不同，点火线圈一般分为开磁路式和闭磁路式两种。

（4）分电器　分电器是用来接通和切断低压电路，使点火线圈产生高压电流，并按照发动机的点火顺序，在规定的时间内，将高压电分配给各气缸的火花塞，点燃混合气。分电器由配电器、分火头和信号发生器等组成。配电器的作用是将点火线圈产生的高压电，按照发动机工作顺序送至各缸火花塞。信号发生器的作用是产生脉冲信号，送给点火控制器，由点火控制器控制初级电路的通断，如图4-1-6所示。

（5）点火器　点火器又称为点火控制模块ICM，它是ECU的一个执行机构。它在得到来自发动机的点火正时信号IGT后，瞬时切断初级电路的电流，使火花塞产生高压火花。同样，作为安全检测，当点火时，点火器将一个点火成功的信号IGF送到发动机ECU。

（6）高压缸线　高压缸线是点火系统中必不可少的一部分，是点火线圈把能量传给火花塞的介质。缸线大体上分为四部分。第一部分是导电材料，第二部分是绝缘胶皮，第三部分是点火线圈插头，第四部分是火花塞插头，还有一些缸线外面再包裹一层隔热材料，防止缸线被烧坏。汽车用高压缸线有铜芯线和阻尼线两种，其电阻值因车型的不同而不同。

（7）火花塞　火花塞的功用是将上万伏的高压电引入燃烧室，并产生电火花点燃混合气，与点火系统和燃油供给系统配合使发动机做功，在很大程度上共同决定着发动机的性能。

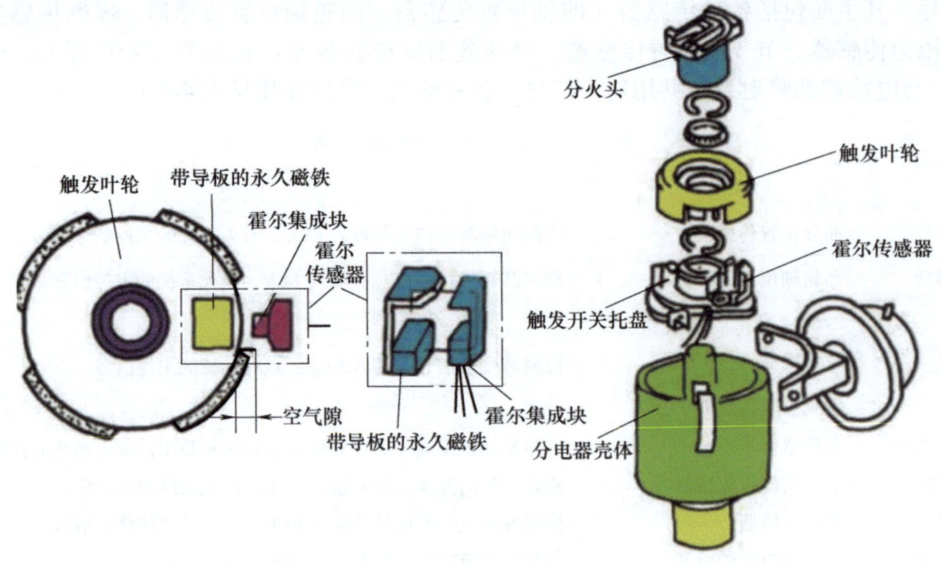


图 4-1-6　无触点分电器结构示意图

## 2. 有分电器电控点火系统工作原理

有分电器 ECU 控制点火系统的工作原理图如图 4-1-7 所示，发动机 ECU 根据各种传感器的信号确定点火正时，并将点火控制信号 IGT 信号传送给点火器，再由点火器控制点火线圈初级电路的通、断，点火线圈次级绕组所产生的高压电经分电器及高压线送给火花塞进行点火。点火系统的工作过程可分成两个阶段，即初级电路导通，点火能量存储；初级电路截止，次级电路产生高压电，同时，火花塞电极产生电火花，点燃混合气。

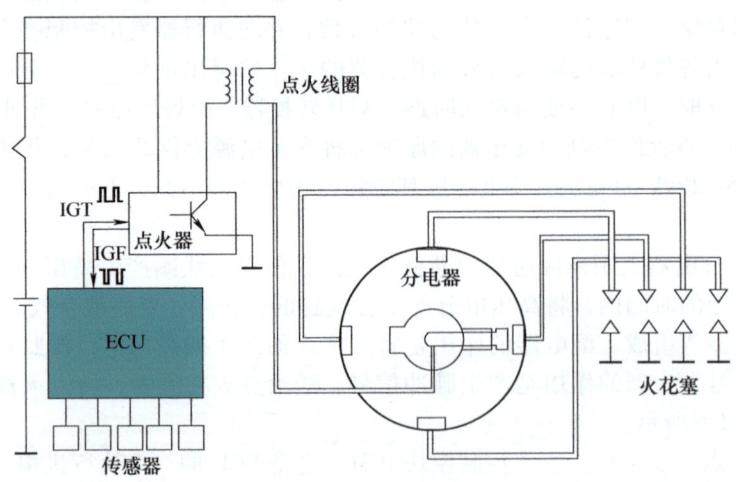


图 4-1-7　有分电器 ECU 控制点火系统的工作原理图

此外，具有爆燃控制功能的电控点火系统中，ECU 还根据爆燃传感器的输入信号来判断发动机有无爆燃及爆燃的强度，并对点火提前角进行闭环控制。

点火提前角的大小即取决于 ECU 所发出的点火控制信号 IGT 信号的迟早，该信号发出早，点火提前角就大；反之，点火提前角就小。点火控制信号 IGT 信号的形态如图 4-1-8 所示。该信号为高电平时，初级电路导通；该信号为低电平时，初级电路被切断，点火线圈产生高压电点火。

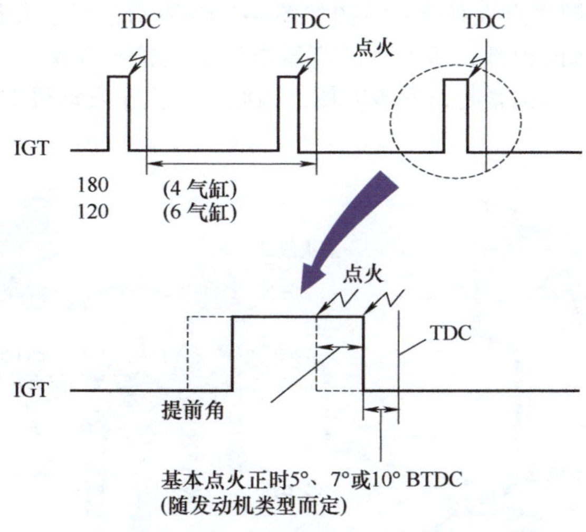


图 4-1-8　点火控制信号 IGT 信号的形态

工作中，点火器还会根据点火线圈初级电路的感应电动势向 ECU 反馈点火确认信号 IGF，以表明点火系统工作正常。如果发动机 ECU 连续 6 次或 8 次接收不到该点火确认信号，就会判定点火系统存在故障，其内部会存储相应的故障码，同时，为了避免燃油冲刷气缸的润滑油膜，还会指令喷油器停止工作。

## 知识点三　无分电器电控点火系统的组成及工作原理

无分电器 ECU 控制点火系统又称为直接点火系统，其特点是彻底取消了分电器，原分火头的分电功能也由 ECU 取代，ECU 不仅要控制点火正时，还要控制点火顺序。该系统没有任何可运动的机械装置，因而机械运动与磨损方面的故障被彻底消除。该点火系统的电路及有关部件发生故障，同样会造成发动机不能运转或运转不良。

无分电器 ECU 控制点火系统的配电方式有二极管分电和点火线圈分电两种，点火方式也有双缸同时点火和各缸独立点火两种，各缸独立点火系统的组成示意图如图 4-1-9 所示。类型不同，系统构成及电路原理会有所不同，故障检查的方法也会有所差别。

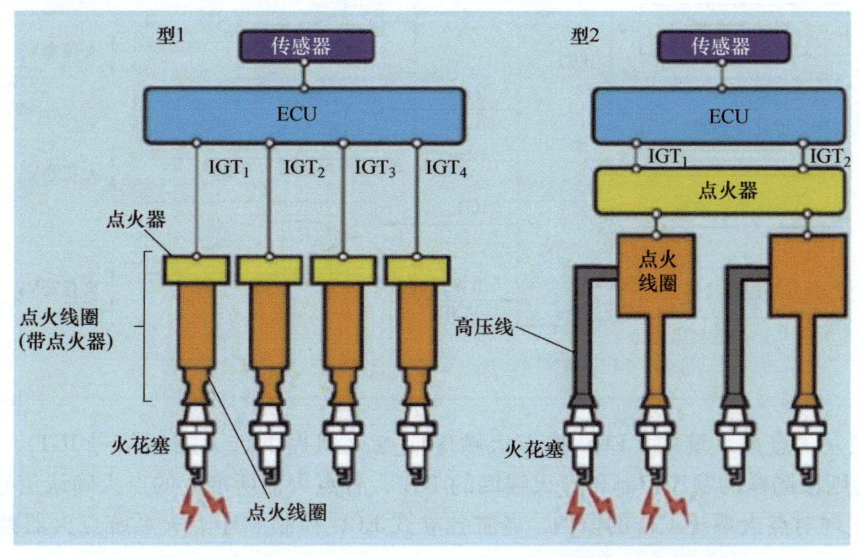


图 4-1-9　双缸同时点火、各缸独立点火系统的组成示意图

各缸独立式 ECU 控制顺序点火系统示意图如图 4-1-10 所示，每个火花塞都单独配置一个点火线圈，其位置一般在火花塞的顶部，所产生的高压电直接送给火花塞，因而取消了高压线，避免了高压线方面的故障，而且结构紧凑，安装方便，因此，在汽车发动机上的应用日益广泛。

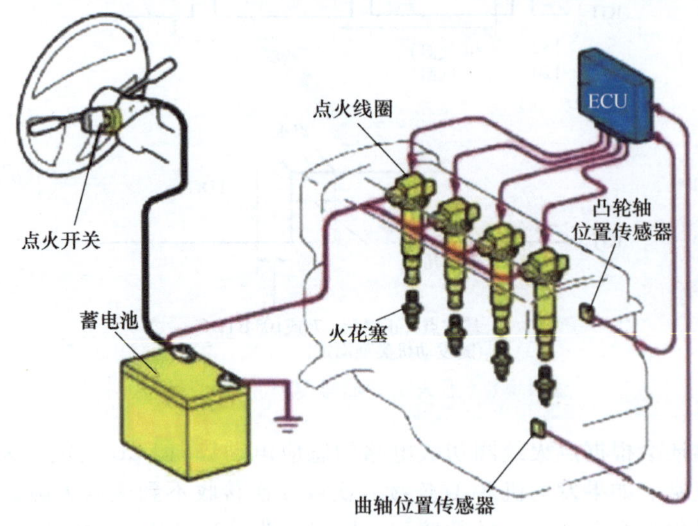


图 4-1-10 各缸独立式 ECU 控制顺序点火系统示意图

ECU 控制顺序点火系统基本控制电路图如图 4-1-11 所示，在该电路中，点火器与点火线圈制为一体。有些车型上，点火器则单独设置，依靠相关电路与各点火线圈及 ECU 等相连，如图 4-1-12所示。

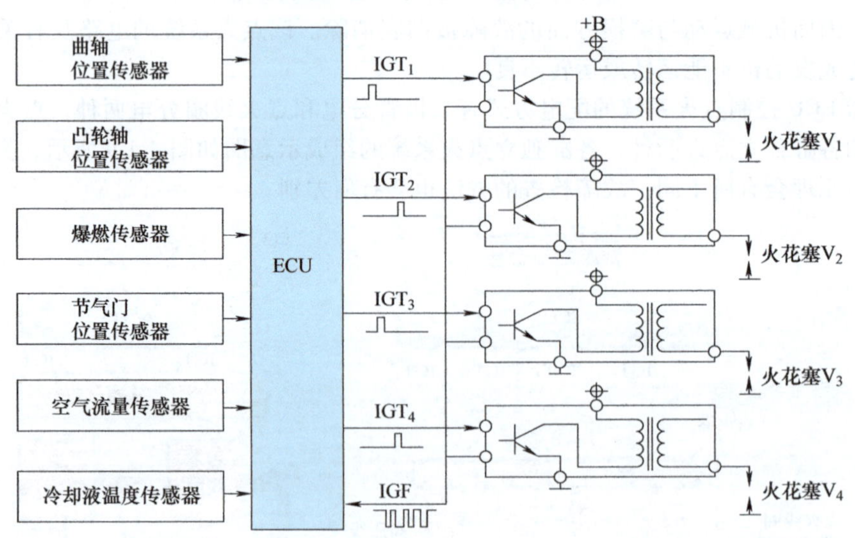


图 4-1-11 ECU 控制顺序点火系统基本控制电路图

在各缸独立式点火系统中，ECU 按点火顺序向点火器提供点火控制信号 $IGT_1$、$IGT_3$、$IGT_4$、$IGT_2$，点火器则按同样的顺序控制各点火线圈的工作，各点火器所产生的点火确认信号 IGF 统一送回 ECU，以实现对点火系统工作的监测。各缸独立式 ECU 控制顺序点火系统点火器独立控制结构如图 4-1-13 所示。

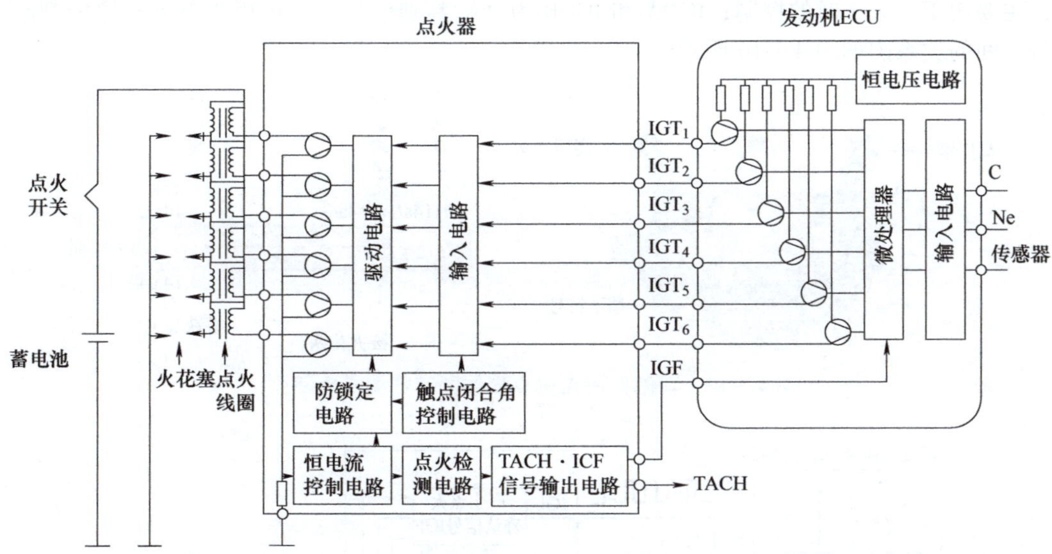


图 4-1-12 ECU 控制顺序点火系统点火器独立控制电路图

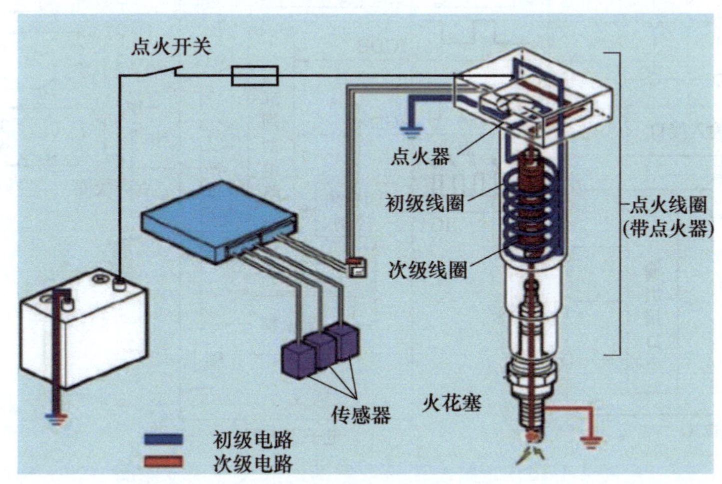


图 4-1-13 各缸独立式 ECU 控制顺序点火系统点火器独立控制结构

## 知识点四 双缸同时点火式 ECU 控制点火系统

双缸同时点火是指对同时到达上止点的两个气缸实施同时点火，其中必然有一个缸为压缩上止点，其点火为有效火，另一个缸为排气上止点，其点火为无效火（或称为废火）。该点火系统有点火线圈配电和二极管配电两种方式。

### 1. 点火线圈配电

点火线圈配电双缸同时点火，各点火线圈都有两个高压线插头，分别与同时到达上止点的两个气缸的火花塞相连，这样，点火线圈的数量仅为气缸数的一半，但需要设置高压线。高压电路中一般串联有高压二极管，目的是为了防止初级电路接通时次级绕组所产生的感应电动势 1000~2000V 引起误点火。双缸同时点火点火线圈实物图及电路图如图 4-1-14 所示。

丰田公司直列六缸发动机双缸同时点火系统，其同时点火的气缸分别为 1 缸和 6 缸、2 缸和 5 缸、3 缸和 4 缸，其控制电路图如图 4-1-15 所示，工作原理如下：

ECU 根据各传感器信号共向点火器输出 IGT、IGDA 和 IGDB 三个信号，其中，IGT 为点火控制信号，主要用于点火正时的控制；IGDA 和 IGDB 为气缸判别信号，主要用于点火顺序的判断。三个信号之间的关系图如图 4-1-16 所示。

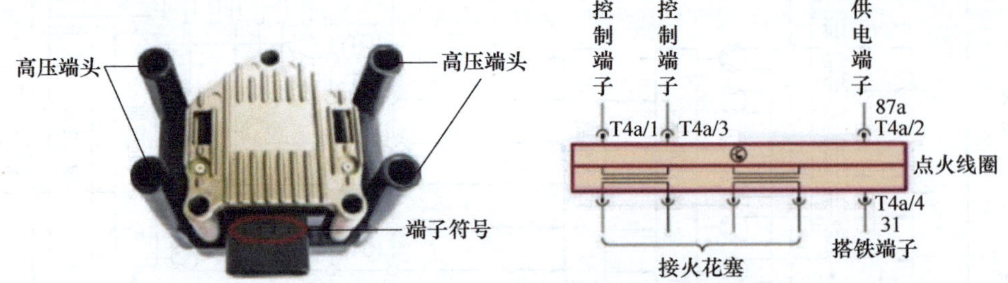


图 4-1-14　双缸同时点火点火线圈实物图及电路图

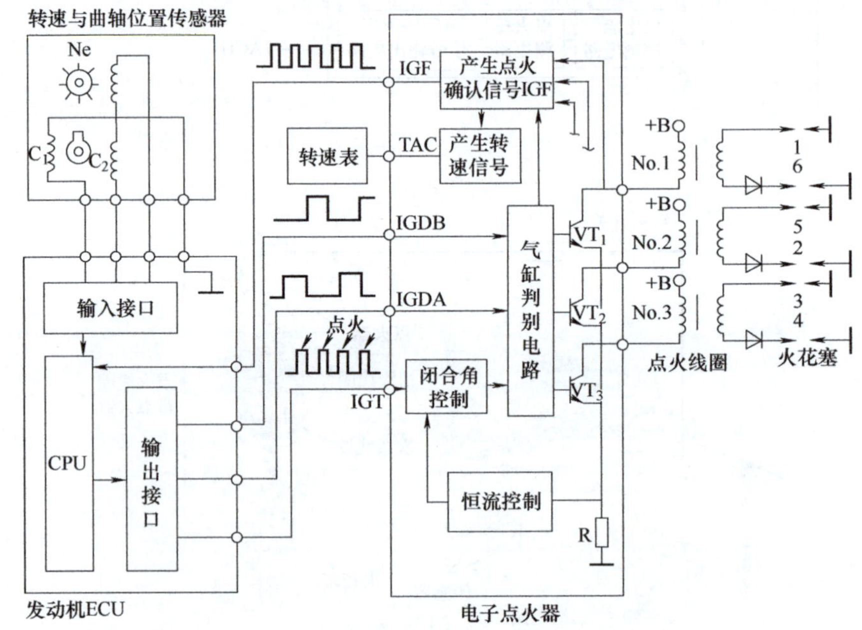


图 4-1-15　六缸发动机双缸同时点火系统电路图

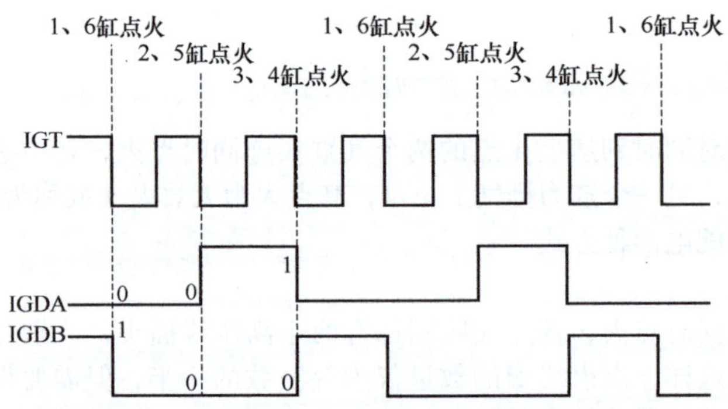


图 4-1-16　IGT、IGDA、IGDB 三个信号之间的关系图

IGDA 和 IGDB 信号各有两种状态，即高电平用逻辑值 1 表示和低电平用逻辑值 0 表示。当 IGDA 和 IGDB 分别为 0、1 时，点火器的判缸电路就用 IGT 信号来控制功率晶体管 $VT_1$ 的通电和断电，即控制 1 号点火线圈工作，次级绕组所产生的高压电动势经高压线同时送到 1、6 缸火花塞进

行点火；同理，当 IGDA 和 IGDB 分别为 0、0 时，2、5 缸同时点火；当 IGDA 和 IGDB 分别为 1、0 时，则 3、4 缸同时点火。

另外，ECU 还接收一个来自点火器的 IGF 信号，该信号称为点火确认信号，是由点火器根据各点火线圈初级电流自感电动势产生的，主要用于 ECU 对点火系统的监测。

ECU 一旦连续 6 次或 8 次接收不到 IGF 信号，就会判定点火系统发生故障，ECU 会在存储 14 号故障码的同时停止喷油，以防汽油冲刷气缸表面。此外，发动机转速表还可以通过 IGF 信号获取转速信号 TAC。

IGF 信号产生的方法：ECU 通过 IGF 信号线向点火器发送一个 5V 的参考电压，每点火成功一次，点火器就将该电压接搭铁一次，IGF 参考电压变为 0 一次。

### 2. 二极管配电

二极管配电系统点火线圈及基本电路图如图 4-1-17 所示，其点火线圈的初级绕组有一个中心抽头，将初级绕组分为 $L_1$、$L_2$ 两个部分，中心抽头通电源电路，另外两个抽头分别接点火器的功率晶体管；次级绕组的两端分别有两个高压输出端，共形成四个高压输出端，通过四根高压线与四个气缸的火花塞相连，每个高压电路中各串联一个高压二极管。

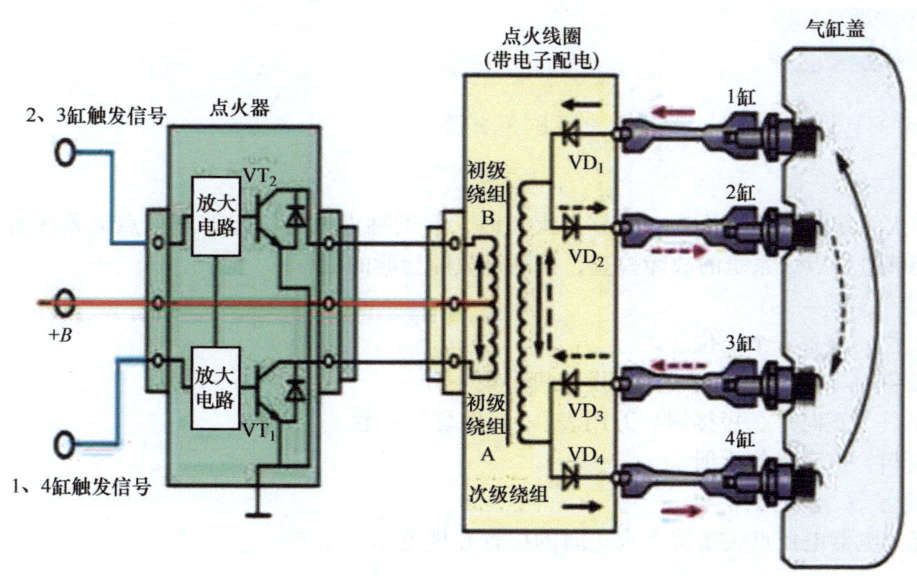


图 4-1-17　二极管配电系统点火线圈及基本电路图

当初级绕组 $L_1$ 断电时，次级绕组产生上负、下正的高压感应电动势，1、4 缸的高压二极管导通，使 1、4 缸同时点火；当初级绕组 $L_2$ 断电时，次级绕组产生上正、下负的高压电动势，2、3 缸的高压二极管导通，使 2、3 缸同时点火。

### 3. 点火线圈的结构

无分电器点火系统的点火线圈有多种形式：各缸独立点火式点火系统的点火线圈只有一个高压接口，并各自独立地安装在火花塞上方，此时，由于点火线圈和火花塞相连，使高压电流流过的距离缩短，因而电压损失和电磁干扰也减少，点火系统的可靠性也得到提高。在某些车型上，点火线圈还与点火器制成一体，形成点火器-点火线圈组件，其结构与实物图如图 4-1-18 所示。

双缸同时点火式点火系统的点火线圈有两个高压接口。各点火线圈一般组合成一体，其点火器也可与点火线圈制成一体，形成点火器-点火线圈组件，并依靠高压线与各火花塞相连，双缸同时点火点火器-点火线圈组件实物图如图 4-1-19 所示。

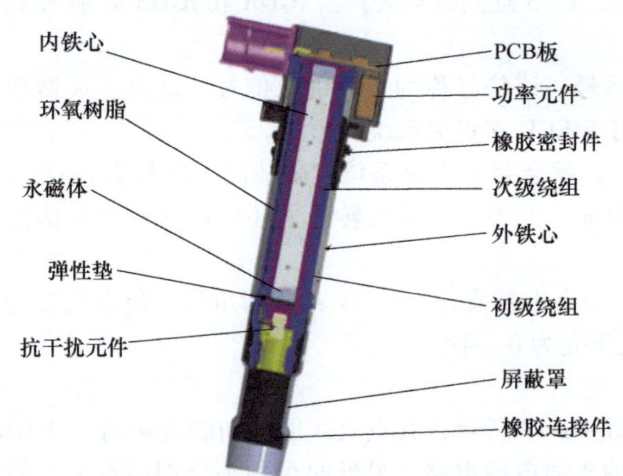


图 4-1-18　点火线圈与点火器制成一体结构与实物图

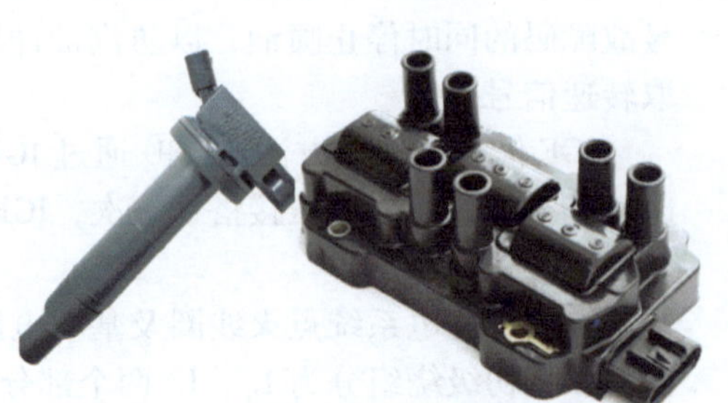

图 4-1-19　点火器-点火线圈组件实物图

## 一、有分电器电控点火系统点火正时的检测

### 1. 任务描述

通过点火系统实训能够检查、调整点火正时，会做跳火试验，能够进行点火系统各元件及电路检查，能够进行点火系统的故障检查，并制订故障诊断的流程。

### 2. 实施条件

（1）工位　准备 4 个工位。

（2）设备　丰田汽车两辆或丰田发动机台架 4 台。

（3）工具　正时灯、短接线、万用表、“三件套”一套。

（4）资料　汽车维修手册。

### 3. 实施步骤

完成有分电器电控点火系统点火正时的检查并规范填写工单：

| 任务名称 | | 学生姓名 | | 组别 | | 工位号 | | |
|---|---|---|---|---|---|---|---|---|
| | | 用时 | | | | 零件号 | | |
| 序号 | 操作步骤 | | | 使用工量具 | 检测数据 | 测量标准 | 结果分析 | 小计 |
| 1 | 火花塞的检查：检查火花塞是否存在裂纹、电极受污、电极损耗等情况，如有，则应予以清洁或更换 | | | | | | | |
| 2 | 火花塞间隙的检查：正常间隙应为 0.9~1.1mm。如间隙不当，则进行调整（常规型火花塞）或更换（铂金或铱金火花塞）。火花塞的型号应符合维修手册的规定。如果火花塞热值不适宜，可能会造成火花塞电极积炭或熔化 | | | | | | | |
| 3 | 跳火试验：断开全部喷油器插头，使其不能喷射燃料。从分电器上拔下中央高压线，并使其端部距搭铁 5~7mm | | | | | | | |
| 4 | 接通电源，起动发动机，中央高压线与搭铁之间应产生电火花，否则说明点火系统存在故障。注意：跳火试验时，曲轴转动控制在 5~10s 范围内 | | | | | | | |

（续）

| 序号 | 操作步骤 | 使用工量具 | 检测数据 | 测量标准 | 结果分析 | 小计 |
|---|---|---|---|---|---|---|
| 5 | 点火正时的检查：起动发动机，并暖机，用短接线短接诊断插接器的相应端子；6 针诊断座，跨接 $E_1$、$TE_1$ 号线；16 针诊断座，跨接5、6 号线；17 针诊断座，跨接 $E_1$、$TE_1$ 号线；23 针诊断座，跨接 3、8 号线。此时，发动机在怠速下将按照初始点火正时工作，如图 4-1-20 所示 | | | | | |
| 6 | 将正时灯的传感头连接在点火线圈的电源线上，正时灯的传感头有两种类型：探测初级电流通/断型和探测次级电压型，如是后者，则将传感头连接在中央高压线上，在怠速状态下，检查点火正时用频闪灯照射曲轴带轮旁的正时刻度 | | | | | |
| 7 | 测得的点火正时应为 10°，如果不符合要求，则可通过转动分电器壳体或曲轴位置传感器的壳体进行调整 | | | | | |
| 总分 | 100 | 总计 | | | | |
| 教师签名 | | 得分 | | | | |

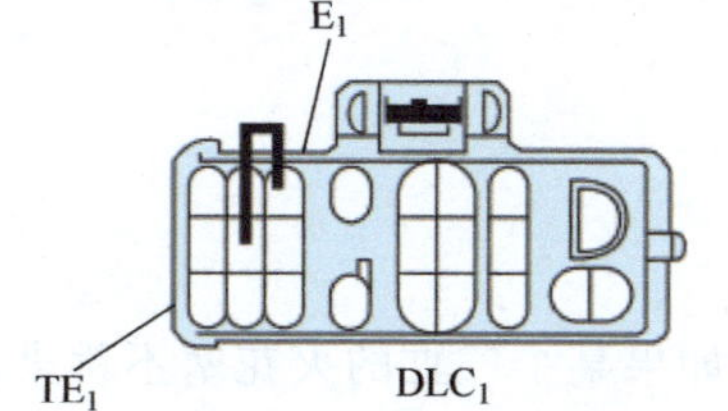

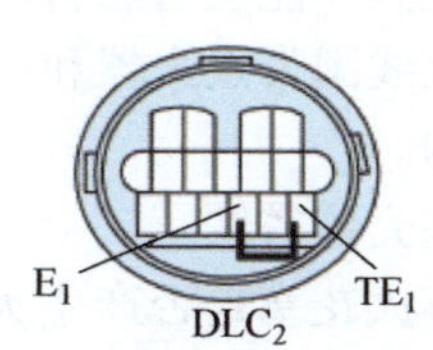

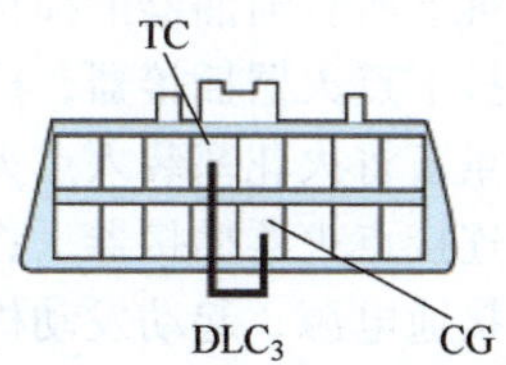


图 4-1-20 双缸同时点火点火系统电路图

### 4. 评价与反馈

| 名称 | | 组别 | | 学生姓名 | | 工位号 | |
|---|---|---|---|---|---|---|---|
| | | 用时 | | | | 零件号 | |
| 序号 | 考核项目 | 评分标准 | 分数 | 学生自评 | 小组互评 | 教师评价 | 小计 |
| 1 | 团队协作 | 是否协同<br>有效工作 | 10 | | | | |
| 2 | 工作态度 | 是否积极主动<br>追求精益求精 | 10 | | | | |
| 3 | 任务方案 | 是否正确合理 | 20 | | | | |
| 4 | 任务完成情况 | 操作方法正确<br>数据正确记录<br>分析结果正确 | 30 | | | | |
| 5 | 安全规范 | 有无安全隐患<br>设备、工量具使用规范标准<br>遵守劳动纪律 | 20 | | | | |
| 6 | 现场 7S | 是否做到 | 10 | | | | |
| 总分 | | 100 | | | | | |
| 教师签名 | | | | 总计 | | | |

### 5. 注意事项

1）拆点火系统导线时，必须断开点火开关。

2）发动机正在运转时，不允许断开蓄电池的接线。

3）进行跳火试验时，须将喷油器插头拔下，以防喷出过多的燃油。

4）故障排除后，需要清除故障码。

## 二、无分电器电控点火系统的检测

### 1. 任务描述

通过点火系统实训能够检查、调整点火正时，会做跳火试验，能够进行点火系统各元件及电路检查，能够进行点火系统的故障检查，并制订故障诊断的流程。

### 2. 实施条件

（1）工位　准备4个工位。

（2）设备　丰田汽车两辆或丰田发动机台架4台。

（3）工具　通用工具一套、故障诊断仪、正时灯、短接线、万用表、“三件套”一套。

（4）资料　汽车维修手册。

### 3. 实施步骤

1）点火系统故障诊断。跳火试验，单独进行各缸火花塞的跳火试验，可查明哪个气缸不产生火花。

① 拆下所有喷油器的插接器，使其不能喷射燃料。

② 拆下点火器插接器，拆下点火线圈带点火器和火花塞。

③ 重新将火花塞装入点火线圈内。

④ 连接点火器插接器，将火花塞壳体搭铁。

⑤ 接通电源，起动发动机，检查火花塞是否产生火花。如果某个气缸的火花塞不跳火，则说明该路点火存在故障。

2）故障检测、诊断与排除，以丰田汽车14号故障码为例。

① 读取故障码并分析故障原因，利用发动机自诊断系统，读取故障码，得出故障码为“14”；查阅维修手册，得知故障码“14”的含义为“ECU连续6次接收不到IGF信号”；分析14号故障码产生的原因，如图4-1-21所示。

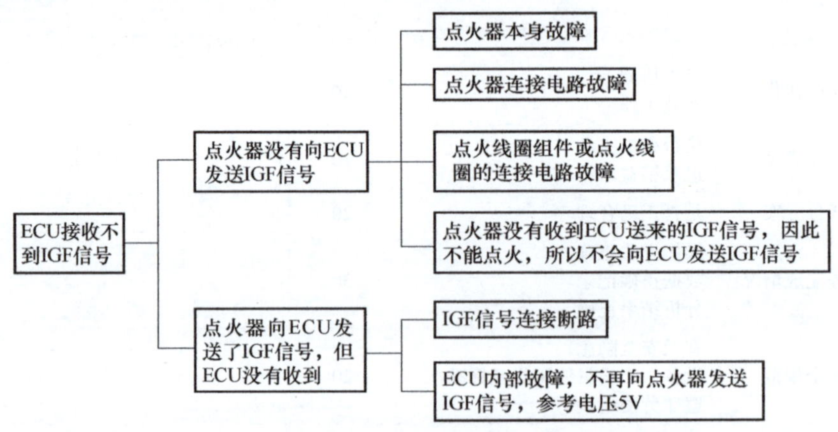


图4-1-21　“14号”故障码产生原因的逻辑分析图

② 确定故障区域。可以通过跳火实验、测量IGT信号、测量IGF参考电压等多种方法进行故障区域划分。

通过跳火实验划分故障区域的方法如图4-1-22所示，其他划分方法结合电路控制原理进行分析。

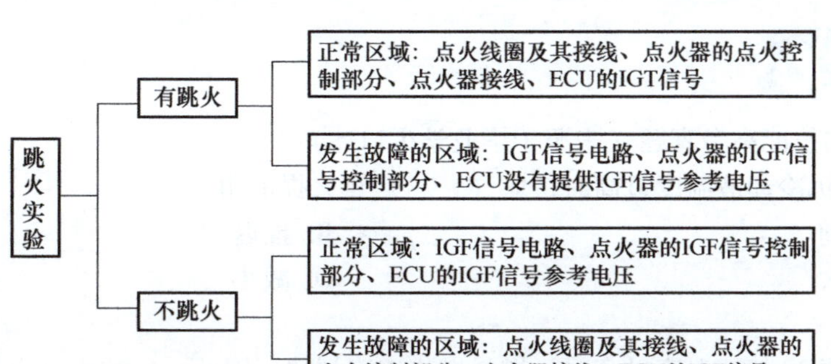


图 4-1-22　14 号故障码跳火实验划分故障区域的逻辑分析图

3）检查可能发生故障的各元件及电路。

① 检查 IGT 信号、IGF 信号及相应电路。

② 检查 IGDA、IGDB 信号及相应电路。

拆下各缸喷油器插接器；拆下点火器插接器，测插接器线束侧 IGDA、IGDB 端子-车身搭铁之间的电压，并起动发动机，应有脉冲，否则检查 IGDA、IGDB 电路，电路正常，则检查曲轴位置传感器及电路、ECU 电源系统，若一切正常，则更换 ECU。

③ 检查点火器。

拆下点火器，按照电路图给点火器接上蓄电池电源电压、搭铁、各点火线圈及火花塞；给点火器 IGT 端子与搭铁端子之间提供间断性 4.5V 电压，2、5 缸火花塞应同时跳火。

给点火器 IGDA 端子与搭铁端子之间提供 4.5V 电压，给 IGT 端子与搭铁端子之间提供间断性 4.5V 电压，3、4 缸火花塞应同时跳火。

给点火器 IGDB 端子与搭铁端子之间提供 4.5V 电压，给 IGT 端子与搭铁端子之间提供间断性 4.5V 电压，1、6 缸火花塞应同时跳火。

如不符合上述要求，说明点火器存在故障，应更换。

### 4. 评价与反馈

| 名称 | | 组别 | | 学生姓名 | | 工位号 | |
|---|---|---|---|---|---|---|---|
| | | 用时 | | | | 零件号 | |
| 序号 | 考核项目 | 评分标准 | 分数 | 学生自评 | 小组互评 | 教师评价 | 小计 |
| 1 | 团队协作 | 是否协同<br>有效工作 | 10 | | | | |
| 2 | 工作态度 | 是否积极主动<br>追求精益求精 | 10 | | | | |
| 3 | 任务方案 | 是否正确合理 | 20 | | | | |
| 4 | 任务完成情况 | 操作方法正确<br>数据正确记录<br>分析结果正确 | 30 | | | | |
| 5 | 安全规范 | 有无安全隐患<br>设备、工量具使用规范标准<br>遵守劳动纪律 | 20 | | | | |
| 6 | 现场 7S | 是否做到 | 10 | | | | |
| 总分 | | 100 | | | | | |
| 教师签名 | | | | 总计 | | | |

2021 年汽车类技能高考真题（来源于毕业学生口述）：

【题干】发动机冷却液温度过高时，应（　　）点火提前角。

选项：A. 提前　　B. 推迟

C. 增大　　D. 减小

【答案】D

【解析】发动机冷却液温度过高时，燃料燃烧速度加快，因此，应减小点火提前角。

【难易度】难度题

【考纲知识点】2-10. 理解电控燃油供给系统的基本结构及工作原理，会诊断及检修电控汽车燃油供给系统常见故障。

### 一、判断题

1. 点火提前角过大，会造成发动机温度升高。（　　）
2. 发动机起动时，按 ECU 内存储的初始点火提前角对点火提前角进行控制。（　　）
3. 发动机怠速工况下，空调工作时的基本点火提前角比空调不工作时小。（　　）
4. 发动机冷车起动后的暖机过程中，随着冷却液温度的提高，点火提前角也应适当地减小。（　　）

### 二、单选题

1. 电控点火系统由（　　）直接驱动点火线圈进行点火。

A. ECU　　B. 点火器　　C. 分电器　　D. 转速信号

2. 点火闭合角主要是通过（　　）加以控制的。

A. 通电电流　　B. 通电时间　　C. 通电电压　　D. 通电速度

3. 一般来说，缺少了（　　）信号，电子点火系统将不能点火。

A. 进气量　　B. 冷却液温度　　C. 转速　　D. 上止点

4. Ne 信号指发动机（　　）信号。

A. 凸轮轴转角　　B. 车速传感器　　C. 曲轴转角　　D. 空调开关

5. 起动时点火提前角是固定的，一般为（　　）左右。

A. 15°　　B. 10°　　C. 30°　　D. 20°

## 任务二　常见车型典型点火控制的检修

目前，电控点火控制技术已经可以满足高速发动机对点火系统较高的点火能量和较高的击穿电压的要求，可以实现点火时刻与发动机运行工况更好地匹配，能够实现对点火系统更加优化的集中控制功能，更好地满足对发动机动力性和经济性的要求。由于各汽车企业技术特点不尽相同，所以本次任务主要介绍常见车型典型电控点火系统检修的相关知识。大众轿车电控点火控制系统的组成示意图如图 4-2-1 所示。

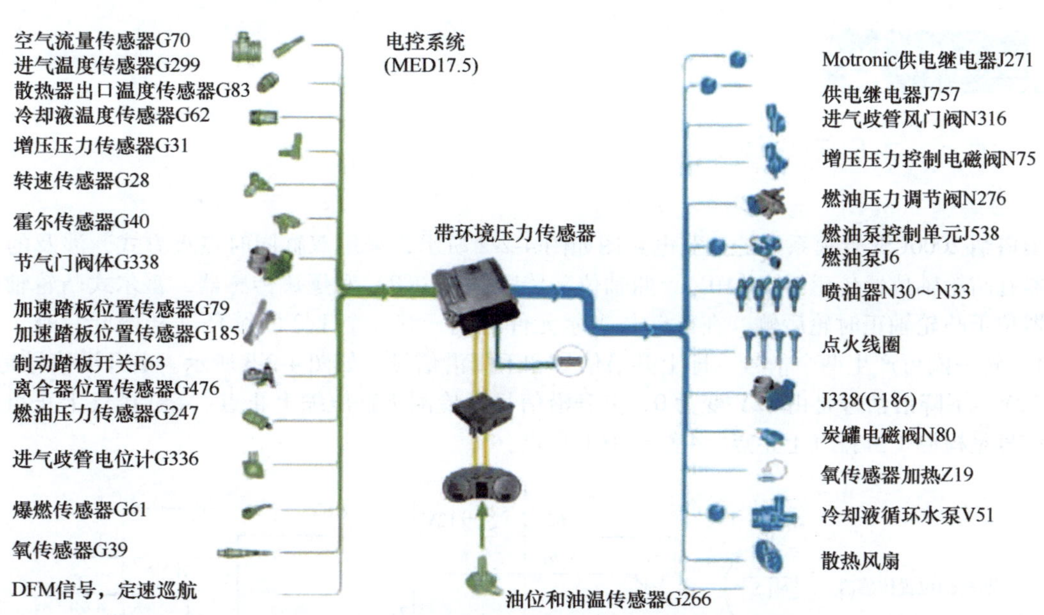


图 4-2-1 大众轿车电控点火控制系统的组成示意图

## 学习目标

| 知识目标 | 能力目标 | 素养目标 |
|---|---|---|
| 1. 了解常见车型典型点火系统的特点，掌握常见车型典型点火系统的基本构成、工作原理及控制电路的分析方法 | 1. 能通过与客户交流、查阅相关维修技术资料等方式获取车辆信息；能使用万用表、故障诊断仪、示波器及发动机综合分析仪等常用检测和诊断设备对常见车型典型点火系统进行检测 | 1. 能够在工作过程中与小组其他成员合作、交流，培养团队合作意识，锻炼沟通能力 |
| 2. 掌握常见车型典型点火系统控制电路及元件的检测方法 | 2. 能按照正确操作规范进行传感器、执行器和控制器的更换；能进行系统匹配设定，能对发动机进行测试、检查，评估常见车型典型点火系统的修复质量 | 2. 提升认识问题、分析问题和解决问题的能力 |
| 3. 掌握常见车型典型点火系统的故障诊断与排除方法 | 3. 会识读常见车型典型点火系统电路 | 3. 养成一丝不苟、精益求精的工匠精神 |

## 职业素养

中学生核心素养包括文化基础、自主发展、社会参与三个层面，社会参与所要求中国学生必须具备责任担当、实践创新两大素养之一，“实践创新”非常重要。教师首先通过实际案例向学生展示一些汽车维修中技术创新。通过分析案例，引导学生认识到实践创新的重要性，提示他们在今后的职业生涯中务必要努力提升社会参与能力。

通过本任务的学习，深刻认识到“实践创新”的重要性，也更加重视提升学生的劳动意识、问题解决能力和技术运用水平，使学生对汽车维修这一行业的职业要求有更加明确的认识，对未来的发展规划有更加清晰的思考。

## 知识点一　大众车系点火系统

### 1. 桑塔纳 2000GSi 点火系统

桑塔纳 2000GSi 点火系统的控制电路图如图 4-2-2 所示，采用双缸同时点火方式，涉及的主要传感器有凸轮轴位置传感器（CMP）、曲轴位置传感器（CKP）和爆燃传感器，霍尔式凸轮轴位置传感器位于凸轮轴正时轮后侧，在磁铁与霍尔元件之间，有一个 1/2 断续环（档磁叶片有 1/2 断续环），转一圈可产生两个信号，即上升沿信号和下降沿信号，如图 4-2-3 所示。上升沿信号是由 0 变为 12V，下降沿信号是由 12V 变为 0，上升沿信号是检测 1 缸压缩上止点、4 缸排气上止点，下降沿信号是检测 1 缸排气上止点、4 缸压缩上止点。

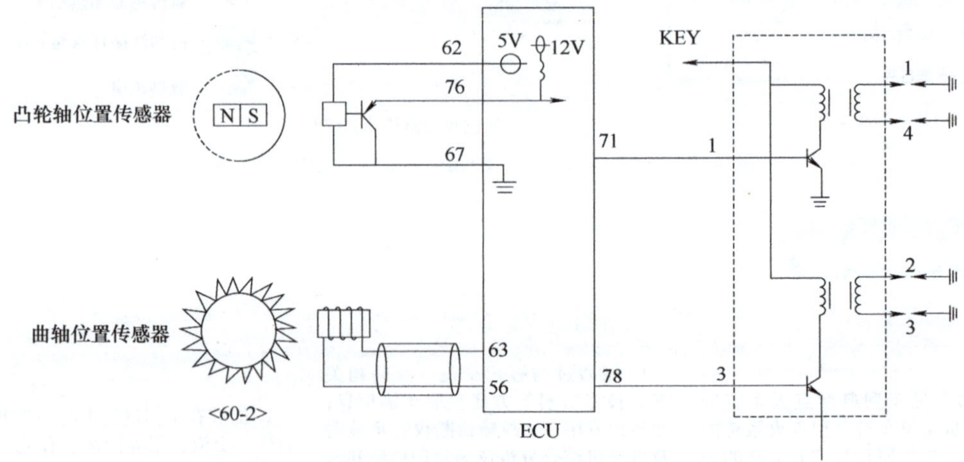


图 4-2-2　桑塔纳 2000GSi 点火系统的控制电路图

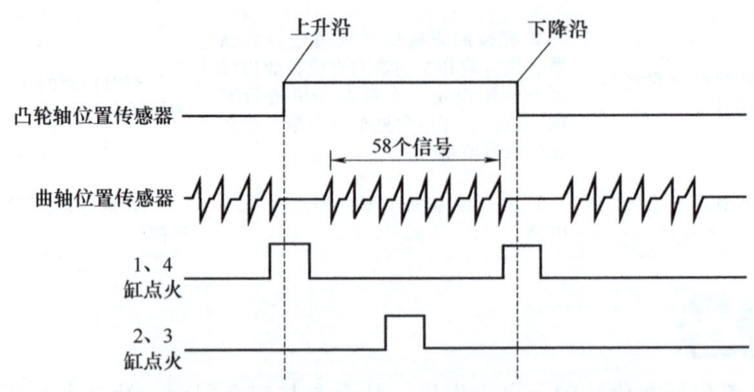


图 4-2-3　桑塔纳 2000GSiCMP、CKP 信号波形图

曲轴位置传感器磁感应式传感器，位于缸体左下侧，信号齿有（60-2）个齿，60 齿信号计算曲轴转角和发动机的转速，缸齿处信号为 1、4 缸上止点信号，ECU 根据此信号，发出第一个点火信号，使 1、4 缸先点火。

### 2. 帕萨特 B51. 8T 的点火系统 ANQ 型发动机

帕萨特 B51. 8T 的点火系统 ANQ 型发动机点火电路图如图 4-2-4 所示，发动机点火系统主要由点火线圈、火花塞、爆燃传感器和霍尔传感器等组成。发动机 ECU 位于前风窗玻璃左下角，采用独立点火方式。点火系统的检测如下：

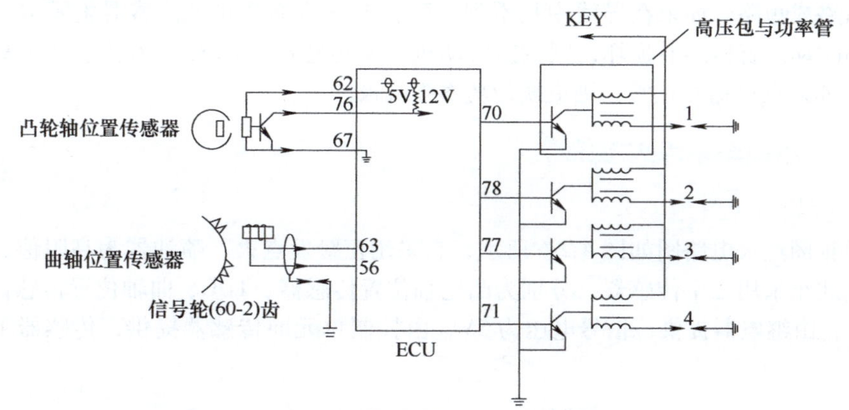


图 4-2-4　帕萨特 B51. 8T 的点火系统 ANQ 型发动机点火电路图

（1）霍尔传感器的检修

1）拔下霍尔传感器的三针插头，如图 4-2-5 所示。

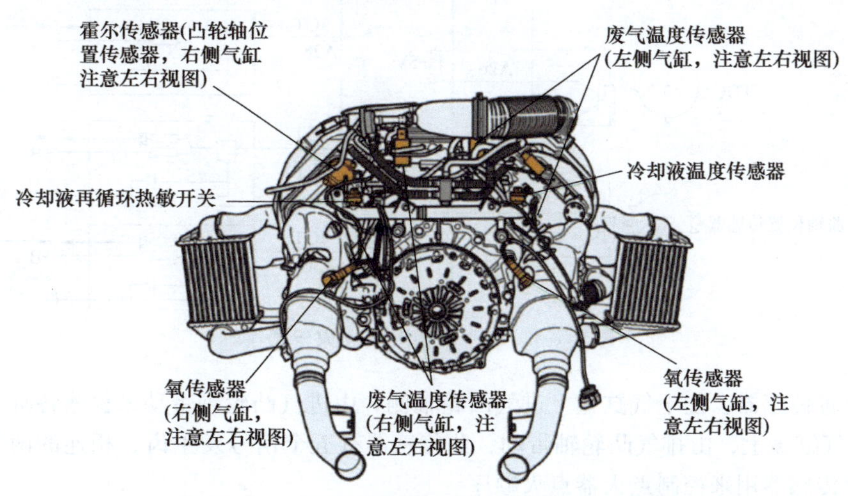


图 4-2-5　ANQ 型发动机霍尔传感器安装示意图

2）用万用表测端子 1 和 3，打开点火开关，至少 4. 5V。如果不在允许范围内，检查 ECU 到插座之间的导线。如在导线中未发现故障，且在三针插座端子 1 和 3 之间有电压，则更换霍尔传感器 G40；若在端子 1 和 3 之间无电压，则更换发动机 ECU。

（2）带功率终极端点火线圈的检修　在检测时应保证蓄电池电压至少为 11. 5V，霍尔传感器正常，发动机转速传感器正常。

1）将点火线圈的功率终端极 2 和三针插头拔下，用万用表测量中间的端子和搭铁点，打开点火开关，测量供电电压，至少为 11. 5V。如果无电压，检查控制单元和三针插座之间的导线和端子 2 和继电器之间是否导通。

2）拔下喷油器插头及点火线圈终端的三针插座，用二极管灯连接于端子 1 和搭铁点之间，起动发动机，检查发动机 ECU 的点火信号，二极管灯应闪烁，如果不闪烁，检查导线，如果未找到导线的故障，而在端子 2 和搭铁点间有电压，则更换发动机 ECU。

3）发动机转速传感器的检查。在检测时应保证蓄电池电压至少为 11. 5V，将到发动机转速传感器的三针插头拔下，如图 4-2-5 所示。

测量插座端子 1 和 2 之间，即传感器的电阻值，其允许值为 480~1000Ω，否则检查传感器的导线是否有断路或短路。如果在导线中找不到故障，拆下传感器并将传感器轮固定，检查是否有损伤和轴向圆跳动。若传感器损坏，则更换发动机转速传感器（G28）。若传感器无故障，则更换发动机 ECU。如果点火信号正常，则更换带功率终端极。

## 知识点二　本田车系点火系统

### 广州本田雅阁点火电路

广州本田雅阁点火电路图如图 4-2-6 所示，它采用正触发点火，喷油器为高阻值，为无分电器式独立点火。此车采用三个传感器，分别为凸轮轴位置传感器、TDC、曲轴位置传感器。传感器工作电压为 12V，由继电器提供，信号电压为 5V，由控制单元向传感器提供，传感器工作时信号电压为 0~5V。

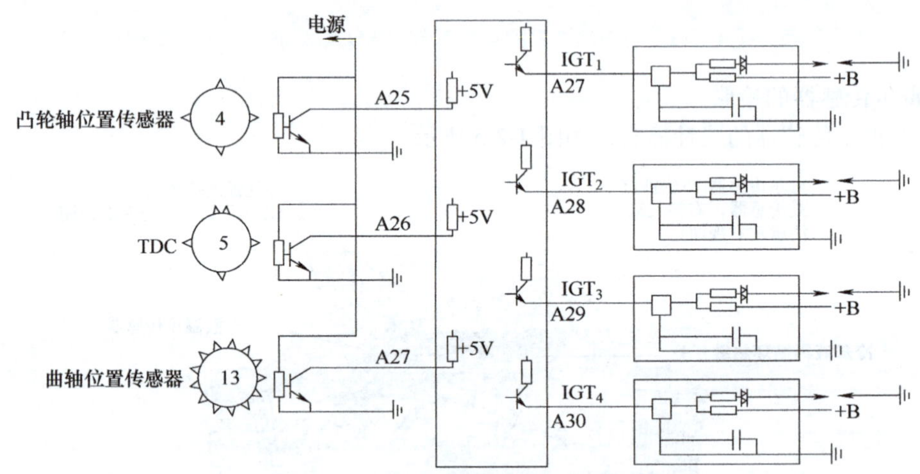


图 4-2-6　广州本田雅阁点火电路图

凸轮轴位置传感器：位于气缸盖上进气凸轮轴侧，由进气凸轮轴带动来检测各缸上止点。

TDC：在气缸盖上，由排气凸轮轴带动，此传感器有五个信号发生齿，相连的两个用来检测 1 缸上止点，此传感器用来控制点火器点火顺序。

曲轴位置传感器：位于曲轴带轮后方，13 齿中有两个齿相邻较近，用于检测 1 缸和 4 缸上止点，用于控制点火，精确计算曲轴转角。

## 知识点三　日产四缸有分电器点火电路

日产四缸有分电器点火控制系统的控制电路图如图 4-2-7 所示，其由光电分电器、高压线圈、功率管和电阻电容等组成。分电器轴中间有一个遮光盘，发光管和光敏管上下相对安装。盘外围有 360 个细缝，转一周产生 360 个信号，日产公司称为 1°信号，遮光盘内围有与气缸相对的缺口，缸口与缸数相同，日产公司称为凸轮轴位置传感器 90°、60°或 45°信号，其中，一个缺口开度较大，产生一个较宽的脉冲，为 1 缸上止点信号，用来控制顺序喷射和点火正时。功率管有铁壳和橡胶壳两种，位于高压包旁边，点火信号为 0. 7V 左右。电阻的作用是给仪表提供一个转速信号和给 ECU 提供点火成功信号，电容的作用是防干扰、滤波、消除自感，以防干扰电子元件。

当起动时，ECU 任意收到一个 90°信号后就发出第一个点火信号，然后根据 1°信号计算出最精确的点火时间。同时，ECU 根据长脉冲（大缺口）判别 1 缸上止点，从 4 缸开始顺序点火。

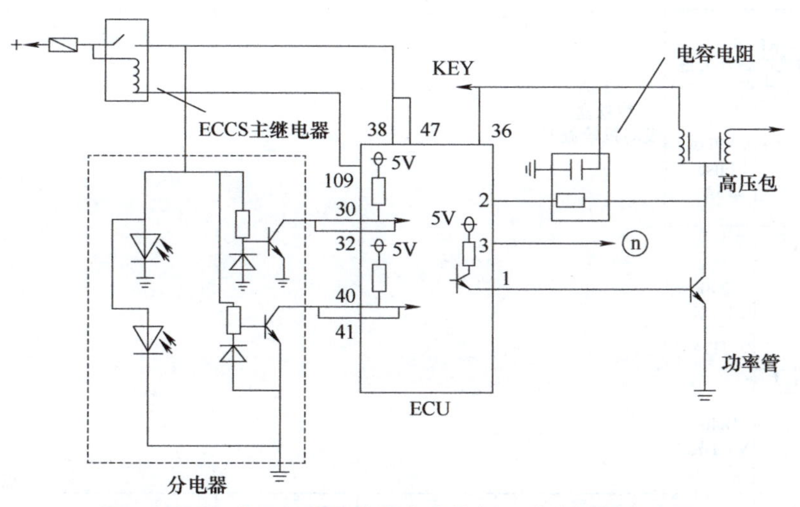


图 4-2-7 日产四缸有分电器点火控制系统的控制电路图

## 知识点四 丰田车系点火系统

### 1. 丰田凯美瑞轿车 1AZ-FE 发动机点火系统工作原理

丰田凯美瑞轿车 1AZ-FE 发动机点火系统采用 ECU 提前控制系统，其主要是由发动机 ECU、点火线圈、火花塞以及曲轴位置传感器和凸轮轴位置传感器和爆燃传感器等组成的。

1AZ-FE 发动机点火系统电路图如图 4-2-8 所示，其点火系统工作原理：当发动机转动时，凸轮轴位置传感器产生的判缸信号 G 检测第 1 缸压缩上止点位置，曲轴位置传感器产生的脉冲信号 Ne 用于检测发动机转速和曲轴转角基准位置。发动机 ECU 根据 G、Ne 信号以及爆燃传感器等各种修正信号确定点火提前角和点火时间，使发动机点火始终处于最佳时刻。

当发动机 ECU 确定点火时间时，在点火正时的某一预定角，通过 IGT 端子输出高电位，接通点火线圈，形成点火线圈的初级电流，在达到点火正时角时，则通过 IGT 端子输出低电位，使切断点火线圈的初级电路，此时将在线圈中产生高压电，通过电器使相应的气缸火花塞跳火，点燃混合气。

当点火线圈初级电流被切断时，点火线圈中的 IGF 端子将向发动机 ECU 输出反馈点火确认信号。如果点火系统发生故障时，ECU 将接收不到点火确认信号 IGF 时，若此时喷油器仍继续喷油而火花塞不跳火，将导致未燃烧的混合气进入排气管中，而导致三元催化转化器损坏。为了避免这种现象的发生，在 ECU 内部预先设置的程序中有安全保护功能。在点火系统出现故障，发动机 ECU 在连续 2~4 次没有接收到点火反馈信号 IGF 时，即发出指令使喷油器停止喷油。

### 2. 运用智能测试仪进行诊断

在汽车电控系统中，如果设备允许的条件下，一般会优先选用智能测试仪来读取故障码，因为这样可以减少查阅该车维修资料的麻烦。采用智能测试仪器对丰田凯美瑞轿车发动机故障码的读取方法如下：

1）将智能测试仪连接到车辆诊断插座 DLC3 上。

2）双开：将点火开关转到 ON 位置，打开智能测试仪。

3）清除已有故障码。

4）起动发动机，触发自诊断系统写新故障码。

5）选择智能测试仪以下菜单项目：Powertrain（动力系统）/Engine and ECT（发动机和 ECT）/故障码。

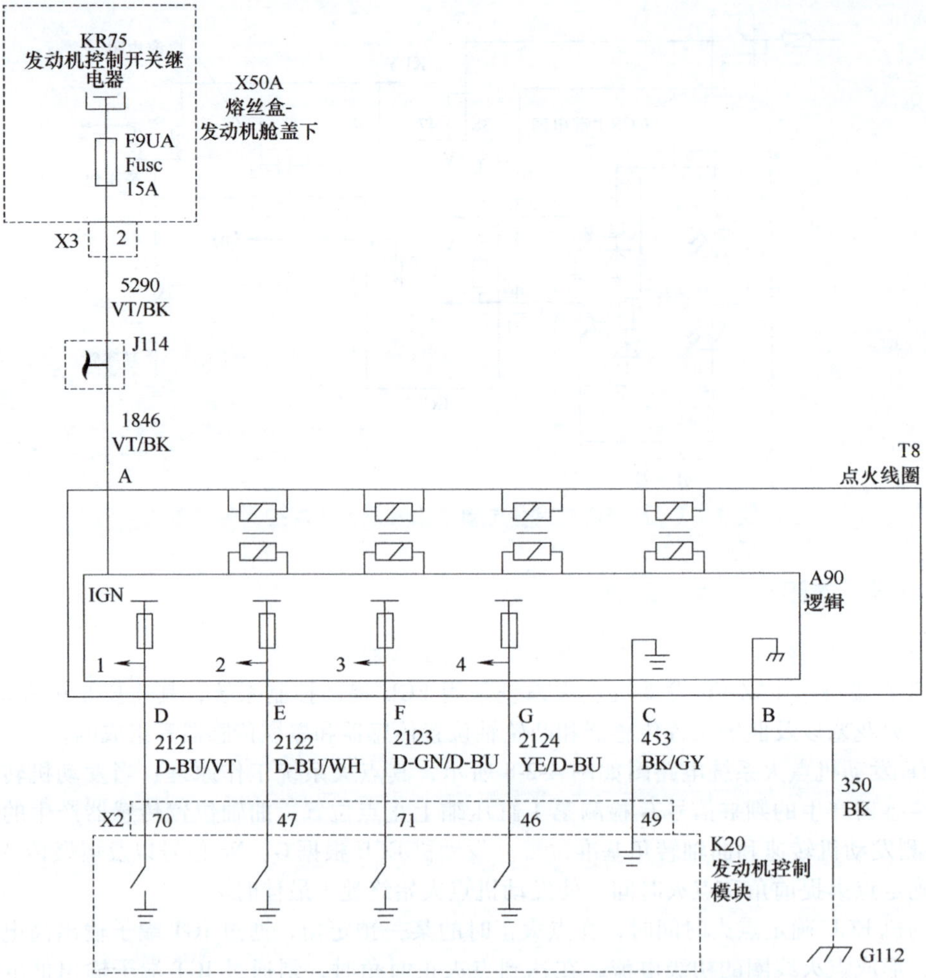

图 4-2-8　丰田凯美瑞轿车 1AZ-FE 发动机点火系统电路图

6）读取故障码。根据故障码初步确定为故障可能在点火线圈和 ECU 之间的 $IGF_1$ 或 IGT（1~4）电路中存在断路或短路，根据解码信息可进一步确认故障的部位并精准排除。

## 常见车型典型点火控制检修

### 1. 任务描述

在对常见车型典型点火系统进行检查、调整点火正时，会做跳火试验，能够进行点火系统各元件及电路检查，能够进行点火系统的故障检查，并制订故障诊断的流程。

### 2. 实施条件

（1）工位　准备 4 个工位。

（2）设备　实训汽车 4 辆，或实训发动机台架 4 台。

（3）工具　通用工具一套、故障诊断仪、正时灯、短接线、万用表、“三件套”一套。

（4）资料　汽车维修手册。

### 3. 实施步骤

完成常见车型典型点火控制检修并规范填写工单：

| 任务名称 | | 学生姓名 | | 组别 | | 工位号 | | |
|---|---|---|---|---|---|---|---|---|
| | | 用时 | | | | 零件号 | | |
| 序号 | 操作步骤 | | | 使用工量具 | 检测数据 | 测量标准 | 结果分析 | 小计 |
| 1 | 本田汽车点火控制的检修：先读取故障码，故障码一般有4个。故障码4为曲轴位置传感器不良，故障码8为TDC不良，故障码9为CYL不良，故障码150为点火输出信号不良；根据故障码检查故障，若是为传感器故障，应检测传感器的电阻值和起动时的交流输出 | | | | | | | |
| 2 | KEY-ON然后将点火信号线与车架之间断续相碰，正常时应有高压火出现，否则证明模块或高压包不良 | | | | | | | |
| 3 | 检查点火信号，方法有两种，第一种是通过第2步试验，如果高压火产生，证明ECU无点火信号输出；第二种是用LED灯，正极接蓄电池正极、负极接ECU端子21或22，起动车时，应闪烁，表示点火信号正常，否则证明无信号输出 | | | | | | | |
| 4 | 丰田汽车点火控制的检修：凸轮轴位置传感器在冷态时电阻值为185~275Ω，热态时电阻值为240~325Ω | | | | | | | |
| 5 | 曲轴位置传感器其冷态时电阻值为370~550Ω，热态时电阻值为475~650Ω | | | | | | | |
| 6 | 凸轮轴位置传感器：起动时为0.1~0.3V，起动后为0.3V左右，交流脉冲信号；曲轴位置传感器：起动时为0.3~0.5V，起动后为0.5~1V，加速到2500r/min，可上升到3V，为交流脉冲信号 | | | | | | | |
| 7 | IGT：0~5V变化，直流方波信号。IGF：0~5V变化，直流方波信号 | | | | | | | |
| 8 | 丰田汽车点火控制的检修：遮光盘上有灰尘时表现为发动机抖动、加速不良、放炮。用气泵吹干，切忌不能用汽油清洗 | | | | | | | |
| 9 | 如果没有高压，可以按以下方法进行检测：首先读取故障码，如果有故障码，可以按故障码维修；如果无故障码，按常规检测，首先检查高压线是否正常，如果一切正常，检查分电器电路是否正常。正常时，拔下插头测电源线应为12V，1°和90°为5V，搭铁为0。插上插头起动车，两根5V信号线应有频率变化，如果无频率变化为分电器故障；如果有频率变化，再检查点火信号线。点火信号应为0.5V左右，若有信号，则为点火器功率管故障；无信号为ECU故障 | | | | | | | |
| 总分 | | 100 | | 总计 | | | | |
| 教师签名 | | | | 得分 | | | | |

## 4. 评价与反馈

| 名称 | | 组别 | | 学生姓名 | | 工位号 | | |
|---|---|---|---|---|---|---|---|---|
| | | 用时 | | | | 零件号 | | |
| 序号 | 考核项目 | 评分标准 | 分数 | 学生自评 | 小组互评 | 教师评价 | 小计 | |
| 1 | 团队协作 | 是否协同<br>有效工作 | 10 | | | | | |
| 2 | 工作态度 | 是否积极主动<br>追求精益求精 | 10 | | | | | |
| 3 | 任务方案 | 是否正确合理 | 20 | | | | | |
| 4 | 任务完成情况 | 操作方法正确<br>数据正确记录<br>分析结果正确 | 30 | | | | | |
| 5 | 安全规范 | 有无安全隐患<br>设备、工量具使用规范标准<br>遵守劳动纪律 | 20 | | | | | |
| 6 | 现场7S | 是否做到 | 10 | | | | | |
| 总分 | | 100 | | | | | | |
| 教师签名 | | | | 总计 | | | | |

## 丰田凯美瑞轿车点火系统典型故障排除案例分析

### 1. 故障现象

有一台凯美瑞轿车采用1AZ-FE发动机，行驶里程约9万公里。该车在行驶中会突然出现发动机熄火现象。有时熄火后能重新起动，并且起动后发动机工作正常；有时熄火后不能起动。该车曾维修并更换过四个点火线圈，但故障仍存在。

### 2. 故障分析

汽油发动机能够正常起动的要素为正常的点火正时以及点火能量，合适的可燃混合气，足够的气缸压缩力，正确的配气正时，足够的起动转速。如果其中一个要素工作失常将会引起发动机工作性能变差，甚至造成发动机不能正常起动。

根据发动机正常起动的要素以及该车故障综合分析：由于是行驶中突然出现发动机熄火，有时可以起动且起动后工作正常，所以排除发动机气缸压力以及配气正时不正常的现象引起的，故障应该出在混合气不正常或点火系统不正常这两方面。根据修车经验，采取由简单到复杂的方法，决定先从点火系统着手检查。首先拔下该车的1缸火花塞对缸体进行跳火试验，起动发动机进行跳火试验，结果显示发动机的中央高压线无火花出现。经初步检查发现该发动机的点火系统存在故障。

### 3. 故障诊断与排除

根据点火系统的原理以及智能测试仪的故障码分析，确定该车发动机点火线圈无高压产生，故障可能出现在点火线圈以及相关的电路。

1）点火线圈工作电源的检查。脱开与点火线圈的插接器，接通点火开关，用数字万用表直流电压档测量点火线圈+B线1端子与搭铁4之间的电压，检查结果为12.8V，正常电压为9～14V，表明点火线圈的工作电源正常。

2）检查发动机ECU输出点火控制信号IGT。用红表笔接ECU输出点火控制信号IGT端子2，黑表笔接搭铁端子4，起动发动机，此时电压在1～1.2V范围内变化，正常电压为0.5～1.5V，说明发动机ECU工作正常，发动机ECU有点火控制信号输出至点火线圈的IGT端子。

3）检查点火反馈线IGF。万用表红表笔接点火线圈的点火反馈线IGF端子3，黑表笔接搭铁端子4，打开点火开关，此时，两端的电压为5V，正常电压为4.5～5.5V，说明点火线圈与发动机ECU之间的IGF连接线工作正常。

4）检查点火线圈端子4与车身搭铁之间的电阻。用万用表的电阻档测点火线圈端子4与蓄电池负极之间电阻，检查结果为0，说明点火线圈端子4搭铁良好。检查完后将插接器插回点火线圈。综合上述的检修分析：对于点火线圈而言，工作电源正常，发动机ECU又有点火控制信号输出，搭铁电路正常，如果点火线圈工作正常，此时应该有高压电产生的，而现在没有高压电产生，那么怀疑是点火线圈的问题。将新的点火线圈装到旧的点火线圈的连接插座上。起动发动机进行跳火试验，结果发动机中的高压线无高压产生，说明刚才判断点火线圈有故障是错误的；故障不在点火线圈，装好点火线圈插接器后，继续寻找故障点。

5）测量凸轮轴位置传感器的电阻。测得电阻值为1400Ω，正常范围值为1060～1645Ω，凸轮轴位置传感器正常。

6）测量曲轴位置传感器的电阻。测得电阻值为1600Ω，正常范围值为1260～1890Ω，曲轴位置传感器正常。

7）ECU及其电路的检查。经过前面的分析，故障点基本在点火线圈与其相连的电路上，首先对ECU的工作电压进行检测，接通点火开关，万用表红表笔接ECU正极端子，表笔接车身搭铁。测量结果为12.8V，说明ECU工作电源正常。接着检查点火线圈到ECU的连接线，用万用表直流电压档测 ECU 与点火线圈到各端子电压，测得结果发现 IGF 线与 ECU 的连接端子为 0，也就是说明点火线圈 IGF 线到 ECU 的连接电路有发生断路或短路的可能。检查该连接线和插接器，发现点火线圈 IGF 线与 ECU 插接器的导线和插接器松动，线内的铜线已折断。修理后，重新起动发动机，经路试后正常，确定故障已排除。

2021 年汽车类技能高考真题（来源于毕业学生口述）：

【题干】在 ECU 控制的点火放大器中，有一个 IGF 信号，它属于（　　）。

选项：A. 点火正时信号　　B. 点火的缸序信号

C. 点火反馈信号　　D. 爆燃信号

【答案】D

【解析】在 ECU 控制的点火放大器中，有一个 IGF 信号，它属于点火反馈信号。如果点火系统发生故障时，发动机 ECU 在连续 2~4 次没有接收到点火反馈信号 IGF 时，即发出指令使喷油器停止喷油。

【难易度】中等题

【考纲知识点】2-10. 理解电控燃油供给系统的基本结构及工作原理，会诊断及检修电控汽车燃油供给系统常见故障。

**一、判断题**

1. 随机存储器（RAM）在切断电源后，存入的数据会丢失。所以在点火开关断开后存入 RAM 中的有些数据，如故障码、空燃比学习修正值等将会丢失。（　　）

2. 点火提前角过大，会造成发动机温度过低。（　　）

3. 在双缸同时点火系统中，在一个循环中，一个为有效点火，另一个为无效点火。（　　）

4. 在无分电器点火系统（顺序点火控制系统），如果其中一个气缸的火花塞无间隙短路，那么相应的另一缸火花塞也将无法跳火。（　　）

5. 点火器单独设置形式的低压电路为电源正极→初级绕组→晶体管集电极→晶体管发射机→搭铁→电源负级。（　　）

**二、单选题**

1. 转速升高时，点火正时应随之（　　）。

A. 提前　　B. 减小　　C. 增大　　D. 推迟

2. 随着负荷增加，点火正时应随之（　　）。

A. 提前　　B. 减小　　C. 增大　　D. 推迟

3. 电控点火系统由（　　）直接驱动点火线圈进行点火。

A. ECU　　B. 点火器　　C. 分电器　　D. 转速信号

4. 电控点火系统的火花塞间隙一般为（　　）mm。

A. 0.35~0.45　　B. 0.6~0.8　　C. 1.0~1.2　　D. 1.2~1.4

5. 在多点汽油喷射系统中，汽油被喷入（　　）。

A. 燃烧室内　　B. 节气门后边　　C. 进气道　　D. 进气歧管

# 项目五

# 排放控制系统的检修

## 【项目概述】

随着人们对环境治理的重视程度不断增加，对汽车排放污染物的控制也越来越严格。目前汽车排放污染物控制系统，根据污染物来自排气管、曲轴箱和燃油供给系统的不同，一般分为排气污染物控制系统和非排气污染物控制系统。

排气污染物主要是指从排气管排出的 CO、HC、$NO_X$ 等有害污染物。

为了降低排气污染物，在汽车上加装控制系统主要有废气再循环（EGR）控制系统、三元催化转换系统（TWC）、二次空气喷射系统等。另外，曲轴箱窜气和燃油蒸发，也会产生一些有害的蒸气，也应加以控制。汽车上使用曲轴箱强制通风（PCV）系统和燃油蒸气排放控制系统（EVAP）进行控制。

# 任务一 主动排放控制系统的检修

## 任务描述

环境保护问题是当前社会所关注的重大社会问题之一。随着汽车保有量的不断增加，汽车所造成的环境污染，已越来越引起人们的普遍关注。汽车所产生的有害气体主要来自发动机燃烧后所排放的废气、曲轴箱的废气和汽油蒸发形成的废气。各国的废气排放标准越来越严格，各汽车制造厂为能顺利达到汽车废气检验标准，便研究开发出控制废气排放的各种方法，根据排放控制方法作用于燃料燃烧的前和后，把排放控制系统分为主动排放控制系统和被动排放控制系统。主动排放控制系统主要包括EGR控制系统、燃油蒸气排放控制系统；被动排放控制系统主要包括三元催化转换系统、PCV、二次空气喷射系统等。主动排放控制系统EGR系统工作原理图如图5-1-1所示，本次任务主要解决主动排放控制系统的结构及检修的相关知识。

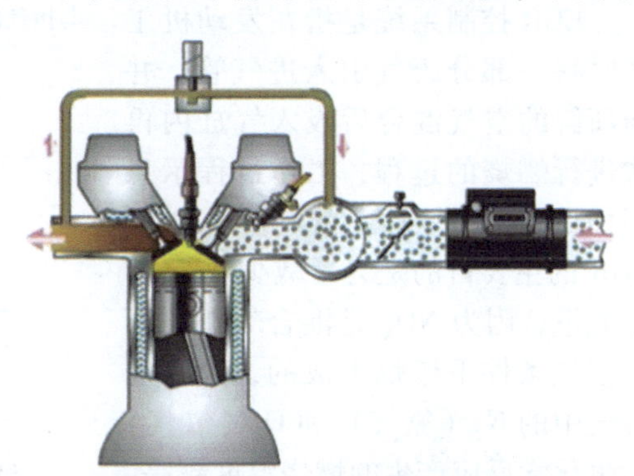

图 5-1-1 EGR系统工作原理图

## 学习目标

| 知识目标 | 能力目标 | 素养目标 |
|---|---|---|
| 1. 了解燃油蒸气排放控制系统、EGR控制系统、氧传感器的结构与工作原理 | 1. 能通过与客户交流、查阅相关维修技术资料等方式获取车辆信息；能使用万用表、故障诊断仪、示波器及发动机综合分析仪等常用检测和诊断设备对排放控制系统进行检测 | 1. 能够在工作过程中与小组其他成员合作、交流，培养团队合作意识，锻炼沟通能力 |
| 2. 掌握燃油蒸气排放控制系统的检测方法 | 2. 能按照正确操作规范进行传感器、执行器和控制器的更换；能进行系统匹配设定，能对发动机进行测试和检查，评估排放控制系统的修复质量 | 2. 提升认识问题、分析问题和解决问题的能力 |
| 3. 掌握EGR控制系统、氧传感器的检测方法 | 3. 能根据环保要求，正确处理对环境和人体有害的辅料、废气、废液和已损坏的零部件 | 3. 养成一丝不苟、精益求精的工匠精神 |

## 职业素养

“健康生活”是职业院校学生六大核心素养之一，充分理解“健康生活”的内涵，珍爱生命，理解生命意义和人生价值；具有安全意识与自我保护能力；掌握适合自身的运动方法和技能，养成健康文明的行为习惯和生活方式等。大力推动职业教育生态建设，在育人环境上下功夫，营造崇尚绿色环保生活环境，品生活、润美好。

通过对主动排放控制系统结构、原理及检修的学习，深刻认识到绿色环保的重要性，也更加珍惜和重视“健康生活”。培养学生具有积极的心理品质，自信自爱，坚韧乐观；有自制力，能调节和管理自己的情绪，具有抗挫折能力等，对未来的健康生活发展规划有更加清晰的思考。

## 知识点一　废气再循环控制系统

### 1. EGR 控制系统的功能

EGR 控制系统是指在发动机工作时将一部分废气引入进气管，并与新鲜的空气混合后吸入气缸内再次进行燃烧的过程，工作过程示意图如图 5-1-2 所示。在汽车上加装 EGR 的主要目的是为了减少 $NO_X$ 的生成量，因为 $NO_X$ 是混合气在高温和富氧条件下燃烧生成的，含在混合气中的 $N_2$（氮气）和 $O_2$（氧气）发生化学反应产生的燃烧温度越高，$N_2$ 和 $O_2$ 越容易反应，排出的 $NO_X$ 越多。所以，减少 $NO_X$ 的最好方法就是降低燃烧室的温度。

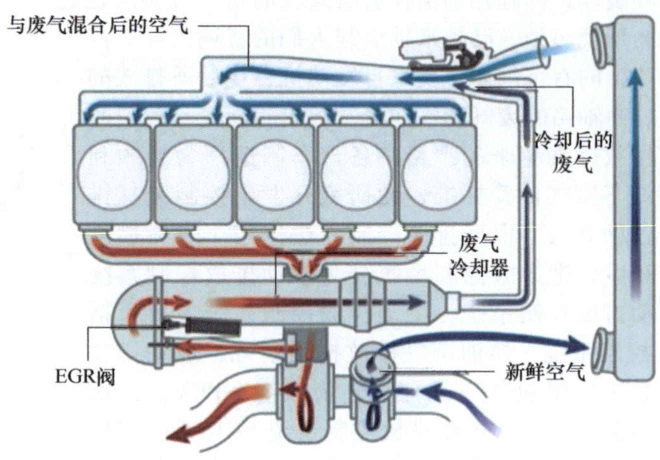


图 5-1-2　EGR 控制系统工作过程示意图

EGR 控制系统工作时，将一部分废气引入空气供给系统，与新鲜的燃油混合气混合，EGR 中的 $CO_2$ 和水蒸气大大增加了工质的比热容，同时，废气的加入也稀释了原来混合气中的氧浓度，从而使燃烧速度变缓，使燃烧过程中的最高温度和平均温度都有所下降，破坏了 $NO_X$ 生成的有利环境，从而大大降低了 $NO_X$ 排放。有资料表明，EGR 率达到 15%时，$NO_X$ 的排放量可减少到 60%。但 EGR 率增加过多时，会使发动机动力性能下降，将导致燃油消耗增加、HC 的排量增加，以及由于 EGR 造成了缺火率增加，使燃烧变得不稳定，发动机性能下降。所以，必须对 EGR 率进行控制。根据发动机工况的不同，进入进气歧管的废气量一般控制在 6%~23%范围内。

### 2. EGR 控制系统的分类

EGR 控制系统根据其主要特点可以从不同的角度进行分类：

1）按照 EGR 控制系统中 EGR 阀是否有电子控制，分为纯机械控制式和电子控制式。纯机械控制式 EGR 阀是利用进气歧管真空度与排气压力的压力差控制，控制精度低，现在很少应用；电子控制式的 EGR 阀分为真空驱动型的 EGR 控制系统和电驱动型的 EGR 控制系统两种。这两种技术路线应用较为广泛。

2）按照 EGR 控制系统中 EGR 阀所处位置的排气压力和温度不同，分为高压 EGR 阀和低压 EGR 阀。在国Ⅵ排放标准的车辆中，有些是配置双 EGR 阀的。在国Ⅳ、国Ⅴ排放标准中的 EGR 阀被称为高压 EGR 阀，颗粒捕捉器（DPF）后端的 EGR 阀被称为低压 EGR 阀。有些材料把这两个阀称作高低温 EGR 阀。

3）从结构上划分，有内部 EGR 和外部 EGR 两种控制系统，区别在于废气是否通过进气系统进入气缸。

① 内部 EGR 技术结构简单，不需要外部设备，一般情况下通过改变配气相位就可以实现，等同于提高缸内的残余废气系数。但是缸内的气流运动十分复杂，在不同工况下气流运动规律也不同，所以这种实现 EGR 的方式很难控制 EGR 率；而且这种直接引入的方式，废气没有经过冷却，

很大程度上地提高了混合气温度，使降低 $NO_X$ 排放的效果不够明显。

② 外部 EGR 技术是在排放控制系统上接入 EGR 管路，将废气引出再导入空气供给系统中，让废气在进入气缸之前与新鲜空气充分混合。外部 EGR 控制系统和内部 EGR 控制系统相比，结构上要复杂得多，通常带有 EGR 阀、EGR 冷却器，还有一些特殊管路及附带的控制单元，也正是如此，外部 EGR 可以实现对废气诸多参数的精确控制，从而最大程度地实现 EGR 的作用。外部 EGR 控制系统和内部 EGR 控制系统相比，结构上虽然复杂，但可以实现对废气诸多参数的精确控制，技术路线多，应用较为广泛。

4）按照 EGR 控制系统中参与循环废气是否得到冷却，有冷 EGR 和热 EGR 两种控制系统。冷 EGR 控制系统虽然增加了散热器的负担，但是能有效降低 $NO_X$ 排放，采用较多。

### 3. EGR 控制系统的组成及工作原理

EGR 控制系统部件主要由 EGR 阀、EGR 阀位置传感器和 EGR 真空调节器等组成，其中，EGR 阀是最关键的部件，如图 5-1-3 所示。一般 EGR 控制系统在发动机冷却液温度 80~90℃、发动机转速 1500~4500r/min 时工作，在怠速、暖机、大负荷和减速时不工作。目前，采用 ECU 控制的 EGR 控制系统有开环控制 EGR 控制系统和闭环控制 ECR 控制系统两种类型。

（1）开环控制 EGR 控制系统的组成及工作原理　开环控制 EGR 控制系统主要由 EGR 电磁阀、节气门位置传感器、EGR 阀、冷却液温度传感器、曲轴位置传感器、发动机 ECU 以及起动信号等组成，如图 5-1-3 所示。

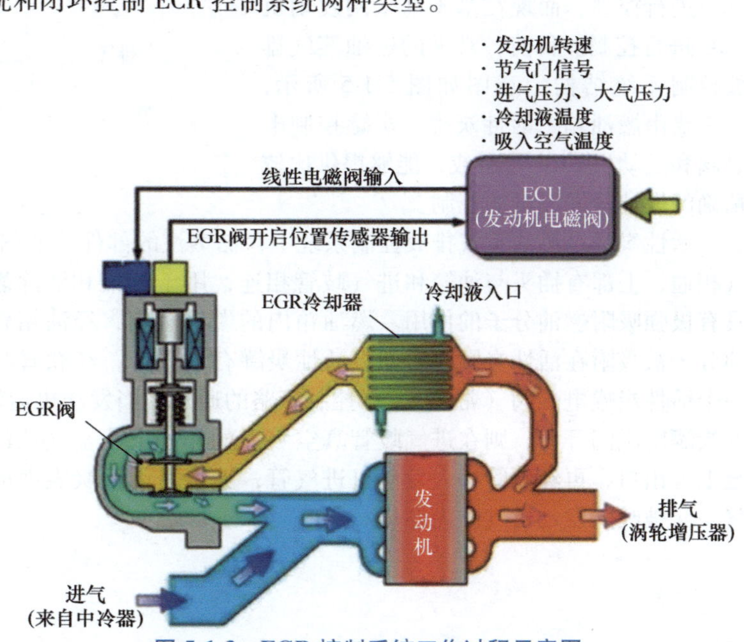

图 5-1-3　EGR 控制系统工作过程示意图

在发动机工作时，发动机 ECU 根据各传感器的信号，确定发动机目前在哪一种工况下工作，控制 EGR 电磁阀打开或关闭。当 EGR 电磁阀不通电时，接通真空，EGR 阀打开；当 EGR 电磁阀通电时，切断真空，EGR 阀关闭。需要强调的是，EGR 阀并不是在任何情况都工作的，它在起动时、IDL（怠速触点）接通时、发动机温度低时、转速低于 900r/min 但高于 3200r/min 时不工作。

（2）闭环控制 EGR 控制系统的组成及工作原理　EGR 控制系统开环控制，EGR 率只能预先设定，不能检测发动机各种工况下实际的 EGR 率，目前，在更为先进的 EGR 控制系统中广泛采用了闭环反馈控制式 EGR，控制系统以 EGR 率或 EGR 阀的开度作为反馈信号，来进行闭合控制。

1）EGR 阀开度作为反馈信号。如图 5-1-4 所示，与普通电子控制式 EGR 控制系统相比，它只在 EGR 阀上增加了一个用于检测其开启角度的 EGR 位置传感器。电位计式的 EGR 位置传感器可将 EGR 阀开启角度转换为相应的电压信号，并反馈给 ECU。其后，ECU 根据反馈信号控制真空电磁阀的动作，进而调节 EGR 阀膜片室的真空度，以此改变 EGR 率。

2）EGR 率作为反馈信号。日本三菱公司开发了一种可直接用 EGR 率作为反馈信号的 EGR 闭环控制系统，其控制原理：EGR 率传感器安装于稳压箱上，可利用测量混合气中的氧气浓度来检测混合气的 EGR 率，并将其检测信号反馈给 ECU，ECU 依据此信号发出的控制指令，不断调整 EGR 阀的开启角度，以此控制混合气中的 EGR 率，使其始终保持在最佳状态，从而有效地减少

$NO_X$ 的排放量。

## 知识点二 燃油蒸气排放控制系统

### 1. 燃油蒸气排放控制系统的功能

系统将燃油箱内蒸发的燃油蒸气收集起来，并将燃油蒸气导入气缸进行燃烧，从而防止燃油蒸气直接排入大气而造成污染。同时，根据发动机工况，控制导入气缸进行燃烧的燃油蒸气量。采用燃油蒸气的控制可减少大气中的 HC 和节约燃料。

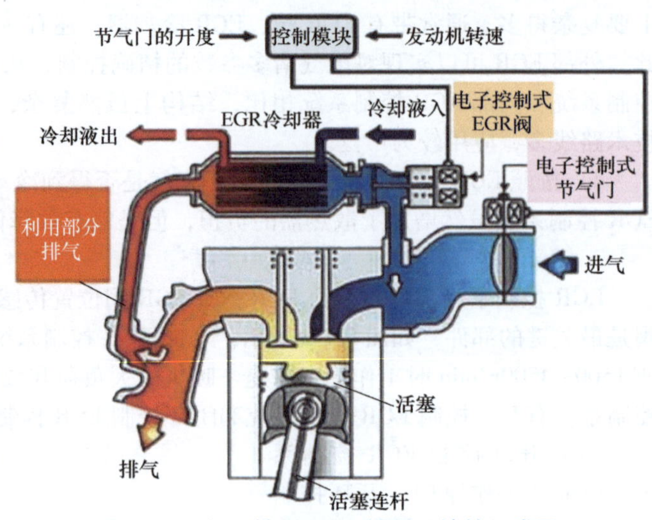


图 5-1-4 闭环控制 EGR 控制系统的组成及工作原理示意图

### 2. 燃油蒸气排放控制系统的组成与工作原理

早期的燃油蒸气排放控制系统多利用真空进行控制，而现在基本都采用发动机 ECU 进行控制。目前，常见的燃油蒸气排放控制系统结构示意图如图 5-1-5 所示，它主要由燃油箱、活性炭罐、炭罐控制电磁阀和发动机 ECU 等组成，能够提供比较精确的燃油蒸发流量的控制。

活性炭罐是燃油蒸气排放控制系统中存储蒸汽的部件，如图 5-1-6 所示。活性炭罐的下部与大气相通，上部有插头与油箱和进气歧管相连，用于收集和清除燃油蒸气。中间是活性炭颗粒，它具有极强吸附燃油分子的作用。燃油箱内的燃油蒸气，经油箱管道进入活性炭罐后，蒸汽中的燃油分子被吸附在活性炭颗粒表面。活性炭罐有个出口，经软管与发动机进气歧管软管的中间设有一个活性炭罐电磁阀（常闭），以控制管路的通断。当发动机运转时，如果发动机控制模块控制活性炭罐电磁阀开启，则在进气歧管真空吸力的作用下，空气从活性炭罐底部进入，经过活性炭罐至上方出口，再经软管进入发动机进气管，吸附在活性炭表面的燃油分子又重新脱附，随新鲜空气一起被吸入发动机气缸内燃烧。

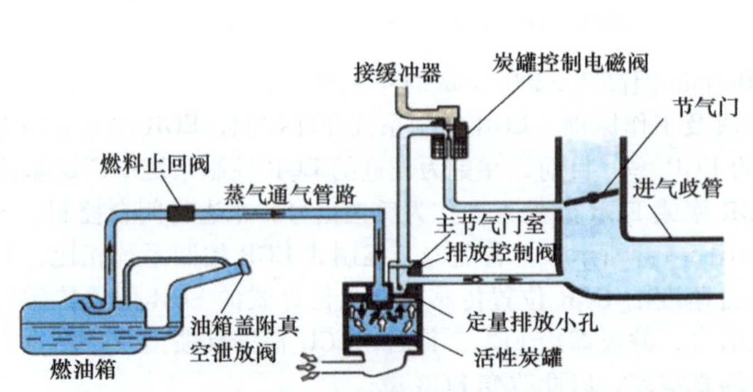


图 5-1-5 常见的燃油蒸气排放控制系统结构示意图

图 5-1-6 活性炭罐

### 3. 燃油蒸气排放控制系统的控制

为了防止破坏发动机正常工作时的混合气成分，影响发动机正常工作，必须对燃油蒸气进入发动机进气歧管的时机和进入量进行控制。

目前，尽管各汽车生产厂都采用发动机 ECU 控制炭罐电磁阀的通断来控制其开启和关闭，线圈通电时，电磁阀开启；线圈断电时，电磁阀关闭，但它们在控制电磁阀开闭的时机和方法并不完全一样。

一般来说，发动机 ECU 使炭罐控制电磁阀通电通常考虑以下条件：

1）发动机起动已超过规定的时间。

2）冷却液温度已高于规定值，发动机应处于正常工作温度。

3）怠速触点开关处于断开状态。

4）发动机转速高于规定值，一般为 1000r/min。

当满足以上条件时，发动机 ECU 使电磁阀线圈搭铁通电，电磁阀的阀门开启，存储在活性炭罐内的燃油蒸气经软管被吸入发动机燃烧。较先进的燃油蒸气排放控制系统一般都能根据发动机负荷等情况，适时控制电磁阀的通电占空比，以达到控制电磁阀开启程度的目的。

## 一、EGR 控制系统的检修

### 1. 任务描述

EGR 阀在怠速和发动机低速时保持打开，那么发动机的怠速运转就不会稳定，且在低速时会发生喘振或减速之后过载熄火，或冷起动后过载熄火。如果 EGR 阀始终不能打开，将发生发动机爆燃，且 $NO_X$ 排放量增大。如果 EGR 控制系统工作不良，不仅使发动机排气污染增加，而且使发动机出现回火、怠速不稳、失速、加大节气门开度时瞬间减速等现象，因此要对 EGR 控制系统进行维修。

### 2. 实施条件

（1）工位　准备 4 个工位。

（2）设备　电控发动机实训台架 4 台。

（3）工具　手动真空泵、万用表等。

（4）资料　汽车维修手册。

### 3. 实施步骤

完成 EGR 控制系统的检修并规范填写工单：

<table>
<tr><td rowspan="2">任务名称</td><td rowspan="2"></td><td>学生姓名</td><td colspan="2"></td><td>组别</td><td></td><td>工位号</td><td colspan="2"></td></tr>
<tr><td>用时</td><td colspan="4"></td><td>零件号</td><td colspan="2"></td></tr>
<tr><td>序号</td><td colspan="4">操作步骤</td><td>使用工量具</td><td>检测数据</td><td>测量标准</td><td>结果分析</td><td>小计</td></tr>
<tr><td>1</td><td colspan="4">工作情况的检查：在冷机起动后，立即拆下 EGR 阀上的真空软管，发动机转速应无变化，用手触试真空软管应无真空吸力；发动机温度达到正常工作温度后，怠速时检查结果应与冷机时相同；若转速提高到 2500r/min 左右，同样拆下此 EGR 阀上的真空软管，发动机转速应明显升高</td><td></td><td></td><td></td><td></td><td></td></tr>
<tr><td>2</td><td colspan="4">EGR 电磁阀的检查：在冷态测量电磁阀电阻应为 33～39Ω。电磁阀不通电时，从进气管侧吹入空气应畅通，从滤网处吹入空气应不通。当给电磁阀接通蓄电池电源电压时，应相反</td><td></td><td></td><td></td><td></td><td></td></tr>
<tr><td>3</td><td colspan="4">EGR 阀的检查：用手动真空泵给 EGR 阀膜片上方施加约 15kPa 的真空度，EGR 阀应能开启，不施加真空度，EGR 阀应能完全关闭</td><td></td><td></td><td></td><td></td><td></td></tr>
<tr><td colspan="2">总分</td><td colspan="3">100</td><td colspan="2">总计</td><td colspan="3"></td></tr>
<tr><td colspan="2">教师签名</td><td colspan="3"></td><td colspan="2">得分</td><td colspan="3"></td></tr>
</table>

### 4. 评价与反馈

<table>
<tr><td rowspan="2">名称</td><td rowspan="2"></td><td>组别</td><td></td><td>学生姓名</td><td></td><td>工位号</td><td></td></tr>
<tr><td>用时</td><td colspan="3"></td><td>零件号</td><td></td></tr>
<tr><td>序号</td><td>考核项目</td><td>评分标准</td><td>分数</td><td>学生自评</td><td>小组互评</td><td>教师评价</td><td>小计</td></tr>
<tr><td>1</td><td>团队协作</td><td>是否协同<br>有效工作</td><td>10</td><td></td><td></td><td></td><td></td></tr>
<tr><td>2</td><td>工作态度</td><td>是否积极主动<br>追求精益求精</td><td>10</td><td></td><td></td><td></td><td></td></tr>
<tr><td>3</td><td>任务方案</td><td>是否正确合理</td><td>20</td><td></td><td></td><td></td><td></td></tr>
<tr><td>4</td><td>任务完成情况</td><td>操作方法正确<br>数据正确记录<br>分析结果正确</td><td>30</td><td></td><td></td><td></td><td></td></tr>
<tr><td>5</td><td>安全规范</td><td>有无安全隐患<br>设备、工量具使用规范标准<br>遵守劳动纪律</td><td>20</td><td></td><td></td><td></td><td></td></tr>
<tr><td>6</td><td>现场 7S</td><td>是否做到</td><td>10</td><td></td><td></td><td></td><td></td></tr>
<tr><td colspan="2">总分</td><td colspan="6">100</td></tr>
<tr><td colspan="2">教师签名</td><td colspan="2"></td><td colspan="3">总计</td><td></td></tr>
</table>

### 5. 注意事项

1）注意通风，防止火源，准备好消防设施。

2）在诊断 EGR 控制系统之前，发动机必须处于正常工作温度。

3）不要将 EGR 阀放在任何溶剂里清洗。

4）如果发动机已持续运转一段时间，EGR 阀会很热，在诊断或维修该阀时要戴防护手套。

## 二、燃油蒸气排放控制系统的检测

### 1. 任务描述

燃油蒸气排放控制系统工作状况的好坏直接影响着汽车的动力性、经济性和环保性。通过对燃油蒸气排放控制系统的实训，掌握炭罐电磁阀的检测方法。

### 2. 实施条件

（1）工位　准备 4 个工位。

（2）设备　电控发动机实训台架 4 台。

（3）工具　手动真空泵、万用表、汽油、碎布、活性炭罐进气滤芯等。

（4）资料　汽车维修手册。

### 3. 实施步骤

完成燃油蒸气排放控制系统的检测并规范填写工单：

<table>
<tr><td rowspan="2">任务名称</td><td rowspan="2"></td><td>学生姓名</td><td></td><td>组别</td><td></td><td colspan="2">工位号</td><td colspan="2"></td></tr>
<tr><td>用时</td><td colspan="3"></td><td colspan="2">零件号</td><td colspan="2"></td></tr>
<tr><td>序号</td><td colspan="4">操作步骤</td><td>使用工量具</td><td>检测数据</td><td>测量标准</td><td>结果分析</td><td>小计</td></tr>
<tr><td>1</td><td colspan="4">一般检查：检测条件是将发动机预热至正常工作温度，然后使发动机怠速运转</td><td></td><td></td><td></td><td></td><td></td></tr>
<tr><td>2</td><td colspan="4">检查管路有无破损或漏气，炭罐壳体有无裂纹，每行驶 20000km 应更换活性炭罐底部的进气滤芯</td><td></td><td></td><td></td><td></td><td></td></tr>
</table>

（续）

| 序号 | 操作步骤 | 使用工量具 | 检测数据 | 测量标准 | 结果分析 | 小计 |
|---|---|---|---|---|---|---|
| 3 | 检查燃油蒸气排放控制系统中所有软管是否泄漏、堵塞和连接松动。检查燃油蒸气排放控制系统中的电路连接是否松动、接线端是否腐蚀。如果炭罐控制电磁阀和相关电路内发生故障，常在发动机 ECU 存储器内设置故障码 | | | | | |
| 4 | 脱开活性炭罐上的真空软管，用手触摸软管开口端感觉有没有真空吸力。怠速时电磁阀不通电，软管内应无真空吸力；若此时有吸力，则检查电磁阀线束插头内的电源电压，若有电压，则检查 ECU，若无电压，则检查电磁阀是否泄漏 | | | | | |
| 5 | 踩下加速踏板，使发动机转速升高到 2000r/min 以上，检查软管内有无真空吸力，若有吸力，则为正常，若没有吸力，则检查电磁阀的电源电压，若电压正常，说明电磁阀有故障；若电压不正常或没有电压，则进一步检查电路和 ECU | | | | | |
| 6 | 可使用扫描检测仪诊断燃油蒸气排放控制系统。故障诊断仪指示炭罐控制电磁阀是接通还是断开。将故障诊断仪连接到 DLC 上，再起动发动机。当发动机怠速时，炭罐控制电磁阀应该断开 | | | | | |
| 7 | 继续起动直到满足电磁阀接通的条件。如果在此条件下电磁阀没有接通，应检查该电磁阀的供电导线、电磁阀以及从该电磁阀至 ECU 的导线 | | | | | |
| 8 | 真空控制阀的检查：拆下真空控制阀，用手动真空泵由真空管插头给真空控制阀施加约 5kPa 真空度时，从活性炭罐侧孔吹入空气应畅通，不施加真空度时，吹入空气则不通 | | | | | |
| 9 | 炭罐电磁阀的检查：发动机不工作时，拆开电磁阀进气管一侧的软管，用手动真空泵由软管插头给控制电磁阀施加一定的真空度，电磁阀不通电时应能保持真空度，若接蓄电池电压，真空度应释放。测量电磁阀两端子间电阻应为 36~44Ω | | | | | |
| 总分 | 100 | 总计 | | | | |
| 教师签名 | | 得分 | | | | |

### 4. 评价与反馈

| 名称 | | 组别 | | 学生姓名 | | 工位号 | |
|---|---|---|---|---|---|---|---|
| | | 用时 | | | | 零件号 | |
| 序号 | 考核项目 | 评分标准 | 分数 | 学生自评 | 小组互评 | 教师评价 | 小计 |
| 1 | 团队协作 | 是否协同<br>有效工作 | 10 | | | | |
| 2 | 工作态度 | 是否积极主动<br>追求精益求精 | 10 | | | | |
| 3 | 任务方案 | 是否正确合理 | 20 | | | | |
| 4 | 任务完成情况 | 操作方法正确<br>数据正确记录<br>分析结果正确 | 30 | | | | |
| 5 | 安全规范 | 有无安全隐患<br>设备、工量具使用规范标准<br>遵守劳动纪律 | 20 | | | | |
| 6 | 现场 7S | 是否做到 | 10 | | | | |
| 总分 | | 100 | | | | | |
| 教师签名 | | | | 总计 | | | |

### 5. 注意事项

1）在燃油蒸气排放控制系统元件附近不要吸烟，也不要让其他火源接近。

2）如果在汽车内或汽车附近有汽油味，应立即检查燃油蒸气排放控制系统的软管是否有裂纹或断开，并检查燃油供给系统是否有漏油。若有燃油泄漏或燃油蒸发泄漏，应立即维修处理。

3）不能用水清洗活性炭罐，应该去掉失去活性的炭。

2021 年汽车类技能高考真题（来源于毕业学生口述）：

【题干】所谓 EGR 率是指（　　）。

选项：A. EGR 量/进气量

B. EGR 量/(进气量+EGR 量)

C. 进气量/EGR 量

D. (进气量+EGR 量)/EGR 量

【答案】B

【解析】按照喷油器的安装部位不同分类，汽油喷射系统可分为缸内直接喷射系统和缸外进气管汽油喷射系统；按照喷油器的安装部位和数目不同分类，汽油喷射系统可以分为单点汽油喷射系统和多点汽油喷射系统；按汽油喷射时刻、喷射方式不同可分为连续性喷射系统和间歇性喷射系统。

【难易度】中等题

【考纲知识点】2-10. 理解电控燃油供给系统的基本结构及工作原理，会诊断及检修电控汽车燃油供给系统常见故障。

**一、判断题**

1. 一般 EGR 控制系统在发动机冷却液温度 80～90℃、发动机转速 1500～4500r/min 时工作。（　　）

2. 线性式 EGR 阀 ECU 根据传感器信号控制 EGR 阀的电磁线圈脉冲信号的占空比控制阀的开度，实现不同 EGR 率。（　　）

3. 一般来说，发动机 ECU 使炭罐控制电磁阀通电通常考虑发动机转速高于规定值，一般为 3000r/min。（　　）

**二、单选题**

1. EGR 控制阀的阀（　　）不关闭。

A. 发动机起动时　　B. 发动机转速低于 900r/min

C. 发动机转速高于 5200r/min　　D. 发动机温度正常，中速稳定转速下

2. 活性炭罐装置的作用是（　　）。

A. 吸附燃油蒸气　　B. 吸附燃油中的杂质

C. 吸附燃油中的水分　　D. 提高燃油的纯度

3. 根据发动机工况的不同，进入进气歧管的废气量一般控制在（　　）范围内。

A. 1%～6%　　B. 6%～13%　　C. 6%～23%　　D. 13%～23%

4. 发动机 ECU 使炭罐控制电磁阀通电条件为（　　）。

A. 暖机过程　　B. 怠速触点开关处于闭合状态

C. 冷却液温度正常　　D. 发动机转速低于 1000r/min

# 任务二　被动排放控制系统的检修

## 任务描述

汽车所产生的有害气体主要来自发动机燃烧后所排放的废气、曲轴箱的废气和汽油蒸发形成的废气。根据排放控制方法作用于燃料燃烧的前和后，排放控制系统分为主动排放控制系统和被动排放控制系统：主动排放控制系统主要包括 EGR 控制系统、燃油蒸气排放控制系统；被动排放控制系统主要包括三元催化转换系统、曲轴箱强制通风系统 PCV、二次空气喷射系统等。三元催化转换系统安装布置图如图 5-2-1 所示，三元催化转换系统的结构如图 5-2-2 所示。本次任务主要解决被动排放控制系统的结构及检修的相关知识。

图 5-2-1　三元催化转换系统安装布置图

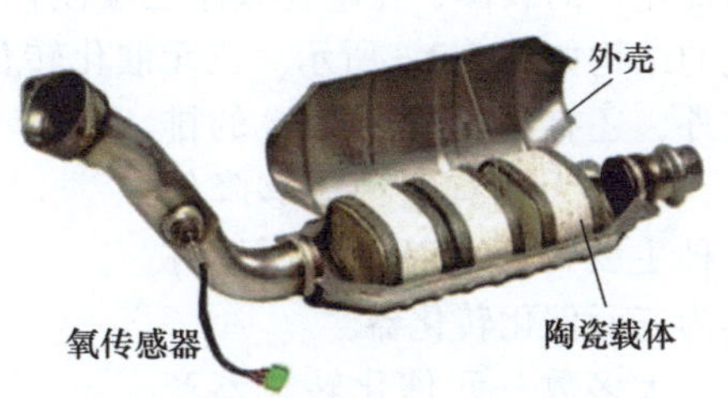


图 5-2-2　三元催化转换系统的结构（一）

## 学习目标

| 知识目标 | 能力目标 | 素养目标 |
|---|---|---|
| 1. 了解氧传感器的结构与工作原理，了解三元催化转换系统、PCV、二次空气喷射系统的结构与工作原理 | 1. 能通过与客户交流、查阅相关维修技术资料等方式获取车辆信息；能使用万用表、故障诊断仪、示波器及发动机综合分析仪等常用检测和诊断设备对排放控制系统进行检测 | 1. 能够在工作过程中与小组其他成员合作、交流，培养团队合作意识，锻炼沟通能力 |
| 2. 掌握三元催化转换系统和氧传感器的检测方法 | 2. 能按照正确操作规范进行传感器、执行器和控制器的更换；能进行系统匹配设定，能对发动机进行测试、检查，评估排放系统控制系统的修复质量 | 2. 提升认识问题、分析问题和解决问题的能力 |
| 3. 掌握 PCV 系统、二次空气喷射系统的检测方法 | 3. 能根据环保要求，正确处理对环境和人体有害的辅料、废气、废液和已损坏的零部件 | 3. 养成一丝不苟、精益求精的工匠精神 |

## 职业素养

“学会学习”，在这个主题中，教师首先通过实际案例向学生展示一些汽车电控系统自适应的学习功能，可以极大提升汽车行驶的动力性和安全性。通过分析案例，引导学生认识到“学会学习”的重要性，能有效管理自己的学习和生活，认识和发现自我价值，发掘自身潜力，有效应对复杂多变的环境，成就多彩人生，发展成为有明确人生方向、有生活品质的人。

“学会学习”具体包括乐学善学、勤于反思、信息意识等基本要点，通过学习使他们对汽车维修这一行业的职业要求有更加明确的认识，对未来的发展规划有更加清晰的思考。

## 知识点一　三元催化转化器与空燃比反馈控制系统

### 1. 三元催化转化器的功能

三元催化转化器安装在排气管中部，其功能是利用转化器中三元催化剂的作用，将发动机排出废气中的有害气体（如 HC、CO、$NO_X$）转变为二氧化碳（$CO_2$）、水（$H_2O$）及氮气（$N_2$）。但只有当可燃混合气混合比在 14.7 的狭窄范围内时，才能进行完全催化转换反应，这就要求氧传感器的工作必须正常。

### 2. 三元催化转化器的结构与工作原理

三元催化转化器一般由壳体、减振层、载体和催化剂涂层部分组成，常用蜂窝状陶瓷作为承载催化剂的载体，在陶瓷载体上浸渍铂、钯与铑贵重金属的混合物作为催化剂，三元催化转换系统的结构如图 5-2-3 所示。三元催化转化器采用铂、钯和铑作为催化剂，除可减少 HC 和 CO 的排放外，还有助于减少 $NO_X$ 的排放，正因为具有这种能够降低三种主要污染的特征，所以称其为三元催化转化器。

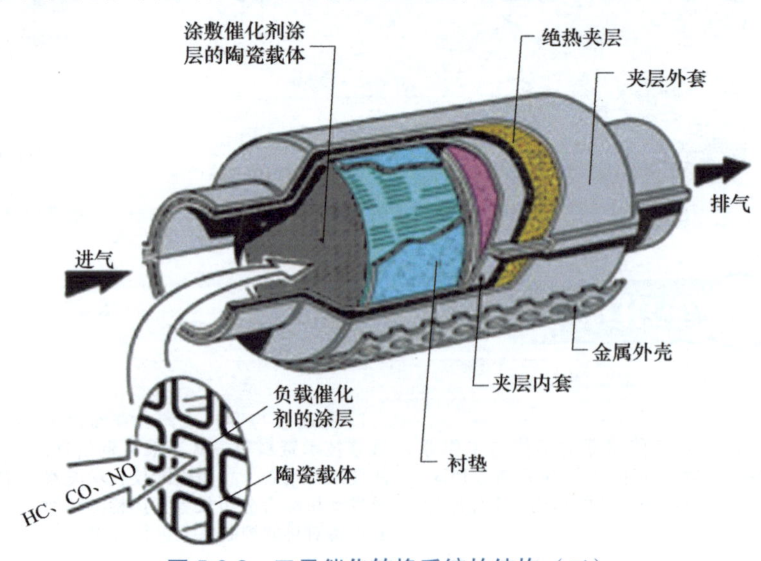


图 5-2-3　三元催化转换系统的结构（二）

大多数三元催化转化器产品为整体式蜂窝状陶瓷载体型的催化转化器。载体的物理形状有圆柱体、椭圆柱体和梯形柱体等，可根据整车总体的布置实际进行载体形状的选择。

陶瓷载体的主要构成成分为堇青石，通常采用陶瓷材料挤压、干燥并采用高温烧结而成。陶瓷载体从断面观察为蜂窝状实体，壁非常薄。其目的是设法极大地利用现有容积增加催化剂反应床的化学反应面积，还可起到防止催化剂热退化的作用。为了使三元催化转化器气流拥有更大的表面流通面积，通常将载体制成壁厚非常薄的蜂窝状，以充分利用有限的空间。目前，主要产品规格多采用的是400 目（400 孔/$in^2$）或600 目（600 孔/$in^2$）陶瓷蜂窝载体。在挤压过程中，生成大量的薄壁、平行的，通常为方形的孔道。

由于发动机在工作过程中，燃烧废气的流动量相对很大，为了使流动的废气能够有更多的机会流经涂敷有催化剂的载体表面，使燃烧废气中的有害物质在三元催化转化器内得到有效的转化，要求三元催化转化器必须提供相对废气流量面积足够大的化学反应场所，而三元催化转化器内配置的、蜂窝状的陶瓷载体的目的就是设法提供足够大的废气流经反应面积。换言之，陶瓷载体使催化剂得以附着并为化学转化反应提供一个表面（场所）。

三元催化转化器中主要起作用的是三元催化剂，它是铂或者钯和铑的混合物，它促使有害气体 HC、CO 和 $NO_X$ 发生氧化还原反应，生成无害的二氧化碳、氮气和水。

氧化反应：$2CO+O_2=2CO_2$

$4HC+5O_2=2H_2O+4CO_2$

还原反应：$2NO+2CO=N_2+2CO_2$

$10NO+4HC=5N_2+2H_2O+4CO_2$

但是只有当混合气的空燃比保持稳定时，三元催化转化器的转化效率才能得到精确控制。

### 3. 影响三元催化转化器转换效率的因素

（1）混合气的空燃比　三元催化转换效率受很多因素的影响，最主要的因素是排气中的氧气浓度，即进入气缸内混合气的空燃比。混合气的空燃比对三元催化转换效率影响如图 5-2-4 所示：当混合气浓度处于理论空燃比附近区间时，三元催化转换器对 CO、HC、$NO_X$ 三种污染气体的处理效果较佳，一旦混合气的浓度偏离这个范围，三元催化转化器的转化效率将迅速下降，尾气中有害气体的排放增加。为降低污染、提高环保效果，需要提高三元催化转化器的转化效率，必须要将可燃混合气的浓度控制在理论空燃比 14.7∶1 附近。

（2）工作温度　常温下三元催化转化器不具备催化能力，其催化剂必须加热到一定温度才具有氧化或还原的能力，通常，催化转化器的起燃温度为 250～350℃，正常工作温度一般为 350～700℃。三元催化转化器工作时会产生大量的热，热量越高，氧化的温度也越高，当温度达到 850～1000℃时，其内涂层的催化剂很可能会脱落，载体碎裂。所以必须注意控制造成排气温度升高的各种因素，如点火时间过迟或点火次序错乱、断火等，这都会使未燃烧的混合气进入催化反应器，造成排气温度过高，影响三元催化转化器的效能。

（3）催化剂　催化剂对硫、铅、磷、锌等元素非常敏感，硫和铅来自于汽油，磷和锌来自于润滑油，这四种物质及它们在发动机中燃烧后形成的氧化物颗粒易被吸附在催化剂的表面，使催化剂无法与废气接触，从而失去了催化作用，即催化器“中毒”现象，它是影响三元催化转化器使用寿命最为严重的物理现象。因此，使用三元催化转化器的前提是汽油的无铅化。硫主要对稀土类催化器的使用寿命有较大影响。

### 4. 空燃比反馈控制系统

为了获得三元催化转化器的最佳净化效果，要求系统所控制的空燃比达到理想状态，必须借助氧传感器进行反馈控制。将实际空燃比精确地控制在理论空燃比 14.7∶1 附近，使三元催化转化器在最佳状态工作，在发动机控制系统实现空燃比反馈控制，即闭环控制，如图 5-2-5 所示。

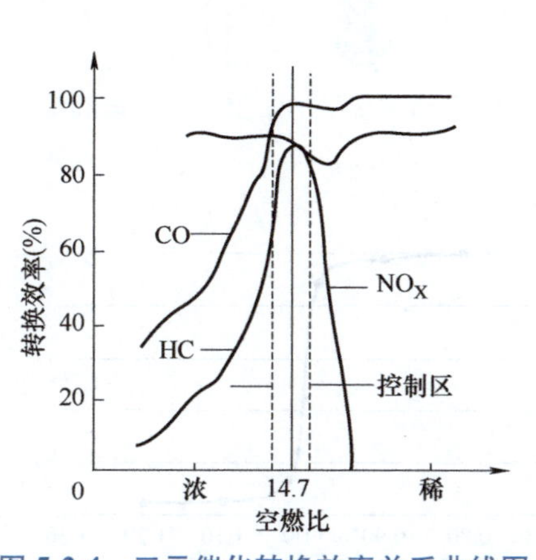


图 5-2-4　三元催化转换效率关系曲线图

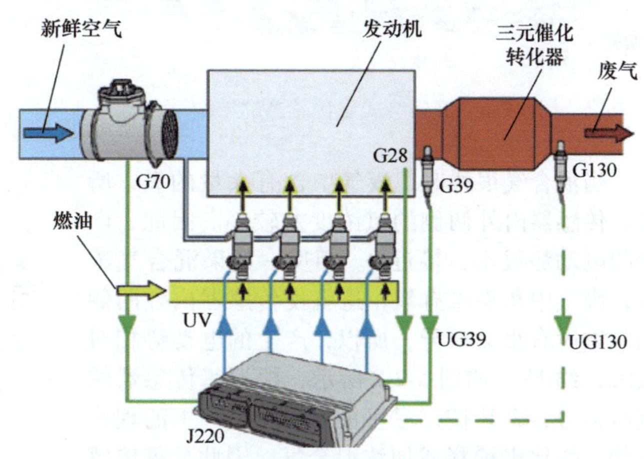


图 5-2-5　空燃比反馈闭环控制系统原理图

## 知识点二　氧传感器

在使用三元催化转化器降低排放污染的发动机上，氧传感器是必不可少的。为了发挥三元催化剂的最佳净化特性，需要将空燃比控制在14.7：1范围。为了检测实际空燃比，在排气管中设置了氧传感器，由此检测实际空燃比是浓还是稀，并向ECU提供空燃比反馈，以此控制空燃比接近于理论值。目前，氧传感器按其结构和工作原理可分为氧化锆（$ZrO_2$）式和氧化钛（$TiO_2$）式两种，按照其检测信号的范围可分为普通型和宽频型两种。

### 1. 氧化锆式氧传感器

（1）氧化锆式氧传感器的结构　氧化锆式氧传感器是使用二氧化锆作为内部敏感元件，是由锆管、电极和防护套管等组成的，如图5-2-6所示。在传感器端部有一个由二氧化锆做成的试管状的套管，传感器内侧通大气，外侧暴露在排气中。发动机排出的废气，穿过装在排气管中的氧传感器的端部，与二氧化锆的外侧接触。空气从传感器的另一端进入，与套管的内侧接触。套管的内外表面覆盖了薄层多孔棉作为电极，内表面是正极，外表面是负极。铂起催化作用，使排气中的氧与一氧化碳反应，减少排气中的含氧量，提高传感器的灵敏度。一般在外侧电极表面还有一个多孔氧化铝陶瓷保护层，它可以防止废气烧蚀电极，但废气能够渗进保护层与电极接触。

（2）氧化锆式氧传感器的工作原理　在一定条件下（高温和铂催化），利用二氧化锆内外两侧的氧浓度差，产生电位差，且浓度差越大，电位差越大。大气中氧的质量分数为21%左右，浓混合气燃烧后的废气含氧非常少，稀混合气燃烧生成的废气或因缺火产生的废气中含有较多的氧，但仍比大气中的氧少得多。当两级间产生氧浓度差时，氧离子就从氧浓度高的一侧向低的一侧流动，从而产生电动势。在高温及铂的催化下，带负电的氧离子吸附在二氧化锆套管的内外表面上。由于大气中的氧气比废气中的氧气多，套管上与大气相通一侧比废气一侧吸附更多的负离子，两侧离子的浓度差产生电动势如图5-2-7所示。

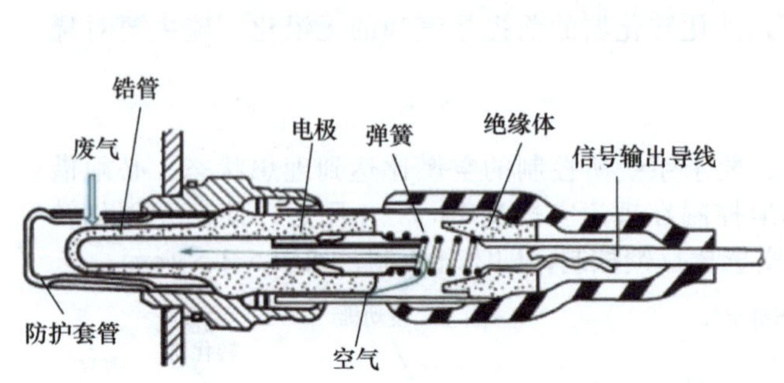


图5-2-6　氧化锆式氧传感器的结构

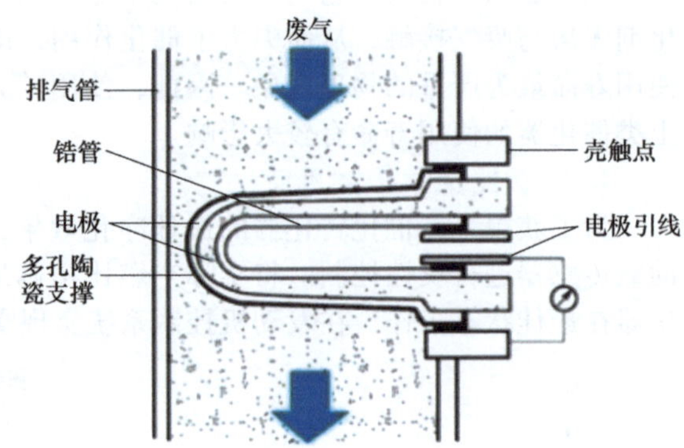


图5-2-7　两侧离子的浓度差产生电动势

当混合气很稀时，废气中含有大量的氧，所以，传感器内外两侧的氧浓度差较小。因此，产生的电动势很小，接近0。相反，如果混合气浓时，废气中几乎没有氧，这就使传感器内外两侧的氧浓度有很大差异，所以，产生的电动势相对较大，约1V，如图5-2-8所示，根据氧传感器的电压信号，ECU按照尽可能接近14.7：1的理论最佳空燃比来稀释或加浓混合气。因此，氧传感器是电控燃油喷射系统中很重要的一个反馈闭环控制传感器。

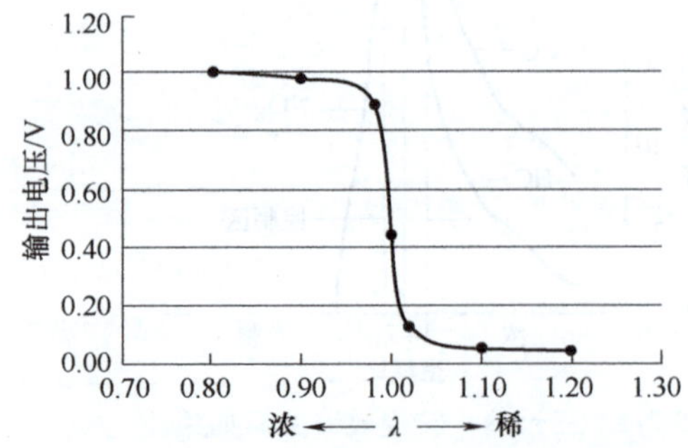


图5-2-8　氧化锆式氧传感器输出电压曲线图

氧化锆式氧传感器输出信号的强弱与工作温度有关，输出信号在300℃左右时最明显，所以有些氧传感器采用加热的方法来保证其工作温度，称为加热式氧化锆式氧传感器。该传感器的结构原理与不加热式的相同，只是在传感器内部增加了一个陶瓷加热元件。不论排气温度是多少，只要不超过工作极限温度，陶瓷体温度总保持不变。其优点是使氧传感器安装灵活性大，不受极端升温的影响，同时，也保证了发动机在进气缸小、排气管温度低时，氧传感器也能输出信号。

（3）氧化锆式氧传感器的特点　氧化锆式氧传感器满足以下三个条件才能正常调节混合气浓度：

1）发动机温度高于 60℃。

2）氧化锆式氧传感器自身温度高于 300℃。

3）发动机工作在怠速工况和部分负荷工况。

因此，氧化锆式氧传感器安装在温度较高的排气管上，采用了加热器对锆管进行加热。

氧传感器故障还可以通过观察氧传感器顶尖部位的颜色进行判断：

淡灰色顶尖：这是氧传感器的正常颜色；白色顶尖：由硅污染造成的，此时必须更换氧传感器；棕色顶尖：由铅污染造成的，如果严重，也必须更换氧传感器；黑色顶尖：由积炭造成的，在排除发动机积炭故障后，一般可以自动清除氧传感器上的积炭。

### 2. 二氧化钛式氧传感器

（1）二氧化钛式氧传感器的结构　二氧化钛式氧传感器是使用二氧化钛作为内部敏感元件，是由二氧化钛元件、导线、金属外壳和接线端子等组成的，如图 5-2-9 所示。

（2）二氧化钛式氧传感器的原理　二氧化钛式氧传感器是利用二氧化钛材料的电阻值随排气中含氧量的变化而变化的特性构成的，所以又称为电阻型氧传感器。二氧化钛的电阻值在正常情况下是稳定不变的，但是当它表面氧气变少时，其电阻值会降低。浓混合气燃烧时的废气可使其电阻低，而稀混合气燃烧的废气又可使其呈现高的电阻值。因而，通过判断电阻值的高低对空燃比进行反馈控制，如图 5-2-10 所示。

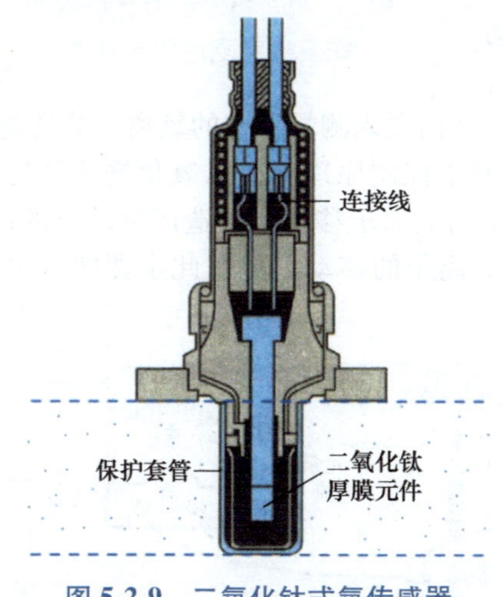


图 5-2-9　二氧化钛式氧传感器

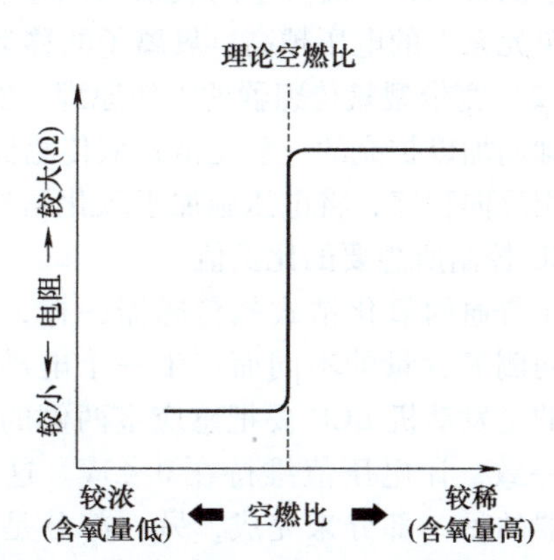


图 5-2-10　二氧化钛式氧传感器输出曲线图

二氧化钛是在室温下具有很高电阻的半导体。但当排气中的氧含量少时，氧分子将脱离，使其晶体出现缺陷，便有更多的电子可用来传送电流，材料的电阻也随之降低。此种现象不仅与氧含量有关，还与温度有关，它在常温下有很高的电阻，但是当温度变化时电阻值也会改变，这就不利于使用，因为发动机的负荷不同，排气的多少也不同，废气的温度和排气管的温度也不同。为了弥补这方面的不足，在制造二氧化钛式氧传感器时在传感器的内部有两个二氧化钛元件，其中一个用来检测排气中氧的含量，另外一个用来做加热元件，来补偿温度变化的信号误差。氧传感器外端以具有多孔槽的金属管作为防护套，一方面让废气可以进入，另一方面防止里面的二氧化钛元件受到外物的撞击。传感器接线端以橡胶作为密封材料，防止外界氧气的渗入。它一般安装在排气歧管或尾管上，同时可借助排气高温将传感器加热至适当的温度。

(3) 二氧化钛式氧传感器的特点　与氧化锆式氧传感器相比，其具有结构简单、体积小、价格低等优点，但有电阻随温度变化大的缺点。因此，需要温度补偿回路，或者通过内装加热器，来确保温度稳定性。

### 3. 宽带型氧传感器

(1) 宽带型氧传感器的结构　二氧化钛式氧传感器的工作范围是在 $\lambda=1$ 的附近产生一个跳跃性的输出电压变化，一旦超出此范围，其反应性能便降低。当发动机需要进行稀混合或浓混合控制时，这一类型的氧传感器便无法胜任了，使发动机的燃油控制不能十分精确，所以才有宽带型氧传感器的产生。新型的宽带型氧传感器被用在汽车三元催化转化器前，该传感器的信号是一个几乎呈线性增长的电流作为 $\lambda$ 的输入值，$\lambda$ 值能在发动机全部转速范围内被测量到（常见的氧化锆式氧传感器被用在汽车三元催化转化器后面），宽带型氧传感器由两部分组成，如图 5-2-11 所示。

第一部分是普通加热型氧化锆型氧传感器，氧化锆组件的两个电极一个处于空气室，另一个处于测量室。空气室与外界大气相通，测量室通过单元泵与废气相通，废气中的氧通过单元泵输送到测量室中。由于氧化锆组件内外两侧的氧含量不同，在两电极间会产生电动势，称为能斯特电池。为使氧化锆组件能极早投入工作，设置了加热装置，加热装置的工作受 ECU 控制。

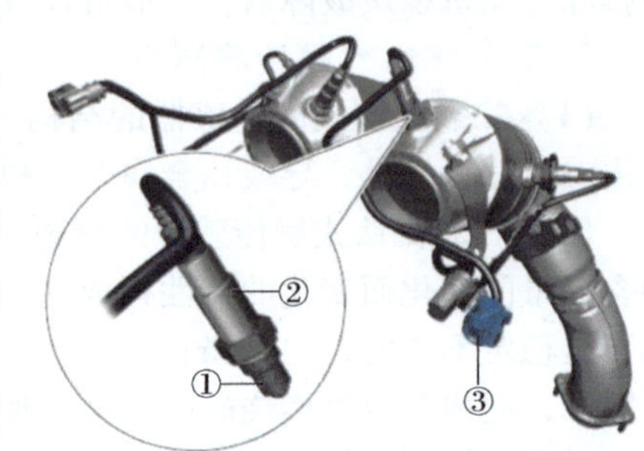

图 5-2-11　宽带型氧传感器的安装位置及结构示意图

第二部分是泵氧元，又称为单元泵。单元泵一侧通废气，另一侧通测量室。单元泵是利用氧化锆式氧传感器的反作用原理来工作的。将电压施加于氧化锆组件上，推动氧离子的移动，将废气中的氧泵入测量室中。形象一点讲，加在单元泵上的电压越高，氧离子的移动速度越快，单位时间内泵入测量室中的氧离子数量越多。

(2) 宽带型氧传感器的工作原理　宽带型氧传感器的基本控制原理就是以氧化锆式氧传感器为基础而加以扩充的，氧化锆式氧传感器有一个特性，就是当氧离子移动时会造成电动势的产生。若采用反向程序，将电压施加于氧化锆组件上，即会造成氧离子的移动，根据此步骤即可由发动机 ECU 控制所想要的比例值。

像普通的氧化锆式氧传感器一样，由于感应室两侧氧含量的不同而产生一个电动势，而不同的是发动机 ECU 要把感应室两侧的氧含量保持一致，让电压值维持在 0.45V。这就需要传感器的另一部分来完成，另一部分是传感器的关键部件单元泵，单元泵一边是废气，另一边与测试腔相连。单元泵就是利用氧化锆式氧传感器的反作用原理，将电压施加于氧化锆组件（单元泵）上，即会造成氧离子的移动，把废气中的氧泵入测试腔中，使感应室两侧电压值维持在 0.45V，宽带型氧传感器的工作原理图如图 5-2-12 所示。

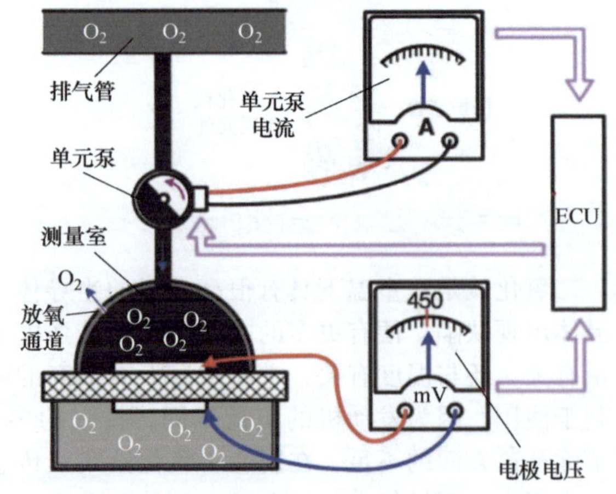

图 5-2-12　宽带型氧传感器的工作原理图

混合气过浓时，废气中的氧含量少，如果单元泵以原来的工作电流工作，测量室的氧含量将不足，能斯特电池电压值会超过 0.45V。此时 ECU 增大单元泵的工作电流，增加泵氧速度，使测量室中的氧含量增加，能斯特电池电压值又恢复到 0.45V。同时，ECU 根据氧传感器电压值来减少喷油量。

混合气过稀时，废气中的氧含量多，如果单元泵仍以原来的工作电流工作，测量室的氧含量将增多，能斯特电池电压值会低于 0.45V。此时 ECU 减小单元泵的工作电流，减小泵氧速度，使测量室中的氧含量减少，能斯特电池电压值又恢复到 0.45V。同时，ECU 根据氧传感器信号电压值增加喷油量。

（3）宽带型氧传感器的特点　宽带型氧传感器和氧化锆式氧传感器在检测时有明显的不同：氧化锆式氧传感器直接利用电压信号作为测量值，而宽带型氧传感器将经过特殊处理和控制的单元泵供给电流作为测量过量空气系数的参数，这样的传感器产生的就不是阶跃函数性质的响应，而是连续递增的信号。

## 知识点三　二次空气喷射（Air Injection）系统

### 1. 二次空气喷射系统的功用

二次空气喷射系统用于将一定量的新鲜空气引入排气歧管或三元催化转化器中，使废气中的有害气体与空气进一步燃烧，以进一步减少有害气体的排放。

二次空气喷射系统、蒸气排放控制系统、点火正时控制系统、怠速控制系统对发动机发挥正常的性能和达到正常的排放水平都起到了极其重要的作用。

### 2. 二次空气喷射系统的组成

二次空气喷射系统的组成部件有空气滤清器、二次空气泵、发动机 ECU、二次空气泵继电器、二次空气控制阀和二次空气分流阀等，如图 5-2-13 所示。

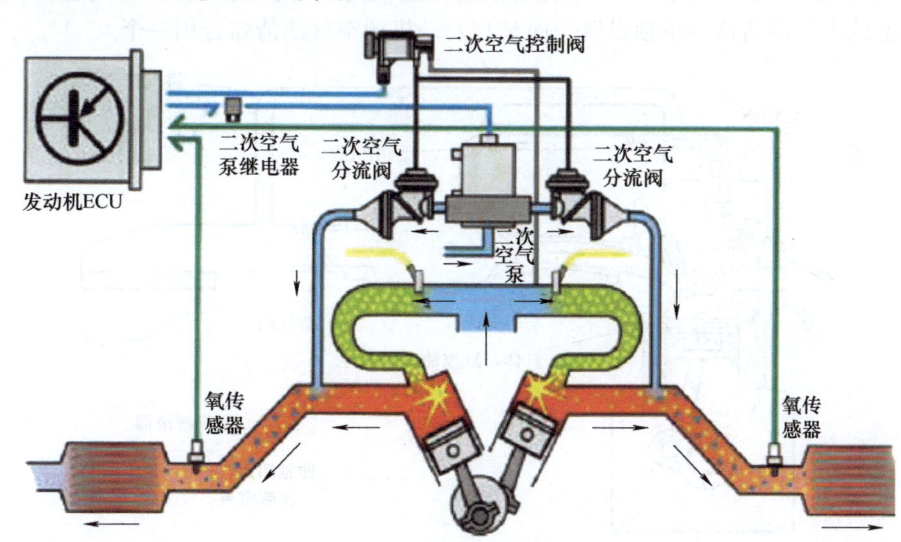


图 5-2-13　二次空气喷射系统的组成

一方面，发动机冷起动阶段未燃烧的 HC 及 CO 等有害物质排放相对较高，并且此时三元催化转化器尚未达到工作温度 300℃以上。所以，为了使轿车排放标准达到 EU3 或 EU4 要求，必须装备此机外净化装置二次空气喷射系统，以降低发动机冷起动阶段有害物质排放。另一方面，再次燃烧的热量使三元催化转化器很快就可以达到所需的工作温度。

### 3. 二次空气喷射系统的工作原理

发动机 ECU 激活二次空气喷射系统开始工作，发动机 ECU 控制二次空气进气阀，并通过驱动组合阀门开始工作。发动机起动后经过滤清器的空气通过二次空气泵直接被吹到排气歧管内二次空气泵的电源通过继电器得到，二次空气泵的作用是在很短时间内将空气压进排气歧管内的废气中，二次空气喷射系统未工作时，热的废气将停止在组合阀门处，以防它们进入二次空气泵。在控制过程中，自诊断系统同时进行自动监测。由于废气中所含氧气量的增加导致氧传感器电压降低，所以氧传感器必须处于工作状态。二次空气喷射系统正常工作时，氧传感器将检测到极稀的混合气。

## 知识点四　曲轴箱强制通风系统

### 1. PCV 系统的功用

发动机工作时，有部分可燃混合气和燃烧产物会经气缸、活塞环窜入曲轴箱内，窜入的气体由于温度的下降，一部分会凝结于机油中，使机油变稀、性能变差，同时形成泡沫，影响润滑质量；漏入曲轴箱中的废气遇水会生成酸类，腐蚀机件，使机油变质；同时，漏入的气体会造成曲轴箱压力和温度升高，造成机油从油封和衬垫处泄漏。

因此，曲轴箱都设有通风装置，排出漏入的气体并回收，同时使新鲜空气进入曲轴箱，形成不断的对流，平衡曲轴箱内的压力。另外，由于多数 PCV 系统将排出的废气引入燃烧室燃烧，避免了污染大气，因此从这方面来讲，此系统还具有环保的功能，属于被动排放控制系统。

### 2. PCV 系统的结构

发动机曲轴箱通风方法有两种，一种采用自然通风法，另一种采用强制通风法。

自然通风法将废气直接导入大气中，不但会造成燃料的浪费，还会增加大气污染，并且通风的效果也不好，因此现已被淘汰。强制通风法利用发动机进气管道内的真空作用，使曲轴箱内的气体强制吸入气缸中，提高了发动机燃油经济性，避免了污染环境，在汽车上广泛采用。

PCV 系统的组成示意图如图 5-2-14 所示，它由进气滤清器、进风管、出气管和 PCV 阀等组成，多数车型的进气滤清器不单独设置，而是与发动机的空气滤清器合用一个。

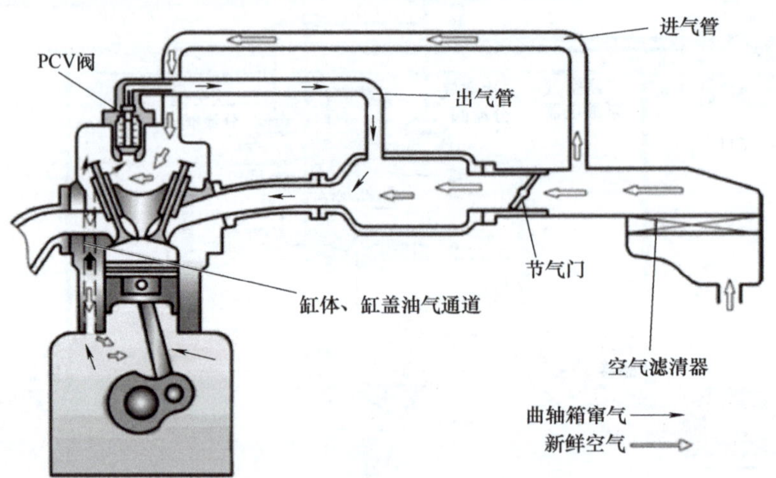


图 5-2-14　PCV 系统的组成示意图

### 3. PCV 阀

发动机工作时，新鲜空气经空气滤清器进入气门室罩盖内，进入曲轴箱与曲轴箱内窜气混合，曲轴箱窜气经过缸体与缸盖的油气通道，经罩盖上的 PCV 阀后，通过出气管进入进气管中。因此，有适量的窜气在气缸内再次燃烧。

PCV 阀可防止发动机怠速和小负荷工况时，过多的气体未经计量进入气缸，造成空燃比失调，因此，它的主要作用是调节发动机怠速、中小负荷和大负荷时的通风强度。PCV 阀的结构如图 5-2-15 所示。

PCV 阀不同工况下的工作情况如下：

1）发动机怠速时，进气管内真空度最大，阀芯被吸压靠向阀座，因此曲轴箱中的窜气能通过阀的缝隙或小孔通过，流量较小，保持怠速稳定。

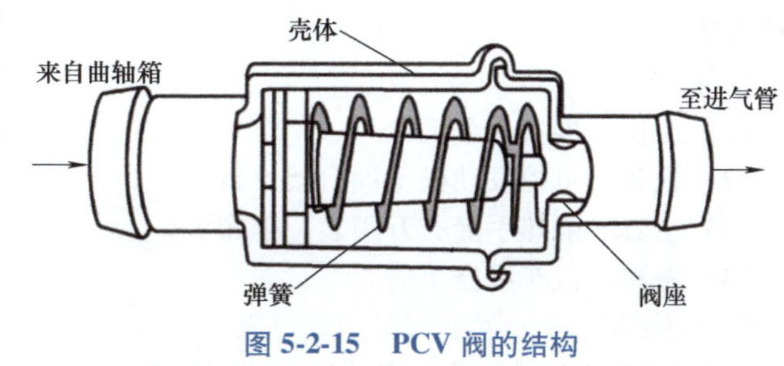

图 5-2-15 PCV 阀的结构

2）发动机中负荷时，进气管内真空度下降，阀芯在弹簧的作用下离开阀座，使通风量适当加大，保证曲轴箱内的气体及时抽出和新鲜冷空气的进入。

3）发动机大负荷时，进气管内的真空度已很小，阀芯完全打开，通风量最大，曲轴箱内的新旧气体大量对流。

流量控制阀还有止回功能，一旦发动机出现“回火”现象，阀芯即被反向关闭，防止曲轴箱内的废气被点燃发生爆炸。

具有涡轮增压器的车型上装配的 PCV 系统，因进气管内并不常保持负压状态，在增压器投入工作时甚至是处于正压状态，若只采用一根连接进气管的出气管，会导致曲轴箱通风装置在发动机处于非自然吸气工况时，不能进行正常通风，因此在这样的车型上，曲轴箱通风出气管分为两根，一根通向进气管，另一根通向涡轮增压器进气入口处。

带涡轮增压器的 PCV 系统，在两根管路之间设有两个单向阀，当发动机怠速或小负荷工况时，曲轴箱蒸气由进气管进入，在其他工况时，曲轴箱蒸气由涡轮增压器进气入口进入，保证了曲轴箱的正常通风。

### 4. PCV 系统的测试

值得注意的是，若 PCV 系统工作不正常，则有可能使有害的窜气留在发动机中引起腐蚀、加速磨损，因而缩短发动机的使用寿命。此外，若 PCV 系统工作不正常，还会引起发动机不易起动、怠速不稳、加速无力或耗机油等故障。所以出现这些故障时，应考虑是否是 PCV 系统工作不良引起的。

一般测试 PCV 系统工作是否正常用真空测试法或转速下降测试法。

（1）真空测试法

1）使发动机在正常工作温度下怠速运转，将 PCV 阀从气门室盖上拔下。拔下 PCV 阀后，应能听到空气流过时发出的“嘶嘶”声。手指放在 PCV 阀进气口上，应能感到很强的真空吸力。

2）装好 PCV 阀，将曲轴箱通风孔或机油加油口盖取下。在发动机处于怠速运转时，将一张轻薄的硬纸轻轻放在开口上，在 60s 内，应能感觉到真空将纸吸附在开口上。

3）熄灭发动机，取下 PCV 阀，摇动 PCV 阀应听到“咯咯”声。否则，更换该 PCV 阀。

4）如果上述测试结果正确，则说明 PCV 系统工作正常。如果任一项测试结果不正确，则需要更换相应元件并重新做测试。

（2）转速下降测试法　使发动机达到正常工作温度，在怠速情况下，夹住 PCV 阀与真空源之间的管路，发动机转速应下降 50r/min 或更多。否则，要检查 PCV 阀和管路是否堵塞，必要时进行清洗或更换。

## 三元催化转化器检修

### 1. 任务描述

三元催化转化器一旦出现破裂、失效或是堵塞时，就会造成发动机动力性下降、燃油消耗量增大以及排放性能下降等故障现象。通过对三元催化转化器的实训，掌握三元催化转化器检测及维护方法。

### 2. 实施条件

（1）工位　准备4个工位。

（2）设备　电控发动机实训台架4台。

（3）工具　隔热手套、万用表、碎布等。

（4）资料　汽车维修手册。

### 3. 实施步骤

完成EGR控制系统的检修并规范填写工单：

| 任务名称 | | 学生姓名 | | 组别 | | 工位号 | | | |
|---|---|---|---|---|---|---|---|---|---|
| | | 用时 | | | | 零件号 | | | |
| 序号 | 操作步骤 | | | | 使用工量具 | 检测数据 | 测量标准 | 结果分析 | 小计 |
| 1 | 外观的检查：首先要进行外观检查，即将汽车升起后观察三元催化转化器是否有隆起、变形、泄漏和裂纹，各连接件是否牢固。拍打并晃动三元催化转化器，三元催化转化器内是否有物体移动的声音，排气管是否有颗粒状物质排出，若有，则说明三元催化转化器内部载体破裂，需要更换三元催化转化器 | | | | | | | | |
| 2 | 此外，还要检查三元催化转化器表面是否有凹陷，若有，则说明三元催化转化器的载体可能受到损伤 | | | | | | | | |
| 3 | 检查三元催化转化器外壳上是否有严重的褪色斑点或略有青色或紫色的痕迹，在隔热罩上是否有明显的暗灰斑点，如有，则说明三元催化转化器曾处于过热状态，应作一步检查 | | | | | | | | |
| 4 | 温度测试法：使用高温测试仪测试三元催化转化器进气口和出气口的温度，在正常情况下，三元催化转化器出气口的温度应比进气口的温度高30～100℃，否则说明三元催化转化器工作不良，应根据情况维修或更换 | | | | | | | | |
| 5 | 三元催化转化器堵塞是比较常见的一种故障，检测方法有两种，检测进气歧管真空度和排气背压。检测进气歧管真空度，将EGR阀上的真空软管取下，并用塞子将管口塞住，以避免产生虚假的真空泄漏现象。将真空表接到进气歧管上，将发动机缓慢加速到2500r/min。观察真空表读数，若真空表读数瞬间下降后又回升到原有水平47.5～74.5kPa，并能稳定地保持在这一水平至少15s，则说明三元催化转化器没有堵塞；如果真空表读数下降，则可能为三元催化转化器或排气管堵塞 | | | | | | | | |
| 6 | 检查排气背压，从二次空气喷射管路上脱开空气泵止回阀的插头，在二次空气喷射管路中接入一个压力表，在发动机转速为2500r/min时观察压力表的读数，此时读数应该小于17.24kPa，如果排气背压大于或等于20.70kPa，则表明排放控制系统堵塞。如果观察三元催化转化器、消声器及排气管没有外伤，则可将三元催化转化器的出口和消声器脱开后再观察压力表的读数是否有变化，如果压力表显示排气背压仍然较高，则为三元催化转化器损坏；如果压力表显示排气背压陡然下降，则说明堵塞发生在三元催化转化器出气口后面的部件 | | | | | | | | |
| 7 | 氧传感器信号测试法：对于排气管上安装了前氧传感器和后氧传感器的发动机ECU，可以利用前、后氧传感器的输出信号监测三元催化转化器的工作性能。为此，在确认这两个传感器工作正常的情况下，使用双通道示波器读取前、后氧传感器的输出信号波形，如果前、后氧传感器的输出信号波形频率为前快后慢，则说明三元催化转化器工作正常；如果主、副氧传感器的输出信号波形基本相同，则说明三元催化转化器已经失效，如图5-2-16所示，应根据情况维修或更换 | | | | | | | | |

（续）

| 序号 | 操作步骤 | 使用工量具 | 检测数据 | 测量标准 | 结果分析 | 小计 |
|---|---|---|---|---|---|---|
| 8 | 尾气分析测试法：三元催化转化器的工作正常与否可以用废气分析仪来测试。当发动机怠速运转、变速器在空档时，把分析仪的探测头插入排气尾管进行快速检测。观察读数，如果读数在发动机说明书的范围内，说明催化剂仍在工作，如果一个或两个（HC 和 CO）读数超过规定，说明催化剂可能已经失效；某些汽车在三元催化转化器前的排放控制系统中，有一个可插入废气分析仪探测头的连接装置。这样可以通过测量三元催化转化器前、后废气中的有害气体量，来判断三元催化转化器的有效性。如果在三元催化转化器前、后测得的读数相同，说明三元催化转化器已不起作用，应查出其失效的原因，然后再进行维修或更换 | | | | | |
| 总分 | 100 | | 总计 | | | |
| 教师签名 | | | 得分 | | | |

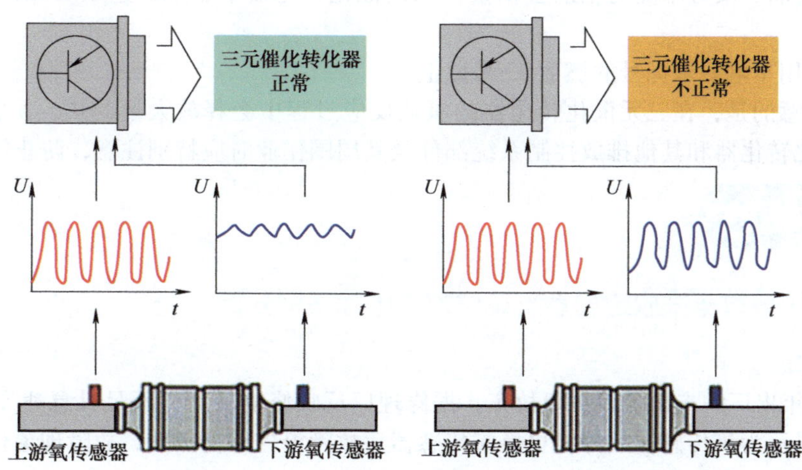


图 5-2-16 三元催化转化器前、后氧传感器输出信号对比图

## 4. 评价与反馈

| 名称 | | 组别 | | 学生姓名 | | 工位号 | |
|---|---|---|---|---|---|---|---|
| | | 用时 | | | | 零件号 | |
| 序号 | 考核项目 | 评分标准 | 分数 | 学生自评 | 小组互评 | 教师评价 | 小计 |
| 1 | 团队协作 | 是否协同<br>有效工作 | 10 | | | | |
| 2 | 工作态度 | 是否积极主动<br>追求精益求精 | 10 | | | | |
| 3 | 任务方案 | 是否正确合理 | 20 | | | | |
| 4 | 任务完成情况 | 操作方法正确<br>数据正确记录<br>分析结果正确 | 30 | | | | |
| 5 | 安全规范 | 有无安全隐患<br>设备、工量具使用规范标准<br>遵守劳动纪律 | 20 | | | | |
| 6 | 现场 7S | 是否做到 | 10 | | | | |
| 总分 | | 100 | | | | | |
| 教师签名 | | | | 总计 | | | |

### 5. 注意事项

三元催化转化器不需要定期维护，但装有三元催化转化器的车辆要长久地保持良好的排放就必须做到正确使用。一般使用或维修中要注意以下几个方面：

1）因为铅能使催化剂中毒、活性下降、催化转化效率降低，所以装有三元催化转化器的汽车严禁使用含铅汽油。

2）在崎岖不平的道路上行驶时一定要多加注意。因为三元催化转化器装在汽车底部，路况不好时容易造成拖底，损害三元催化转化器。

3）对于发动机起动困难的故障一定要及时维修。因为发动机起动时，喷油器可能一直在喷油，但如果燃油没有燃烧，就会聚集在三元催化转化器中。当发动机运行温度上升时，这些燃油的燃烧会使三元催化转化器温度过高而损坏。

4）在维修中尽量不要用拔下高压线的方法试火或断缸试验，因为这种情况下火花塞不点火，而喷油器还在喷油，没有燃烧的燃油会积聚在三元催化转化器中燃烧，造成三元催化转化器温度过高而损坏。

5）必须使用车辆要求标号的燃油 93 号以上。

6）值得注意的是，在三元催化转化器的氧化反应过程中会释放大量的热，使它的温度很高，所以在三元催化转化器和其他排放控制系统部件及其周围作业时应特别注意，防止烫伤。

## 丰田卡罗拉事故车排放控制系统典型故障排除案例分析

### 1. 故障现象

一辆 2006 年出厂的丰田卡罗拉事故车，据修理厂反映修复后动力不足且怠速发抖，故障警告灯亮，故障码显示为氧传感器故障，更换氧传感器后故障警告灯仍然亮，故障现象仍然存在。

### 2. 故障诊断与排除

接车后反复起动车辆发现，如果一次起动不成功，再次起动则很难，冷车起动较热车容易些；起动后怠速不稳，抖动得厉害，急踩加速踏板发动机出现回火，甚至熄火，缓慢踩加速踏板到最高转速也只有 3000r/min；故障警告灯亮。

将点火开关置于“OFF”位置，接好测试线后起动发动机，将发动机预热后读取氧传感器电压为 0.1V 左右，为混合气过浓。因丰田系列车型采用的氧传感器大多为陶瓷氧化钛制成，其电阻在理想空燃比时变化剧烈，ECU 供给氧传感器约 1V 的电压，所以输出信号值取决于其电阻变化情况，当混合气过浓时电阻值变小，而 ECU 内部所得到的是一个低电位信号，从而减少喷油量；反之电阻值变大，ECU 内部产生一个高电位信号，从而加大喷油量。

为判断是否是传感器本身的故障，将节气门后方的连接螺钉旋松，使外界少许空气不经过空气流量传感器的计量进入气缸，此时氧传感器输出电压略有上升，所以可先暂时排除氧传感器本身故障。

根据经验判断，影响车辆起动困难、加速回火、动力不足的因素中以燃油供给系统和点火系统工作不稳定、主要传感器元件工作不良等最为常见。有必要逐步检查：

（1）燃油油压检查　将点火开关置于“IG/OFF”位置，泄掉管路中的燃油压力，接好油压表，打开点火开关 IG/ON 后 3s 关闭，然后打开，反复直到油压表读数不再上升，此时值约为 0.29MPa，正常值为 294kPa，起动后怠速油压约为 0.24MPa，正常值为 245kPa。置于 IG/OFF 后 30min 内油压表读数未曾下降，油压检查结果基本正常。

（2）点火系统检查　将中央高压线距缸盖 3~5mm 起动发动机，试火为蓝白色火花，分火头有略微烧蚀，打磨后装复。检查分缸线及火花塞时发现火花塞有积炭，分电器外壳漏电，更换新的分电器外壳和火花塞后试车，怠速平稳，但发动机最高转速仍未提升太多。

（3）缸压检查　将点火开关置于“IG/OFF”位置，拆下各缸火花塞接好缸压表，将加速踏板踩到底，以减少节气门的阻碍作用。测试各压力值依次为1146kPa、1130kPa、1200kPa、1179kPa，正常值应在1030～1226kPa范围内，且各缸偏差不大于98kPa，实测值在允许范围内。

（4）空气供给系统检查　在检查中并无发现有漏气的地方，拆掉空气滤清器，故障没有明显变化。

借用X-431故障诊断仪读取数据流，发现冷起动后在暖车过程中，发动机ECU控制喷油脉宽突然变小，且随节气门开度的变化不明显，似乎一直进行着燃油过浓的修正，使发动机转速无法上升。将氧传感器拆下试车，发动机转速竟然上升到了4000r/min，在拆下氧传感器的位置发现气流很大、很急。很显然供油没有问题，那么就是进入气缸内氧的含量过少，问题似乎找到了。拆下三元催化转化器，重新试车发现故障现象消失。

### 3. 故障总结

原来在事故中，该车的三元催化转化器受损，堵塞了排气通道，使燃烧后的废气不能顺利排出，充气效率降低，起动自然就困难了。冷起动时由于废气不多、压力不大和排气管阻塞压力不大的原因容易起动。而氧传感器长期处于高压的废气中，氧气含量很少，产生混合气过浓的信号，ECU无论怎样调节喷油量也无法得到根本改善，更换新的三元催化转化器和清除故障码后，故障排除。

2022年汽车类技能高考真题（来源于毕业学生口述）：

【题干】采用三元催化转化器的发动机通常装用（　　）控制燃油喷射系统。

选项：A. 开环　　B. 闭环

C. 自动　　D. 半自动

【答案】B

【解析】为了获得三元催化转化器的最佳净化效果，要求系统所控制的空燃比达到理想状态，必须借助氧传感器进行反馈控制。采用三元催化转化器的发动机通常装用氧传感器反馈的闭环控制燃油喷射系统。

【难易度】基础题

【考纲知识点】2-10. 理解电控燃油供给系统的基本结构及工作原理，会诊断及检修电控汽车燃油供给系统常见故障。

**一、判断题**

1. NOx气体产生的条件是高温富氧。（　　）
2. 氧化锆式氧传感器可以准确测量出尾气中氧气的含量。（　　）
3. 氧传感器出现故障，ECU以开环控制喷油量，存储故障码，故障警告灯会点亮。（　　）
4. 二次空气喷射是将新鲜空气喷入排气管中，以减少HC、CO的排放量。（　　）
5. 三元催化转化器中的催化剂使用的最佳温度范围是200～1000℃。（　　）

**二、单选题**

1. 装有氧传感器的电控发动机上，（　　）工况下不进行闭环控制。

A. 正常行驶　　B. 起动　　C. 负荷运行　　D. 怠速运行

2. 氧传感器输出电压一般应为（　　）V之间变化。

A. 0.1~0.5　　B. 0.5~0.9　　C. 0.3~0.5　　D. 0.1~0.9

3. 在讨论二次空气喷射时，甲同学说二次空气喷射是向排气管内喷射新鲜空气，乙同学说二次空气喷射是向进气管内喷射新鲜空气，请问谁正确？（　　）

A. 甲同学说得对　　B. 乙同学说得对

C. 两人说得都对　　D. 两人说得都不对

4. 供给（　　）能够使供给二次空气的反应器效率最高。

A. 稀混合气　　B. 浓混合气

C. 理论空燃比的混合气　　D. 任意空燃比的混合气

5. 使用氧化锆式氧传感器时，当混合气很稀时，废气中含有大量的氧，因此，产生的电动势接近（　　）V。

A. 0.1　　B. 0.5　　C. 0.9　　D. 无法确定

# 项目六

# 发动机电控系统故障自诊断

## 【项目概述】

装有微处理器的汽车，一般都具有故障自诊断系统。微处理器可以对汽车内传动系统、控制系统设备各部分工作状态进行自动检查和监测。当汽车出现故障时，装在仪表板上的故障指示灯就会闪亮，以警告驾驶人汽车可能出问题了，同时此故障信号将被存入存储器，即使点火开关断开、故障排除、故障指示灯熄灭，故障信号仍将保留在存储器中，以供维修人员来判断汽车的故障所在。故障排除后，断开 ECU 的电源 30s 故障码将会被清除。

通过搭建发动机电控系统故障自诊断学习情境，整理发动机电控系统故障自诊断的资讯信息，在教师的指导和帮助下，学生小组合作完成发动机电控系统故障自诊断实训项目，做中学、学中做，最后掌握发动机电控系统故障自诊断功能并会利用自诊断系统进行故障排除。

## 任务一 OBD-Ⅱ第二代车载故障诊断系统

OBD 是英文 On-Board Diagnostics 的缩写，中文翻译为“车载自动诊断系统”。OBD-Ⅱ（第二代车载故障诊断系统）是由美国汽车工程师协会（SAE）开发的基于 ECU 的独立系统。这个系统将从发动机的运行状况随时监控汽车是否尾气超标，一旦超标，会马上发出警示。当系统出现故障时，故障灯或 Check Engine 指示灯亮，同时，动力总成控制模块（PCM）将故障信息存入存储器，通过一定的程序可以将故障码从 PCM 中读出。OBD-Ⅱ第二代车载故障诊断系统标准诊断插座和故障诊断仪如图 6-1-1 所示。

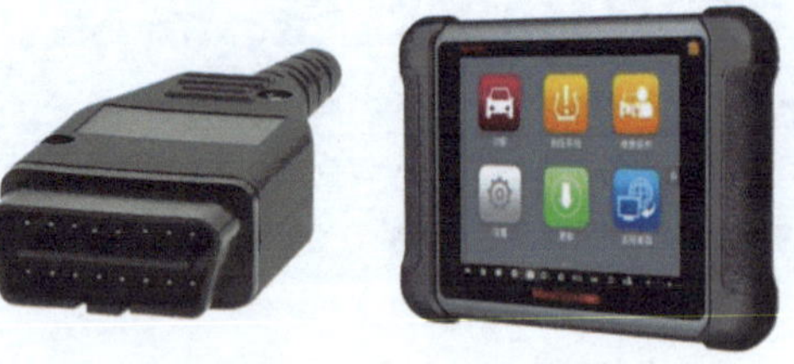

图 6-1-1 OBD-Ⅱ第二代车载故障诊断系统标准诊断插座和故障诊断仪

通过本任务学习，使学生了解电控发动机自诊断系统的元件组成及工作原理，了解自诊断系统的故障码记忆功能、失效保护和应急备用功能，了解故障码调取与清除的方法。

| 知识目标 | 能力目标 | 素养目标 |
| --- | --- | --- |
| 1. 了解 OBD-Ⅱ（第二代车载故障诊断系统）统一标准 | 1. 掌握发动机电控系统故障诊断与排除的方法 | 1. 能够在工作过程中与小组其他成员合作、交流，培养团队合作意识，锻炼沟通能力 |
| 2. 了解电控发动机故障自诊断的工作原理 | 2. 掌握丰田轿车人工识码、清码 | 2. 提升认识问题、分析问题和解决问题的能力 |
| 3. 了解电控发动机自诊断系统的元件组成 | 3. 掌握广州本田雅阁轿车自诊断功能 | 3. 养成一丝不苟、精益求精的工匠精神 |

“人文底蕴”重在强调人们能习得人文、科学等各领域的知识和技能，掌握和运用人类优秀智慧成果，涵养内在精神，追求真善美的统一，使人发展成为有宽厚文化基础、有更高精神追求的人。人文底蕴具体包括人文积淀、人文情怀和审美情趣等基本要点。教师首先通过 OBD-Ⅱ（第二代车载故障诊断系统）案例向学生展示它是如何提升汽车维修效率的，分析汽车科技发展与人文底蕴的关联性。通过分析案例，引导学生认识到“人文底蕴”对人的发展的重要性。

### 知识点一 电控发动机自诊断系统的元件组成和工作原理

#### 1. 电控发动机自诊断系统的元件组成

自诊断系统是由发动机 ECU、故障指示灯、数据总线和诊断插座等元件组成的，如图 6-1-2 所示。

### 2. 电控发动机自诊断系统的工作原理

（1）故障监视功能　汽车电控系统在正常工作时，ECU 的输入和输出信号差不多在一个规定的范畴内运行，当操纵电路的信号显现超出范围时，ECU 中的诊断系统就判定该电路信号显现故障。电路的专门情形分为三种，第一种是电路的信号超出规定范畴；第二种是 ECU 在一段时刻内接收不到传感器的信号或接收到的信号在一段时刻内不变，诊断系统也会判定为故障信号；第三种是 ECU 中的诊断系统偶然发觉一次不正常的输入信号时，可不能诊断为故障信号，只有不正常的输入信号多次显现或连续一定时刻，才会判定为故障信号。汽车自诊断系统对故障的确认方法有以下几种：

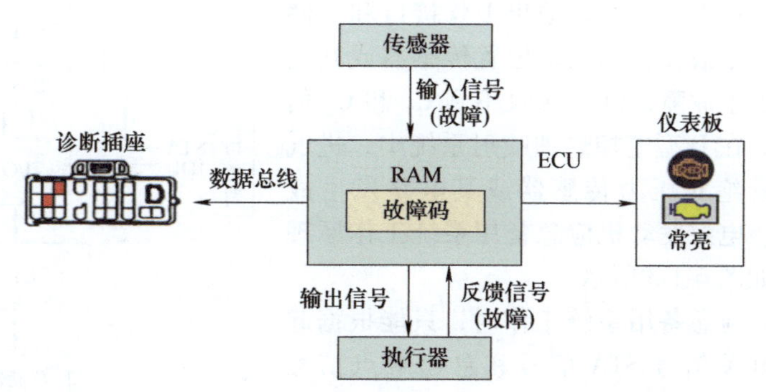


图 6-1-2　电控发动机故障自诊断系统的组成示意图

1）值域判定法：当 ECU 接收的输入信号超出规定的数值范畴时，自诊断系统就确认该输入信号显现故障。例如，某车冷却液温度传感器设计在正常使用温度范畴-30～120℃内，输出电压为 0.30～4.70V，因此，当 ECU 检测出信号电压小于 0.15V 或大于 4.85V 时就判定冷却液温度传感器信号系统发生短路或断路故障。

2）时域判定法：当 ECU 检测时发觉某一输入信号在一定的时刻内没有发生变化或变化没有达到预先规定的次数时，自诊断系统就确定该信号显现故障。例如，氧传感器在发动机达到正常工作温度，操纵系统进入闭环后，ECU 检测不到氧传感器的输出信号超过一定时刻或者氧传感器信号在 0.45V 上下的情形已超过一定时刻，自诊断系统就判定氧传感器信号系统显现故障。

3）功能判定法：当 ECU 给执行器发出动作指令后，检测相应传感器的输出参数发生变化，若传感器输出信号没有按照程序规定的参数变化，就确认执行器或电路显现故障。例如，一辆汽车 EGR 控制系统装有 EGR 阀高度传感器，用以检测 EGR 阀是否正常工作。但有的汽车并没设置 EGR 阀高度传感器，当 ECU 发出开启 EGR 阀命令后，通过检测进气压力传感器（MAP）输出信号是否有相应变化，也能够确定 EGR 阀有无动作，若没有变化，则确认 EGR 阀及电路有故障。

4）逻辑判定法：ECU 对两个具有相互联系的传感器进行数据比较，当发觉两个传感器信号之间的逻辑关系违反设定条件时，就确信其一定有故障。例如，ECU 检测到发动机转速大于某个转速时，节气门位置传感器输出信号小于某个值，则判定节气门位置传感器显现故障。

当 ECU 中的诊断系统检测到故障信号后，便立即将故障信息以故障码的形式存储到储存器中，同时点亮故障警告灯，以显示故障信息。ECU 在提高汽车性能的同时，也使汽车的故障诊断变得复杂起来。汽车修理人员通过读取故障码，大多数情形下都能够诊断出故障以及故障可能发生的原因和部位。

（2）失效保护和应急备用功能　失效保护系统依靠 ECU 内的软件完成其功能。在电控系统工作时，ECU 检测到某传感器内，或其控制电路出现故障时，ECU 将按设定的标准信号替代故障信号控制发动机继续运转，或停止运转，以保护发动机，确保车辆安全，这便是失效保护。

而当发动机 ECU 内微处理器或少数重要传感器出现故障时，ECU 按预存的程序控制燃油喷射系统和点火正时，使电控系统维持最基本的控制功能，使发动机维持运转，汽车能维持基本行驶，这就是应急备用功能，它由 ECU 的备用 IC 集成电路来完成。

当自诊断系统判定发生下列故障之一时，在接通“故障指示灯”搭铁回路的同时，将自动启动应急备用系统：ECU 中的中央微处理器（CPU）、输入/输出 I/O 接口和存储器发生故障；凸轮轴位置传感器或其电路发生故障，ECU 接收不到 $G_1$ 和 $G_2$ 信号。在 D 型电控燃油喷射系统中，进气歧管绝对压力传感器或其电路发生故障。电控发动机应急备用系统工作原理图如图 6-1-3 所示。

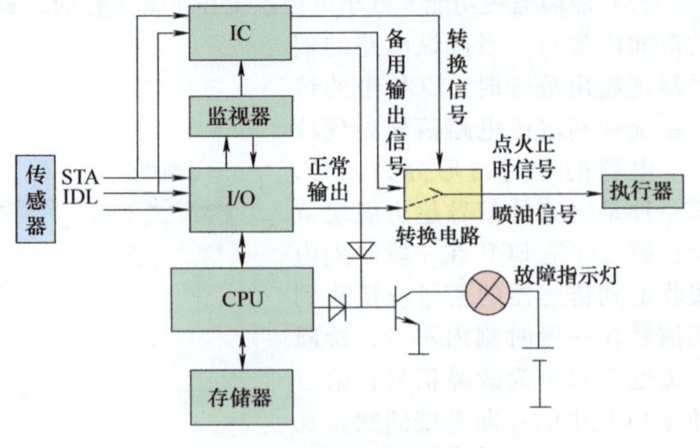


图 6-1-3 电控发动机应急备用系统工作原理图

应急备用系统工作时，只能根据起动开关信号 STA 信号和怠速触点信号 IDL 信号将发动机的工况简单地分为起动、怠速和非怠速三种，并按预先设定的固定数值输出喷油控制信号和点火控制信号。

失效应急设定的标准信号见表 6-1-1。

表 6-1-1 失效应急设定的标准信号

| 传感器或其电路故障 | 失效保护系统和应急备用系统提供 ECU 的标准信号 |
|---|---|
| 冷却液温度信号 THW<br>超过正常范围：小于-30℃或大于 120℃ | 按冷却液温度为 80℃控制发动机工作，防止混合气过浓或过稀 |
| 进气温度信号 THA<br>超过正常范围：小于-30℃或大于 120℃ | 按进气温度为 20℃控制发动机，防止混合气过浓或过稀 |
| 节气门位置传感器信号<br>只有全开或全关两种状态信号，无法提供实际开度信号 | 通常按节气门开度为 0℃或 25℃设定标准的节气门位置传感器信号 |
| 爆燃传感器信号<br>无论是否发生爆燃，ECU 都无法通过该信号反馈控制点火提前角，导致发动机无法正常工作 | ECU 将点火提前固定在一个适当值 |
| 点火确认信号<br>点火系统发生故障造成不能点火，ECU 接收不到点火器反馈的点火确认信号 IGF | 此时，失效保护系统使 ECU 立即切断燃油喷射，使发动机停止运转 |
| 凸轮轴位置传感器信号<br>不能提供 ECU 对气缸的识别和确定曲轴转角基准，导致发动机失速或不能起动 | 若 $G_1$ 和 $G_2$ 两个信号不能输给 ECU，则只能利用应急备用系统维持发动机运转 |
| 空气流量传感器信号<br>ECU 无法按进气量计算基本喷油时间，将引起发动机失速或不能起动 | 使 ECU 根据起动信号和节气门位置传感器信号按固定的喷射时间控制发动机工作 |
| 进气歧管绝对压力传感器信号<br>在 D 型燃油喷射系统中，ECU 接收不到该信号无法计算基本喷油时间，将引起发动机失速或不能起动 | 失效保护系统使 ECU 按设定的固定值控制喷油量，或起动应急备用系统维持发动机运转 |

当应急备用系统工作时，接收到 STA 信号即判定发动机处于起动工况，接收到 IDL 信号即判定发动机处于怠速工况，接收不到 IDL 信号即判定发动机处于非怠速工况。在不同工况、不同故障时，应急备用系统中预先设定的固定数值，因发动机型号不同而不同。

## 知识点二 OBD-Ⅰ车载故障诊断系统

自20世纪80年代开始，世界各汽车制造厂就在车辆上配备全功能的控制和诊断系统。这些新系统在车辆发生故障时可以警示驾驶，并且在维修时可经由特定的方式读取故障码，以加快维修时间，这便是车载诊断系统。到了1985年，美国加利福尼亚州大气资源局（CARB）开始制定法规，要求各车辆制造厂在加利福尼亚州销售的车辆必须装置OBD，这些车辆上配备的OBD被称为OBD-Ⅰ（第一代随车诊断系统）。

## 知识点三 OBD-Ⅱ车载故障诊断系统

1993年以后，美国汽车工程学会（SAE）制定了一套标准规范，经由环境保护机构（EPA）及CARB认证通过，并要求各汽车制造厂家依照OBD-Ⅱ标准提供统一的诊断模式和插座，由一台仪器即可对各车种进行诊断检测。发动机故障警示灯MIL如图6-1-4所示。

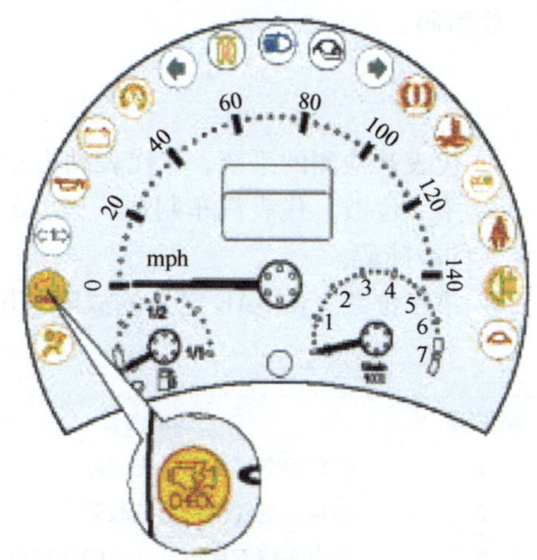


图6-1-4 发动机故障警示灯MIL

### 1. OBD-Ⅱ故障诊断系统的特点

1）统一诊断座形状，为梯形16针，如图6-1-5所示。

2）具有数值分析资料传输功能DATA LINK CONNECIOR，DLC。

3）统一故障码及意义。

4）具有行车记录器功能。

5）具有重新显示记忆故障码功能。

6）具有可由仪器直接清除故障码的功能。

### 2. DLC资料传输插头诊断座统一标准

1）DLC诊断座统一为16针，装在驾驶室内，驾驶人侧仪表板下方。

2）DLC端子有两个标准：ISO——欧洲统一标准INTERNATION STANDARDS ORGANIZATION9141-2，利用7JHJ、15JHJ端子传输资料；SAE——美国统一标准SAE-J1850，利用2JHJ、10JHJ端子传输资料。

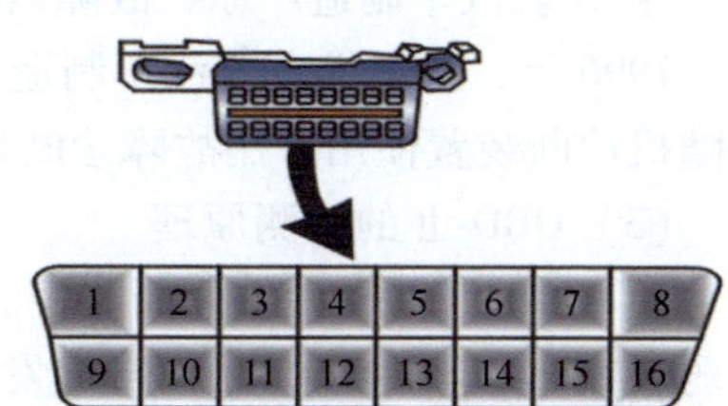


图6-1-5 OBD-Ⅱ故障诊断系统统一诊断座形状示意图

OBD-Ⅱ诊断座各端子功能见表6-1-2。

表6-1-2 OBD-Ⅱ诊断座各端子功能

| 端子 | 功能 | 端子 | 功能 |
|---|---|---|---|
| 1 | 生产厂家自行设定 | 9 | 生产厂家自行设定 |
| 2 | 美国款车诊断用BUS+线，SAE J1850 | 10 | 美国款车诊断用，SAE J1850 |
| 3 | 生产厂家自行设定 | 11 | 生产厂家自行设定 |
| 4 | 直接在车身搭铁 | 12 | 生产厂家自行设定 |
| 5 | 信号搭铁 | 13 | 生产厂家自行设定 |
| 6 | 生产厂家自行设定 | 14 | 生产厂家自行设定 |
| 7 | 欧款车诊断用K线，ISO 09141 | 15 | 欧款车诊断用，ISO 09141 |
| 8 | 生产厂家自行设定 | 16 | 接蓄电池“+”极 |

### 3. OBD-Ⅱ统一故障码标准

（1）故障码的构成　故障码由五位数字构成，第一个为英文字母，代表被测试的系统：

B（BODY）——车身系统。

C（CHASSIS）——底盘悬架系统。

P（POWER TRAIN）——动力总成系统。

U（NETWORK COMMUNICATION SYSTEM）——网络通信系统。

（2）举例　FORD EEC-V（福特汽车第五代 ECU）。

故障码：

P　1　3　5　2

①　②　③　④

① 代表被检测的系统，P 代表动力总成系统。

② 第二位数，代表汽车制造厂码，0 代表 SAE 定义的故障码，其他 1~9 代表各汽车制造厂自行定义的故障码。

③ 第三位数，由 SAE 定义的故障范围，见表 6-1-3。

表 6-1-3　SAE 定义

| 故障码 | 诊断内容 | 故障码 | 诊断内容 |
| --- | --- | --- | --- |
| 1 | 燃料和空气供给系统故障 | 5 | 怠速控制系统故障 |
| 2 | 燃料和空气供给系统故障 | 6 | ECU 或执行元件系统故障 |
| 3 | 点火系统不良或发动机间歇熄灭 | 7 | 电控变速器控制系统故障 |
| 4 | 排放控制系统故障 | 8 | 电控变速器控制系统故障 |

④ 代表汽车制造厂原厂故障码。

1996 年，全世界主要汽车制造厂都在其生产的汽车上采用了 OBD-Ⅱ型随机诊断装置。OBD-Ⅱ型随机诊断装置使用专用故障诊断仪或通用故障诊断仪可以读出故障码。

（3）OBD-Ⅱ的检测原理

1）OBD-Ⅱ对三元催化的监控。当三元催化转化器老化或者三元催化转化器损坏时，就会严重削弱其氧化-还原能力，从而造成发动机尾气严重超标。因此，OBD-Ⅱ在发动机运行过程中将持续对 CO 的含量进行检测。在故障诊断期间，发动机 ECU 将不断比较上游氧传感器和下游氧传感器的信号，使之保持在一定的转换比例上。正常工作条件下，发动机运转后，上游氧传感器不断检测发动机尾气中的剩余氧含量。根据剩余氧含量的大小决定吸入发动机的混合气配比，剩余氧含量多，混合气就稀；剩余氧含量少，混合气就浓。随着发动机 ECU 不断对燃油供给系统进行调节，改变喷油量大小，匹配最佳混合气，因此，在上游氧传感器产生直流脉动电压信号，电压在 0.1~0.9V 范围内变化。废气经过三元催化转化器处理后，剩余氧含量将大大减少，在下游氧传感器上的电压脉动大大减少，由此，可以断定三元催化转化器处于良好工作状态，如图 6-1-6 所示。

如果三元催化转化器工作不良或者有故障，则在氧化-还原反应中无法完全对有害物进行完全转变，在下游氧传感器上的电压脉动与在上游氧传感器上的电压脉动近似相同。如果上、下游氧传感器信号的振幅、频率接近一致，则表明三元催化转化器失效。发动机 ECU 就会立刻通过发动机故障警告灯 MIL 对外发出警报。

2）OBD-Ⅱ对氧传感器的监控。电控燃油喷射发动机控制系统中的氧传感器是汽车中一个非常重要的传感器，用来监测发动机排气中氧的含量或浓度，并根据所测得的数据输出一个信号电压，反馈给 ECU，从而控制喷油量的大小。它通常安装在排放控制系统中，直接与排气气流接触，其结构如图 6-1-7 所示。

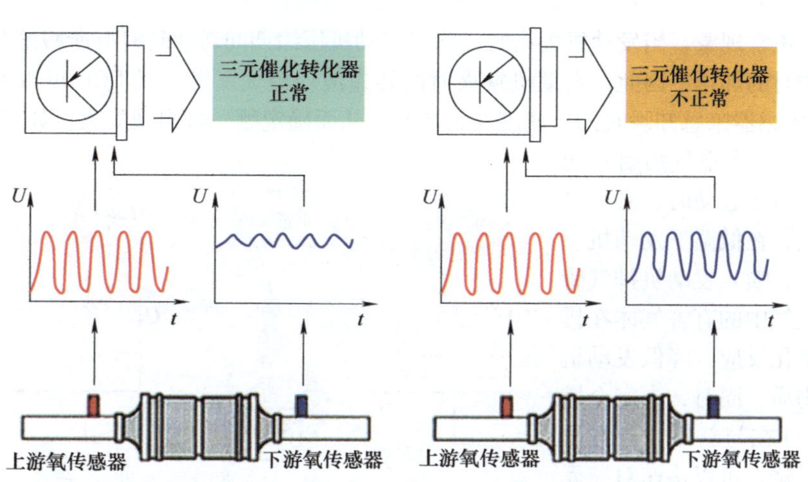


图 6-1-6　OBD-Ⅱ对三元催化的监控原理示意图

OBD-Ⅱ在发动机运行过程中持续不断地监控氧传感器的工作灵敏度、老化性能、氧传感器信号电压以及氧传感器的预热器。

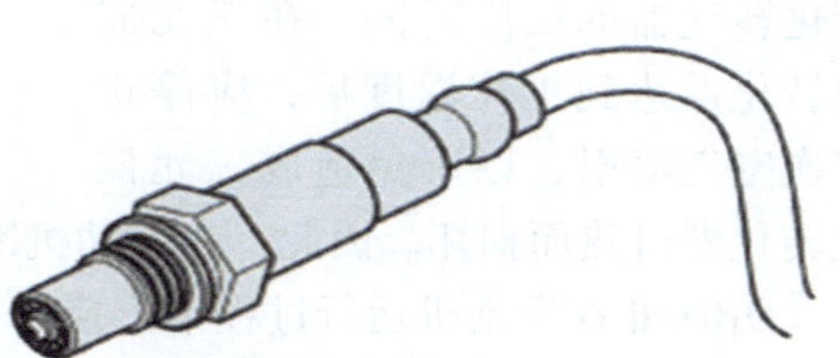

图 6-1-7　氧传感器的结构

当氧传感器中毒或者老化后会对氧传感器产生不利的一面，这种中毒往往是由于汽油中的含铅成分过高，导致氧传感器铅中毒。当出现中毒或者老化后，将会观察到氧传感器的电压周期大大增加或者氧传感器的信号电压将变得平直。图 6-1-8 显示出氧传感器老化或中毒时发动机 ECU 的诊断曲线。

3）OBD-Ⅱ对失火的监控。当发动机点火系统发生损坏时，吸入缸内的混合气不能及时被点燃，大量的 HC 便直接排出气缸。一部分 HC 在排气管中发生燃烧，导致三元催化转化器损坏；另一部分 HC 没有完全燃烧便直接排向大气中。

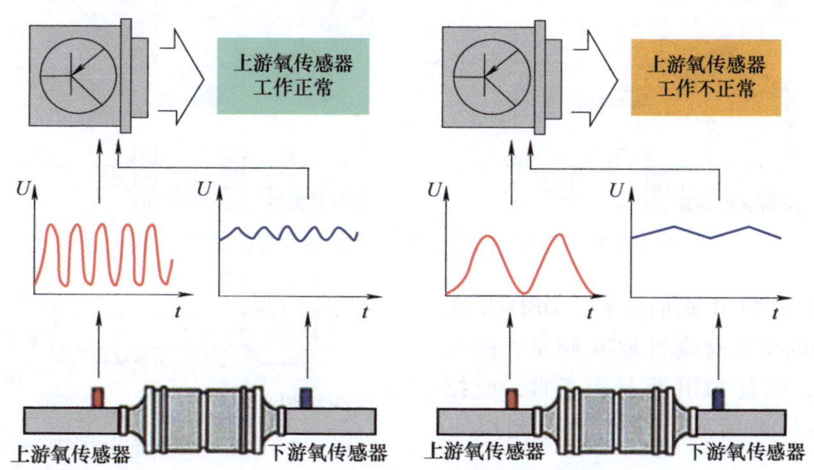


图 6-1-8　氧传感器老化中毒检测示意图

OBD-Ⅱ在发动机运行过程中监控发动机的失火率，每次检测周期为 1000 转（曲轴转数）。HC 超出正常的 1.5 倍时相当于发动机的失火率达 2%，发动机失火会导致发动机曲轴转速不稳。根据这一特性，发动机 ECU 根据发动机的曲轴转速传感器来监控发动机曲轴的旋转平稳情况。发动机失火会改变曲轴的圆周旋转速度。通常，发动机转动不是匀速的，每缸在做功时都有一个加速，不做功就没有加速。四缸机每转动 720°应有 4 个加速。正常情况下，发动机压缩、做功，先是减速后是加速，属于正常现象。当发动机失火时，除了发动机压缩期间转速瞬时有所减缓外，由于发动机失火，缺乏做功时的加速，因此，发动机缺火时的转速波动极大。发动机 ECU 可以通过安装在曲轴上的转速/位置传感器来感知瞬时的角速度变化情况，从而确定哪一缸出现失火，如图 6-1-9 所示。

4）OBD-Ⅱ对二次空气喷射系统监控。发动机在冷车起动时，必须供给较浓的混合气，在低温下发动机燃烧往往不是很好，喷入发动机排气管的空气可以与废气中的有害气体在排气过程中发生氧化反应，降低发动机尾气中的有害物质。同时，未完全燃烧的 HC 以及 CO 在与新鲜空气在排气过程中继续燃烧，可以快速对三元催化转化器进行预热，大大缩短三元催化转化器的反应时间。在三元催化转化器达到工作温度后，应停止二次空气喷射，以避免造成三元催化转化器过热而损坏。因此，在发动机冷起动后，二次空气喷射装置工作 80~120s 便停止工作。

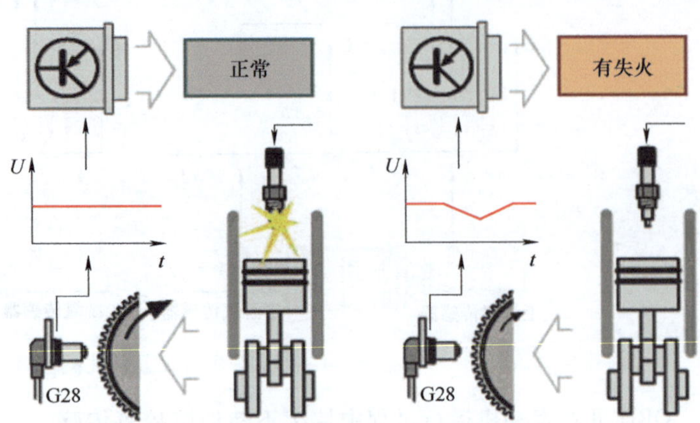

图 6-1-9　发动机失火检测系统原理图

OBD-Ⅱ在发动机运行过程中监控组合阀的空气流量、电动空气泵、电动空气泵的继电器，如图 6-1-10 所示。

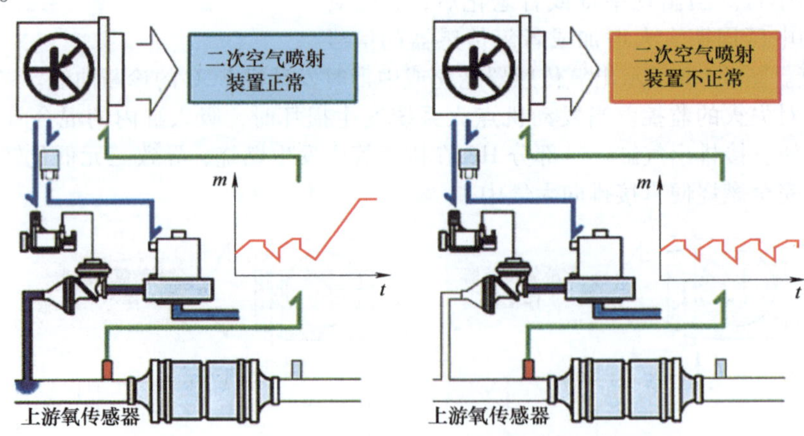

图 6-1-10　OBD-Ⅱ对二次空气喷射系统监控原理图

5）OBD-Ⅱ对 EGR 阀的监控。OBD-Ⅱ通过 EGR 阀两侧的压力阀检测 EGR 阀是否能正常开启和关闭，以及 EGR 率是否正常，监控原理图如图 6-1-11 所示，即主要检测以下两项：

① EGR 率是否超限，即 EGR 阀开启量是否过大。

② EGR 阀的密封性，在怠速、加速、大负荷时应不工作，EGR 阀两侧管路压差应相等。如两侧压力阀检测到压差，说明 EGR 阀密封不良。

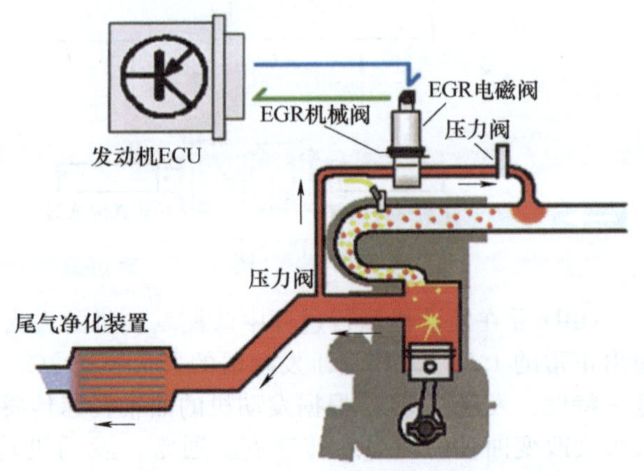

图 6-1-11　燃油蒸气排放控制系统泄漏诊断

## 丰田轿车人工识码、清码

### 1. 任务描述

掌握丰田车系故障码提取与清除方法。

1）进入故障自诊断测试状态的方法，如图 6-1-12 和图 6-1-13 所示。

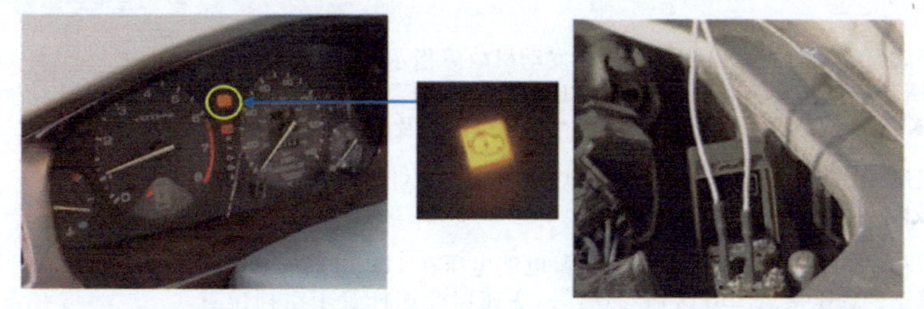

图 6-1-12 短接自诊断插座 $TE_1$ 与 $E_1$ 端子通过故障灯闪烁读取故障示意图

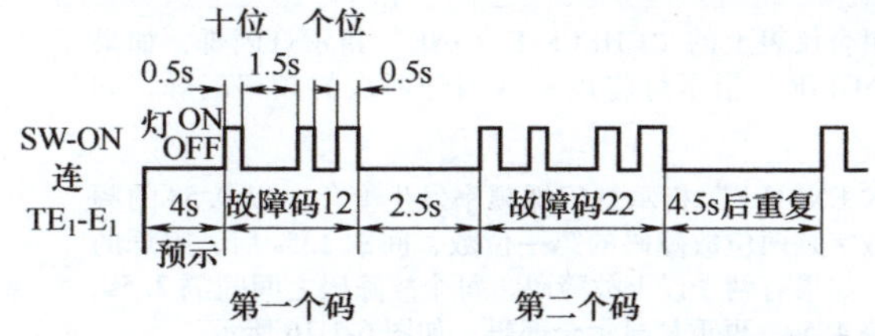


图 6-1-13 丰田轿车故障灯闪烁读取故障原理图

短接丰田车自诊断插座 $TE_1$ 与 $E_1$ 端子，可通过故障灯闪烁读取故障码。

2）丰田车系发动机故障诊断模式。丰田车系发动机故障诊断模式有正常诊断模式（发动机故障码读取）、试验诊断模式（开关信号故障码读取）、空燃比（A/F）修正模式（混合比浓稀）和氧传感器输出信号检测模式四种。

图 6-1-14 所示为丰田车系的三种形式的自诊断插座的外形图，图 a 和图 b 一般设置在发动机舱内，图 c 则通常设置在驾驶室内仪表板下方。

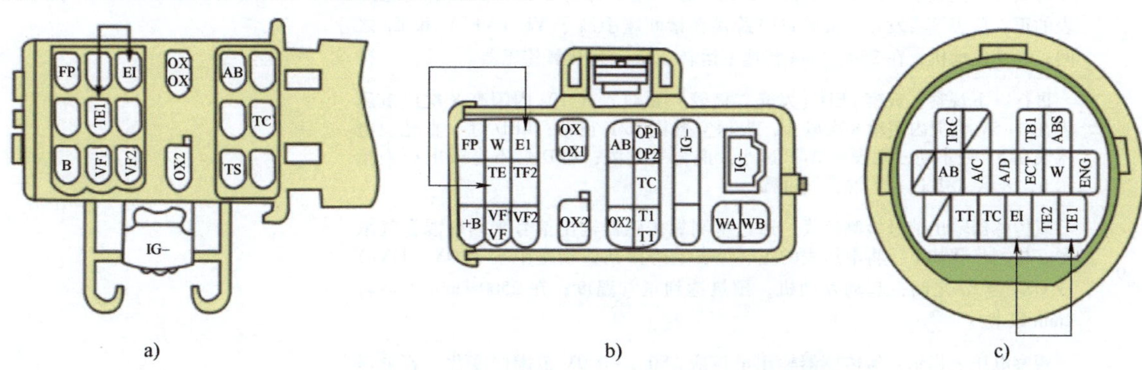


图 6-1-14 丰田车系三种形式自诊断插座示意图

### 2. 实施条件

（1）工位　准备 4 个工位。

（2）设备　丰田 8A-FE 电控燃油喷射发动机实训台架一台。

（3）工具　通用工具一套、短接线一根、“三件套”一套。

（4）资料　汽车维修手册。

### 3. 实施步骤

完成常见车型典型点火控制检修并规范填写工单：

| 任务名称 | | 学生姓名 | | 组别 | | 工位号 | | |
|---|---|---|---|---|---|---|---|---|
| | | 用时 | | | | 零件号 | | |
| 序号 | 操作步骤 | | | | 使用工量具 | 检测数据 | 测量标准 | 结果分析 | 小计 |
| 1 | 正常诊断模式（发动机故障码读取）检查发动机故障指示灯程序：将点火开关置于“ON”位置，发动机不转动，“CHECK ENGINE”指示灯将点亮，如果“CHECK ENGINE”指示灯不亮，则检查指示灯灯泡及电路是否良好 | | | | | | | | |
| 2 | 起动发动机后，“CHECK ENGINE”指示灯应灭。如果灯继续亮，则说明ECU系统有故障 | | | | | | | | |
| 3 | 故障码读取程序：故障码读出条件如下，蓄电池电压在11V以上；节气门处于全关闭状态，怠速接点IDL接通“ON”；变速器变速杆置于空档位置（P位或N位）；切断全部用电设备；跨接诊断座中端子$TE_1$与$E_1$；将点火开关置于“ON”位置，但发动机不起动 | | | | | | | | |
| 4 | 当上述条件满足时，组合仪表上的“CHECK ENGINE”指示灯闪烁，如果没有故障，“CHECK ENGINE”指示灯将以每秒闪烁两次的频率闪烁，如图6-1-15所示 | | | | | | | | |
| 5 | 当有故障时，“CHECK ENGINE”指示灯闪烁频率发生变化，以0.5s的频率闪烁。闪烁的第一个数字是两位故障码的第一位数，间歇1.5s后，闪烁的第二个数字为第二位数。如果有两个以上故障码，每个故障码之间间隔2.5s。全部故障码显示完毕间隔4.5s，再重复显示全部码，如图6-1-16所示 | | | | | | | | |
| 6 | 试验诊断模式（开关信号故障码读取）：试验方式与普通方式相比较，检测故障能力的灵敏度较高。读取故障码时应满足下述条件，电源电压在11V以上；IDL触点接点在“ON”位置，节气门完全关闭；变速器变速杆置于P/N位；A/C开关置于“OFF”位置；跨接诊断座中$TE_2$和$E_1$端子，然后将点火开关置于“ON”位置，试验模式开始诊断。如果组合仪表上的“CHECK ENGINE”指示灯以0.13s的间隔闪烁，证明试验模式工作正常 | | | | | | | | |
| 7 | 空燃比（A/F）修正模式，也就是CO和HC浓度的检测。检测步骤：首先清除ECU中存储的故障码<br>将点火开关置于“OFF”位置时，跨接诊断座中的端子$TE_1$和$E_1$；将电压表的正、负表笔或发光二极管试灯跨接在诊断座中端子VF（$VF_1$）和$E_1$之间；起动发动机，在2500r/min转速下运转2min，预热氧传感器 | | | | | | | | |
| 8 | 进行以下观察：观察LED（发光二极管）试灯，在10s内闪亮8次或电压表在0~5V范围内摆动8次以上，表示空燃比A/F正常；LED灯一直亮或电压表在5V处不动，则表示A/F过小，混合气过浓；LED灯不亮或电压表指示0，表示A/F过大，混合气过稀 | | | | | | | | |
| 9 | 氧传感器输出信号检测模式，通过检测氧传感器输出信号来判断混合气浓稀，检测步骤如下：将电压表的正、负表笔跨接在诊断座中端子OX（$OX_1$）或$OX_2$与$E_1$之间；起动发动机，预热达到正常温度；在2500r/min下运转2min以上 | | | | | | | | |
| 10 | 观察电压表指示：氧传感器输出电压应在0.1~0.9V范围内变化。若电压在0.45V以下，表示混合气过稀；若输出电压在0.45~0.90V范围内，则表示混合气过浓。0.45V是标准值，此时混合比最佳 | | | | | | | | |
| 总分 | | 100 | | | 总计 | | | | |
| 教师签名 | | | | | 得分 | | | | |

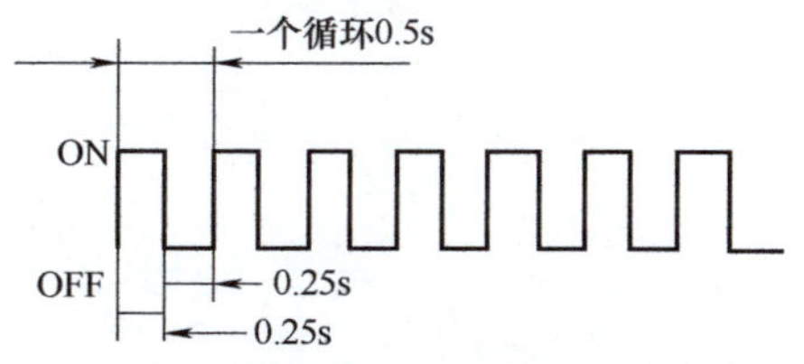


图 6-1-15 丰田轿车无故障码正常显示

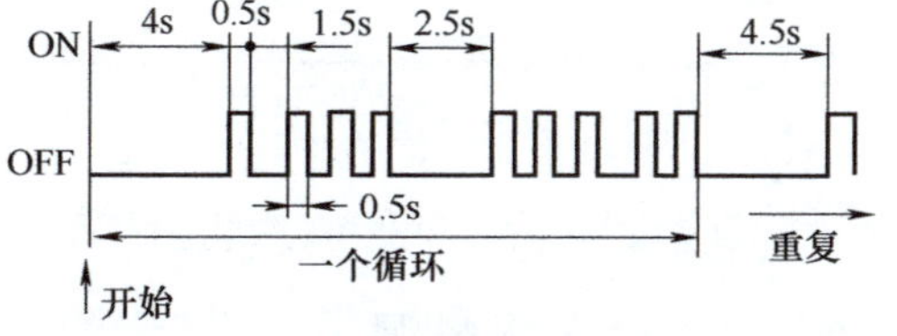


图 6-1-16 丰田轿车故障码 13 和 32 显示

丰田车系 ECU 系统故障码为 11～72 号，有些故障码仅适用单一车种，请参照表 6-1-4 诊断提示。

表 6-1-4 丰田车系故障码含义（部分故障码）

| 故障码 | 故障说明 | 诊断提示及可能发生的原因 |
|---|---|---|
| 11 | 电脑 B+（ECU B+） | 到 ECU B+电源瞬间中断，可能点火开关、主继电器、ECU 本身或 ECU $E_1$ 搭铁不良 |
| 12 | 转速（RPM）信号（RPM Signal） | 1）起动中 2s 内，没有收到“Ne”（RPM）点火信号<br>2）当转速在 500～4000r/min 时，ECU 连续几次没有收到“G”点火信号，可能是分电盘、点火放大器、起动电动机信号或 ECU 电路不良 |
| 13 | 转速（RPM）信号（RPM Signal） | 1）当发动机转速高于 1500r/min 时，ECU 没有收到“Ne”（转速信号）点火信号（此信号来自于分电盘内拾取线圈）<br>2）可能是分电盘、点火放大器、ECU 或电路不良 |
| 14 | 点火信号（Ignition Signal） | 1）ECU 连续多次没有收到“IGF”点火信号<br>2）可能是霍尔传感器、点火放大器、ECU 或电路不良 |
| 16 | 电子控制变速器信号（Cressi- da 车系 ECT Signal） | 电子控制变速器电路或变速器 ECU 不良 |
| 21 | 含氧传感器或加热器（Heat- er）不良（02 Sensor or Heater Signal） | 1）含氧传感器不良<br>2）含氧传感器电路断路或短路<br>3）加热器（Heater）不良 |
| 22 | 冷却液温度传感器信号（CTS Signal） | 1）传感器信号断路或短路<br>2）可能是传感器、电路或 ECU 不良 |
| 24 | 进气温度传感器信号（Intake Air Temperature Sensor） | 1）传感器信号断路或短路<br>2）可能是传感器、电路或 ECU 不良 |
| 25 | 空气与汽油混合比太稀（Lean Air/ Fuel Mixture） | 1）含氧传感器连续几秒钟侦测到过稀信号<br>2）可能是含氧传感器信号电路断路（OPEN）或 ECU 不良<br>3）检查喷油器是否阻塞，油压是否正常<br>4）进气歧管系统是否漏气 |
| 26 | 空气与汽油混合比太浓（Rich Air/ Fuel Mixture） | 1）含氧传感器连续几秒钟侦测到过浓信号<br>2）检查喷油器、汽油压力、冷车喷油器、空气流量传感器，含氧传感器及 ECU |

故障排除后，将 ECU 中存储的故障码清除，方法有两种：第一种是关闭点火开关，从熔丝盒中拔下 EFI 熔丝 10s 以上；第二种是将蓄电池负极电缆拆开 10s 以上，但此种方法同时使时钟和音响等有用的存储信息丢失。

### 4. 评价与反馈

| 名称 | | 组别 | | 学生姓名 | | 工位号 | |
|---|---|---|---|---|---|---|---|
| | | 用时 | | | | 零件号 | |
| 序号 | 考核项目 | 评分标准 | 分数 | 学生自评 | 小组互评 | 教师评价 | 小计 |
| 1 | 团队协作 | 是否协同<br>有效工作 | 10 | | | | |
| 2 | 工作态度 | 是否积极主动<br>追求精益求精 | 10 | | | | |
| 3 | 任务方案 | 是否正确合理 | 20 | | | | |
| 4 | 任务完成情况 | 操作方法正确<br>数据正确记录<br>分析结果正确 | 30 | | | | |
| 5 | 安全规范 | 有无安全隐患<br>设备、工量具使用规范标准<br>遵守劳动纪律 | 20 | | | | |
| 6 | 现场 7S | 是否做到 | 10 | | | | |
| 总分 | | 100 | | | | | |
| 教师签名 | | | | 总计 | | | |

2022 年汽车类技能高考真题（来源于毕业学生口述）：

【题干】北京切诺基汽车自诊断系统的触发方式为（　　）。

选项：A. 跨接“诊断插座”触发

B. 按压“诊断按钮”或拧动“诊断开关”触发

C. 点火开关“通-断”触发

D. 空调控制面板触发

【答案】C

【解析】车辆自诊断系统触发方式一般有跨接“诊断插座”触发、按压“诊断按钮”或拧动“诊断开关”触发、点火开关“通-断”触发和空调控制面板触发四种。北京切诺基汽车自诊断系统的触发方式为点火开关“通-断”三次触发。

【难易度】难度题

【考纲知识点】2-10. 理解电控燃油供给系统的基本结构及工作原理，会诊断及检修电控汽车燃油供给系统常见故障。

**一、判断题**

1. 丰田系列汽车用试验方式读取故障码中，在点火开关处于断开位置时，短接诊断插座中的“$TE_1$”端子与“$E_1$”端子。（　　）

2. “CHECK ENGINE”指示灯被点亮，就说明电控系统有故障。（　　）

3. 电控系统有故障，“CHECK ENGINE”指示灯就一定点亮。（　　）

4. “CHECK ENGINE”指示灯被点亮，就说明 ECU 内一定有故障码。（　　）

5. ECU 内一定有故障码，“CHECK ENGINE”指示灯就一定点亮。（　　）

**二、单选题**

1. 丰田汽车自诊断系统的触发方式为（　　）。

A. 跨接“诊断插座”触发

B. 按压“诊断按钮”或拧动“诊断开关”触发

C. 点火开关“通-断”触发

D. 空调控制面板触发

2. 日产汽车自诊断系统的触发方式为（　　）。

A. 跨接“诊断插座”触发

B. 按压“诊断按钮”或拧动“诊断开关”触发

C. 点火开关“通-断”触发

D. 空调控制面板触发

3. 当自诊断系统出现故障时，（　　）不属于系统必须完成的事件。

A. 警告灯点亮　　B. 关闭点火开关

C. 在 RAM 中存储故障码　　D. 设置应急处理预案

4. 美国统一标准 SAE J1850，利用（　　）端子传输资料。

A. 1JHJ、9JHJ　　B. 8JHJ、16JHJ

C. 7JHJ、15JHJ　　D. 2JHJ、10JHJ

5. 欧洲统一标准 INTERNATION STANDARDS ORGANIZATION9141-2，利用（　　）端子传输资料。

A. 1JHJ、9JHJ　　B. 8JHJ、16JHJ　　C. 7JHJ、15JHJ　　D. 2JHJ、10JHJ

## 任务二　发动机电控系统故障诊断与排除

### 任务描述

了解电控发动机常见故障（如无法起动、怠速不稳、加速不良等）形成的原因，并熟练掌握用万用表、故障诊断仪等工具对上述故障进行诊断与排除的基本方法。发动机电控系统故障诊断与排除需要一丝不苟的工匠精神，如图 6-2-1 所示。

图 6-2-1　发动机电控系统故障诊断与排除

通过本任务学习，使学生了解电控发动机自诊断系统的元件组成及工作原理，了解自诊断系统的故障码记忆功能、失效保护和应急备用功能，了解故障码调取与清除的方法。

| 知识目标 | 能力目标 | 素养目标 |
| --- | --- | --- |
| 1. 了解故障诊断的基本原则 | 1. 掌握电控发动机故障的基本排除方法 | 1. 能够在工作过程中与小组其他成员合作、交流，培养团队合作意识，锻炼沟通能力 |
| 2. 了解电控发动机故障诊断的步骤 | 2. 提升电控发动机常见故障诊断与排除方法 | 2. 提升认识问题、分析问题和解决问题的能力 |
| | | 3. 养成一丝不苟、精益求精的工匠精神 |

全面建设社会主义现代化国家必须坚持中国特色社会主义文化发展道路，增强文化自信，围绕举旗帜、聚民心、育新人、兴文化、展形象建设社会主义文化强国，发展面向现代化，面向世界，面向未来的、民族的、科学的、大众的社会主义文化，激发全民族文化创新创造活力，增强实现中华民族伟大复兴的精神力量。

广泛践行社会主义核心价值观，弘扬以伟大建党精神为源头的中国共产党人精神谱系，深入开展社会主义核心价值观宣传教育，深化爱国主义、集体主义、社会主义教育，着力培养担当民族复兴大任的时代新人。

## 知识点　电控发动机常见故障诊断与排除方法

### 1. 故障诊断的基本原则

先思后行，先熟后生，先简后繁，先外后内，先机后电，先查后测，代码优先。

### 2. 电控发动机无法起动

发动机不能起动的现象主要有起动机带不动发动机转动，或能带动，但转动缓慢；起动机能带动发动机正常转动，但不能起动，且无着车征兆；有着车征兆，但不能起动。造成发动机不能起动的原因很多，有起动系统、点火系统、汽油喷射系统及发动机机械故障等。其中，因起动系统故障而造成发动机不能起动的故障不在本书的叙述范围内。发动机机械故障应在排除了汽油喷射系统和电子点火系统的故障后再做进一步的检查。下面就两种发动机不能起动故障的诊断与排除方法分别加以说明。

（1）起动时发动机正常转动，但无着车征兆

1）故障现象。接通起动机时，起动机能带动发动机正常转动，但不能起动，且无着车征兆。

2）故障原因。燃油箱中无油，电动汽油泵不工作，喷油器不工作，汽油压力过低，发动机气缸压缩压力过低，空气供给系统严重漏气。

3）故障诊断与排除。看电：打开点火开关，看发动机故障指示灯亮否，确定 ECU 板是否供电正常；测量节气门位置传感器、冷却液温度传感器、进气温度传感器、进气压力传感器、空气流量传感器、霍尔传感器等应该有 5V 标准电压。测量点火线圈初级供电电源、喷油器供电电源、燃油泵供电电源（工作几秒钟）等是否有蓄电池电压。如果无供电，则根据电路图查找相应电路故障。看火：火花塞是否有高压火，高压火强还是弱。看油：喷油器是否喷油，供油压力是否正常。看气：进气管道是否严重泄漏。

故障排除如下：

1）无油无火。

第一，打开点火开关，故障指示灯不亮，检测发动机 ECU 供电与搭铁；故障指示灯亮，进行下一步检测。

第二，检测有无点火信号，有信号，则需更换点火线圈和点火器。如无点火信号，则更换 ECU 板。

2）有火无油。

检测喷油器、燃油泵继电器供电电源；有电源，则需更换 ECU 板。

(2) 起动时发动机有着车征兆，但不能起动

1）故障现象。起动发动机时，起动机能带动发动机正常转动，有轻微着车征兆，但不能起动。

2）故障原因。进气管有漏气处，点火提前角不正确，高压火花太弱，冷起动喷油器不工作（若装有），燃油压力太低，冷却液温度传感器有故障，空气滤清器严重堵塞，空气流量传感器有故障，喷油器漏油或堵塞，喷油控制系统有故障。

3）故障诊断与排除。检查火花塞，如图 6-2-2 所示；检查空气滤清器；检查空气供给系统有无漏气；如果火花塞表面只有少量潮湿的汽油，说明喷油器喷油量太少；如果各缸分线的高压火花正常，而火花塞表面有大量潮湿汽油及机油、积炭，说明气缸中已出现“呛油”现象，这也会造成发动机不能起动；喷油量太大或太小也可能是空气流量传感器或冷却液温度传感器故障所致；调整点火正时；检查冷起动喷油器是否工作；检查气缸压缩压力是否正常。

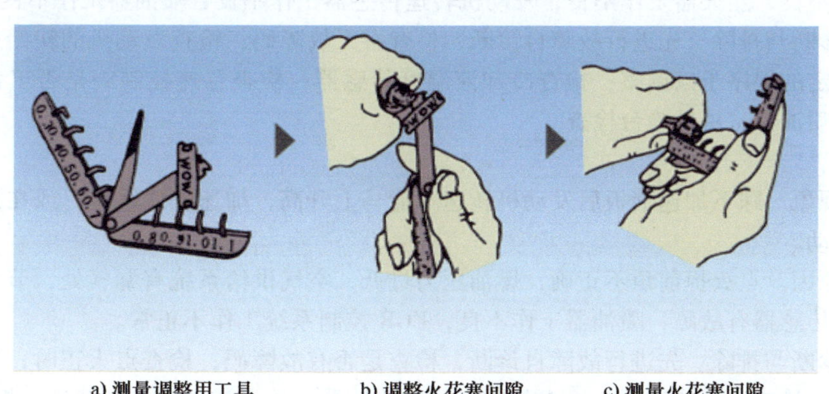

a) 测量调整用工具　　b) 调整火花塞间隙　　c) 测量火花塞间隙

图 6-2-2　火花塞间隙的测量与调整

### 3. 发动机怠速不良

怠速不良是电控燃油喷射发动机最常见的故障，它有多种表现形式，包括怠速不稳、怠速熄火、冷车怠速不良、热车怠速不良等。造成怠速不良的原因很多，在故障诊断与排除过程中，要根据故障的具体表现来分析故障原因。下面介绍以上几种怠速不良的故障诊断与排除方法：

(1) 怠速不稳，易熄火

1）故障现象。发动机起动正常，但不论冷车或热车，怠速均不稳定，怠速转速过低，易熄火。

2）故障原因。空气供给系统有漏气处，燃油压力太低，空气滤清器堵塞，喷油器雾化不良、漏油或堵塞，怠速调整不当，怠速控制阀或旁通空气阀工作不良，火花塞工作不良，空气流量传感器有故障，气缸压缩压力过低、不均。

3）故障诊断与排除。先进行故障自诊断，检查有无故障码出现；检查空气供给系统各管路插

头、各真空软管、EGR 控制系统和燃油蒸气回收系统是否漏气；检查怠速控制阀的工作是否正常；怠速时逐个短路各缸高压线，检查发动机转速的下降值是否相等；仔细听各缸喷油器在怠速时的工作声音；检查各缸的高压火花；拆检各缸火花塞，检查电极是否烧蚀过甚或积炭，火花塞电极间隙是否正常；检查燃油压力；按规定的程序，调整发动机怠速；检查翼板式或量芯式空气流量传感器是否卡滞，如不良，应清洁或更换；检查气缸压缩压力。如压力低于 0.8MPa，应拆检发动机。

（2）发动机冷态怠速不稳，易熄火

1）故障现象。发动机冷态运转时怠速不稳或过低，易熄火，热态后怠速恢复正常。

2）故障原因。附加空气阀故障，怠速控制阀故障，冷却液温度传感器故障。

3）故障诊断与排除。先进行故障自诊断，检查有无故障码；检查附加空气阀，拆下附加空气阀，检查在冷态时附加空气阀的阀门是否开启，如不能开启或开度过小，应清洗或更换；检查怠速控制阀，熄火后拔下怠速控制阀线束插头，待发动机起动后再插上，如果发动机转速无变化，说明怠速控制阀不工作，应检查控制电路或拆检怠速控制阀；测量冷却液温度传感器，如有短路、断路或阻值不符合标准，应更换冷却液温度传感器。如果没有被测车型的冷却液温度传感器检测标准数据，也可拔下冷却液温度传感器线束插头，用一个 4~8kΩ 的电阻（模拟冷态）代替冷却液温度传感器。如果发动机怠速恢复正常，说明冷却液温度传感器已损坏，应更换。

（3）发动机热态怠速不稳或熄火

1）故障现象。发动机冷态运转时怠速正常，热态后怠速不稳、怠速转速过低或熄火。

2）故障原因。怠速调整过低，冷却液温度传感器有故障，怠速控制阀有故障，火花塞工作不良，点火线圈不良，点火器工作不良，发动机转速传感器工作不良，喷油器工作不良。

3）故障诊断与排除。先进行故障自诊断，检查有无故障码；检查发动机的初始怠速转速，若过低，应按规定的程序予以调整；检查冷却液温度传感器；检查怠速控制阀是否工作；检查火花塞；拆下各缸喷油器，用试验台检查。

### 4. 发动机加速不良

1）故障现象。踩下加速踏板后发动机转速不能马上升高，加速反应缓慢，或在加速过程中发动机转速有波动。

2）故障原因。点火提前角不正确，燃油压力过低，空气供给系统有漏气处，节气门位置传感器或空气流量传感器有故障，喷油器工作不良，EGR 控制系统工作不正常。

3）故障诊断与排除。先进行故障自诊断，检查是否有故障码；检查点火正时；检查空气供给系统是否漏气；检查空气滤清器；检查节气门位置传感器；检查燃油压力；清洗、拆检各喷油器；检测空气流量传感器，如有异常，应清洁或更换；检查装有 EGR 控制系统的发动机。

### 5. 发动机动力不足

1）故障现象。发动机无负荷运转时基本正常，但带负荷运转时加速缓慢，上坡无力。运行中感到动力不足，发动机转速不能提高，达不到最高车速。

2）故障原因。空气滤清器堵塞；节气门调整不当，不能全开；燃油压力过低；喷油器堵塞或雾化不良；冷却液温度传感器故障；空气流量传感器故障；点火正时不当或高压火花太弱、断火；发动机气缸压力过低。

3）故障诊断与排除。将加速踏板踩到底，检查节气门能否全开，如不能全开，应调整节气门拉索或踏板；检查空气滤清器滤芯是否堵塞，如堵塞，应清洁或更换；进行故障自诊断，检查是否有故障码出现；检查节气门位置传感器；检查点火正时；检查冷却液温度传感器；检测空气流量传感器或进气歧管绝对压力传感器，如有异常，应更换；检查所有火花塞、高压线、点火线圈，如有异常，应更换；检查燃油压力；拆检喷油器，检查喷油量是否正常，如喷油量不正常或喷油雾化不良，应清洗或更换喷油器；测量气缸压缩压力，如压力过低，应拆检发动机。

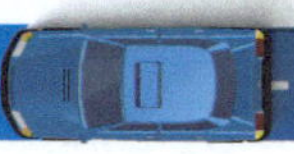

## 桑塔纳 3000 轿车发动机能起动、怠速不稳、易熄火故障排除案例分析

### 1. 故障现象

一辆桑塔纳 3000 事故车，修复后起动发动机试车，发动机能起动，但怠速不稳，易熄火，怠转速在 500~700r/min 游车。从排气管处观察，感到排气温度过高，排气管中段高温发红，排气无色但有异味；燃烧粗暴，好像有断火现象；中高速行车正常，冷却液温度、燃油供给系统压力和气缸压力均正常。更换了四个火花塞，故障依旧。用 VAG 1552 测试，无故障信息存储。读数据流，发现其他数据正常，不正常的数据见表 6-2-1 所列。

表 6-2-1 桑塔纳 3000 发动机数据

| 发动机转速/（r/min） | 500~700 |
|---|---|
| 怠速节气门开度/（°） | 4~7 |
| 每循环喷油时间/ms | 7.2~7.5 |
| 进气质量流量/（g/s） | 4.5~6 |
| 混合气的调节值 | +25% |
| 氧传感器的信号/V | 0.05~0.1 |

### 2. 故障分析

1）如图 6-2-3 所示，该车的问题是发动机怠速转速低、节气门开度大、进气量大、喷油量大，但混合气过稀。

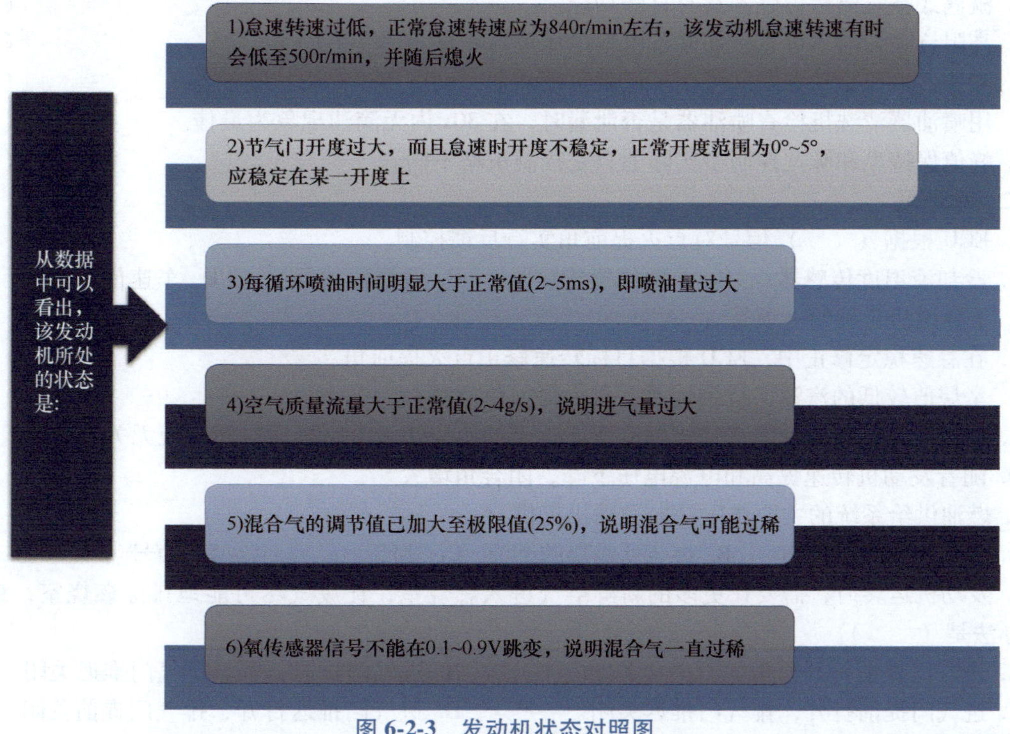

从数据中可以看出，该发动机所处的状态是:
1)怠速转速过低，正常怠速转速应为840r/min左右，该发动机怠速转速有时会低至500r/min，并随后熄火
2)节气门开度过大，而且怠速时开度不稳定，正常开度范围为0°~5°，应稳定在某一开度上
3)每循环喷油时间明显大于正常值(2~5ms)，即喷油量过大
4)空气质量流量大于正常值(2~4g/s)，说明进气量过大
5)混合气的调节值已加大至极限值(25%)，说明混合气可能过稀
6)氧传感器信号不能在0.1~0.9V跳变，说明混合气一直过稀


图 6-2-3 发动机状态对照图

2）结合前面的检查结果，怀疑喷油器或燃油供给系统有问题。

3）拆下喷油器进行清洗，在拆卸喷油器时发现了一个异常情况：滴落在进气歧管垫部位的汽油没有在凹处滞留，而是迅速流入了进气歧管内，因此怀疑进气歧管垫漏气。

4）将喷油器清洗完毕装复后，接通点火开关，燃油泵工作，4只喷油器喷油1次，可以清楚地看到1缸进气歧管垫下面有汽油流出，进一步说明了进气歧管垫存在严重的漏气现象。

5）起动发动机后，测量进气歧管负压，仅为10kPa。拆下进气歧管检查发现，该配件为后换的旧件，在安装时未将原来的密封胶清理干净，导致漏气。

### 3. 故障排除

按照要求重新安装进气歧管后试车，发动机怠速平稳，故障现象消失。

2021年汽车类技能高考真题（真题来源毕业学生口述）：

【题干】ABS（制动防抱死系统）泵损坏，汽车制动系统将无法工作（　　）。

选项：A. 正确　B. 错误

【答案】B

【解析】ABS是汽车在原有的液压制动系统的基础上设置的制动辅助系统，当ABS泵损坏造成ABS无法工作时，原有的汽车液压制动系统仍然能正常工作，但制动效果会变差。

【难易度】基础题

【考纲知识点】2-2. 掌握电控发动机类型、常见结构及基本工作原理。

**一、判断题**

1. 漩涡式空气流量传感器具有自洁功能。（　　）
2. 高阻抗喷油器不可直接加载蓄电池电压进行测试。（　　）
3. 喷油器电压驱动方式既可用于低阻抗喷油器，又可用于高阻抗喷油器。（　　）
4. 用喷油器清洗机检查喷油器是否泄漏时，在30s内无滴油现象为最佳。（　　）
5. 峰值保持型和脉宽控制型实际上只是控制策略不同。（　　）

**二、单选题**

1. ECU根据（　　）信号对点火提前角实行反馈控制。

A. 冷却液温度传感器　B. 曲轴位置传感器　C. 爆燃传感器　D. 车速传感器

2. 下列说法正确的一项是（　　）。

A. 在怠速稳定修正中，ECU根据目标转速修正点火提前角

B. 辛烷值较低的汽油，抗爆性差，点火提前角应减小

C. 初级电路被断开瞬间，初级电流所能达到的值与初级电路接通时间长短无关

D. 随着发动机转速提高和电源电压下降，闭合角增大

3. 燃油供给系统的主要作用是向发动机提供（　　）。

A. 燃烧所需要的空气　B. 燃烧所需要的燃油　C. 热能　D. 信号

4. 发动机运转时，需要让更多的新鲜空气进入燃烧室，让废气尽可能地排除燃烧室，最好的解决办法是（　　）。

A. 进气门提前打开，排气门提前关闭　B. 进气门推迟打开，排气门推迟关闭

C. 进气门提前打开，排气门推迟关闭　D. 进气门推迟打开，排气门提前关闭

5. 为了降低增压后的空气温度，在进气管道中通常安装有（　　），用于对增压后的空气进行冷却。

A. 涡轮增压器　B. 电磁阀　C. 冷却器　D. 压力传感器

# 项目七

# 柴油机电控系统原理与检修

## 【项目概述】

柴油机电控系统的控制对象主要有转速、曲轴转角、负荷、机油温度以及供油压力等。电控柴油机与传统燃油机相比，其最大的优势就是能够将柴油机的动力性能得到显著提升，还能够在较低的燃油消耗量下，有效降低柴油机对环境产生的污染。

通过搭建柴油机电控系统原理与检修学习情境，整理柴油机电控系统原理与检修的资讯信息，在教师的指导和帮助下，学生小组合作完成柴油机电控系统原理与检修实训项目，做中学、学中做，了解柴油机电控系统原理并掌握柴油机电控系统检修方法。

# 任务一 “位置控制” 式电控柴油机系统的检修

## 任务描述

了解柴油机电控燃油喷射系统的发展历程以及三代电控燃油喷射系统的各自优缺点。了解轴向柱塞式分配泵“位置控制”式电控系统的基本组成、发动机 ECU 对 VP37 分配泵喷油量的控制及喷油正时的控制；能利用故障诊断仪和万用表等工具对电控系统的故障做出正确的诊断。“位置控制”式电控柴油机系统零件位置图如图 7-1-1 所示。

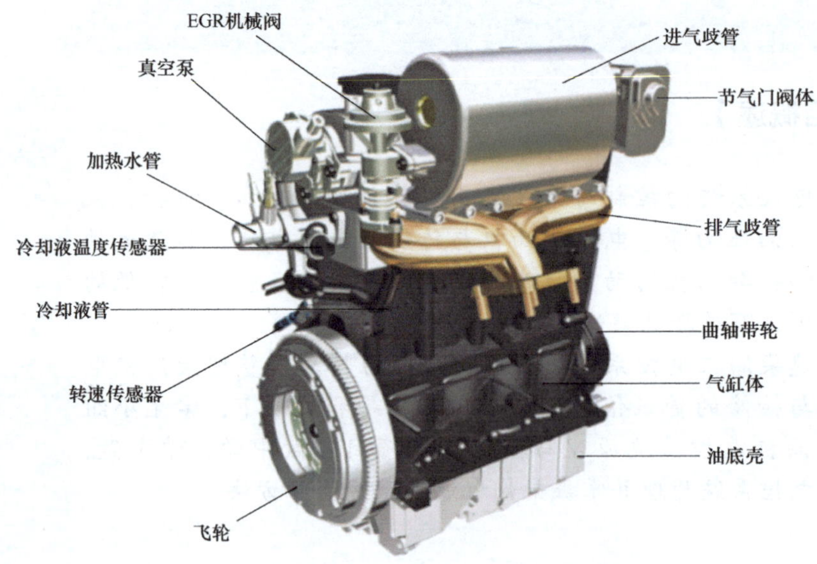


图 7-1-1 “位置控制”式电控柴油机系统零件位置图

## 学习目标

| 知识目标 | 能力目标 | 素养目标 |
|---|---|---|
| 1. 了解柴油机电控系统发展历程以及柴油机电控燃油喷射系统的类型及组成 | 1. 掌握轴向柱塞式“位置控制”式电控系统元件安装位置与认知、高压共轨系统的元件安装位置与认知 | 1. 能够在工作过程中与小组其他成员合作、交流，培养团队合作意识，锻炼沟通能力 |
| 2. 了解共轨喷射系统的技术优势 | 2. 掌握不同柴油机电控燃油喷射系统中喷油量的控制方法 | 2. 提升认识问题、分析问题和解决问题的能力 |
| 3. 了解“位置控制”式电控柴油机系统的基本组成 | 3. 掌握“位置控制”式电控系统供油量控制，掌握“位置控制”式电控系统的控制策略 | 3. 养成一丝不苟、精益求精的工匠精神 |

## 职业素养

青年强，则国家强。当代中国青年生逢其时，施展才干的舞台无比广阔，实现梦想的前景无比光明。全党要把青年工作作为战略性工作来抓，用党的科学理论武装青年，用党的初心使命感召青年，做青年朋友的知心人、青年工作的热心人、青年群众的引路人。

广大青年要坚定不移听党话、跟党走，怀抱梦想又脚踏实地，敢想敢为又善作善成，立志做有理想敢担当、能吃苦、肯奋斗的新时代好青年，让青春在全面建设社会主义现代化国家的火热实践中绽放绚丽之花。

## 知识点一　柴油机电控系统的发展历程

柴油机的电控技术大致可分为以下三个阶段：

1）第一代柴油机电控系统。采用“位置控制”和“时间控制”，供（喷）油压力与传统柴油机相同，称为常规压力电控系统。以电控泵为代表，这种控制方式的优点是，柴油机的结构几乎不需改动，生产继承性好，便于对现有柴油机进行升级换代。博世分配泵最新的第4代产品中的VP30轴向分配泵和VP44径向分配泵，如图7-1-2所示，径向分配泵的最大喷射压力分别可达1550bar（1bar=101kPa）和2000bar。高喷射压力提升了喷油器雾化效果，进而降低了油耗及排放。

2）第二代柴油机电控系统。采用“时间-压力控制”或“压力控制”，“压力控制”系统中，喷油器喷孔尺寸一定，喷油时间一定，控制喷油压力即可控制喷油量；而在增压活塞和柱塞尺寸一定时，喷油压力（即增压压力）取决于共轨中的油压，共轨中的油压是由ECU根据各种传感器信号通过燃油压力调节阀来控制的，所以将此种喷油量控制方式称为“压力控制”方式。在系统中，ECU根据实际的共轨压力信号对共轨压力进行闭环控制。

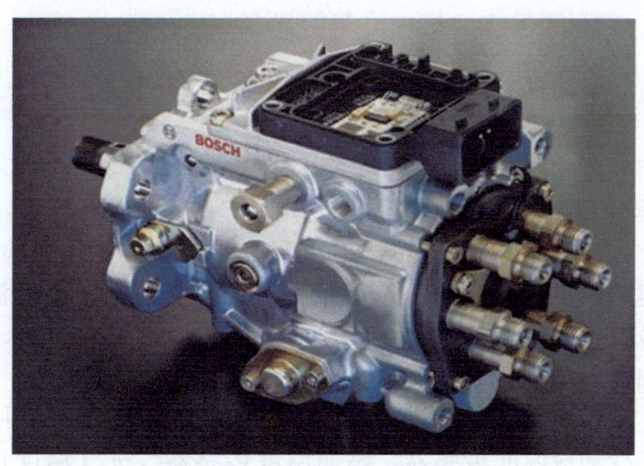

图 7-1-2　VP44 径向分配泵

独立喷油系统的结构如图7-1-3所示。每个发动机气缸都在其缸盖上装这样一个单元，它或者直接通过摇臂或者间接由发动机凸轮轴通过推杆来驱动。

3）第三代柴油机电控系统。集“共轨”技术、“时间控制”燃油喷射技术、涡轮增压中冷技术、多气门技术、EGR技术、选择性催化还原、滤清器再生技术、压电技术等于一体，以压电式高压共轨系统为代表。

共轨喷射系统（Common Rail System，CRS），如图7-1-4所示，ECU通过接收各传感器的信号，控制喷油器电磁阀，以正确的喷油压力在正确的喷油时间喷射出正确的油量。

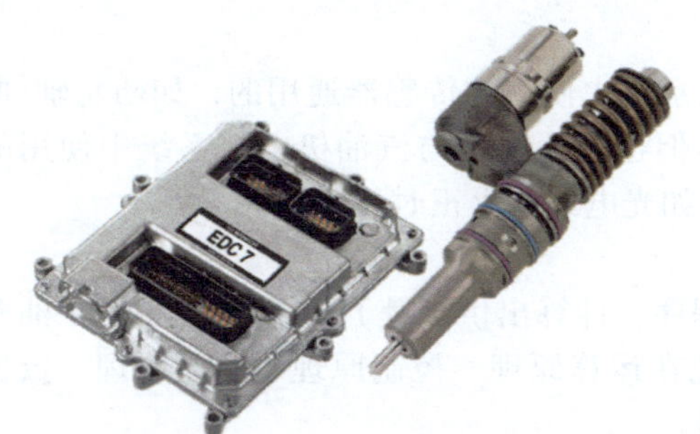

图 7-1-3　独立喷油系统的结构

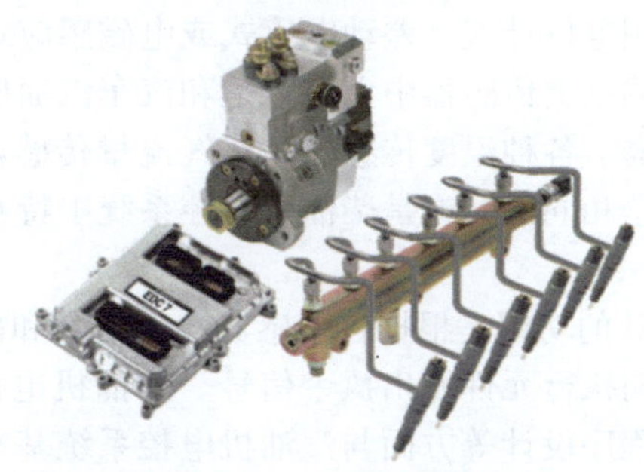

图 7-1-4　共轨喷射系统

柴油机共轨式电控燃油喷射技术是一种全新的技术，因为它集成了计算机控制技术、传感检测技术以及先进的喷油结构于一体。它不仅能达到较高的喷射压力、实现喷射压力和喷油量的控制，而且能实现预喷射和后喷，从而优化喷油特性形状，降低柴油机噪声和大大减少废气的排放量。该技术的主要特点如下：

① 采用先进的电子控制装置及配有高速电磁开关阀，使喷油过程的控制十分方便，并且可控参数多，益于柴油机燃烧过程的全程优化。

② 采用共轨方式供油，燃油喷射系统压力波动小，各喷油器间相互影响小，喷射压力控制精度较高，喷油量控制较准确。

③ 高速电磁开关阀频率高，控制灵活，使燃油喷射系统的喷射压力可调范围大，并且能方便地实现预喷射和后喷等功能，为优化柴油机喷油规律、改善其性能和降低废气排放提供了有效手段。

④ 系统结构移植方便，适应范围宽，不像其他的电控燃油喷射系统，对柴油机的结构形式有专门要求；高压共轨系统能与目前的小型、中型及重型柴油机很好地匹配。

## 知识点二　柴油机电控系统的组成

柴油机电控系统一般由传感器、ECU 和执行元件三部分组成。

### 1. 传感器

传感器（包括信号开关）用来检测柴油机与汽车的运行状态，并将检测结果转换成电信号输送给 ECU。ECU 根据用途和功能分为三种类型：

（1）运行工况传感器　运行工况传感器是用来检测柴油机运行工况基本参数的传感器，如加速踏板位置传感器、凸轮轴/曲轴位置传感器、空气流量传感器等。这类传感器向 ECU 输送的信号，一般作为控制系统工作时的主要控制信号，用来确定基本循环供（喷）油量或基本供（喷）油提前角等。

（2）修正信号传感器　修正信号传感器一般是用来检测柴油机运行工况非基本参数的传感器，如冷却液温度传感器、燃油温度传感器、进气温度传感器、进气压力传感器等。这类传感器向 ECU 输送的信号，作为控制系统工作时的辅助控制信号，用来对基本循环供（喷）油量或基本供（喷）油提前角等进行修正。

（3）反馈信号传感器　柴油机电控燃油喷射系统一般对供（喷）油量和供（喷）油正时采用闭环控制，反馈信号传感器就是闭环控制系统中用来检测控制系统执行元件实际位置的传感器。在柴油机电控燃油喷射系统中主要包括供（喷）油量传感器（如供油齿条位置传感器、油量控制滑套位置传感器、燃油压力传感器等）和供（喷）油正时传感器（如分配泵正时活塞位置传感器、着火正时传感器等）两大类。在不同柴油机电控燃油喷射系统中，由于控制供（喷）油量和供（喷）油正时的执行元件不同，负荷传感器和正时传感器的名称、数量和类型也不同，传感器通常采用电位计式、差动电感式或电磁感应式。

上述三类传感器中大多数是和汽车汽油机电控系统中使用的传感器通用的，如凸轮轴/曲轴位置传感器、各种温度传感器、空气流量传感器等。但也有一些是与汽油机电控系统中使用的传感器不完全相同的，或是柴油机电控系统中特有的，如光电式着火正时传感器等。

### 2. ECU

ECU 的功用是根据各传感器输入信号和内存程序，计算出供（喷）油量和供（喷）油开始时刻，并向执行元件发出执令信号。柴油机电控系统在运算原理、控制原理、存储原理、数据传输原理及程序设计等方面与汽油机电控系统基本相同。

### 3. 执行元件

执行元件主要是执行 ECU 的指令，对被控制对象实施调控的元件。柴油机电控系统中所用的执行元件与汽油机有很大的不同，特别是在燃油喷射控制中所用的执行元件。由于柴油机缸内混合的特征对循环喷油量、喷油正时的精度要求很高，柴油机燃油喷射又具有高压、高频和脉动等特点，再加上柴油机燃油喷射装置的多样性，这些都使汽车柴油机电控系统在燃油喷射控制中所用的执行元件远比汽油机复杂，技术含量也要高得多。可以这样说，柴油机电控技术的关键和难点就是执行元件。按对被控制对象实施调控的方式不同，柴油机电控系统执行元件可分为两类：一类是对被控制对象直接实施调控的执行元件，如在采用“时间控制”的柴油机电控燃油喷射系统中所用的高速电磁阀，它的通断电时刻和通断电时间直接调控供（喷）油量和供（喷）油正时；另一类是对被控制对象间接实施调控的执行元件，如在采用“位置控制”的柴油机电控燃油喷射系统中所用的电子调速器，它是通过高压油泵的油量调节机构来实现供油量控制的。

## 知识点三　“位置控制”式电控系统

### 1. “位置控制”式电控系统的基本组成

一汽大众推出的捷达 1. 9SDI 轿车，是国际成熟柴油技术首先应用于中国的轿车。SDI 是英文 Suc-tion Direct Injection 的缩写，意为自然吸气直接喷射（柴油发动机），它采用德国博世公司 VP37 分配泵，属于第一代“位置控制”式电控系统，基本组成如图 7-1-5 和图 7-1-6 所示。

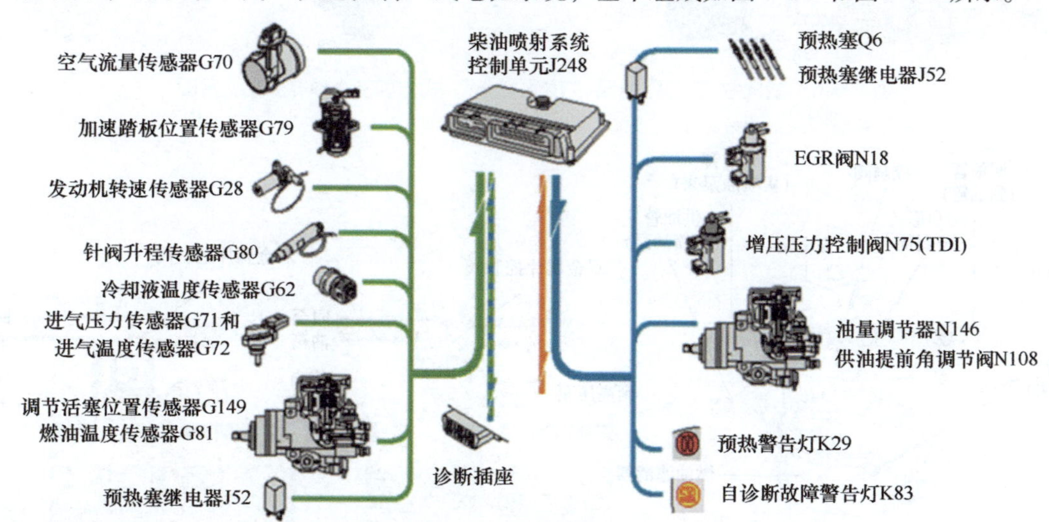


图 7-1-5　轴向柱塞式分配泵“位置控制”式电控系统的基本组成示意图

### 2. “位置控制”式电控系统低压油路

（1）燃油滤清器　柴油中水分大，需要油水分离器。捷达轿车燃油滤清器和油水分离器是制成一体的，其安装及结构示意图如图 7-1-7 所示。在更换新滤芯时，需先将新滤芯加满柴油，然后再更换。

（2）叶片式输油泵　叶片式输油泵是分配泵燃油供给系统中的第二级输油泵，它安装在分配泵内部，如图 7-1-8 所示，其主要由转子、叶片、偏心环和端盖等组成。偏心环用定位销与喷油泵壳体固定；转子装在偏心环内，转子上的七个凹槽中均装有叶片，叶片既可随转子一起转动，也可在转子凹槽内滑动；端盖用于封闭偏心环两端形成泵腔。

叶片的外端为圆弧面，与偏心环内表面配合并始终保持接触，叶片将输油泵转子与偏心环内表面之间隔成七个泵油腔。输油泵转子与喷油泵轴用键联接。柴油机工作时，输油泵转子带动叶片在偏心环内转动，使其在温度高于 31℃时关闭，在温度低于 15℃时打开。叶片、转子偏心环和端盖共同形成的七个泵油腔容积不断变化。当泵油腔转至进油口附近时，由于容积逐渐增大，将来自膜片式输油泵的柴油吸入泵油腔；泵油腔转过进油口后，容积逐渐减小，使泵油腔内的柴油

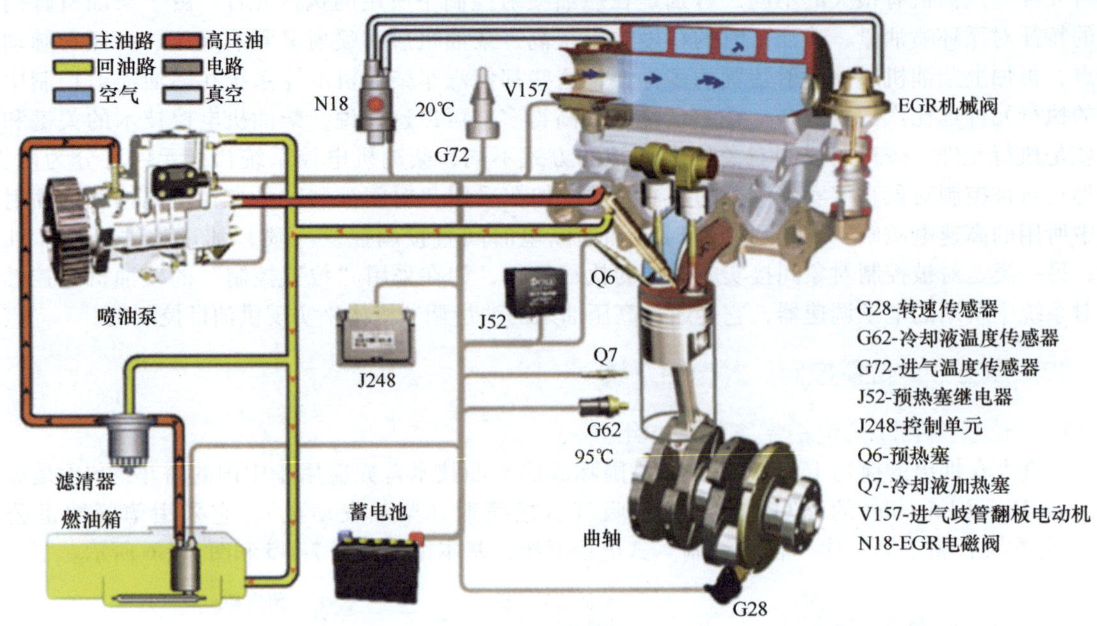


图 7-1-6　轴向柱塞式分配泵“位置控制”式电控系统的组成示意图

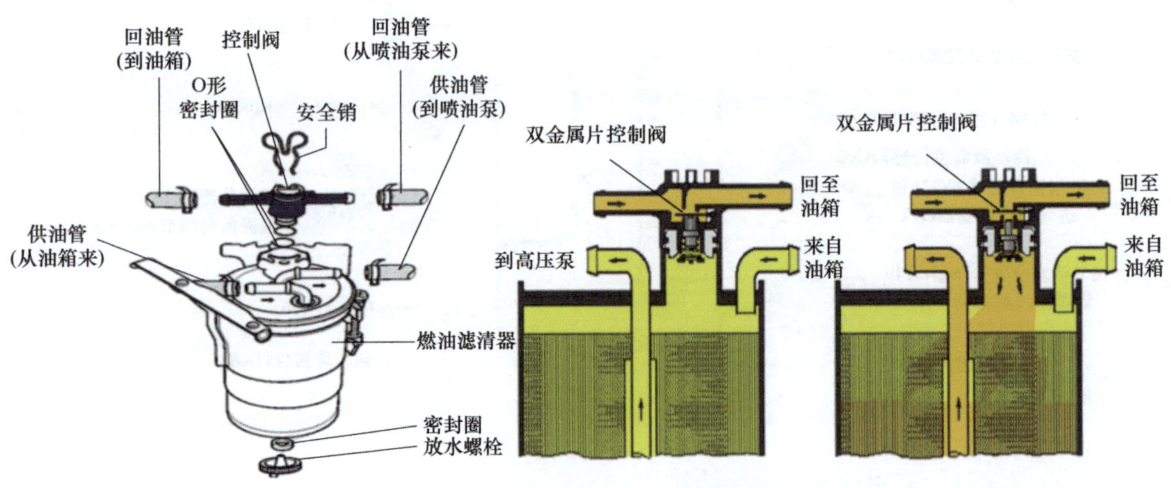


图 7-1-7　柴油滤清器的安装及结构示意图

压力升高；当泵油腔与出油口连通时，泵油腔内的柴油输出送往分配泵。调压阀用来限制输油泵的输出压力，当叶片式输油泵输出的油压超过规定值时，柴油顶开调压阀，使部分柴油经调压阀流回低压油管。调压阀也可用来调整输油泵输出油压，增加调压阀弹簧预紧力，输油泵输出油压提高，反之输出油压降低。

### 3. “位置控制”式电控系统分配泵驱动机构

分配泵驱动机构的组成如图 7-1-9 所示，喷油泵轴支撑在喷油泵壳体上，端面凸轮与分配泵柱塞连成一体，并用联轴器与喷油泵轴连接，端面凸轮的端面上有与气缸数相等的凸轮（凸峰）。

在柱塞回位弹簧的作用下，端面凸轮始终抵靠在滚轮架上的滚轮上。当喷油泵轴通过联轴器带动端面凸轮和柱塞一起转动，端面凸轮的凸峰转过滚轮时，端面凸轮和分配泵柱塞被顶向右做轴向移动；凸峰转过后，柱塞回位弹簧又使端面凸轮和分配泵柱塞向左回位。就这样，分配泵柱塞随喷油泵轴一起旋转的同时，在端面凸轮和回位弹簧的作用下，不断进行往复轴向运动，喷油泵轴的转速为曲轴转速的一半，柱塞随喷油泵轴每转一圈，往复运动的次数与端面凸轮数（气缸数）相等。柱塞每往复运动一次，即完成一次吸油和泵油过程。

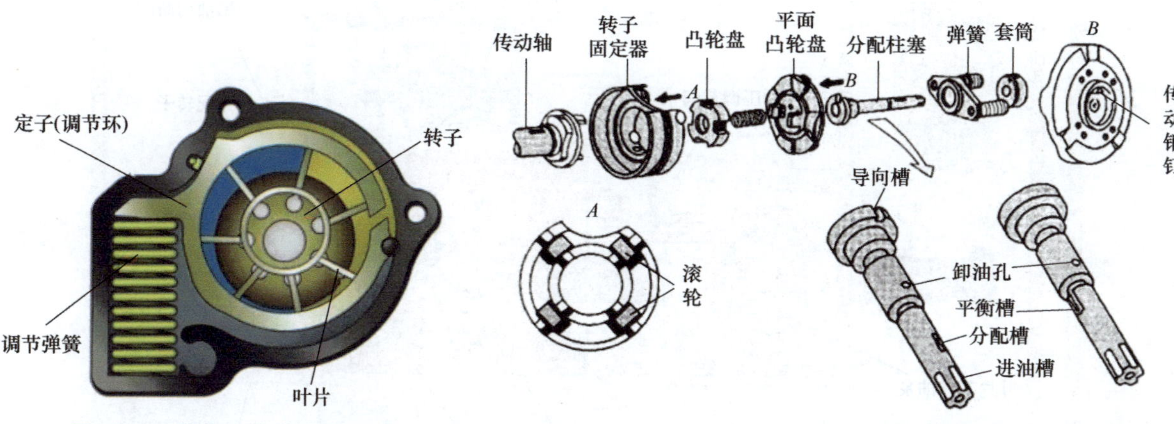


图 7-1-8 柴油机叶片式输油泵

图 7-1-9 分配泵驱动机构的组成

### 4. “位置控制”式电控系统分配泵的工作原理

VE 型分配泵是单柱塞式高压燃油喷射泵，它是用一组供油元件通过分配机构定时定量地将燃油分别供给柴油机各气缸。VE 型分配泵集喷油泵、调速器、输油泵和供油提前器等机构于一身，是封闭的一个整体。VE 型分配泵结构紧凑、体积小、重量轻，具有高速性能好子、使用可靠、功能齐全、安装布置方便等优点，其整体结构如图 7-1-10 所示。

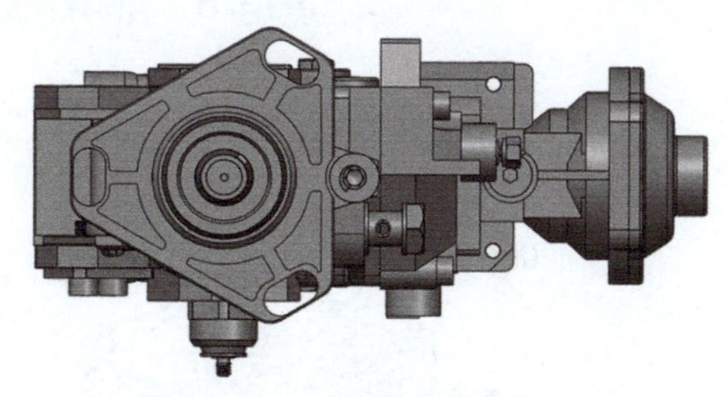

图 7-1-10 VE 型分配泵整体结构

VE 型分配泵，可分别用于分隔式燃烧室柴油机、直喷式柴油机、直喷增压式柴油机、直喷增压中冷式柴油机，并可根据用户的需要，配全程、两极和其他类型调速器以及各种附加装置，如正、负转矩校正装置，部分负荷提前机构，增压补偿器，海拔补偿器，低温起动装置、加速踏板位置传感器、转速传感器等。分配泵的工作过程可分为吸油、泵油、回油和均压四个过程。

### 5. “位置控制”式电控系统供油量控制

捷达 SDI 分配泵为轴向压缩式分配泵（VE 泵），由其分配转子的转动来实现泵油和燃油分配。分配泵供油量的调节是通过改变油量控制滑套在柱塞上的轴向位置来实现的，如图 7-1-11 所示。滑套向左移动时，泄油孔从滑套中露出之前柱塞有效泵油行程减小，供油量减少；滑套向右移动时，柱塞有效泵油行程增大，供油量增加，滑套的轴向位置由电子调速器控制。

电子调速器的结构如图 7-1-12 所示，其由定子、转子、线圈、转子轴和滑套位置传感器等组成，转子轴下端的偏心钢球伸入油量控制滑套的凹槽中。当给线圈通入的直流电流变化时，就会产生使转子轴转动的电磁力矩。当电磁力矩与转子轴回位弹簧力矩平衡时，转子轴就会固定在某一位置。转子轴转动时，通过伸入滑套凹槽内的偏心钢球使滑套轴向移动，从而改变喷油泵的供油量。ECU 根据发动机的工况计算出目标供油量，通过驱动回路控制流经线圈的电流方向来控制转子轴的转动方向，控制通电占空比来控制转子轴转动的角度，从而实现供油量的控制。

向左移动控制套筒，实际供油的有效行程 $h$ 减小，供油量减少；向右移动控制套筒，实际供油的有效行程 $h$ 增大，供油量增加。

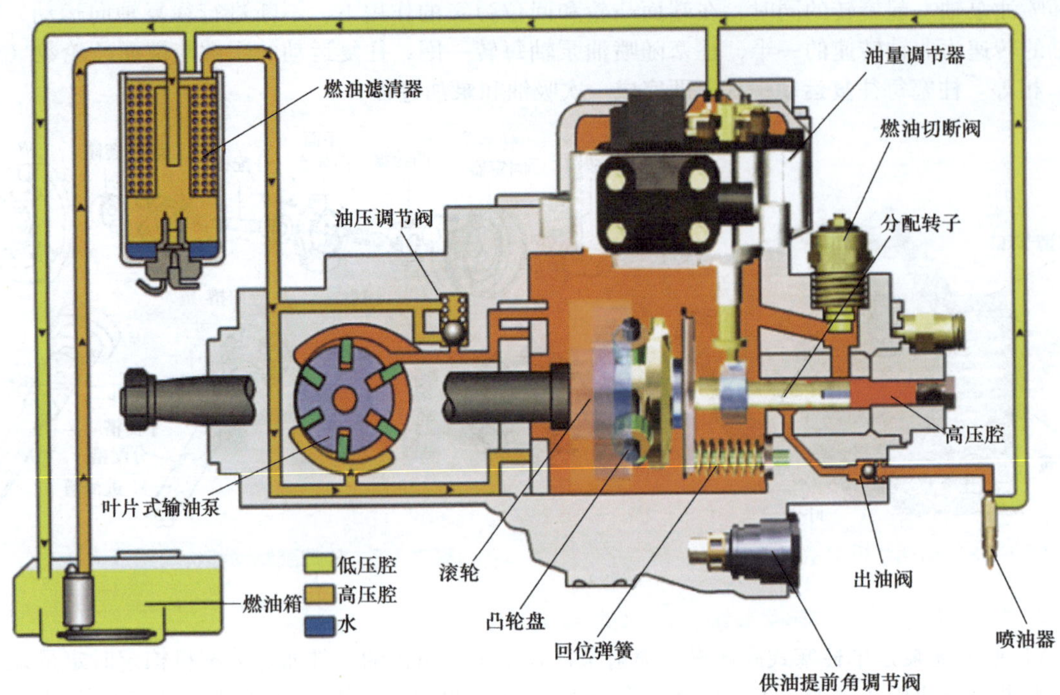


图 7-1-11　轴向柱塞式分配泵供油量控制示意图

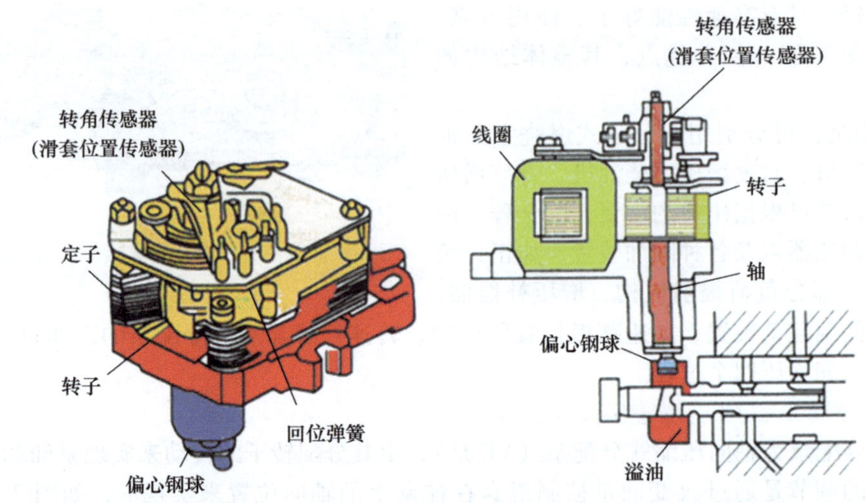


图 7-1-12　电子调速器的结构

滑套位置传感器安装在转子轴上，ECU 通过该传感器检测的转子轴位置信号确定油量控制滑套的实际位置，并对滑套位置（即供油量）进行闭环控制。

### 6. “位置控制”式电控系统供油正时

位置控制式电控分配泵供油正时的控制如图 7-1-13 所示，通常是在原供油提前角自动调节器活塞两侧高低压腔之间增加一条液压通道，依靠占空比控制的正时控制阀使活塞两侧的油压发生变化，从而控制供油正时。由 ECU 传来的信号使电磁线圈 N108 产生电磁力吸动滑动铁心，铁心带动阀门移动，这样就改变了正时活塞右侧（高压腔）与左侧（低压腔）之间的压力差，从而使正时活塞移动，带动分配泵滚轮架转动，以实现调整供油时刻。ECU 主要根据柴油机转速和加速踏板位置传感器信号确定基本供油提前角，再根据冷却液温度等传感器信号进行修正，并通过正时控制阀控制正时活塞左右两侧油腔内的燃油压力差，以改变正时活塞的位置。正时活塞左右移动时，通过传动销带动转子分配泵内的滚轮架转动，从而改变喷油泵的供油正时。

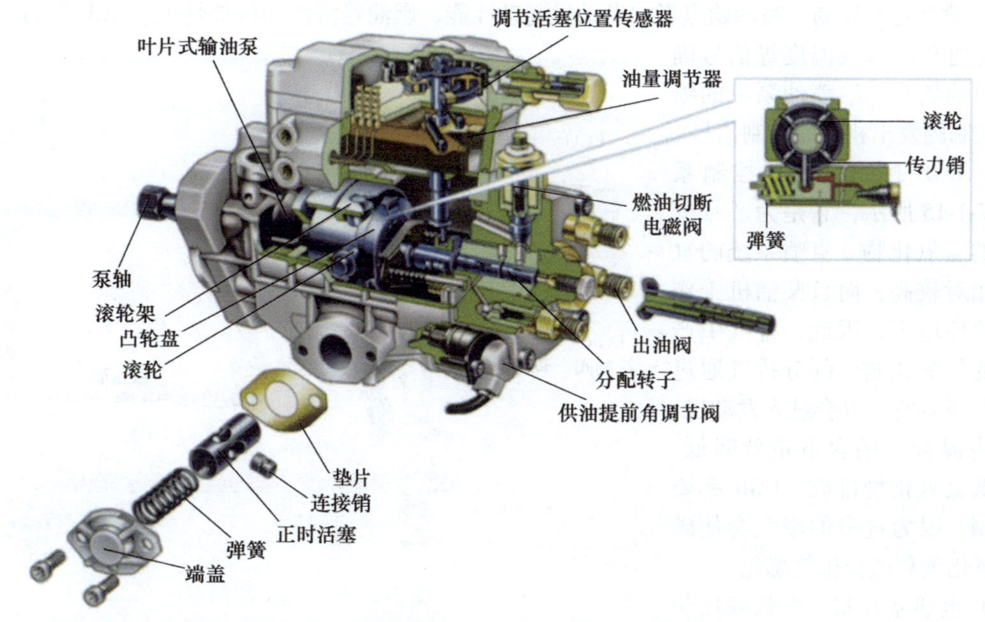


图 7-1-13　位置控制式电控分配泵供油正时的控制

当正时控制阀线圈通电时，高压腔与低压腔连通，活塞两端的油压差消失，在弹簧的作用下，活塞复位，喷油时间推迟。当正时控制阀线圈断电时，高压腔与低压腔断开，活塞在高压油压力的作用下压缩弹簧向左移动，使凸轮盘相对于滚柱的位置产生偏转，供油时间提前。通电时间长，供油提前角减小；通电时间短，供油提前角增大。正时活塞位置传感器检测出正时活塞的位置，从而进行反馈控制。

### 7. “位置控制”式电控系统的控制策略

“位置控制”式电控系统的控制策略，如图 7-1-14 所示。

（1）喷油量控制　ECU 分析发动机转速、加速踏板位置和冷却液温度等传感器的信号，确定所需喷油量，并发送相应控制信号给喷油泵中的油量调节器。通过安装在油量调节器上活塞位移传感器的反馈，实现油量的闭环控制。

1）基本喷射量控制。基本喷射量由发动机转速和节气门开度决定：当发动机转速恒定时，如果节气门开度增大，喷射量增加；节气门开度恒定时，如果发动机转速增加，喷射量减少。

2）起动喷射量控制。起动喷射量根据发动机起动时的基本喷射量和起动机开关 ON 时间、发动机转速和冷却液温度增加的校正来决定。如果冷却液温度低，则喷射量增加；当发动机完全起动时，该模式被取消。

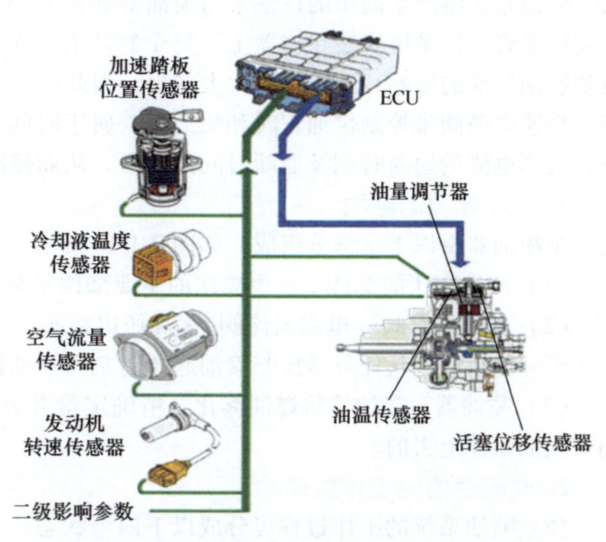


图 7-1-14　“位置控制”式电控系统的控制策略

3）最高转速设定喷射量。最高转速设定喷射量由发动机转速决定。限制喷射量，以便防止发动机转速超速。

（2）喷油定时控制　喷油始点影响发动机起动性能、燃油经济性和排放性能。ECU 通过喷油量、发动机转速和冷却液温度等信号确定最优喷油始点，给喷油泵中的喷油始点控制阀发出相应的控制信号。

（3）EGR 控制　EGR 控制系统如图 7-1-15 所示，它是为了减少排气中的氮氧化物。直喷系统的缸内温度相对较高，而且柴油机工作在富氧的环境下，因此，排气中产生大量的氮氧化物。部分排气通过 EGR 阀与新鲜空气混合进入发动机，这样缸内混合气的含氧量就降低，从而降低氮氧化物排放。EGR 率要受到限制，因为过多的废气会使碳氢、一氧化碳和微粒排放恶化。

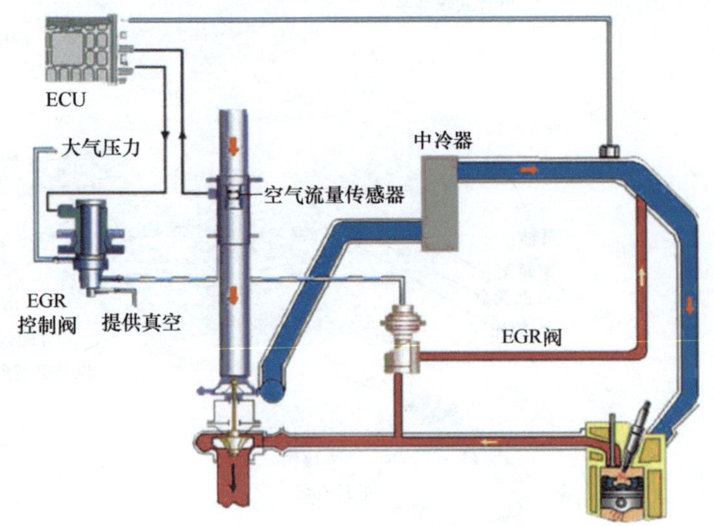


图 7-1-15　EGR 控制系统

（4）电热塞控制　电热塞控制集成在 ECU 中，控制分为预热和后热两部分。

预热：由于直喷柴油机的起动性能好，预热只需在温度低于 9℃ 以下进行，冷却液温度传感器为 ECU 提供准确的温度信号，驾驶人通过仪表盘上的预热警告灯了解预热情况。

后热：发动机起动以后，就要进入后热阶段，后热可以减小发动机的噪声，改善怠速工况的发动机性能，并且降低碳氢排放。发动机转速达到 2500r/min 时后热阶段停止。

## 知识点四　第二代电控燃油喷射系统——时间控制式

宝来 1.8TDI 采用了最新的高压燃油喷射技术——独立喷油系统（也称为泵喷射系统），电控独立喷油系统将产生高压的柱塞泵与喷油器和控制单元（泵喷油器电磁阀）组合在一起，并消除了高压油管。该系统安装在缸盖上，每个缸均有一个。由于无高压油管，消除了高压油管中压力波和燃油压缩的影响，高压容积大大减少，因此可产生 200MPa 以上的喷油压力。电控独立喷油系统用高速电磁阀来控制供油正时和喷油量，属于时间控制类型。高速电磁阀受 ECU 控制，即控制流过线圈电流的通断时刻及通断时间的长短，从而控制供油提前角与喷油量。

### 1. 泵喷油器的结构

泵喷油器由以下三部分组成，如图 7-1-16 所示。

（1）产生高压的部件　产生高压的主要部件是泵体组件、泵柱塞和回位弹簧。

（2）高压电磁阀（电磁溢流阀）　高压电磁阀由线圈、电磁阀针阀、衔铁、磁芯和电磁阀弹簧等主要部件组成，其任务是控制喷油起始时刻和喷油持续时间。

（3）喷油器　喷油器将燃油雾化，精确定量并分布到燃烧室中。喷油器是利用压紧螺母安装到泵喷油器体上去的。

### 2. 泵喷油器的工作原理

独立喷油系统的工作过程可分成以下四个状态：

（1）进油阶段　当凸轮轴摇臂落在凸轮基圆上时，则凸轮未驱动摇臂，柱塞在其回位弹簧作用下上移的同时电磁阀打开。输油泵输送来的压力柴油从油道 V 处进入泵喷油器，并经过电磁阀而进入高压室，如图 7-1-17 所示。

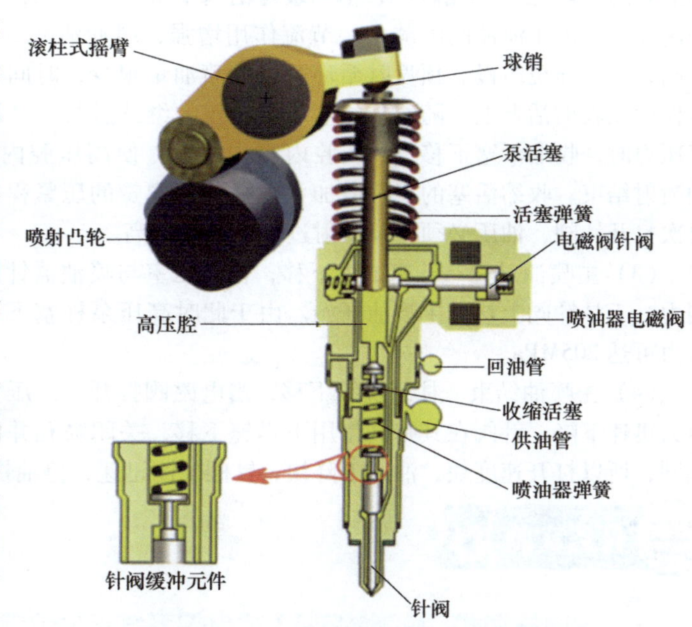

图 7-1-16 电控柴油机泵喷油器的结构

（2）预喷射循环 在主喷射循环开始之前，少量燃油在低压下喷入燃烧室，这样可使燃烧室内的压力和温度上升，减少点火延迟（点火延迟是开始喷油和燃烧室内压力开始上升之间的时间，这段时间应短暂，否则在此期间压力会突然上升并产生很大的燃烧噪声，即工作粗暴）。在预喷射循环和主喷射循环之间的喷射间隔期间，燃烧室内的压力平缓上升，而不是一个突然的压力上升，这样可降低燃烧噪声，废气中氮氧化合物含量也随之减少。预喷射循环开始时，喷射凸轮通过滚柱式摇臂将泵柱塞压下，将高压腔内的燃油排到供油管。发动机 ECU 给泵喷油器电磁阀电信号，电磁阀针阀被压入电磁阀阀座内，关闭高压腔到供油管的通道。高压腔内开始产生压力，当压力达到 18MPa 时，高于喷射弹簧压力，泵喷油器针阀上升，预喷射循环开始，如图 7-1-18 所示。在这一阶段，泵喷油器针阀的升程受到阻尼单元液压力的限制。

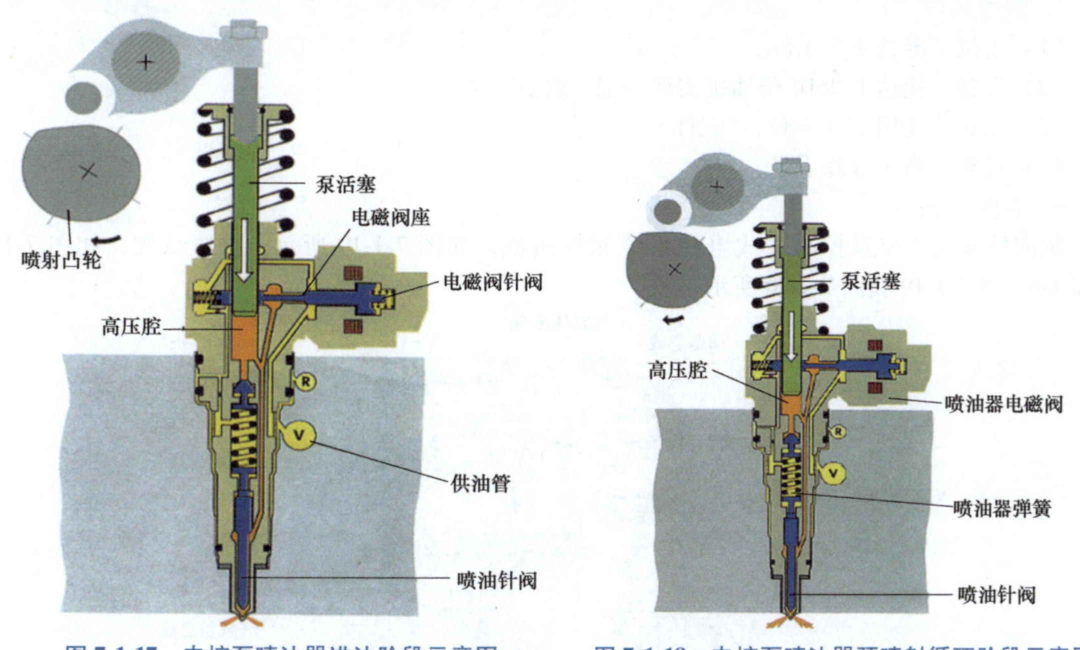

图 7-1-17 电控泵喷油器进油阶段示意图

图 7-1-18 电控泵喷油器预喷射循环阶段示意图

在针阀上升开启喷油孔的过程中，缓冲活塞起到限制针阀上升速度的功用，借以实现理想喷油规律的“先缓”。喷油开始前，泵喷油器弹簧将缓冲活塞和针阀压至最下端位置，使针阀关闭喷油孔，此时在针阀室上部充满柴油；开始喷油时，针阀和缓冲活塞一起上升，针阀室上部的柴油被压回泵喷油器弹簧室，由于缓冲活塞与喷油器内孔之间泄油间隙的节流作用，针阀的上升速度受到阻尼，喷油速率的增长平缓。针阀上升初期，泄油间隙足够大、节流作用小，缓冲活塞对针阀上升的“阻尼”作用较小，但当缓冲活塞下部开始进入针阀室与泵喷油器弹簧室之间直径较小的内孔时，由于泄油间隙减小、节流作用增强，缓冲活塞对针阀上升的“阻尼”作用明显增大，针阀升程增加更缓慢。预喷射循环阶段的喷油量很少，时间很短。预喷射开始后，高压腔内的油压作用在收缩活塞上，随着泵柱塞压油行程的继续进行，高压腔内的油压进一步提高，当达到一定压力时，收缩活塞下移，高压腔内容积增大，使高压腔内的油压瞬间下降，针阀关闭喷油孔，预喷射结束。收缩活塞的下移增加了泵喷油器弹簧的压紧程度，在接下来的主喷射循环中，若想再次打开针阀，油压必须比预喷射过程中的油压高。

（3）主喷油过程　柱塞继续下移，在高压室与喷油器针阀承压锥面上的压力大于针阀上端作用力，于是针阀上移，主喷油开始。由于此时高压泵柱塞下移速度快，而喷孔直径小，所以喷油压力可达205MPa。

（4）主喷油结束　柱塞继续下移，当电磁阀打开、高压室与进油腔（低压腔）连通时，柴油压力迅速下降，针阀在其弹簧作用下迅速下移，关闭喷孔并停止喷油。因为电磁阀阀芯两端压力相同，所以打开速度快，油压下降快，针阀关闭迅速，停油快。

## 一、轴向柱塞式“位置控制”式电控系统元件位置认知

### 1. 任务描述

了解轴向柱塞式“位置控制”式电控系统的基本组成及元件安装位置。

### 2. 实施条件

（1）工位　准备4个工位。

（2）设备　捷达1.9SDI柴油机实训台架一台。

（3）工具　通用工具一套、“三件套”一套。

（4）资料　汽车维修手册。

### 3. 实施步骤

轴向柱塞式“位置控制”式电控系统元件组成，如图7-1-19所示；位置认知，如图7-1-1、图7-1-6、图7-1-19和图7-1-20所示。

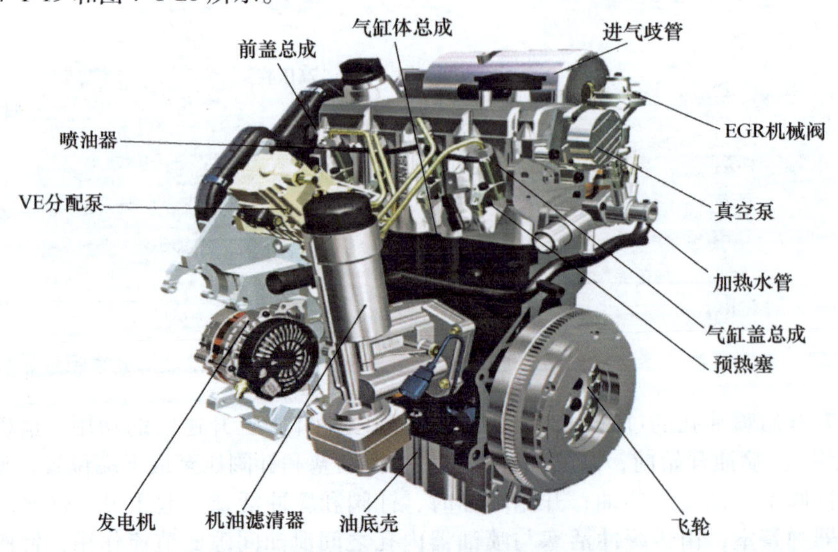


图7-1-19　“位置控制”式电控系统元件位置（一）

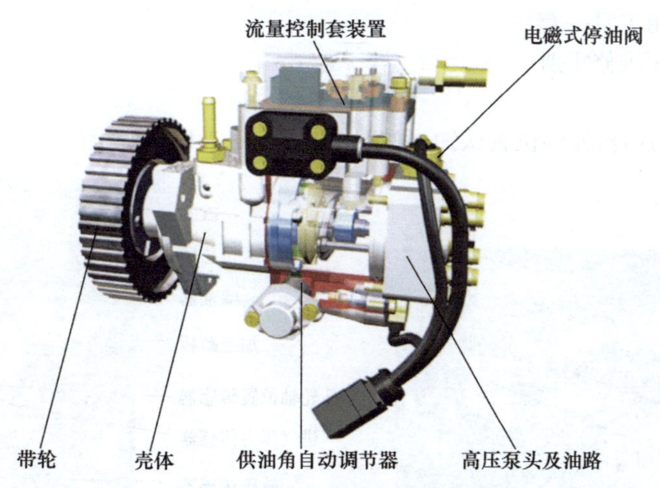

图 7-1-20 “位置控制”式电控系统元件位置（二）

### 4. 评价与反馈

| 名称 | | 组别 | | 学生姓名 | | 工位号 | |
|---|---|---|---|---|---|---|---|
| | | 用时 | | | | 零件号 | |
| 序号 | 考核项目 | 评分标准 | 分数 | 学生自评 | 小组互评 | 教师评价 | 小计 |
| 1 | 团队协作 | 是否协同<br>有效工作 | 10 | | | | |
| 2 | 工作态度 | 是否积极主动<br>追求精益求精 | 10 | | | | |
| 3 | 任务方案 | 是否正确合理 | 20 | | | | |
| 4 | 任务完成情况 | 操作方法正确<br>数据正确记录<br>分析结果正确 | 30 | | | | |
| 5 | 安全规范 | 有无安全隐患<br>设备、工量具使用规范标准<br>遵守劳动纪律 | 20 | | | | |
| 6 | 现场 7S | 是否做到 | 10 | | | | |
| 总分 | | 100 | | | | | |
| 教师签名 | | | | 总计 | | | |

## 二、高压共轨系统的元件位置认知

### 1. 任务描述

了解高压共轨系统的组成元件及安装位置。

（1）燃油系统的组成　燃油供给系统由油箱、管路、滤清器、齿轮泵、燃油计量单元、柱塞泵、共轨管和喷油器等组成。

（2）电控系统的组成　电控系统由 ECU、传感器和执行器等组成。

### 2. 实施条件

（1）工位　准备 4 个工位。

（2）设备　玉柴国三 6L、6M、6K 等重型系列博世共轨柴油机实训台架一台或潍柴国三 WP6 高压共轨柴油机实训台架一台。

（3）工具　通用工具一套。

（4）资料　汽车维修手册。

### 3. 实施步骤

高压共轨系统的结构元件位置认知，如图 7-1-21～图 7-1-23 所示。

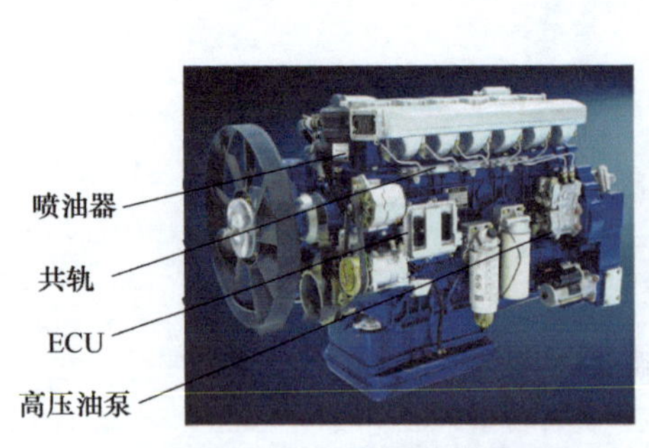


图 7-1-21　潍柴国三 WP6 高压共轨柴油机（一）

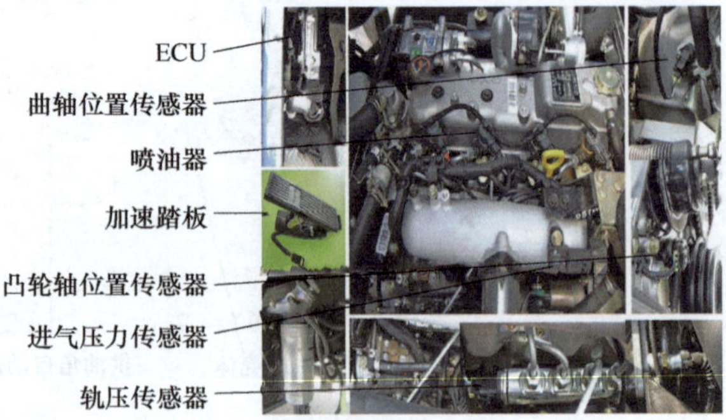

ECU
曲轴位置传感器
喷油器
加速踏板
凸轮轴位置传感器
进气压力传感器
轨压传感器

图 7-1-22　潍柴国三 WP6 高压共轨柴油机（二）

图 7-1-23　潍柴国三 WP6 高压共轨柴油机（三）

### 4. 评价与反馈

| 名称 | | 组别 | | 学生姓名 | | 工位号 | |
|---|---|---|---|---|---|---|---|
| | | 用时 | | | | 零件号 | |
| 序号 | 考核项目 | 评分标准 | 分数 | 学生自评 | 小组互评 | 教师评价 | 小计 |
| 1 | 团队协作 | 是否协同<br>有效工作 | 10 | | | | |
| 2 | 工作态度 | 是否积极主动<br>追求精益求精 | 10 | | | | |
| 3 | 任务方案 | 是否正确合理 | 20 | | | | |
| 4 | 任务完成情况 | 操作方法正确<br>数据正确记录<br>分析结果正确 | 30 | | | | |
| 5 | 安全规范 | 有无安全隐患<br>设备、工量具使用规范标准<br>遵守劳动纪律 | 20 | | | | |
| 6 | 现场 7S | 是否做到 | 10 | | | | |
| 总分 | | 100 | | | | | |
| 教师签名 | | | | 总计 | | | |

## 三、针阀升程传感器 G80 的检修

### 1. 任务描述

针阀升程传感器 G80（图 7-1-24）的作用如下：

1）用来确定喷油始点，喷油持续期喷油量。同时可以作为判断缸信号，与第三缸喷油器合成一体，属于监控信号。如果传感器失效，喷油始点信号转换到开环控制，根据发动机转速与负荷确定。在正常操作过程中，喷油始点信号由闭环功能控制，根据发动机转速，发动机负荷与温度来确定。

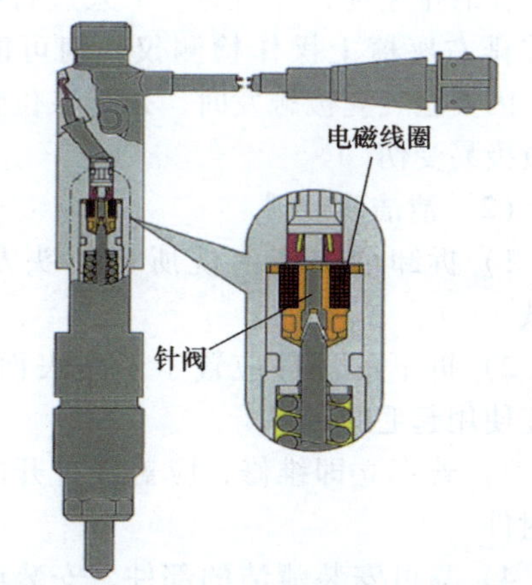

图 7-1-24 针阀升程传感器 G80 的结构

2）失火检测原理以 2 缸失火为例。

A：曲轴信号。

曲轴信号靶轮有 60-2 齿，曲轴每转动两周，传感器发出 4 个点火信号到 ECU，即转速传感器 G28 每扫描 30 个齿，就会发出 1 个点火信号到 ECU。

B：针阀升程传感器 G80 信号。

凸轮轴转动一圈，针阀升程传感器 G80 向 ECU 发送 3 缸点火信号一次，如图 7-1-25 所示。信号 A+B：ECU 就得到判缸信号。

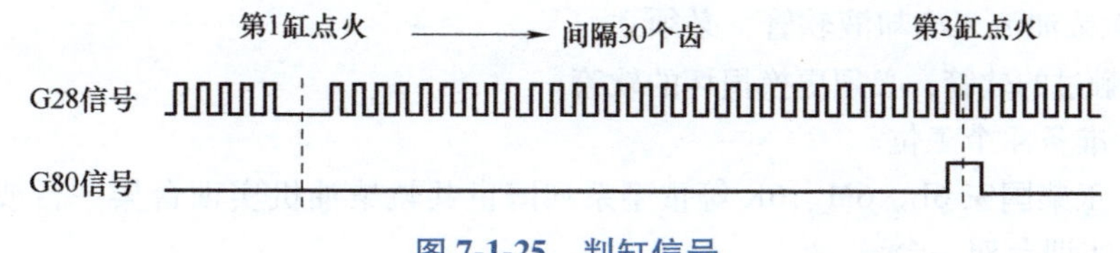

图 7-1-25 判缸信号

若所有信号都以同样的节奏传送，则所有气缸也以同样的节奏运转。若某个气缸运转较弱，则曲轴就要用更多的时间进行运转。反之，则所用时间就短，如图 7-1-26 所示。如果 ECU 识别到有差别，则提供给气缸的燃油就会更多或更少，直到运转平稳为止。

3）针阀升程传感器 G80 失效将出现。

① 功率损失。

② 排放恶化。

③ K29 闪烁。

④ 无 EGR 功能。

⑤ 发动机工作粗暴。

⑥ 游车。

### 2. 实施条件

（1）准备工作及事故预防、清洁度规则

1）准备工作及事故预防。

2）排列好所有管路（燃油、液压活性炭滤清器、冷却液、制冷剂、制动液的真空软管和管子）及导线，以便恢复原位。

3）确保所有运动部件及受热部件之间有足够的间距。

4）连接或断开喷油和预热系统导线或检测仪电缆前必须关闭点火开关。

5）若不起动发动机，例如检查缸压时，而将发动机调至起动转速时，则必须断开缸盖上的泵

喷油器插头。

6）断开蓄电池前应查取带防盗码收音机的编码。

7）关闭点火开关后方可连接和断开蓄电池，否则，可能损坏柴油机直喷系统。

8）路试期间若需进行检测，检测仪必须固定在后排座椅，并由另一个人进行操作。若在前排右座椅上操作检测仪，则可能引发事故。因安全气囊被触发时，处于该位置的操作人员极易受伤。

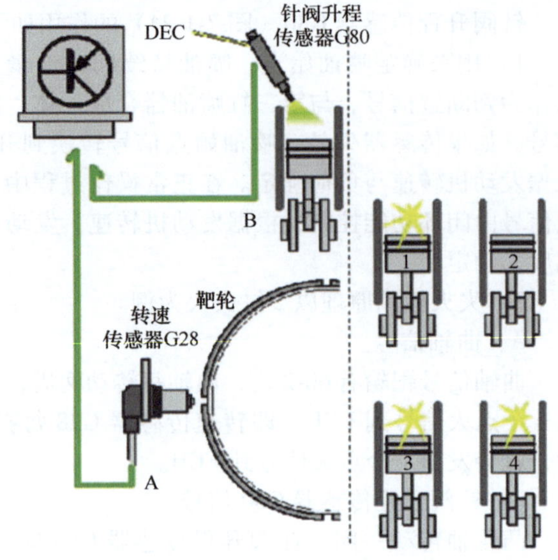


图 7-1-26　失火检测系统原理图

（2）清洁度规则

1）拆卸前彻底清洗所有插头及其邻近区域。

2）拆下的部件应置于干净表面并盖好，不能使用起毛的布。

3）若不立即维修，应盖好打开的部件和密封件。

4）只可安装清洁的部件，安装前方可拆除更换件的外包装，切勿使用散放的部件。

5）打开系统时尽可能不使用压缩空气，无绝对必要，切勿移动车辆。

6）应确保无柴油流入冷却液软管，必须立即清洗与燃油接触过的软管，必须更换损坏的软管。

（3）工位　准备 4 个工位。

（4）设备　玉柴国三 6L、6M、6K 等重型系列博世共轨柴油机实训台架一台或潍柴国三 WP6 高压共轨柴油机实训台架一台。

（5）工具　通用工具一套、万用表。

（6）资料　汽车维修手册。

### 3. 实施步骤

完成针阀升程传感器 G80 的检修并规范填写工单：

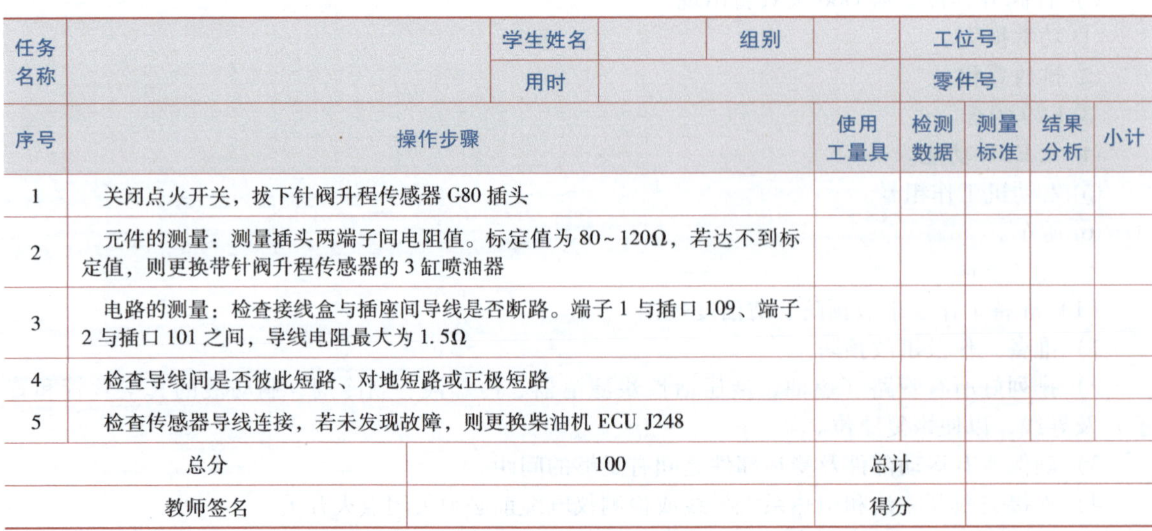

| 任务名称 | | 学生姓名 | | 组别 | | 工位号 |
|---|---|---|---|---|---|---|
| | | 用时 | | | | 零件号 |
| 序号 | 操作步骤 | 使用工量具 | 检测数据 | 测量标准 | 结果分析 | 小计 |
| 1 | 关闭点火开关，拔下针阀升程传感器 G80 插头 | | | | | |
| 2 | 元件的测量：测量插头两端子间电阻值。标定值为 80~120Ω，若达不到标定值，则更换带针阀升程传感器的 3 缸喷油器 | | | | | |
| 3 | 电路的测量：检查接线盒与插座间导线是否断路。端子 1 与插口 109、端子 2 与插口 101 之间，导线电阻最大为 1.5Ω | | | | | |
| 4 | 检查导线间是否彼此短路、对地短路或正极短路 | | | | | |
| 5 | 检查传感器导线连接，若未发现故障，则更换柴油机 ECU J248 | | | | | |
| 总分 | 100 | 总计 | | | | |
| 教师签名 | | 得分 | | | | |

**4. 评价与反馈**

| 名称 | | 组别 | | 学生姓名 | | 工位号 | |
|---|---|---|---|---|---|---|---|
| | | 用时 | | | | 零件号 | |
| 序号 | 考核项目 | 评分标准 | 分数 | 学生自评 | 小组互评 | 教师评价 | 小计 |
| 1 | 团队协作 | 是否协同<br>有效工作 | 10 | | | | |
| 2 | 工作态度 | 是否积极主动<br>追求精益求精 | 10 | | | | |
| 3 | 任务方案 | 是否正确合理 | 20 | | | | |
| 4 | 任务完成情况 | 操作方法正确<br>数据正确记录<br>分析结果正确 | 30 | | | | |
| 5 | 安全规范 | 有无安全隐患<br>设备、工量具使用规范标准<br>遵守劳动纪律 | 20 | | | | |
| 6 | 现场 7S | 是否做到 | 10 | | | | |
| 总分 | | 100 | | | | | |
| 教师签名 | | | | 总计 | | | |

## 故障案例

### 捷达 SDI 柴油轿车发动机怠速运转不稳定、加速无力故障排除案例分析

**1. 故障现象**

维修人员接到一款捷达 SDI 柴油轿车的报修，该车配置的 AQM 发动机怠速运转不稳定，行驶过程中加速无力，并出现轻度冒黑烟的现象。

**2. 故障分析**

捷达柴油轿车能引起怠速运转不稳的原因，一般包括个别气缸的压力过低；VP37 轴向柱塞式分配泵损坏，进而导致供油量不均匀；个别气缸喷油器损坏或有堵塞。

**3. 故障检测**

首先测试气缸压力，气缸压力均在标准范围 2.5~3.1MPa 内。用 VAC 1551 进行检测，检测结果如下：

1）存储器内无故障码。

2）柴油泵喷油量在 2.0mg/s 左右变化，变化范围较大。

3）供油时刻起始值为 94。

根据以上数据，首先调整喷油起始角 04 功能下 000 组，2 区数值为 50~60，故障现象依旧。然后检查燃油供给系统，结果未发现水或杂质，供油畅通。检查电路系统一切正常。因此怀疑是 VP37 轴向柱塞式分配泵有故障，更换一个新的，故障现象依旧。又重新开始分析怠速稳定控制数据组 013，为什么 3 缸做功比其他三个缸都好，且超出了调整的允许范围（±1.9mg/s）？这也就是说 3 缸供油太多。因此，拆下 3 缸喷油器测试其开启压力，结果是在压力达到 7MPa 时喷油器开始喷油。标准的开启压力为 19~20MPa，也就是说，3 缸喷油器在未达到标准压力时提前开启，经拆检发现 3 缸喷油器中的一个弹簧断裂，导致 3 缸喷油器在未达到标准压力时提前开启。

**4. 故障原因**

捷达 SDI 柴油轿车喷油器是采用双螺旋弹簧控制喷油器开启压力的，由于 3 缸喷油器的一个弹簧断裂，致使开启压力过低，喷油器开启过早，喷油量过多，针阀升程传感器把这一信号反馈给发动机 ECU。这时发动机 ECU 控制 VP37 轴向柱塞式分配泵减少喷油量，也就是说，按针阀升程传感器的信号，3 缸的喷油量已足够。而到 1 缸、2 缸和 4 缸时，开启压力较高，此时就会导致 1 缸、2 缸和 4 缸供油量不足，做功能力不足。此时发动机 ECU 为了维持怠速运转稳定，就会出现供油量变化范围较大，来维持发动机的怠速运转，给维修人员的直观感觉就是柴油泵已经损坏了。因此，捷达 AQM 发动机在维修过程中，如果发现喷油量过大或过小，也不一定是 VP37 轴向柱塞式分配泵损坏，一定要做仔细全面检查。

**5. 故障排除**

更换 3 缸的喷油器，故障排除。

2021 年汽车类技能高考真题（来源于毕业学生口述）：

【题干】曲轴位置传感器及凸轮轴位置传感器为 ECU 提供喷油的基准信号，当两传感器同时失效时，发动机（　　）打着火。

选项：A. 能　　B. 不能　　C. 不一定　　D. 无法确定

【答案】B

【解析】曲轴位置传感器及凸轮轴位置传感器为 ECU 提供喷油的基准信号，当两传感器同时失效时，ECU 无法确定喷油准确提前角，因此，发动机不能打着火。

【难易度】中等题

【考纲知识点】2-10. 理解电控燃油供给系统的基本结构及工作原理，会诊断及检修电控汽车燃油供给系统常见故障；2-11. 了解发动机电控系统基本组成和作用。

**一、判断题**

1. 电控共轨高压泵是通过机油来润滑的。（　　）
2. 线束上有些油没关系，只要没有水就可以了，因为油是不会引起短路的。（　　）
3. Delphi 高压共轨发动机的共轨管上有泄压阀组件可以提供共轨管超压保护。（　　）
4. 设置电控 EGR 控制系统的主要目的是减少 CO 的排放。（　　）
5. 加速踏板位置传感器失效后发动机能打着火但对发动机有影响，如高怠速、功率受限。（　　）
6. 共轨压力传感器失效后，发动机一定打不着火或熄火。（　　）

**二、单选题**

1. 共轨柴油机将加速踏板位置传感器插头拔掉，起动发动机（　　）着火。

A. 不能着火　　B. 能着火

C. 不一定，应结合具体机型分析　　D. 无法确定

2. 凸轮轴位置传感器的安装位置经常在（　　）。

A. 缸盖上　　B. 高压油泵上

C. 缸盖上或高压油泵上　　D. 输油泵上

3. 加速踏板位置传感器一般采用了双电位计式，信号 1 与信号 2 的输出电压一般满足下列关系（　　）。

A. 1 倍　　B. 2 倍　　C. 3 倍　　D. 4 倍

4. 当冷却液温度、机油温度及进气温度传感器信号失效时，电控柴油机一般具有（　　）功能，发动机动力下降、转速受限。

A. 热保护　　B. 冷保护　　C. 熄火　　D. 不能起动

5. 增压压力传感器一般安装在（　　）位置。

A. 空气滤清器与增压器之间　　B. 增压器与进气歧管之间

C. 增压器上　　D. 无具体要求

## 任务二　共轨式电控柴油机喷射系统的检修

### 任务描述

了解共轨式电控柴油机喷射系统的基本组成及工作原理，ECU 共轨油压的控制策略，对喷油器供油量控制、供油提前角控制、喷油规律控制，能利用故障诊断仪、万用表等工具对电控系统的故障做出正确的诊断分析。共轨式电控柴油机喷射系统实物组成如图 7-2-1 所示。

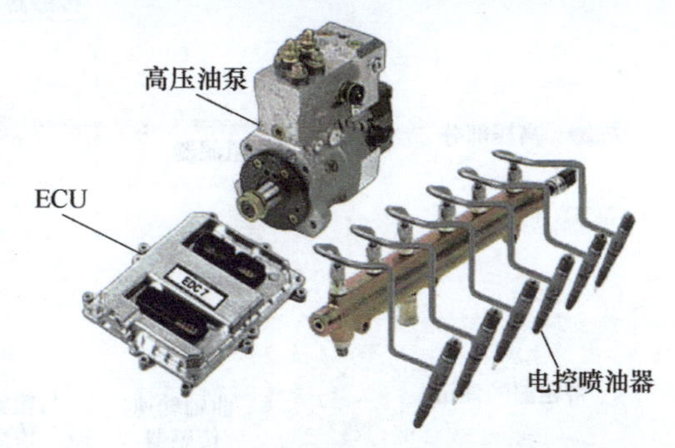


图 7-2-1　共轨式电控柴油机喷射系统实物组成

### 学习目标

| 知识目标 | 能力目标 | 素养目标 |
|---|---|---|
| 1. 了解共轨式电控柴油机喷射系统的基本组成 | 1. 掌握共轨式电控柴油机喷射系统的工作原理 | 1. 能够在工作过程中与小组其他成员合作、交流，培养团队合作意识，锻炼沟通能力 |
| 2. 了解柴油机辅助控制系统的结构原理 | 2. 能正确选用检测仪器和设备工具，能迅速查阅相关维修资料和电路图，为进一步检查和故障诊断做准备 | 2. 提升认识问题、分析问题和解决问题的能力 |
| 3. 了解不同柴油机电控燃油喷射系统的结构原理 | 3. 能正确使用万用表和故障诊断仪等常用检测诊断设备对柴油电控系统进行检测，并能分析故障码含义，能判断动态数据流主要参数和数值是否超出合格范围 | 3. 养成一丝不苟、精益求精的工匠精神 |

### 资讯信息

#### 知识点　共轨式电控柴油机喷射系统的基本组成及工作原理

电控高压共轨系统（以 CP2. 2 油泵为例）由电子控制和燃油供给两大部分组成，其基本结构如图 7-2-2 所示。

**1. 燃油供给部分**

高压共轨燃油供给系统为蓄压器式共轨系统，该系统由油箱、柴油滤清器、齿轮输油泵、高压油泵、高/低压油管、蓄压器（油轨）、喷油器、回油管和 ECU 等组成，如图 7-2-3 所示。燃油供给系统又分为低压部分和高压部分。

燃油供给系统工作过程：高压油泵从油箱中吸出柴油并将油压提高后输入共轨，多余的柴油经回油管流回油箱。共轨上设有油压传感器，传感器将共轨油压的信号输送给 ECU，由 ECU 对流

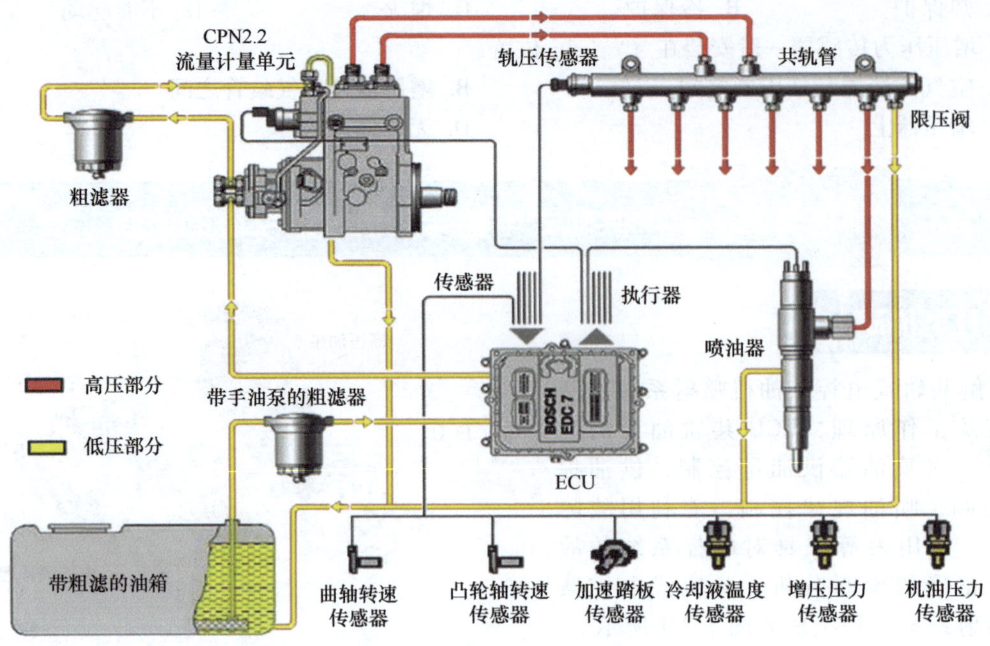


图 7-2-2　共轨式电控柴油机喷射系统的基本结构

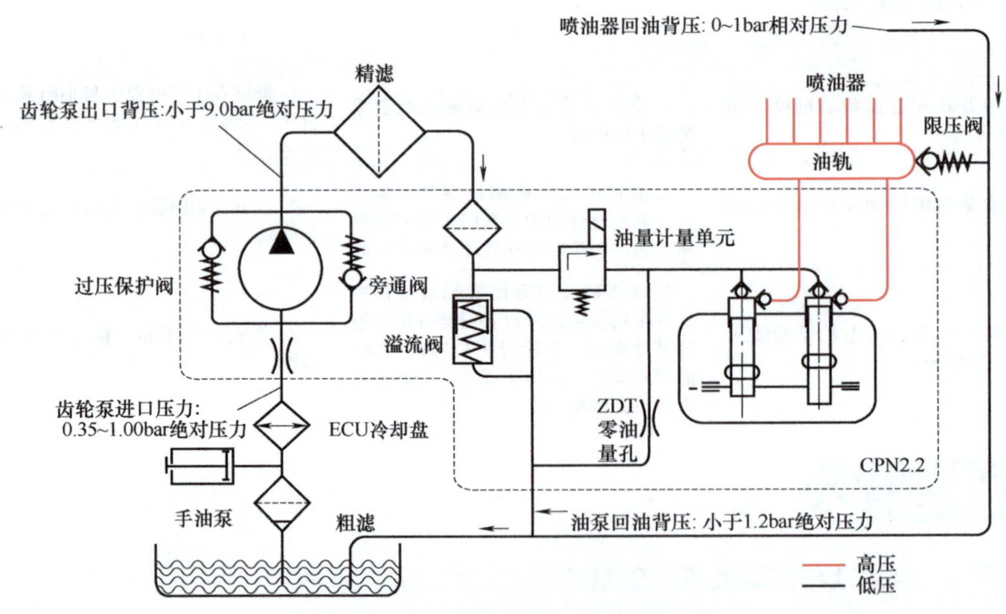


图 7-2-3　高压共轨燃油供给系统的组成

量计量单元（调压阀）实施闭环控制，使共轨中油压稳定于目标值。调压阀是通过调整电磁阀线圈中电流的大小来调节共轨中油压的。共轨中的燃油压力由 ECU 根据柴油机工况的要求进行调节，并由共轨上的油压传感器向 ECU 提供油压反馈控制信号。共轨油压决定喷油压力，而喷油压力和喷油器中电磁阀通电持续时间决定了循环喷油量，通电时刻决定了喷油起始点。

（1）低压部分

1）燃油输送齿轮泵的组成和工作原理，如图 7-2-4 所示。输油泵将燃油从油箱中吸入并将燃油提供给燃油计量单元 M-prop。

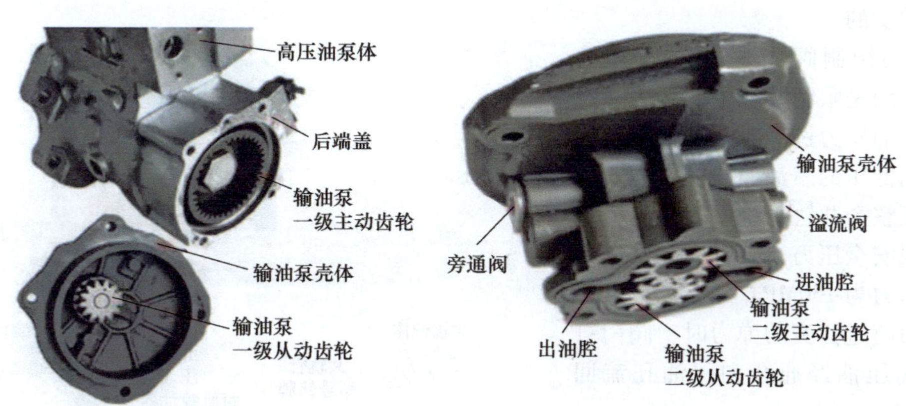


图 7-2-4 燃油输送齿轮泵的组成和工作原理图

2）燃油计量单元 M-prop。ECU 根据标准共轨压力与油轨里实际的高压燃油压力的差值大小对燃油计量电磁阀，进行 PWM（脉冲宽度调制）控制，频率在 165~195Hz 范围内，如图 7-2-5 所示，从而控制进入柱塞的燃油量，使实际共轨压力与目标压力值保持一致。燃油计量电磁阀线圈电阻为 2.60~3.15Ω，最大工作电流为 1.80A，缺省状态为全开 Limp home。

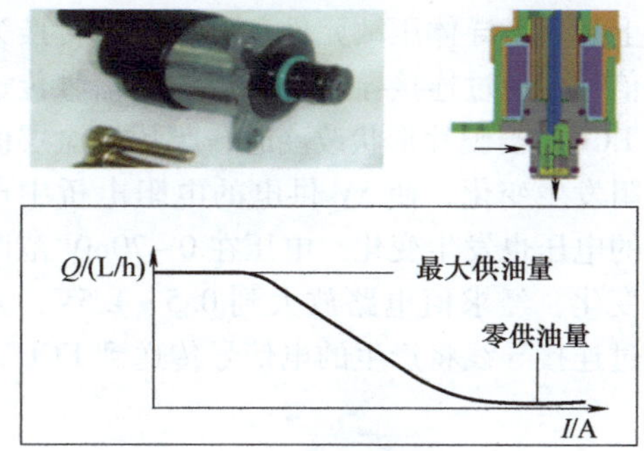


图 7-2-5 M-prop 燃油计量单元的结构及供油特性图

（2）高压部分 高压油泵 CPN2.2：共轨式电控柴油机喷射系统中，高压油泵的功能是向共轨中提供高压燃油，高压油泵的结构如图 7-2-6 所示。

油泵凸轮轴上对应加工有两组凸轮，每组凸轮均匀分布三个凸轮，间隔 120°，两组间的凸轮错开 60°，则该凸轮轴上均匀分布六个凸轮，每个间隔 60°。系统和凸轮受力均匀压力小，凸轮通过挺柱和柱塞弹簧的作用使柱塞做往复运动，将输油泵所输送的燃油供给油轨。供油泵凸轮轴转一周，均匀间隔 60°向油轨供一次油，供油泵转速为柴油机一半，柴油机气缸数与供油泵供油次数相同，供油压力比较平稳。

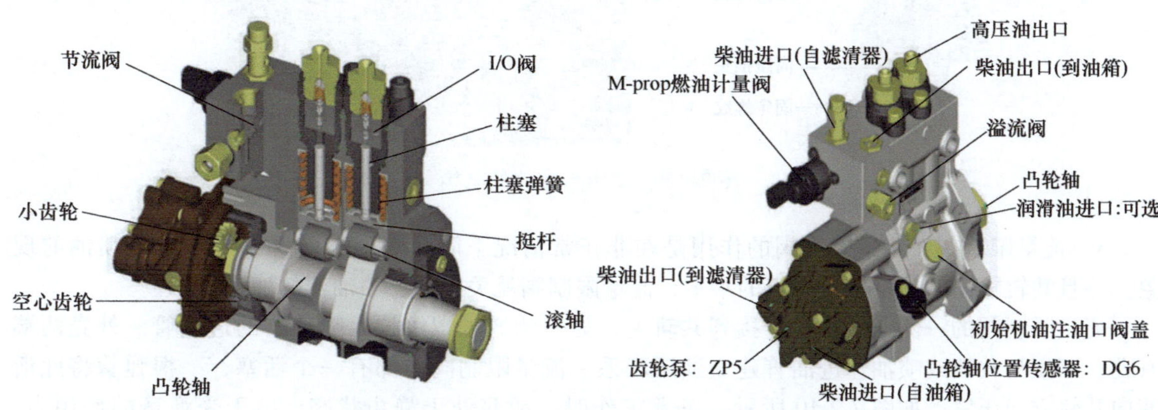


图 7-2-6 CPN2.2 高压油泵组成元件的结构

共轨管：共轨组件包括共轨本身和安装在共轨上的高压燃油插头、轨压传感器、起安全作用的压力限制阀、连接共轨和喷油器的流量限制阀等，其作用是存储高压油，保持压力稳定，如图 7-2-7 所示。共轨本身容纳高达 150MPa 以上的高压燃油，材料和高压容积对于共轨压力的控制都是至关重要的。

1）压力限制阀（泄压阀）。压力限制阀的作用是限制共轨中的压力。当共轨中的燃油压力过高时，压力限制阀连通共轨到低压的燃油回路，实现安全泄压，保证整个共轨系统中的最高压力不超过极限安全压力。共轨内允许的短时间最高压力为150MPa。如图7-2-8所示，当压力超过弹簧的弹力时，阀门打开泄压，高压油经通孔和回油孔流回油箱。

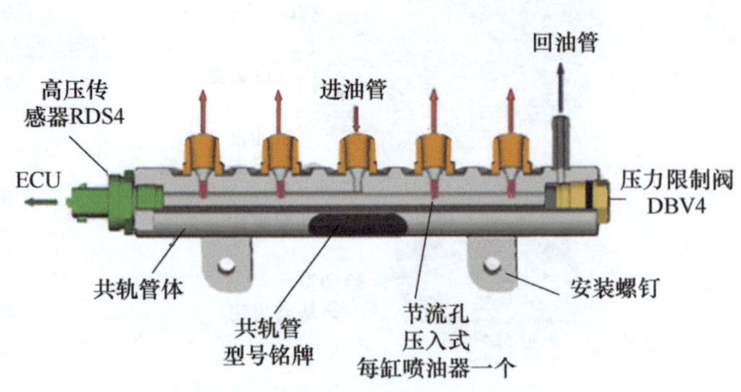


图7-2-7　共轨管组成元件的结构

2）轨压传感器。轨压传感器的作用是测定共轨中的实时燃油压力，并向ECU提供电信号，如图7-2-9所示。

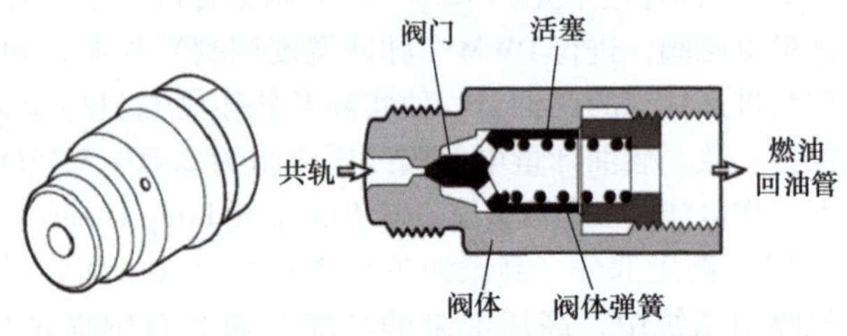


图7-2-8　压力限制阀的结构

高压燃油经压力室的小孔流向膜片，膜片上装有半导体压敏元件，可将压力转换为电信号，通过连接导线将产生的电信号传送到ECU。当膜片形状改变时，膜片上涂层的电阻发生变化，使5V供电的电阻电桥中产生的电压也发生变化。电压在0~70mV范围内变化，经求值电路放大到0.5~4.5V，并通过连接导线将产生的电信号传送到ECU。失效：发动机功率不足，转速受限1700r/min内。

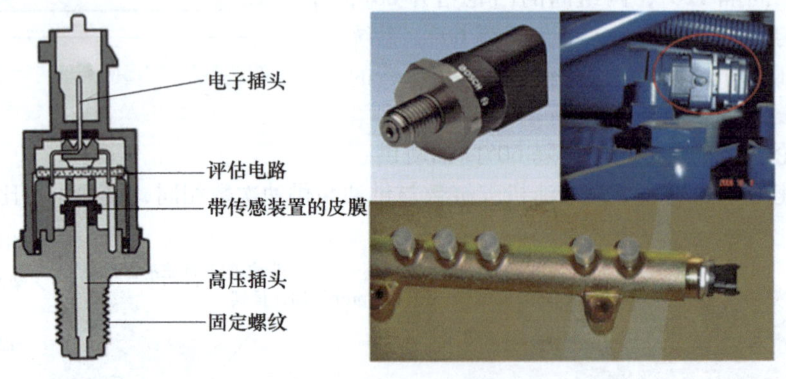


图7-2-9　轨压传感器的结构

3）流量限制阀。流量限制阀的作用是在非正常情况下防止喷油器常开并导致持续喷油的现象。一旦共轨输出的油量超出规定的水平，流量限制阀就关闭通往喷油器的油路。

流量限制阀的一侧通过螺纹连接到共轨上，另一侧通过螺纹拧入喷油器的进油管。外壳两端有孔，以便与共轨或喷油器进油管建立油压联系。流量限制阀内部有一个活塞，一根弹簧将此活塞向共轨方向压紧，如图7-2-10所示。正常工作时，活塞处于静止状态，由于受弹簧的作用力，总是靠在堵头一端。在一次喷油后，喷油器端压力下降，活塞在共轨压力作用下向喷油器端移动。在喷油终了时，活塞停止运动，但并不关闭密封座面，这时弹簧将活塞重新压回到静止位置。当喷油量过大时，由于出油量过多，活塞从静止位置被压到喷油器端的密封面上，从而关闭通往喷油器的进油口，这种情况一直停留到发动机停机。

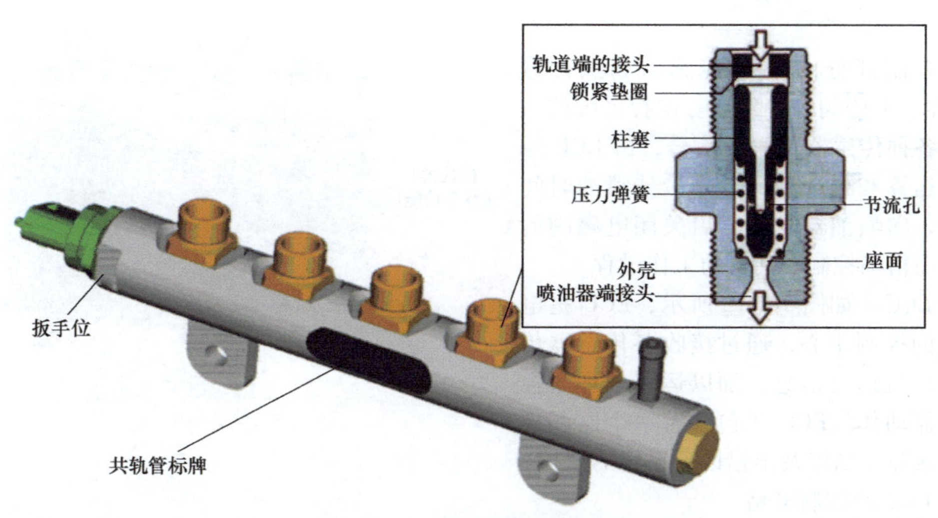


图 7-2-10　流量限制阀的结构

（3）电磁喷油器　喷油器是共轨式电控柴油机喷射系统中的核心部件，其作用是准确控制向气缸喷油的时间、喷油量和喷油规律。图 7-2-11 所示为博世公司共轨式喷油器的结构简图，喷油器的顶端装有电磁阀，用来控制喷射过程。

当电磁阀断电时，球阀在弹簧力的作用下压紧在电磁阀的阀座上，高压和低压之间的流通通道被隔断，来自共轨的高压燃油流经喷油器上的高压燃油插头、进油节流孔进入柱塞控制腔中，并作用在控制柱塞上，同时，另有一部分高压燃油流经喷油器体的斜油道流入喷油器底部的喷油器针阀承压锥面上。由于柱塞截面面积大于喷油器针阀承压锥面面积，加上弹簧的预紧力，作用在柱塞顶部的燃油压力便克服喷油器底端针阀承压锥面上的燃油压力，使柱塞和针阀向下紧压在喷油器针阀座面上，针阀关闭，喷油器不喷射，如图 7-2-11 所示。

当电磁阀通电后，球阀受电磁力的作用离开阀座，柱塞控制腔和燃油回油口连通，高压和低压之间的流通通道打开，柱塞控制腔中的部分高压燃油经过溢流节流孔、球阀进入低压回路。由于进油节流孔和溢流节流孔都很小，因此，流体的节流作用导致柱塞控制腔的压力小于来自共轨的高压燃油压力，高压燃油在喷油器针阀承压锥面上的压力使柱塞和针阀抬起，喷油器就开始喷油。电磁阀断电时，球阀再次关闭，共轨中的燃油压力又重新作用在控制柱塞的上方，针阀重新关闭。

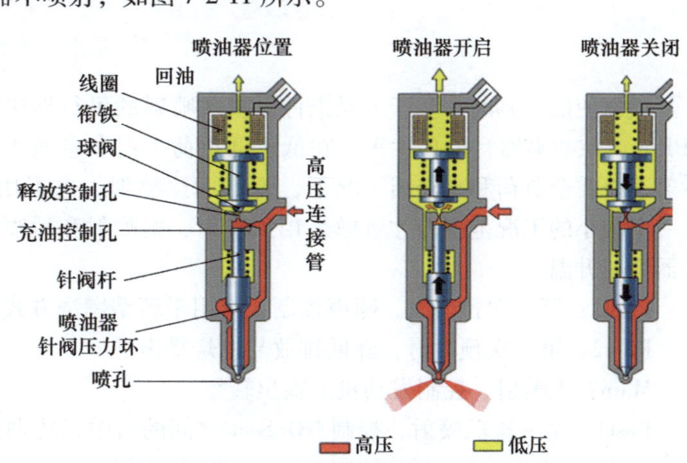


图 7-2-11　电磁喷油器的工作原理图

整个喷射过程简述：当电磁阀通电时，针阀抬起，喷射开始；当电磁阀断电时，针阀落座，喷射结束。由于共轨中的压力一直存在，所以任何时刻喷油器都可以在电磁阀的控制下喷油，这是与第二代时间控制式系统喷油电磁阀最大的不同之处。由此可见，在“时间-压力控制”系统中，ECU 油压力调节阀使喷油器的喷油压差保持不变，再通过控制电磁阀工作实现喷油量和供油正时的控制。电磁阀通电开始时刻决定喷油的开始时刻，其通电时间决定喷油量。

## 2. 电子控制部分

电子控制部分由 ECU 传感器和执行器（如喷油器、电磁阀等）组成。电控系统的功能是根据各种传感器输入的信号，由 ECU 经过比较、运算和处理后，得出最佳喷油时间和喷油量，向喷油器发出开启关闭电磁阀的指令，从而精确控制发动机的工作过程。

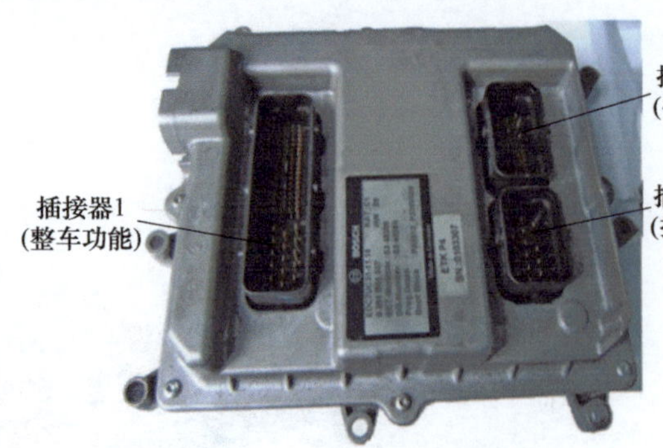


图 7-2-12　ECU 实物图

（1）ECU　如图 7-2-12 所示，ECU 是电控发动机的控制中心，通过接收各传感器传送来的发动机运行信息，加以运算处理后控制各执行器动作。ECU 还包含着一个监测模块，用于故障诊断以及出错以后系统的保护。

（2）ECU 的控制策略

1）ECU 对喷油率的控制策略如图 7-2-13 所示。

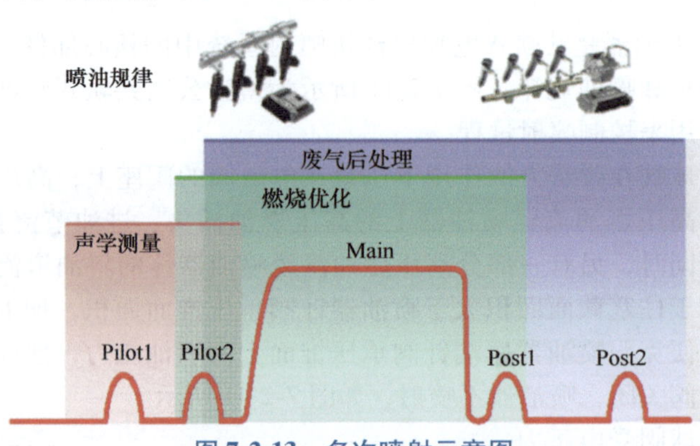


图 7-2-13　多次喷射示意图

喷射使能的判断：基于工况条件对多次喷射的可行性进行分析，如是否需要后喷射，以用于 DPF（微粒捕集器）的再生等。在低速低负荷工况和怠速工况，为了降低燃烧噪声，采用二次预喷射，而在全负荷和高转矩工况下，既不用预喷射，也不用后喷射。只有当发动机温度较低时，在一个很小的工况范围内才考虑采用预喷射、主喷射和后喷射，此时的后喷射主要用于使氧化催化器快速升温。

Pilot1：第一次预喷射，噪声控制，应用于新型燃烧方式。

Pilot2：第二次预喷射，降低排放与燃烧噪声。

Main：主喷射，控制发动机的输出转矩。

Post1：第一次后喷射，控制 NO/Soot 之间的折中，特别是高负荷时氧化碳烟颗粒。

Post2：第二次后喷射，控制 HC 与 $NO_X$ 的比例。

2）ECU 对起动喷油量的控制，起动喷油量计算过程为

起动喷油量 = 基本转矩喷油量 + 补偿转矩喷油量

基本转矩喷油量是柴油机转速与冷却液温度的函数：xs_trq = f（Coolant temp，engine speed）。

冷却液温度越低或转速越低，起动油量越大。冷却液温度传感器可能导致起动不良。当冷却液温度高而传感器信号表现冷却液温度低时，可能冒烟；当冷却液温度低而传感器信号表现冷却

液温度高时，可能起动困难。

补偿转矩喷油量。

高温时补偿：

xs_TRQ_PRESS_ATM_SCALE =f（Ambient Pressure）;

在起动过程中，ECU 会根据起动时间和转速逐渐增加喷油量，以促进柴油机顺利起动。

3）ECU 对每次喷射的喷油量、每次喷射之间的间隔角的控制。多次喷射中各次的喷油量：基于发动机转矩与转速计算出此工况下总的喷油量，然后根据多次喷油量与主喷油量的比例关系，以及喷射压力的影响，确定此工况下多次喷油量的分配，如主喷油量决定了此工况下的发动机输出转矩，而一定的预喷射有利于降低燃烧噪声与排放。

各次的提前角：基于多次喷油量的大小，根据工况要求确定多次喷射的正时，如预喷射与主喷射之间的间隔角。

4）ECU 对轨压的控制如图 7-2-14 所示。

在电控高压燃油共轨供给系统中，共轨压力的精确控制是众多控制量优化控制的一个前提，它不仅决定了喷油压力的高低，而且是喷油量计算的重要参数，其稳定性和动态响应直接影响发动机起动、怠速、加速等动力性能。特别是喷油量的精确控制，严重地依赖于共轨压力。轨压控制有开环控制和闭环控制两种方式可以选择。开环控制响应速度快，其控制精度取决于运行工况和状态参数的测量精度；闭环控制对传感器和执行器的精度依赖较小，可以实施优化控制，但其控制周期长且响应速度慢。所以，为了迅速建立轨压，在起动过程中采用开环控制方式；当达到目标压力后，采用闭环控制方式维持，通过调整比例电磁阀的通电电流、调节比例电磁阀的开合程度，来达到调整轨压的目的。

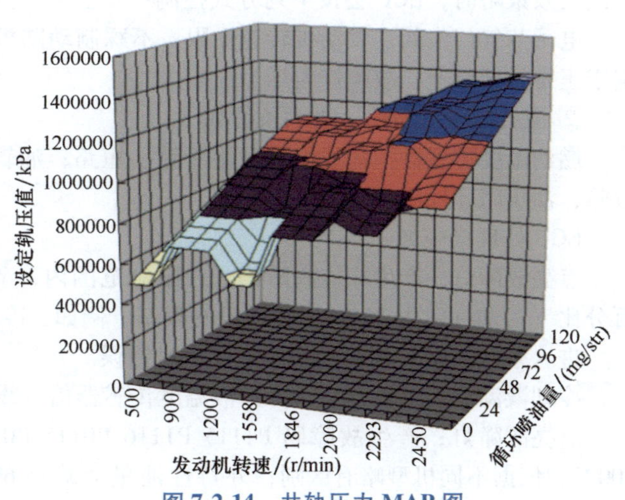

图 7-2-14 共轨压力 MAP 图

① 起动轨压控制：在起动过程中，供油泵转速较低，内部泄漏较大，为促进燃油与空气的混合，必须迅速建立起足够的喷射压力，同时需要根据柴油机的冷热状态确定合适的低速加浓油量，在不冒黑烟的前提下保证柴油机顺利起动。

阶段 1 为柴油机起动初期，ECU 未检测到判缸信号时，为了尽快建立共轨内油压，ECU 的起动程序不是采取查取轨压 MAP 图控制油压电磁阀，电磁阀电流为零，即 PWM 占空比为零，进油量最大，加速起动过程中目标轨压的建立。

阶段 2 为轨压达到目标值（一般取为 40MPa）后、柴油机未达到最低怠速转速前，ECU 以闭环控制的方式，通过查询 MAP 图，采用合适的 PWM 占空比，维持起动目标油压，直到转入怠速过程。

② 起动后轨压控制：当共轨压力达到所需压力后，进入共轨压力的闭环控制方式，保持共轨压力的稳定。稳态工况下，共轨压力要求维持在根据柴油机状态确定的压力值上，由于喷油器喷油和燃油泄漏的影响，每次喷油后均需进行压力调节。ECU 首先根据最终喷油量和转速，通过查轨压 MAP（图 7-2-14）确定目标轨压基本值，结合进气温度、进气压力和冷却液温度对基本值进行修正，得到的结果为最终目标轨压；然后将当前轨压反馈值与目标值相比较，两者通过实时控制算法求得轨压实际控制量，查询 MAP 图得到相应的 PWM 驱动占空比，输出至高压油泵进油量比例电磁阀，完成共轨压力控制。

5）ECU 对气缸做功平衡控制。必要性：由于制造公差和零件老化等因素，柴油机各缸的目标喷油量即使相等，实际喷油量也可能不等；即使实际喷油量相等，各缸燃烧情况不同也会产生不等的转矩，都将导致柴油机的不规则运行。这种影响在怠速时尤为突出，怠速时喷油量较少，各缸喷油量的微小变化也就会导致各气缸工作状态较大的变化。

控制原理：通过对瞬态转速的精确测定，由 ECU 计算出怠速时各缸循环供油量的偏差，然后进行补偿调节。具体过程是，通过测取各缸对怠速转速所做“贡献”的大小，调节各缸循环供油量，并利用标定的数据脉谱，根据共轨喷油压力将补偿的循环供油量数据转化为喷油脉宽，对各缸喷油量进行瞬时调整。

6）ECU 的失效保护策略。

① Limp home 失效策略。当发动机处于以下几种情况的时候，控制策略将进入 Limp home 状态：电子节气门传感器损坏或信号电路断路、短路；传感器参考电压故障；蓄电池电压信号故障。进入失效策略时，ECU 会按下列方式控制：

电子节气门失效；发动机转速受限；不踩制动踏板时，稳定于 1300r/min；踩制动踏板时，稳定于正常目标怠速；故障灯闪烁。

② 减转矩失效策略。进入条件如下：

燃油温度传感器损坏或信号电路断路、短路；油轨压力信号漂移故障；节气门信号 1 路/2 路故障；油压闭环控制类故障。

ECU 处理措施如下：

点亮故障灯，产生相应故障码；在限制范围内，节气门仍然起作用；外特性油量会减小一个百分比（目前标定为 25%）；转速没有限制。例如，冷却液温度信号故障下的热保护功能。

进入条件：ECU 判断冷却液温度信号错误。

冷却液温度传感器损坏；冷却液温度传感器信号线损坏，断路或短路。ECU 处理措施如下：

点亮故障灯；产生故障码 P1115 P1116 P0115 P0117 P0118；发动机采用缺省，冷却液温度 100℃，依据不同机型略有区别；外特性油量会减小 60%，依据不同车速略有区别；在限制范围内，节气门仍然起作用。

③ 停机保护失效策略。

进入条件：ECU 判断出现下述故障。

控制器模数转换功能错误；油轨压力持续过高；轨压传感器信号故障；燃油计量阀驱动电路故障；控制器本身硬件故障；蓄电池电压过低，例如小于 6V。

ECU 处理措施如下：

点亮故障灯，产生相关故障码；发动机停机，故障状态下无法再次起动。

（3）传感器

1）曲轴转速传感器作用：精确计算曲轴位置，用于喷油时刻、喷油量的计算，转速计算；信号盘的设计：58 齿，如图 7-2-15 所示。

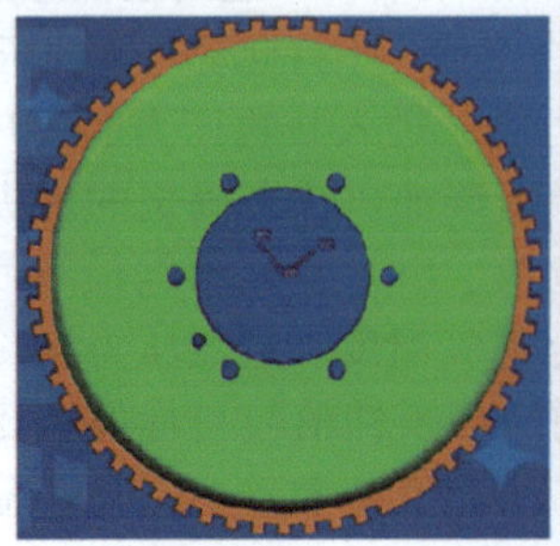

图 7-2-15　曲轴位置、转速传感器的结构

失效保护：利用凸轮轴位置传感器信号跛行回家。

2）凸轮轴位置传感器作用：判缸和曲轴位置传感器失效时用于跛行回家。

信号盘齿数的设计：$Z+1$（$Z$ 为气缸数），如图 7-2-16 所示。信号盘相位关系，如图 7-2-17 所示。

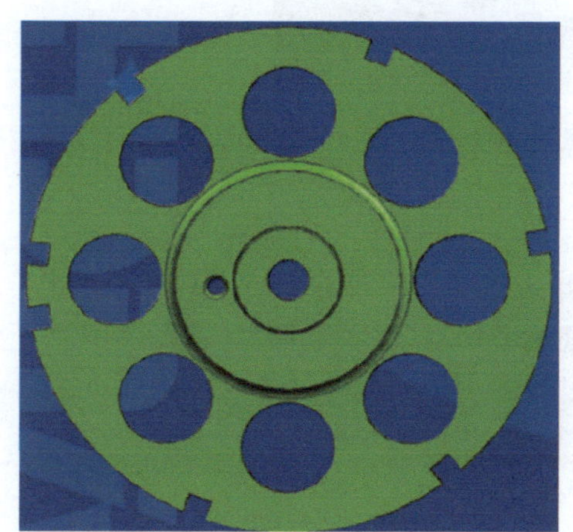

图 7-2-16 凸轮轴位置传感器信号盘的结构

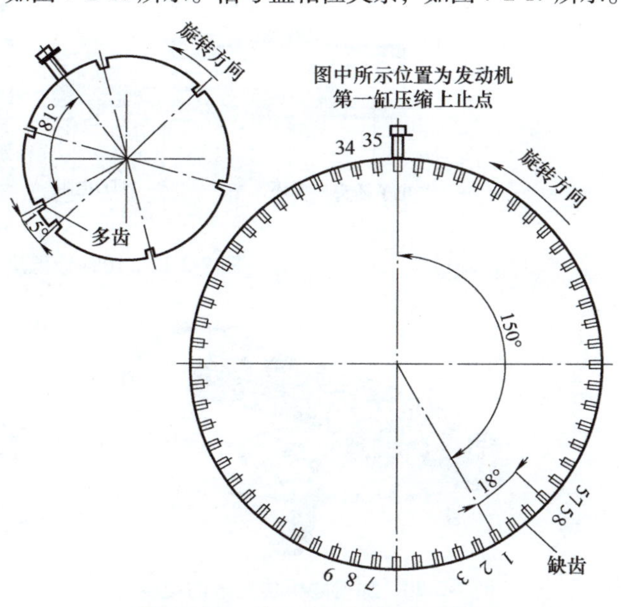


图 7-2-17 信号盘相位关系示意图

第 1 缸压缩上止点时候，凸轮轴相位传感器应指示到信号盘多齿后 81°的位置，曲轴位置传感器应指示到信号盘缺齿过后的第 36 个齿。

3）增压压力传感器、进气温度传感器，如图 7-2-18 所示。进气压力传感器和进气温度传感器集成在一起。进气压力传感器用来检测进气管的压力，并将其转换成电信号输入 ECU，作为计算喷油量的依据。进气温度传感器用来测量发动机进气温度，ECU 根据该信号和进气压力信号计算空气密度，以确定喷油量。

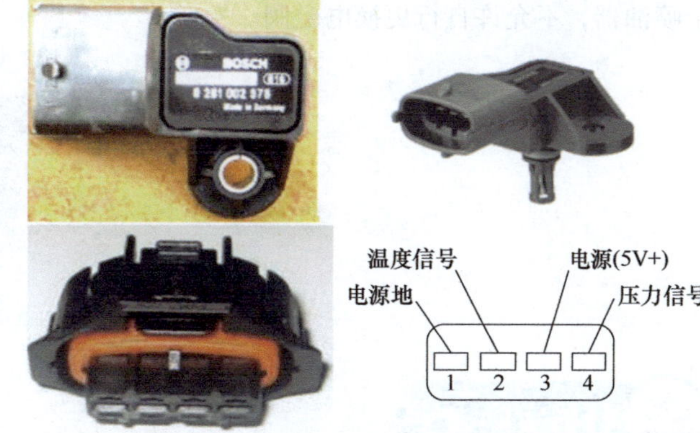


图 7-2-18 增压压力传感器的结构

失效保护：发动机功率不足，转速受限于 1700r/min 内。

4）冷却液温度传感器，如图 7-2-19 所示。

测量冷却液温度，用于冷起动、目标怠速计算等，同时还用于修正喷油提前角和过热保护等。

失效保护：发动机功率不足，转速受限于 1700r/min 内。

5）加速踏板传感器，如图 7-2-20 所示。将驾驶人的意图转换为电信号输送给 ECU，ECU 根据此信号决定喷油量和喷油正时。

失效保护：节气门失效，转速维持在 1100r/min 左右。

（4）执行器

1）燃油计量阀执行器，如图 7-2-21 所示。控制进入高压油泵的燃油量，从而控制轨压。

失效保护：功率不足，发动机转速受限于 1700r/min 内。一旦燃油计量阀失效，共轨管上的压力限制阀将被强行冲开；一旦出现燃油计量阀失效，必须进行整个高压油泵的更换，不允许自行更换燃油计量阀。

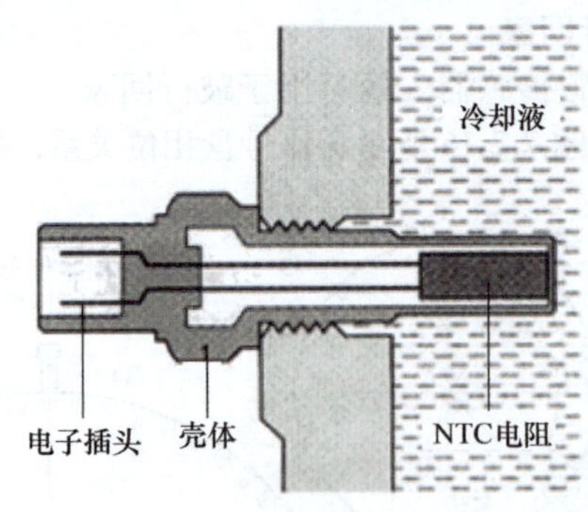


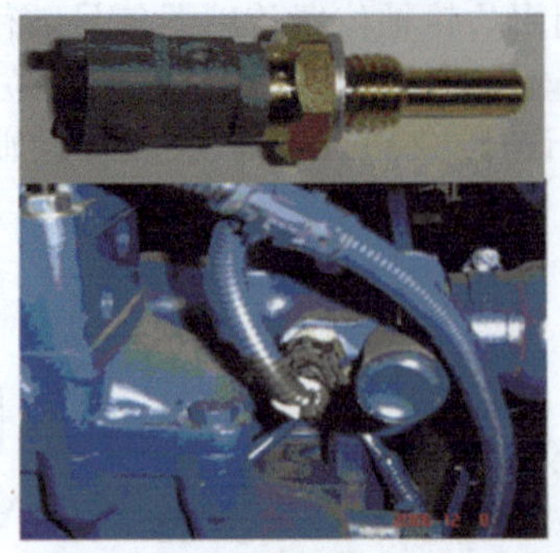

图 7-2-19　冷却液温度传感器的结构

图 7-2-20　加速踏板传感器的结构

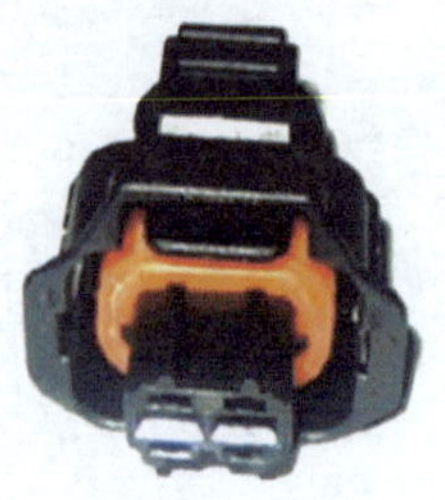

图 7-2-21　燃油计量阀执行器的结构

2）喷油器电磁阀，如图 7-2-22 所示。精确控制喷油提前角、喷油规律和油量。

失效：某缸不工作，整机功率、转矩不足，运行不稳；一旦出现电磁阀失效，则必须更换整个喷油器，不允许自行更换电磁阀。

图 7-2-22　喷油器电磁阀的结构

## 喷油器的拆卸与安装

### 1. 任务描述

拆卸安装喷油器是柴油发动机组维修的一项重要工作，也是其中最关键的环节之一。喷油器的作用是将油管中高压柴油以雾状形式直接喷入燃烧室，并合理分布，以便于形成可燃混合气。由此，喷油器不仅负责将燃料输送到发动机，还负责控制燃料的精确分布。在拆装喷油器时应注意规范的拆卸和安装步骤以及注意事项，以保证喷油器重新安装后的正常使用。

### 2. 实施条件

（1）工位　准备 4 个工位。

（2）设备　玉柴国三 6L、6M、6K 等重型系列博世共轨柴油机实训台架一台，或潍柴国三 WP6 高压共轨柴油机实训台架一台。

（3）工具　普通呆扳手一套、梅花扳手一套、套筒一套等。

（4）资料　汽车维修手册。

### 3. 实施步骤

完成喷油器的拆卸与安装并规范填写工单：

| 任务名称 | | 学生姓名 | | 组别 | | 工位号 | | | |
|---|---|---|---|---|---|---|---|---|---|
| | | 用时 | | | | 零件号 | | | |
| 序号 | 操作步骤 | | | | 使用工量具 | 检测数据 | 测量标准 | 结果分析 | 小计 |
| 1 | 拆卸：拆除喷油器线束接插件；用一字螺钉旋具将缸盖线束锁片撬出，如图 7-2-23 所示 | | | | | | | | |
| 2 | 拆除 14 颗缸盖罩螺栓；取下缸盖罩时，要轻轻拿起，同时将喷油器线束塞进缸盖罩内，如图 7-2-24 所示 | | | | | | | | |
| 3 | 拆除喷油器线束，该线束螺母连接在线束上，拆卸时不必一直转螺母，感觉拆掉后，轻轻取下即可；使用套筒拆高压连接管，如图 7-2-25 所示 | | | | | | | | |
| 4 | 拆除喷油器压板螺母；喷油器电磁阀体不能受力可用工具在喷油器压板下轻轻敲动取下，如图 7-2-26 所示 | | | | | | | | |
| 5 | 安装：将喷油器的高压连接孔朝向进油侧导入气缸盖，要求对准无阻力；喷油器压板同时装入，如图 7-2-27 所示 | | | | | | | | |
| 6 | 将喷油器压板安装到位；导入喷油器高压连接管，注意定位珠向上，拧紧高压连接管螺母，如图 7-2-28 所示 | | | | | | | | |
| 7 | 拧紧喷油器压板；拧紧高压连接管螺母，如图 7-2-29 所示 | | | | | | | | |
| 8 | 安装喷油器线束。注意：安装完后应检查喷油器线束是否和摇臂之间接触而短路，如有，则调整，如图 7-2-30 所示 | | | | | | | | |
| 总分 | | 100 | | | 总计 | | | | |
| 教师签名 | | | | | 得分 | | | | |

图 7-2-23　喷油器的拆卸与安装步骤（一）

图 7-2-24　喷油器的拆卸与安装步骤（二）

图 7-2-25　喷油器的拆卸与安装步骤（三）

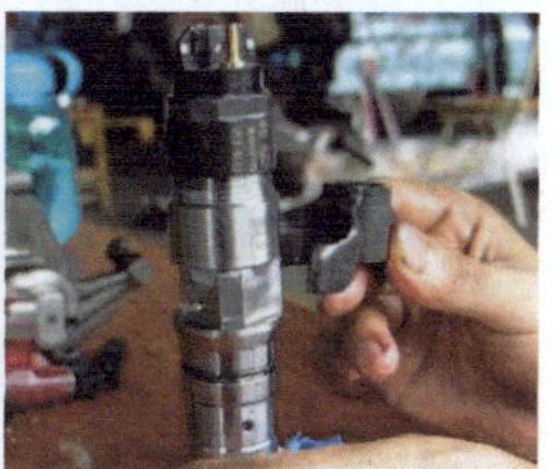

图 7-2-26　喷油器的拆卸与安装步骤（四）

图 7-2-27　喷油器的拆卸与安装步骤（五）

图 7-2-28　喷油器的拆卸与安装步骤（六）

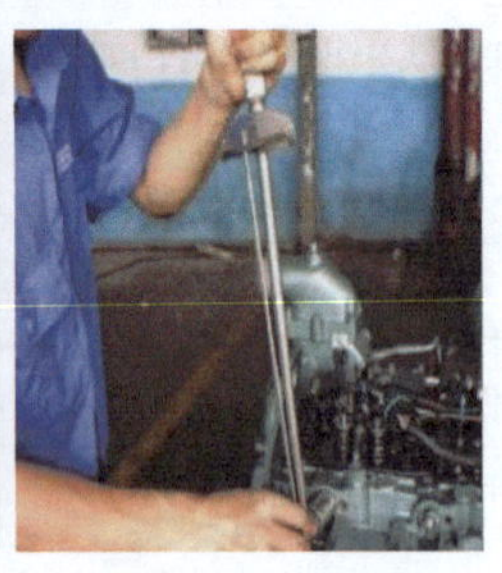

图 7-2-29　喷油器的拆卸与安装步骤（七）

图 7-2-30　喷油器的拆卸与安装步骤（八）

## 4. 评价与反馈

| 名称 | | 组别 | | 学生姓名 | | 工位号 | |
|---|---|---|---|---|---|---|---|
| | | 用时 | | | | 零件号 | |
| 序号 | 考核项目 | 评分标准 | 分数 | 学生自评 | 小组互评 | 教师评价 | 小计 |
| 1 | 团队协作 | 是否协同<br>有效工作 | 10 | | | | |
| 2 | 工作态度 | 是否积极主动<br>追求精益求精 | 10 | | | | |
| 3 | 任务方案 | 是否正确合理 | 20 | | | | |
| 4 | 任务完成情况 | 操作方法正确<br>数据正确记录<br>分析结果正确 | 30 | | | | |
| 5 | 安全规范 | 有无安全隐患<br>设备、工量具使用规范标准<br>遵守劳动纪律 | 20 | | | | |
| 6 | 现场 7S | 是否做到 | 10 | | | | |
| 总分 | | 100 | | | | | |
| 教师签名 | | | | 总计 | | | |

### 广州中旅（中通客车 WP6）柴油机起动困难故障排除案例分析

#### 1. 故障现象

维修人员接到一款广州中旅（中通客车 WP6）客车的报修，一般要起动三次，起动时并伴有很明显的“当当”敲击声音，车一旦起动起来，在运行过程中没有任何异常。

## 2. 故障检测

1）读取故障码。当车出现故障时，可以通过整车仪表盘上的闪码灯读出闪码，参照故障码表初步判断错误部件及原因。

闪码读取操作说明：在点火开关接通或发动机运转状态下均可进行。

点火开关处于接通位置；

按下—松开故障诊断请求开关，闪码灯将报出闪码；

每一次操作只闪烁一个闪码，例如图 7-2-31 所示，闪码由三位组成，直至循环至第一个为止。闪烁方式，例如车速传感器故障，闪码：324，如图 7-2-32 所示。

图 7-2-31　表盘上的故障诊断请求开关和闪码灯

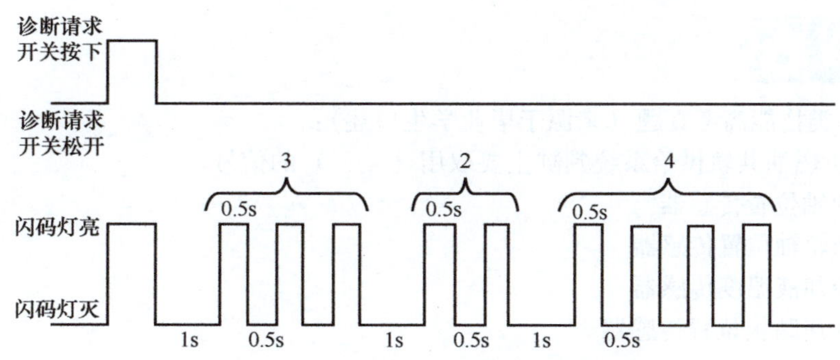


图 7-2-32　车速传感器故障闪码示意图

注：闪码闪烁时间和间隔时间可以由发动机厂自行定义。

上车读取故障码见表 7-2-1。

表 7-2-1　故障码及原因

| 故障码 | 故障原因 |
|---|---|
| 334 | 油中有水及警告灯错误 |
| 113 | 凸轮轴转速传感器/曲轴转速传感器错误 |
| 134 | 共轨压力限制阀问题 |
| 135 | 流量计量单元错误 |
| 225 | 加速踏板与制动可信检测错误 |

2）初步检查。根据报出的闪码，检查各部件没有发现异常，将 334 错误屏蔽，并清除闪码。只有 113 清除不掉，所以得出其他错误为历史故障。

3）造成起动困难的原因可以断定为转速传感器或信号故障。连接故障诊断仪，并做“起动故障信息”测试。

4）进一步检查。利用起动故障信息测试得出了“转速同步错误”，如图 7-2-33 所示。

5）分别检查了凸轮轴转速传感器和线束，通断均正常，怀疑机械安装造成了喷油正时不正确。

6）拆掉齿轮室上高压油泵齿轮盖板，检查高压油泵齿轮齿数及标记均正确。

7）在1缸压缩上止点时，高压油泵齿轮键槽应该水平偏下，检查发现实际与安装工艺要求略有偏差，如图7-2-34所示。

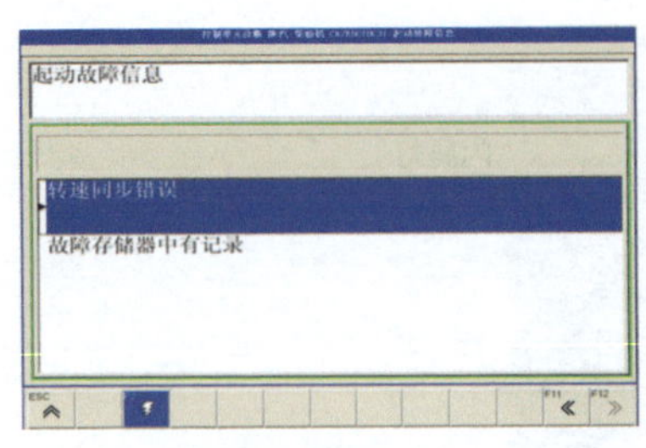

图 7-2-33　转速同步错误窗口示意图

图 7-2-34　检查高压油泵齿轮键槽

### 3. 故障排除

拆下高压油泵齿轮，沿逆时针方向调一个齿，顺利起车，故障得以排除。

2021年汽车类技能高考真题（来源于毕业学生口述）：

【题干】博世燃油共轨供给系统判缸主要取用（　　）的信号。

选项：A. 曲轴位置传感器

B. 凸轮轴位置传感器

C. 冷却液温度传感器

D. 加速踏板位置传感器

【答案】B

【解析】博世燃油共轨供给系统判缸主要取用凸轮轴位置传感器的信号，再结合曲轴位置传感器的发动机转速信号，作为ECU喷油的基准信号。

【难易度】基础题

【考纲知识点】2-10. 理解电控燃油供给系统的基本结构及工作原理，会诊断及检修电控汽车燃油供给系统常见故障。

**一、判断题**

1. 电控柴油机运转时可以通过拧松高压油管的插头来进行判缸。（　　）

2. 玉柴和维柴国三柴油机博世燃油共轨供给系统的燃油计量阀在断电情况下是全开，即常开型。（　　）

3. 电控共轨高压油泵是通过机油来润滑的。（　　）

4. 当共轨压力采用高压端调节时，共轨压力调节阀一定在共轨上。（　　）

5. 当共轨压力调节阀装在高压油泵上，一定是高压端调节共轨压力。（　　）

**二、单选题**

1. 冷却液温度传感器、加速踏板位置传感器、进气温度传感器上面的参考电压是（　　）。

A. 12V　　B. 24V　　C. 5V　　D. 不一定

2. 设置电控 EGR 控制系统的主要目的是降低（　　）的排放量。

A. CO　　B. HC　　C. $NO_x$　　D. $CO_2$

3. 电控柴油机将凸轮轴位置传感器插头拔掉，起动发动机能否着火？（　　）

A. 不能着火　　B. 能着火

C. 不一定，应结合具体机型分析　　D. 无法确定

4. 共轨柴油机将轨压传感器插头拔掉，起动发动机能否着火？（　　）

A. 不能着火　　B. 能着火

C. 不一定，应结合具体机型分析　　D. 无法确定

5. 共轨柴油机将进油计量电磁阀插头拔掉，起动发动机能否着火？（　　）

A. 不能着火　　B. 能着火

C. 不一定，应结合具体机型分析　　D. 无法确定

6. 状态均正常的玉柴国三 Delphi 发动机在怠速运行时，若将任一个转速传感器拔掉，则柴油机（　　）。

A. 停机　　B. 降功率运转　　C. 怠速升高　　D. 怠速降低

7. 热保护策略不考虑的发动机参数为（　　）。

A. 冷却液温度　　B. 机油温度　　C. 燃油温度　　D. 进气温度

8. 电控发动机一般有根据需要自动提高怠速的功能，与之相关的传感器为（　　）。

A. 冷却液的温度　　B. 电子节气门

C. 曲轴转速传感器　　D. 凸轮轴位置传感器

# 项目八

# 自动变速器的检修

## 【项目概述】

本项目简要回顾自动变速器的结构与工作原理，以自动变速器电控系统常见故障为切入点，介绍自动变速器的检修内容。通过本项目的学习与实践，学员将能够掌握自动变速器的工作原理、故障诊断流程、维修操作技能以及相应的检测工具的使用方法。

自动变速器换档操纵手柄如图 8-1-1 所示。

图 8-1-1　自动变速器换档操纵手柄

## 任务一　电控自动变速器的结构与控制原理

### 任务描述

自动变速器是能够根据汽车车速和发动机转速来进行自动换档的变速装置。使用自动变速器能延长发动机和传动系统的使用寿命，提高汽车起步和加速性能，减少排气污染。本任务主要介绍三种常见类型自动变速器的结构和基本工作原理。

### 学习目标

| 知识目标 | 能力目标 | 素养目标 |
|---|---|---|
| 1. 了解液力自动变速器的结构与原理 | 1. 通过学习，能够叙述自动变速器各组成部分和工作原理 | 1. 培养团结协作、沟通和交流的能力 |
| 2. 了解机械无级自动变速器的结构与原理 | 2. 能够完成自动变速器基础检验 | 2. 提升善于发现问题、分析问题和解决问题的能力 |
| 3. 了解双离合自动变速器的结构与原理 | 3. 能够对自动变速器电控系统一般故障进行分析和判断 | 3. 培养爱岗敬业、精益求精的职业素养 |

### 职业素养

通过介绍自动变速器的发展情况以及当下新能源汽车变速系统的主要技术，引导学生培养不断探索、勇于创新的精神，主动适应科技的发展与时代的进步。

通过本任务的学习，使学生理解和掌握检修自动变速器的主要项目与技术要领，能够进行常规的维保工作。在教师的专业指导下，要求学生达到理论知识丰富、实践能力规范的目标。同时，要重点培养学生利用学习平台、互联网资源等获取信息的能力，达到授人以渔的效果，为培养高素质技能人才打下坚实基础。

### 资讯信息

按照构造和工作原理的不同，自动变速器可分为液力自动变速器（AT）、机械式自动变速器（AMT）、机械无级自动变速器（CVT）、双离合自动变速器（DCT）等。其中，机械式自动变速器是在手动变速器的基础上，加装电控系统，并将手动换档操纵机构改造成自动换档机构，目前已基本不再使用，这里不做过多介绍。本项目主要介绍液力自动变速器、机械无级自动变速器、双离合自动变速器电控系统检修。

#### 知识点一　液力自动变速器的结构与原理

液力自动变速器由液力变矩器、齿轮传动机构、换档执行元件和控制系统等部分构成，如图 8-1-2 所示。

##### 1. 液力变矩器

液力变矩器位于自动变速器的最前端，与发动机的飞轮装在一起，其作用与手动档汽车的离合器类似，起到自动离合、传递和增大发动机转矩等作用。

（1）液力变矩器的组成　液力变矩器通常由泵轮、导轮、涡轮、锁止离合器和壳体等部分构成，如图 8-1-3 所示。

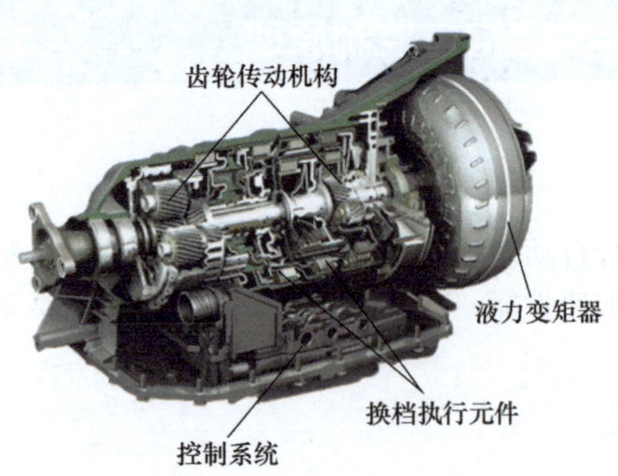


图 8-1-2　液力自动变速器的结构

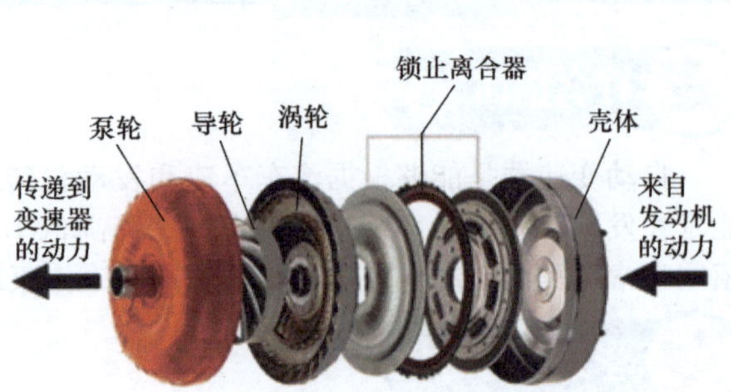


图 8-1-3　液力变矩器的结构

1）泵轮：位于液力变矩器后部，与壳体固定在一起。

2）导轮：位于泵轮和涡轮之间，通过单向离合器支撑在固定套管上（固定套管固定在自动变速器的壳体上），使其只能单向转动。

3）涡轮：是液力变矩器的动力输出元件，其轮的花键与自动变速器输入轴的花键啮合，可以在液力变矩器内自由转动。

4）锁止离合器：位于涡轮与壳体之间，是一种采用液压控制的摩擦式离合器。当汽车在良好路面上行驶时，它处于接合状态；当汽车在恶劣路面上行驶时，它处于分离状态。

5）壳体：通过螺栓与发动机曲轴后端的飞轮连接，并与曲轴一起转动。

（2）液力变矩器的工作原理　液力变矩器的工作腔一般是密闭的，且能承受一定压力，它以自动变速器油（ATF）为工作介质，油液在工作腔内循环流动。当发动机转动时，液力变矩器随曲轴转动，其内部的油液受离心力的作用从泵轮甩出，依次冲击导轮和涡轮，再返回泵轮。冲击涡轮时，油液推动涡轮转动，因此便将发动机的动力传递到自动变速器输入轴。

## 2. 齿轮传动机构

自动变速器的齿轮传动机构多采用行星齿轮机构，下面主要介绍行星齿轮机构的构造和工作原理。

（1）行星齿轮机构的组成　行星齿轮机构由太阳轮、齿圈、行星架和行星轮构成，如图 8-1-4 所示。太阳轮位于机构的中心，与行星轮外啮合，两者转向相反；行星轮通过滚针轴承安装在行星轮轴上，行星轮轴对称、均匀地安装在行星架上；行星轮与齿圈内啮合，两者转向相同。

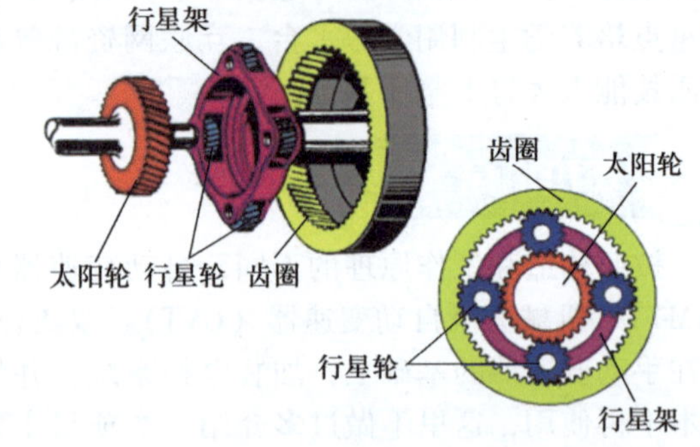


图 8-1-4　行星齿轮机构的结构

（2）行星齿轮机构的工作原理　当行星齿轮机构工作时，行星轮不仅可以绕着自身轴线自转，还可以绕着太阳轮公转。当太阳轮或齿圈固定时，行星轮能带动行星架转动；当行星架固定时，齿圈能带动行星轮转动。若想改变传动比，则可以选择让齿圈、太阳轮、行星架中的任一元件固定，让另外两个元件分别作为主动件和从动件的方法来实现。

以不同元件作为固定件、主动件和从动件而得到的组合方式，能使行星齿轮机构实现同向减速、同向增速、反向减速、反向增速、同向同速（即直接传动）、不传递动力等传动结果，具体见表 8-1-1。

表 8-1-1 行星齿轮机构不同元件的组合方式及传动结果

| 固定件 | 主动件 | 从动件 | 转动方向 | 输出速度 |
|---|---|---|---|---|
| 齿圈 | 太阳轮 | 行星架 | 同向（前进档） | 减速 |
| | 行星架 | 太阳轮 | | 增速 |
| 太阳轮 | 齿圈 | 行星架 | 同向（前进档） | 减速 |
| | 行星架 | 齿圈 | | 增速 |
| 行星架 | 太阳轮 | 齿圈 | 反向（倒档） | 减速 |
| | 齿圈 | 太阳轮 | | 增速 |
| 任意连接两个元件 | | | 同向（直接档） | 同速 |
| 无固定件 | | | 不传递动力 | 无 |

### 3. 典型行星齿轮机构的结构及工作过程

由于单排行星齿轮机构不能满足汽车行驶中变速变扭的需要，为了增加传动比的数目，可以通过增加行星齿轮机构来实现。在自动变速器中，两排或多排行星齿轮机构组合在一起，用来满足汽车行驶需要的多种传动比。典型的复合式行星齿轮机构主要有辛普森式和拉维娜式两种。

（1）辛普森式行星齿轮机构　辛普森式行星齿轮机构有两组行星排，共用一个太阳轮，其中间轴从太阳轮的内孔中穿过，前行星架与后齿圈连为一体作为动力输出元件，如图 8-1-5 所示。

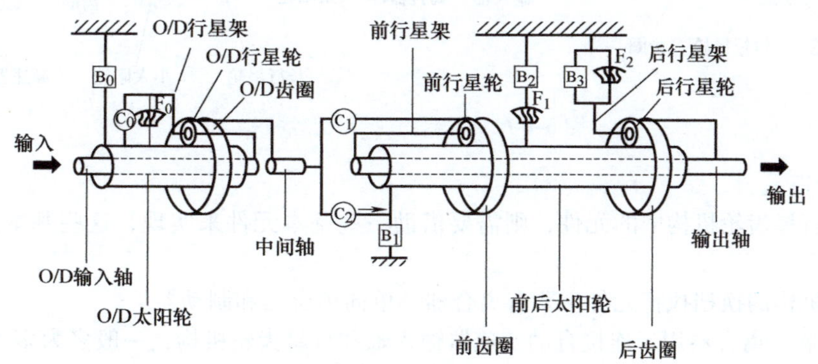


图 8-1-5　辛普森式行星齿轮机构

整个机构共有四个独立元件，即太阳轮、前行星架与后齿圈、前齿圈、后行星架。两个行星排可组成三个前进档和一个倒档。加装超速档（O/D）行星排后，即可组成一个四档变速器。

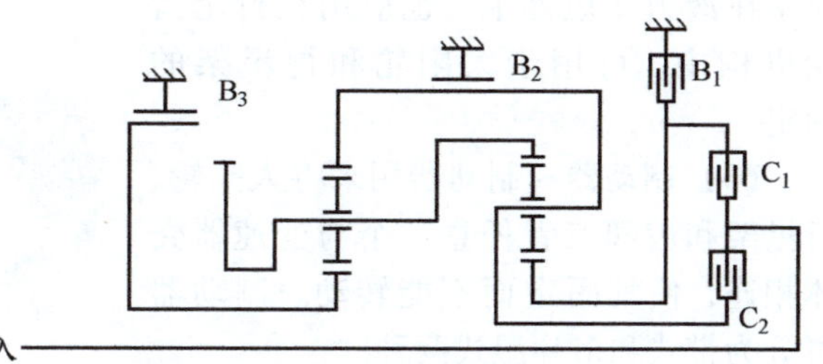


图 8-1-6　双向串联式行星齿轮机构

辛普森改进型行星齿轮机构也称为双向串联式行星齿轮机构，如图 8-1-6 所示。第一行星排的齿圈、行星架分别与第二行星排的行星架、齿圈相连，太阳轮不再共用一个。整个系统共有四个独立元件，即前太阳轮、后太阳轮、前齿圈与后行星架、前行星架与后齿圈。这样可以由两个行星排实现四个前进档和一个倒档，从而减小了变速器的尺寸和重量。

离合器 $C_1$：连接输入轴与后排太阳轮。

离合器 $C_2$：连接输入轴与前齿圈后行星架组件。

制动器 $B_1$：制动后排太阳轮。

制动器 $B_2$：制动前齿圈后行星架组件。

制动器 $B_3$：制动前太阳轮。

输出部件：前行星架后齿圈组件作为输出部件。

（2）拉维娜式行星齿轮机构　拉维娜式行星齿轮机构实际上是由两个行星排组合而成的双联式行星齿轮机构，如图 8-1-7 所示。其中，一个行星排由大太阳轮、行星架（长行星轮）和齿圈组成，另一个行星排由小太阳轮、行星架（短行星轮、长行星轮）和齿圈组成。该行星齿轮机构有四个独立元件，即大太阳轮、小太阳轮、行星架和齿圈，具有结构简单、尺寸小、传动比变化范围大和灵活多变等特点，因此得到广泛应用，特别是用在前轮驱动轿车上。

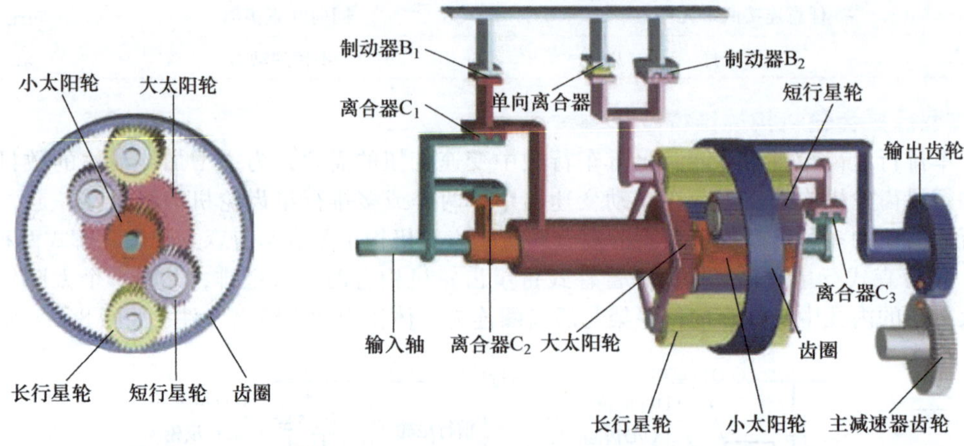


图 8-1-7　拉维娜式行星齿轮机构

### 4. 换档执行元件

若想固定行星齿轮机构中的元件，则需要借助一些基本元件来实现，这些基本元件就是换档执行元件。

行星齿轮机构的换档执行元件主要有离合器、单向离合器和制动器。

（1）离合器　离合器用于连接自动变速器输入轴和行星齿轮机构，一般多为多片湿式离合器，如图 8-1-8 所示。

（2）单向离合器　单向离合器不仅应用在液力变矩器中，也应用在行星齿轮机构中，可用于太阳轮和行星架的固定。

（3）制动器　制动器用来将太阳轮、行星架和齿圈三者任意一个与变速器壳体相连，使其固定而不能转动。制动器可分为带式和多片湿式两种。

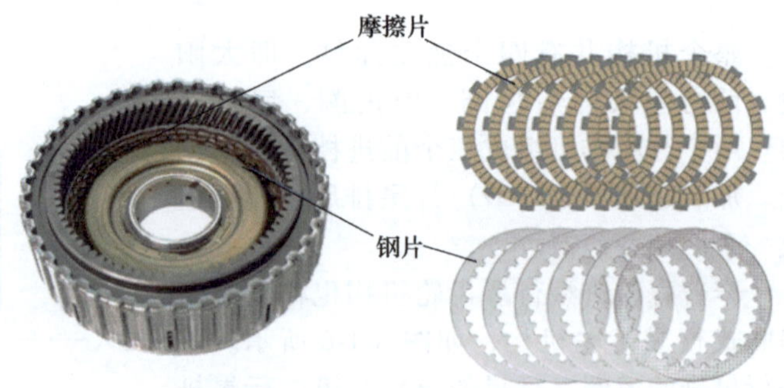


图 8-1-8　多片湿式离合器

### 5. 控制系统

控制系统包括液压控制系统和电控系统。

（1）液压控制系统　液压控制系统是液力自动变速器的控制中心，其主要由油泵、调压装置和辅助装置构成。

1）油泵。可为液力变矩器和换档执行元件提供具有一定压力和流量的自动变速器油，并保证齿轮传动机构各摩擦副的润滑需要。

2）调压装置。用于调节自动变速器油的流量和油压，包括主调压阀（又称为一次调节阀）、次调压阀（又称为二次调节阀）、手控阀、换档阀、强制降档阀、单向阀、蓄压器和电磁阀等部件。

3）辅助装置。可保证液压控制系统可靠、稳定地工作，包括油箱和滤清器等部件。

（2）电控系统　自动变速器的型号不同、档位数不同，采用的电控系统也有所不同。但是，每种自动变速器的电控系统基本都由传感器、ECU 和执行器三部分构成。

1）传感器。包括节气门位置传感器、发动机转速传感器、车速传感器等传感器和各种信号开关，主要用于换档时的控制。

2）ECU。用来接收、分析和处理传感器信号，并向执行器发出指令，主要用于自动变速器的换档控制、锁止离合器控制、超速行驶控制、坡路逻辑控制、自动巡航控制、故障自诊断和失效保护控制等。

3）执行器。即电磁阀，主要用于接收 ECU 发来的指令信号，完成档位切换、油压控制、液力变矩器接合或锁止等动作。

### 6. 液力自动变速器的工作原理

电控自动变速器的组成和原理图，如图 8-1-9 所示，电控自动变速器是通过各种传感器，将发动机的转速、节气门开度、车速、发动机冷却液温度、自动变速器油油温等参数信号输入 ECU，然后 ECU 再根据这些信号，按照设定的换档规律，向换档电磁阀，油压电磁阀等发出动作控制信号；换档电磁阀和油压电磁阀再将 ECU 的动作控制信号转变为液压控制信号，阀板中的各控制阀根据这些液压控制信号，控制换档执行元件的动作，从而实现自动换档。

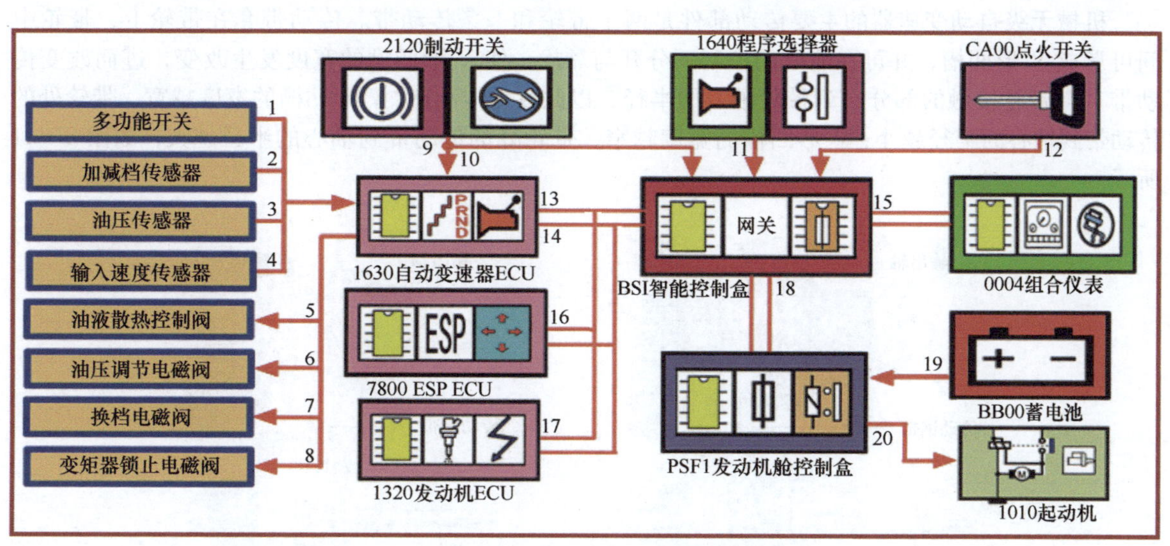


图 8-1-9　自动变速器控制框图

## 知识点二　机械无级自动变速器

机械无级自动变速器在操作上虽然类似液力自动变速器，但其传动比的变化方式与液力自动变速器完全不同，它不采用齿轮换档改变传动比，而是采用传动带（钢带）和工作直径可变的带轮相互配合进行传动，连续改变传动比。

### 1. 机械无级自动变速器的组成

机械无级自动变速器主要由液力变矩器、传动系统和控制系统等构成。其中，传动系统主要由输入带轮（主动带轮）、输出带轮（从动带轮）、传动带、输入轴、输出轴、行星齿轮机构和换档执行元件等构成，如图 8-1-10 所示。

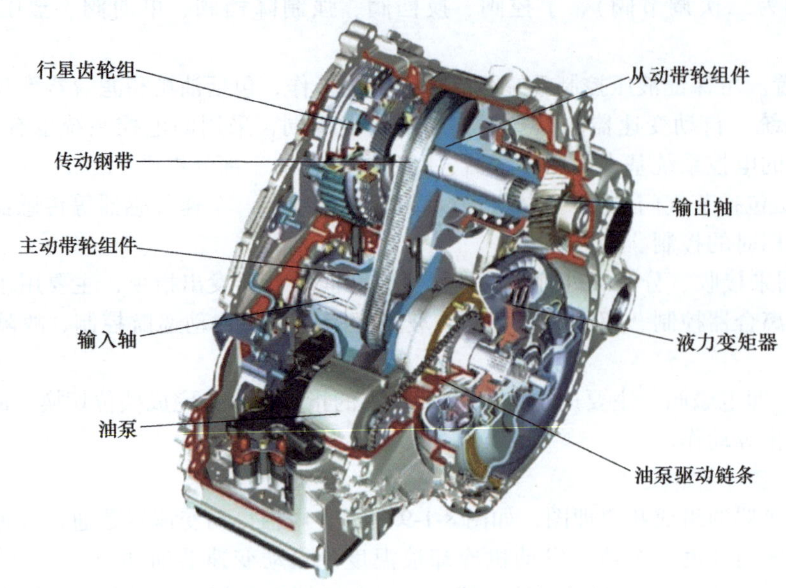


图 8-1-10 机械无级自动变速器的构造

## 2. 机械无级自动变速器的工作原理

机械无级自动变速器的主要传动部件是两个带轮和一条传动带。传动带套在带轮上，带轮中间可形成 V 形凹槽，并可在液压的控制下分开与靠拢，使 V 形凹槽的宽度发生改变，进而改变传动带（与带轮接触的部分）到带轮轴心的半径，以此改变传动比。V 形凹槽的宽度越宽，带轮处的传动带到轴心的半径越小；V 形凹槽的宽度越窄，带轮处的传动带到轴心的半径越大，如图 8-1-11 所示。

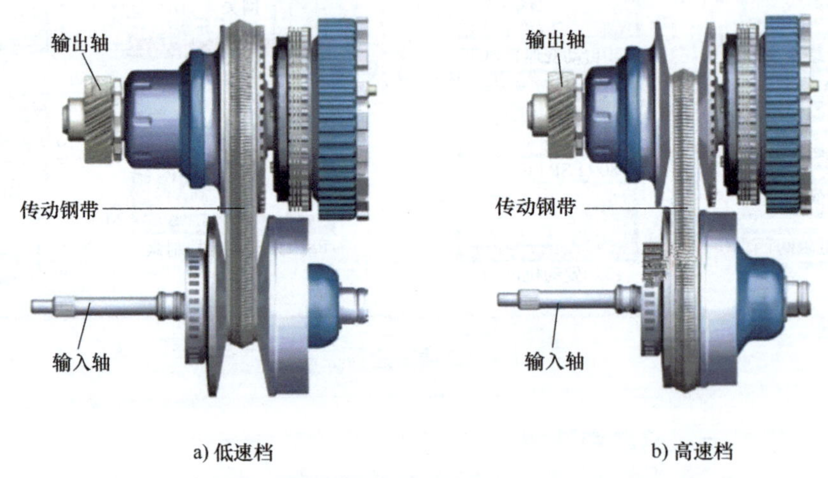


a) 低速档　　b) 高速档

图 8-1-11 机械无级自动变速器的工作原理图

（1）低速档　输入带轮的 V 形凹槽宽度变宽，输出带轮的 V 形凹槽宽度变窄，输入带轮处的传动带到轴心的半径减小，输出带轮处的传动带到轴心的半径增大，传动比减小，车速下降。

（2）高速档　输入带轮的 V 形凹槽宽度变窄，输出带轮的 V 形凹槽宽度变宽，输入带轮处的传动带到轴心的半径增大，输出带轮处的传动带到轴心的半径减小，传动比增大，车速上升。

### 知识点三 双离合自动变速器

双离合自动变速器与其他自动变速器在结构上最大的不同是采用了两套离合器，如图 8-1-12 所示。双离合自动变速器通过两套离合器的相互交替工作，来达到无间隙换档的效果。同时，双离合自动变速器的换档和离合操作都是通过电控系统实现的，而不再通过离合器踏板操作。

双离合自动变速器的工作原理，如图 8-1-13 所示。以大众 7 档双离合变速器为例，介绍其工作原理。在双离合自动变速器中，齿轮变速机构与手动变速器类似，均为常啮合齿轮。而在两套离合器中，一套离合器与 1 档、3 档、5 档、7 档相连，另一套离合器与 2 档、4 档、6 档、倒档相连。当驾驶人挂 1 档时，1 档和 2 档同时被换档拨叉挂上，但 1 档的离合器接合，1 档齿轮输出动力；2 档的离合器分离，2 档齿轮空转。当驾驶人挂 2 档时，2 档和 3 档又同时被换档拨叉挂上，且 1 档离合器分离的同时 2 档离合器迅速被接合，由 2 档齿轮输出动力，3 档齿轮空转。其他档位挂档时的原理同上，这样就解决了其他变速器换档时动力输出中断的问题，缩短了换档时间。

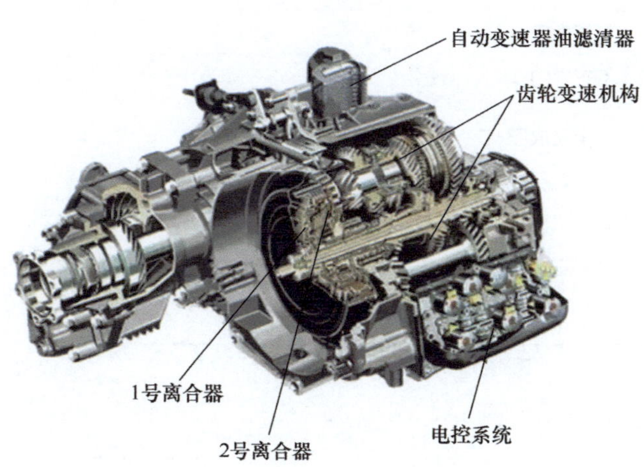


图 8-1-12 双离合自动变速器的构造

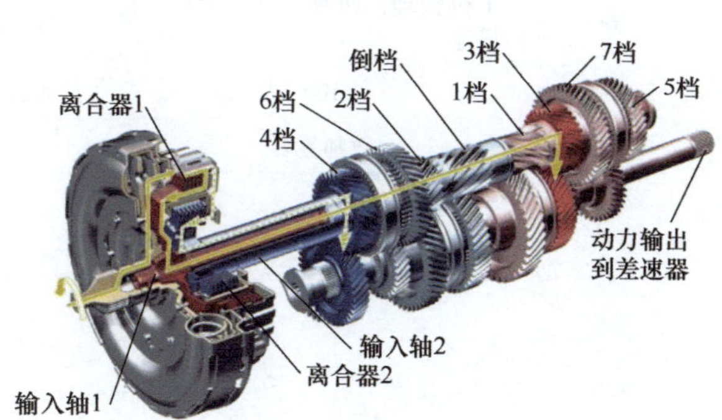


图 8-1-13 双离合自动变速器的工作原理图

### 自动变速器油的检查

#### 1. 任务描述

对自动变速器进行故障诊断时，应首先进行基础检查。自动变速器油兼具传递动力、润滑和冷却的作用，决定着自动变速器能否正常工作。对自动变速器油的检查通常包括液位、颜色和异味等方面。

#### 2. 实施条件

（1）工位 准备 4 个标准工位。

（2）设备 实训整车 4 辆。

（3）工具 组合工具、防护设施。

（4）资料 配套维修手册。

#### 3. 实施步骤

完成自动变速器油的检查并规范填写工单。

| 任务名称 | | 学生姓名 | | 组别 | | 工位号 | |
|---|---|---|---|---|---|---|---|
| | | 时间 | | | | 零件号 | |
| 序号 | 操作步骤 | 记录 | | | | | |
| 1 | 任务准备：安装车轮挡块、车内三件套、车外三件套、尾排 | 车辆品牌：______ 车辆型号：______<br>生产年月：______ 行驶里程：______<br>变速器型号：<br>变速器类型： | | | | | |
| 2 | 预热发动机、变速器：将发动机预热至正常工作温度；踩住制动踏板，将变速器在各档位运转 5s | 预热时间：<br>发动机温度：<br>发动机转速：<br>变速器档位： | | | | | |
| 3 | 检查自动变速器油液位 | MAX<br>MIN<br>正常□ 不正常□ | | | | | |
| 4 | 检查自动变速器油颜色 | 正常□ 不正常□ | | | | | |
| 5 | 检查自动变速器油有无异味 | 正常□ 不正常□ | | | | | |
| 6 | 工位整理：回收工具、设备，清洁场地 | 完成□ 未完成□ | | | | | |
| 总分 | 100 | 得分 | | | | | |
| 教师签名 | | | | | | | |

### 4. 评价与反馈

| 名称 | | 组别 | | 学生姓名 | | 工位号 | |
|---|---|---|---|---|---|---|---|
| | | 用时 | | | | 零件号 | |
| 序号 | 考核项目 | 评分标准 | 分数 | 学生自评 | 小组互评 | 教师评价 | 小计 |
| 1 | 团队协作 | 是否协同<br>有效工作 | 10 | | | | |
| 2 | 工作态度 | 是否积极主动<br>追求精益求精 | 10 | | | | |
| 3 | 任务方案 | 是否正确合理 | 20 | | | | |
| 4 | 任务完成情况 | 操作方法正确<br>数据正确记录<br>分析结果正确 | 30 | | | | |
| 5 | 安全规范 | 有无安全隐患<br>设备、工量具使用规范标准<br>遵守劳动纪律 | 20 | | | | |
| 6 | 现场 7S | 是否做到 | 10 | | | | |
| 总分 | | 100 | | | | | |
| 教师签名 | | | | 总计 | | | |

【题干】（单选题）自动变速器操纵手柄禁止空档滑行的主要原因是（　　）。

选项：A. 车辆稳定性差　　B. 换档执行元件和齿轮机构易磨损

C. 不能节油　　D. 没有发动机制动功能

【答案】B

【解析】自动变速器内的自动变速器油兼具传动和润滑的作用，当自动变速器处于空档时，油泵的转速会降低，泵油量将急剧减少，造成自动变速器内部的执行元件和齿轮结构得不到有效润滑，从而加速磨损，缩短使用寿命。

【难易度】基础题

【考纲知识点】2-12. 了解自动变速器的基本组成和作用。

## 巩固提升

**一、判断题**

1. 液力变矩器在一定范围内，能自动、无级地改变传动比和转矩比。（　　）
2. 只有当泵轮与涡轮的转速相等时，液力变矩器才能起传动作用。（　　）
3. P 位停车时使用，防止车辆滑溜，在 P 位不允许起动发动机。（　　）
4. R 位是倒档，可以起动发动机。（　　）
5. 自动变速器都是自动无级变速的。（　　）
6. 变矩器中单向离合器的作用是单方向锁住导轮，使变矩器既能变矩，又能起到耦合器的作用。（　　）

**二、单选题**

1. 使自动变速器行星齿轮机构中某部件静止不转的元件是（　　）。

A. 离合器　B. 制动器　C. 单向离合器　D. 接合套

2. 无级变速器的英文缩写为（　　）。

A. MTB　B. AT　C. ECVT　D. CVT

3. 在自动变速器中，液力变矩器的工作介质（自动变速器油）简称为（　　）。

A. OIL　B. OT4　C. ST　D. ATF

4. 在行星齿轮机构中，只有当（　　）时，才能获得倒档。

A. 行星架主动，齿圈固定　B. 行星架主动，太阳轮固定

C. 齿圈固定，太阳轮主动　D. 太阳轮主动，行星架固定

# 任务二 电控自动变速器的检修

## 任务描述

自动变速器工作时，ECU 通过传感器采集节气门开度和车速等信号，并将其与内部存储器的数据进行比较，以确定最佳档位和换档时机，之后 ECU 向电磁执行元件发出指令，再通过液压执行元件改变齿轮传动路线，从而实现自动换档。

## 学习目标

| 知识目标 | 能力目标 | 素养目标 |
| --- | --- | --- |
| 1. 了解自动变速器电控系统的结构和控制原理 | 1. 能够叙述自动变速器电控系统的工作过程 | 1. 培养团结协作、沟通和交流的能力 |
| 2. 了解自动变速器的基础检验项目 | 2. 能够完成自动变速器基础检验 | 2. 提升善于发现问题、分析问题和解决问题的能力 |

（续）

| 知识目标 | 能力目标 | 素养目标 |
| --- | --- | --- |
| 3. 了解自动变速器电控系统检修的基本流程 | 3. 能够对自动变速器电控系统一般故障进行分析和判断 | 3. 培养爱岗敬业、精益求精的职业素养 |

坚持教育优先发展、科技自立自强、人才引领驱动，加快建设教育强国、科技强国、人才强国，坚持为党育人、为国育才，全面提高人才自主培养质量，着力造就拔尖创新人才，聚天下英才而用。

## 知识点一　电控自动变速器的检查与试验

### 1. 电控自动变速器故障检修的一般程序

电控液力传动式自动变速器的故障检修较为复杂，许多故障现象都包含有机械系统、液压系统和电控系统故障的可能性，但各系统故障出现的概率和检修的难易程度是不同的。为准确、迅速地排除故障，应按以下程序检修故障：

1）根据驾驶人所述进行故障确认操作，因为驾驶人对故障的了解和描述可能并不完全，检修人员只有通过自己对自动变速器的操作才能确认故障的征兆是什么。

2）根据故障征兆对自动变速器进行直观检查，如果有问题，进行修理或调整。

3）进行故障自诊断操作，读取故障码。如果有故障码，按故障码所示检查故障部位；如果无故障码，则进行下一步故障诊断。

4）根据故障现象，有选择地进行自动变速器试验操作，确定故障的性质和范围。

5）根据试验结果，检修自动变速器。

6）进行自动变速器道路试验操作，以检验其是否恢复正常。

### 2. 自动变速器的基础检验

基础检验是检查自动变速器是否有影响其正常工作的因素存在，主要有以下检验项目：

（1）发动机怠速检验　将自动变速器变速杆置于 N 位或 P 位，关闭空调，检查发动机的怠速。发动机的正常怠速因车型的不同而有所区别，一般为 750~900r/min。

（2）变速器油液位与油液品质检验

1）变速器油液位检验。在发动机怠速工况下，将自动变速器变速杆置于 P、R、N、D、S、L 各位置下均停留几秒钟，以使各档油路充分排气充油，然后再回到 P 位，拔出油尺查看液位，应在正常的液位范围内。

2）变速器油品质检验。变速器油品质变差将会使自动变速器不能正常工作和导致变速器损坏。检查方法是：拉出油尺，仔细观察油的颜色，从油尺上嗅一嗅油液的气味，用手指捻一下油液。正常油液应清洁且呈红色，无异味。

（3）节气门全开检验　将加速踏板踩到底，节气门应全开，否则，就需要对节气门操纵机构进行调整。

（4）变速杆位置检验　将变速杆从 N 位换至其他位置时，检查其档位是否正确、档位开关指示灯显示是否正确。

（5）空档起动开关检验　将变速杆置于 N 位和 P 位以及其他位置时，将点火开关转至起动档，检查发动机能否起动。正常情况应是，变速杆在 N 位、P 位时，接通起动开关起动机能够转动，而在其他位置时，起动机则不转。

### 3. 电控自动变速器的试验

进行各项试验的目的是确认自动变速器故障的性质与故障的范围，试验项目如下：

（1）手动换档试验　接通档位锁定开关或断开自动变速器换档电磁阀线束插接器，使自动变速器 ECU 失去自动控制换档作用时，将变速杆换入各位置，看变速器是否能正常工作，用以判断自动变速器故障的原因是电控系统还是其他系统的故障。

（2）失速试验　在行车制动器和驻车制动器性能良好、自动变速器油液位正常、发动机和变速器温度正常的情况下，挂档（D 位和 R 位）并制动使变矩器涡轮不转，然后在发动机全负荷运转时测得泵轮（发动机）转速。失速试验主要是检验发动机输出功率大小是否正常、变矩器导轮单向离合器是否良好、变速器中的离合器和制动器是否打滑。

（3）时滞试验　时滞试验是通过测量从挂档到换档执行元件完成动作的时间差来分析变速器中前后离合器、制动器是否过度磨损或控制油路油压是否正常。

（4）油压试验　测量液压控制系统管路中的油压，用以判断油泵和各阀的工作性能好坏、油路及换档执行元件有无泄漏等。

（5）道路试验　通过路试，检查换档点（升档和降档转速）是否正确，换档时有无冲击、振动、噪声和打滑等，以进一步分析自动变速器的故障原因。对于修复的自动变速器，则是检验其是否恢复了正常工作能力。

## 知识点二　自动变速器电控系统部件的故障检修

### 1. 档位开关的检查

档位开关的可能故障有安装位置不当而使档位开关信号不正确、档位开关内部触点接触不良。档位开关一般的故障检查方法如下：

如图 8-2-1 所示，断开档位开关线束插接器，依次挂入不同档位，检测各档位下相关端子之间的电阻值，并与维修手册标准值进行对比，如果与正常情况不符，应调整或更换档位开关。

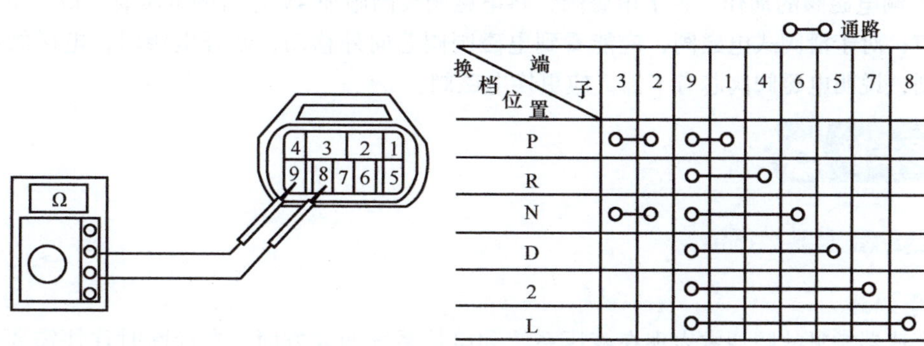


| 换档位置 \ 端子 | 3 | 2 | 9 | 1 | 4 | 6 | 5 | 7 | 8 |
|---|---|---|---|---|---|---|---|---|---|
| P | ○ | ○ | ○ | ○ | | | | | |
| R | | | ○ | | ○ | | | | |
| N | ○ | ○ | ○ | | | ○ | | | |
| D | | | ○ | | | | ○ | | |
| 2 | | | ○ | | | | | ○ | |
| L | | | ○ | | | | | | ○ |

图 8-2-1　自动变速器档位开关的检查

### 2. 开关式电磁阀的检查

开关式换档电磁阀、锁止电磁阀可能的故障有电磁阀线圈短路、断路，电磁阀阀芯卡滞或漏气等。开关式电磁阀的检查方法如图 8-2-2 所示。

（1）检测电磁阀电阻　断开电磁阀线束插接器，用万用表测量电磁阀端子之间的电阻，自动变速器开关式电磁阀的线圈电阻一般为 10~30Ω。如果测量的电阻值过大或过小，则说明电磁阀线圈有断路或短路，需更换电磁阀。

（2）检测电磁阀的动作　如果电磁阀电阻正常，对电磁阀线圈施加 12V 电压，注意倾听是否有电磁阀动作的“咔嗒”声。如果无声，说明电磁阀阀芯有卡滞，应更换电磁阀。

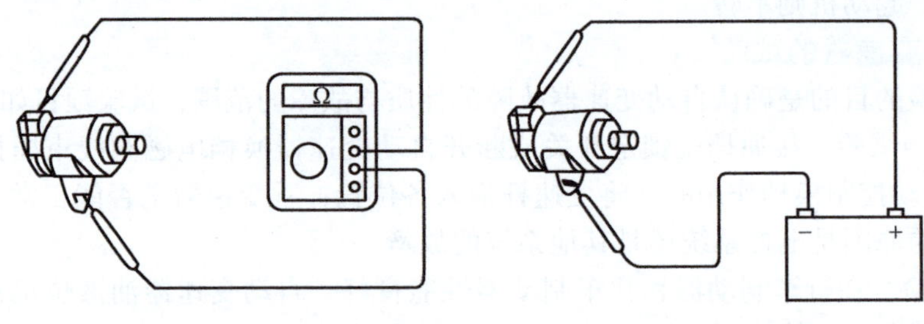


a) 检查电磁阀的电阻　　b) 电磁阀动作测试

图 8-2-2　开关式电磁阀的检查

### 3. 脉冲工作方式电磁阀的检查

在占空比脉冲控制下工作的开关式电磁阀检查方法如图 8-2-3 所示。

（1）检测电磁阀电阻　断开电磁阀线束插接器后，用万用表测量电磁阀端子与搭铁之间的电阻。自动变速器线性脉冲式电磁阀的线圈电阻一般为 3~5Ω。如果测量的电阻值过大或过小，说明电磁阀线圈有断路或短路，需更换电磁阀。

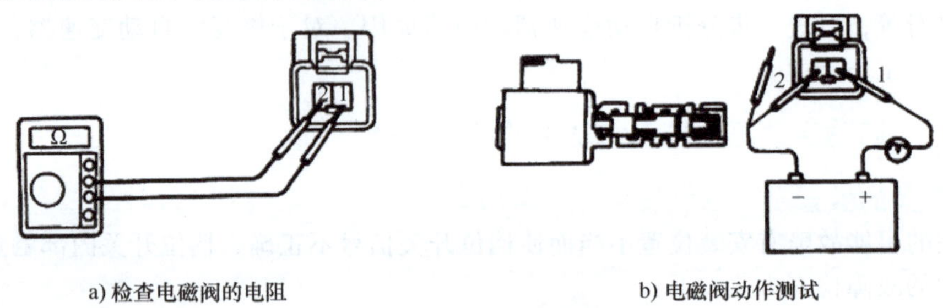


a) 检查电磁阀的电阻　　b) 电磁阀动作测试

图 8-2-3　脉冲式电磁阀的检查

（2）检测电磁阀的动作　拆下电磁阀，将电磁阀线圈施加 4V 左右的电压时，应能听到电磁阀动作的响声；对于滑阀式电磁阀，应能看到电磁阀阀芯向外移动，断开电源时，电磁阀阀芯应会退回。否则，说明电磁阀阀芯有卡滞，应更换电磁阀。

## 读取自动变速器数据流

### 1. 任务描述

自动变速器常见故障通常表现在液压系统和电控系统两大方面，在诊断时往往需要读取数据流以及对数据流进行准确的分析，从而判断故障点。正确读取自动变速器数据流是该项作业的基本技能。

### 2. 实施条件

（1）工位　准备 4 个标准工位。

（2）设备　实训整车 4 辆。

（3）工具　故障诊断仪、组合工具、防护设施。

（4）资料　配套维修手册。

### 3. 实施步骤

读取并记录自动变速器数据流并规范填写工单：

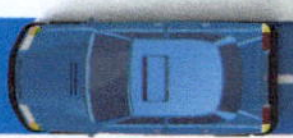



<table>
<tr><td rowspan="2">任务名称</td><td rowspan="2"></td><td>学生姓名</td><td></td><td>组别</td><td></td><td>工位号</td><td></td></tr>
<tr><td>时间</td><td colspan="3"></td><td>零件号</td><td></td></tr>
<tr><td>序号</td><td>操作步骤</td><td colspan="6">记录</td></tr>
<tr><td>1</td><td>任务准备：安装车轮挡块、车内三件套、车外三件套、尾排</td><td colspan="6">车辆型号：<br>变速器型号：<br>变速器类型：</td></tr>
<tr><td>2</td><td>预热发动机、变速器：将发动机预热至正常工作温度；踩住制动踏板，将变速器在各档位运转5s</td><td colspan="6">预热时间：<br>发动机温度：<br>发动机转速：<br>变速器档位：</td></tr>
<tr><td>3</td><td>连接故障诊断仪：在断电状态下连接诊断仪</td><td colspan="6">诊断接口类型：<br>诊断接口位置：</td></tr>
<tr><td>4</td><td>记录变速器数据</td><td colspan="6">变速器档位：________ 车辆速度：________<br>自动变速油温度：________ 主油路油压：________<br>输入轴转速：________ 输出轴转速：________<br>发动机转矩：________ 锁止离合器状态：________<br>制动踏板开关状态：________<br>变矩器滑移转速：________</td></tr>
<tr><td>5</td><td>工位整理：回收工具和设备，清洁场地</td><td colspan="6">完成□ 未完成□</td></tr>
<tr><td>总分</td><td>100</td><td>得分</td><td colspan="5"></td></tr>
<tr><td colspan="2">教师签名</td><td colspan="6"></td></tr>
</table>

### 4. 评价与反馈

<table>
<tr><td rowspan="2">名称</td><td rowspan="2"></td><td>组别</td><td></td><td>学生姓名</td><td></td><td>工位号</td><td></td></tr>
<tr><td>用时</td><td colspan="3"></td><td>零件号</td><td></td></tr>
<tr><td>序号</td><td>考核项目</td><td>评分标准</td><td>分数</td><td>学生自评</td><td>小组互评</td><td>教师评价</td><td>小计</td></tr>
<tr><td>1</td><td>团队协作</td><td>是否协同<br>有效工作</td><td>10</td><td></td><td></td><td></td><td></td></tr>
<tr><td>2</td><td>工作态度</td><td>是否积极主动<br>追求精益求精</td><td>10</td><td></td><td></td><td></td><td></td></tr>
<tr><td>3</td><td>任务方案</td><td>是否正确合理</td><td>20</td><td></td><td></td><td></td><td></td></tr>
<tr><td>4</td><td>任务完成情况</td><td>操作方法正确<br>数据正确记录<br>分析结果正确</td><td>30</td><td></td><td></td><td></td><td></td></tr>
<tr><td>5</td><td>安全规范</td><td>有无安全隐患<br>设备、工量具使用规范标准<br>遵守劳动纪律</td><td>20</td><td></td><td></td><td></td><td></td></tr>
<tr><td>6</td><td>现场7S</td><td>是否做到</td><td>10</td><td></td><td></td><td></td><td></td></tr>
<tr><td colspan="2">总分</td><td colspan="6">100</td></tr>
<tr><td colspan="2">教师签名</td><td colspan="2"></td><td colspan="3">总计</td><td></td></tr>
</table>

【题干】液力变矩器中的泵轮与（　　）刚性连接。

选项：A. 导轮　　B. 涡轮　　C. 飞轮　　D. 行星齿轮

【答案】C

【解析】液力变矩器的主要作用是传递和放大转矩。在工作时，由泵轮旋转产生的液压力冲击涡轮叶片，从而传递转矩，在此过程中，泵轮为主动件，涡轮为从动件。根据其结构特点，泵轮与液力变矩器壳体制成一体，并与发动机飞轮通过螺栓进行刚性连接。

【难易度】中等题

【考纲知识点】2-12. 了解自动变速器的基本组成和作用。

**一、判断题**

1. 液力变矩器中的导轮可以在任意方向旋转。 ( )
2. 锁止离合器接合时，将涡轮与变矩器壳体连成一体。 ( )
3. 行星轮可以传递动力。 ( )
4. 无级变速器可以实现无级变速，因此没有实际的档位。 ( )
5. 双离合自动变速器没有液力变矩器。 ( )

**二、单选题**

1. 自动变速器的行星齿轮系统中不包含（ ）。

A. 太阳轮　B. 行星架　C. 惰轮　D. 齿圈

2. 在液力自动变速器中，倒档用字母（ ）。

A. P　B. R　C. N　D. D

3. 下列齿轮传动比表示超速档的是（ ）。

A. 2.15 : 1　B. 1 : 1　C. 0.85 : 1　D. 2 : 1

4. 行星齿轮变速传动元件中不包括（ ）。

A. 行星齿轮　B. 行星齿轮架　C. 太阳轮　D. 齿圈

5. 自动变速器中的油泵是由（ ）驱动的。

A. 电机　B. 液压

C. 发动机通过变矩器泵轮　D. 输出轴

# 项目九

# 制动控制系统的检修

## 【项目概述】

随着汽车技术的飞速发展，制动控制系统已经成为汽车的标配，这些系统极大地提高了汽车行驶的安全性、稳定性和舒适性。本项目将重点介绍防抱死制动系统（ABS）、驱动防滑控制系统（ASR）、电子制动力分配系统（EBD）以及电子稳定程序（ESP）的检修与维护工作。通过本项目的学习与实践，学生将能够掌握制动控制系统的工作原理、故障诊断流程、维修操作技能以及相应的检测工具使用方法，为未来的职业发展打下坚实的基础。汽车制动系统的组成如图 9-1-1 所示。

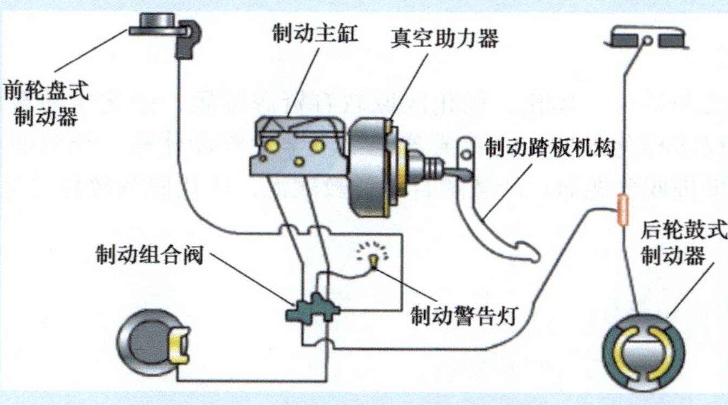


图 9-1-1　汽车制动系统的组成

# 任务一 ABS的检修

## 任务描述

汽车防抱死制动系统，简称ABS，是一种安全控制制动系统，目前已经成为轿车及客车的标准配置。ABS既有普通制动系统的制动功能，又能防止车轮制动抱死。ABS部件在车上的位置如图9-1-2所示。

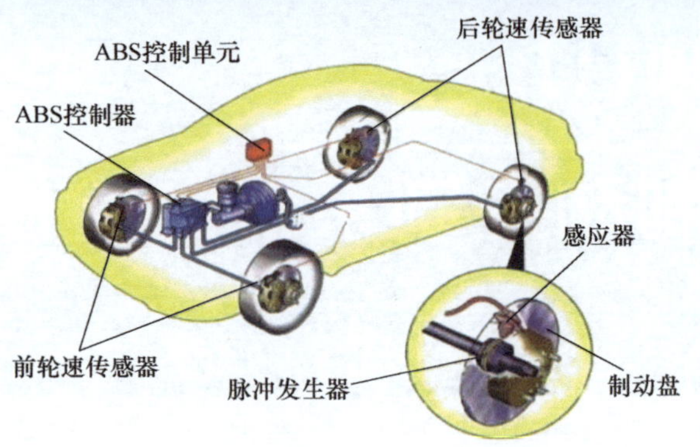


图9-1-2 ABS部件在车上的位置

## 学习目标

| 知识目标 | 能力目标 | 素养目标 |
| --- | --- | --- |
| 1. 了解ABS的组成、安装位置及分类 | 1. 学生应能对各种ABS进行说明，能独立完成对ABS的检测工作 | 1. 能够在工作过程中与小组其他成员会作、交流，养成团队合作意识，锻炼沟通能力 |
| 2. 了解ABS各部件的工作原理 | 2. 掌握ABS各部件的常见故障与排除 | 2. 提升认识问题、分析问题和解决问题的能力 |
| 3. 了解典型循环式制动压力调节器的工作过程和可变容积式制动压力调节器的工作过程 | 3. 掌握ABS的测试方法及系统故障 | 3. 养成一丝不苟、精益求精的工匠精神 |

## 职业素养

加快义务教育优质均衡发展和城乡一体化，优化区域教育资源配置，强化学前教育、特殊教育普惠发展，坚持高中阶段学校多样化发展，完善覆盖全学段学生资助体系。统筹职业教育、高等教育、继续教育协同创新，推进职普融通、产教融合、科教融汇，优化职业教育类型定位。

## 资讯信息

### 知识点一 ABS的类型

ABS按汽车制动系统分类：

（1）液压制动系统ABS 液压制动系统ABS广泛应用于轿车和轻型载货汽车上。

（2）气压制动系统ABS 气压制动系统ABS主要用于中、重型载货汽车上。

（3）气顶液制动系统ABS 气顶液制动系统ABS兼有气压和液压两种制动系统的特点，应用于部分中、重型汽车上。

ABS按通道分类：

（1）一通道ABS常叫作单通道ABS 单通道ABS是在后轮制动器总管中设置一个制动压力调节器，在后桥主减速器上安装一个轮速传感器（也有在后轮上各安装一个）。单通道ABS一般都是对两后轮按低选原则进行一同控制。单通道ABS不能使两后轮的附着力得到充分利用，因此制动距离不会明显缩短。

（2）二通道 ABS　二通道 ABS 难以在方向稳定性、转向控制性和制动效能等方面得到兼顾，目前采用很少。

（3）三通道 ABS　三通道 ABS 是对两前轮进行独立控制、两后轮按低选原则进行一同控制（即两个车轮由一个通道控制，以保证附着力较小的车轮不抱死为原则），也称为混合控制。

（4）四通道 ABS　四通道 ABS 有四个轮速传感器，在通往四个车轮制动分泵的管路中，各设一个制动压力调节器装置，进行独立控制，构成四通道控制形式。

## 知识点二　ABS 的组成

ABS 通常由轮速传感器、制动压力调节器、ECU 和 ABS 警示装置等组成，如图 9-1-3 所示。

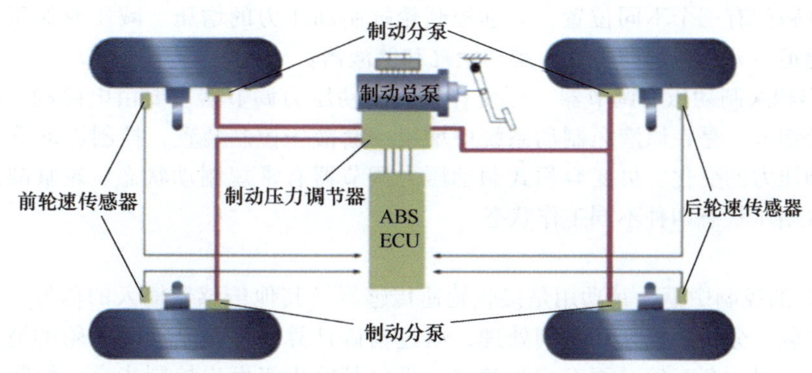


图 9-1-3　ABS 的组成

### 1. 轮速传感器

轮速传感器是用来测量汽车车轮速度的传感器。常用的轮速传感器一般包括磁电式轮速传感器和霍尔式轮速传感器。

（1）磁电式轮速传感器　大多数磁电式轮速传感器由磁感应传感头和齿圈组成。传感头由永磁体、极轴和感应线圈组成。齿圈是运动部件，大部分安装在轮毂或轮轴上，随车轮转动。轮速传感头是一个固定部件，传感头磁极与齿圈端面之间有必要的间隙，如图 9-1-4 所示。

车辆轮速传感器通常安装在车轮上，但在某些车型中，它安装在主减速器或变速器中。由于磁电式轮速传感器安装在自动变速器输出轴附近的壳体上，当输出轴转动时，输出轴上的停车锁止齿轮随其一起转动，从而使齿轮上的凸齿不断地靠近或离开轮速传感器，使通过传感器线圈内的磁通量不断变化，进而在线圈上产生一个周期变化的感应电压。

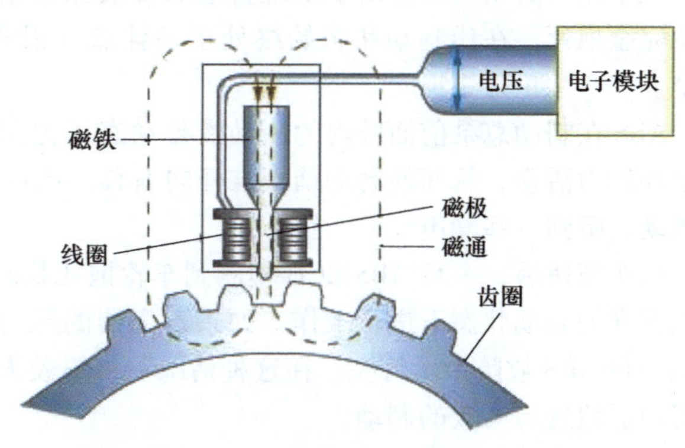


图 9-1-4　轮速传感器的外形和基本结构

（2）霍尔式轮速传感器　霍尔式轮速传感器也是由传感器和齿圈组成的。传感器则由永久磁铁、霍尔元件和集成电路等组成，霍尔式轮速传感器的磁路如图 9-1-5 所示。当传感器对齐齿圈的两个齿时，通过传感器的磁力线较少，感应电压较低；当传感器对齐齿圈的一个齿时，通过传感器的磁力线较多，感应电压较高。

### 2. 制动压力调节器

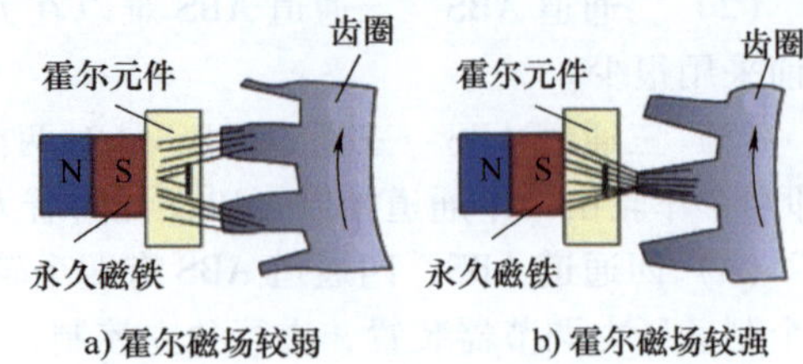


图 9-1-5 霍尔式轮速传感器的磁路

根据压力调节器的调压方式，制动压力调节器可分为循环式和可变容积式两种。循环式制动压力调节器是通过电磁阀直接控制轮缸的制动压力，而可变容积式制动压力调节器是通过电磁阀间接改变轮缸的制动压力。

（1）循环式制动压力调节器　循环式制动压力调节器由电磁阀、液压泵和电动机等部件组成。调节器直接安装在汽车原有的制动管路中，通过串联在制动主缸和制动轮缸之间的三位三通电磁阀直接控制轮缸的压力，可以使制动轮缸的工作处于常规工作状态、增压状态、减压状态或保压状态。三位是指电磁阀有三个不同位置，分别控制轮缸制动压力的增压、减压或保压，三通是指电磁阀上有三个通道，分别通制动主缸、制动轮缸和储液器。

（2）可变容积式制动压力调节器　可变容积式制动压力调节器主要由电磁阀、控制活塞、液压泵和储能器等组成，是在原液压制动系统中增设一套液压控制装置，控制制动管路中容积的增减，以控制制动压力的变化。可变容积式制动压力调节器有常规制动状态、轮缸减压状态、轮缸保压状态和轮缸增压状态四种不同工作状态。

### 3. ECU

ECU 是 ABS 的控制中枢，其功用是接收轮速传感器及其他传感器输入的信号，对这些输入信号进行测量、比较、分析、放大和判别处理，通过精确计算，得出制动时车轮的滑移率、车轮的加速度和减速度，以判断车轮是否有抱死趋势。再由其输出级发出控制指令，控制制动压力调节器执行压力调节任务。

ECU 还具有监控和保护功能，当系统出现故障时，能及时转换成常规制动，并以故障灯点亮的形式警告驾驶人。

## 知识点三　ABS 的工作原理

在制动时，ABS 根据每个轮速传感器传来的速度信号，可迅速判断出车轮的抱死状态，关闭开始抱死车轮上面的常开输入电磁阀，让制动力不变。如果车轮继续抱死，则打开常闭输出电磁阀，此车轮上的制动压力由于出现直通制动液储油箱的管路而迅速下移，防止因制动力过大而将车轮完全抱死。在让制动状态始终处于最佳点（滑移率 $S$ 为 20%），制动效果达到最好，行车最安全。

ABS 在制动总泵前面腔内的制动液是动态压力制动液，它推动反应套筒向右移动，反应套筒又推动助力活塞，从而使制动踏板推杆向右移。因此，在 ABS 工作时，驾驶人可以感觉到脚上踏板颤动，听到一些噪声。

汽车减速后，一旦 ABS ECU 检测到车轮抱死状态消失，它就会让主控制阀关闭，从而使系统转入普通的制动状态下进行工作。如果蓄压器的压力下降到安全极限以下，红色制动故障指示灯和琥珀色 ABS 故障指示灯亮。在这种情况下，驾驶人要用较大的力进行深踩踏板式的制动方式才能对前后轮进行有效的制动。

### 1. 典型循环式制动压力调节器的工作过程

典型循环式制动压力调节器是在汽车原有的制动管路中串联进电磁阀，直接控制压力的增减。下面就调节器的工作过程进行说明：

（1）常规制动过程　图 9-1-6 所示为 ABS 不工作（常规制动过程）。常规制动时，电磁阀不通电，主缸和轮缸管路相通，制动主缸可随时控制制动压力的增减。此时电动泵不工作。

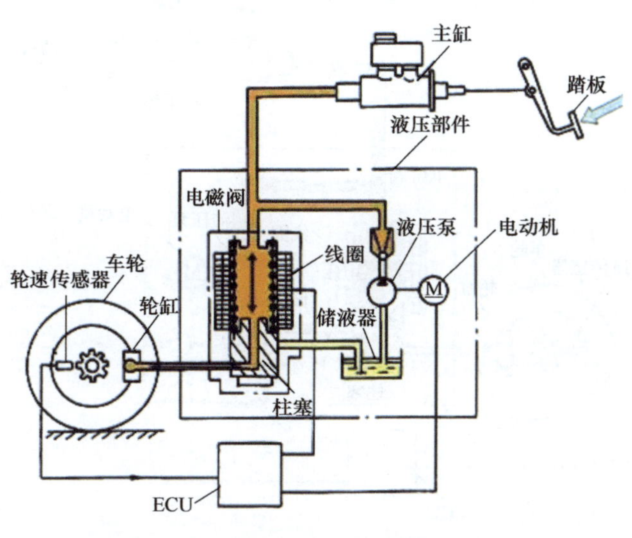


图 9-1-6 ABS 不工作（常规制动过程）

（2）减压过程 图 9-1-7 所示为 ABS 工作（减压过程）。给电磁阀通入较大的电流，电磁阀内的柱塞移到右边，主缸和轮缸之间的通路被切断。制动轮缸和储液器接通，轮缸的制动液流入储液器，制动压力降低。电动泵工作，把流回储液器的制动液加压后送回主缸。这种液压泵叫作再循环泵，它的作用是把减压过程中轮缸流回的制动液送回高压端。这样可以防止 ABS 工作时制动踏板行程发生变化。因此，在 ABS 工作过程中液压泵必须常开。

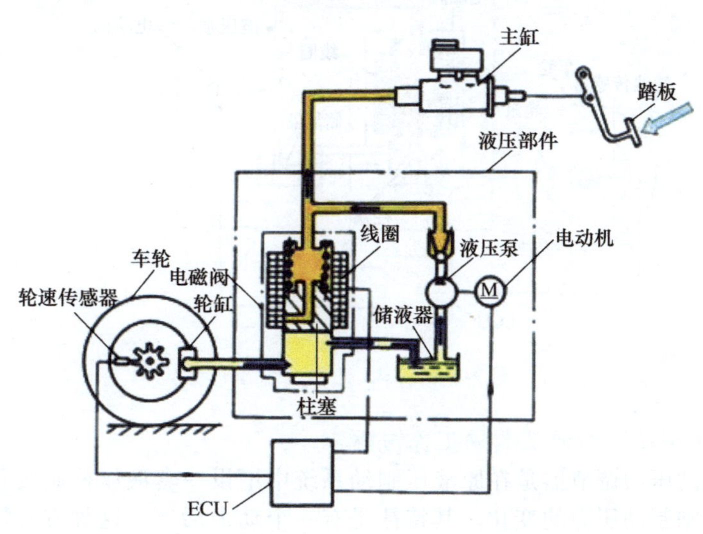


图 9-1-7 ABS 工作（减压过程）

（3）保压过程 给电磁阀通入较小的电流时，电磁阀柱塞移到图 9-1-8 所示位置，所有的通道被截断，制动压力保持不变。

（4）增压过程 图 9-1-9 所示为 ABS 工作（增压过程）。电磁阀断电后，柱塞又回到初始位置。主缸和轮缸再次相通，主缸端的高压制动液（包括液压泵输出的制动液）再次进入轮缸，增加了制动压力。增压和减压速度可以直接通过电磁阀的进出油口来控制。

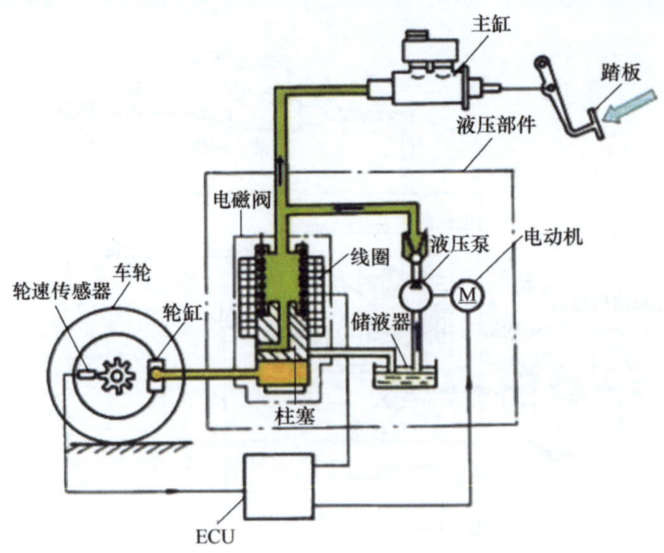


图 9-1-8 ABS 工作（保压过程）

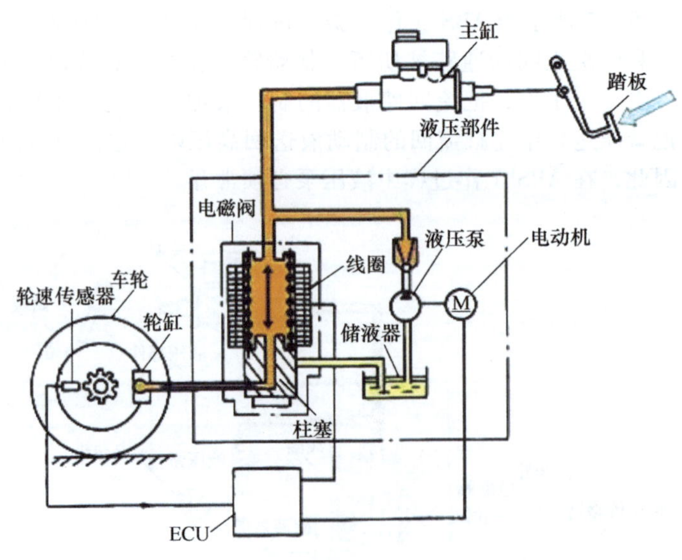


图 9-1-9 ABS 工作（增压过程）

### 2. 可变容积式制动压力调节器的工作过程

可变容积式制动压力调节器是在原液压制动系统中增设一套液压控制装置，控制制动管路中容积的增减，以控制制动压力的变化。其特征是有一个动力活塞。这种方式随结构的不同，既有有踏板反应的，也有无踏板反应的。下面以动力活塞为主，对可变容积式制动压力调节器的工作原理进行说明：

（1）常规制动过程 图 9-1-10 所示为 ABS 不工作（常规制动过程），有两个两位两通电磁阀通过 ECU 控制，上面的是输入常闭电磁阀，下面的是输出常开电磁阀。常规制动：输入电磁阀断电关闭，输出电磁阀断电打开；调压缸活塞在弹簧作用下上移，将单向阀顶开；制动分泵压力将随制动踏板力的增大而增大。

（2）减压过程 图 9-1-11 所示为 ABS 工作（减压过程），ECU 对两个电磁阀同时供电，输入电磁阀打开，输出电磁阀关闭，高压控制液经输入电磁阀流向调压活塞缸，活塞下移，容积增大，制动分泵制动压力减小。

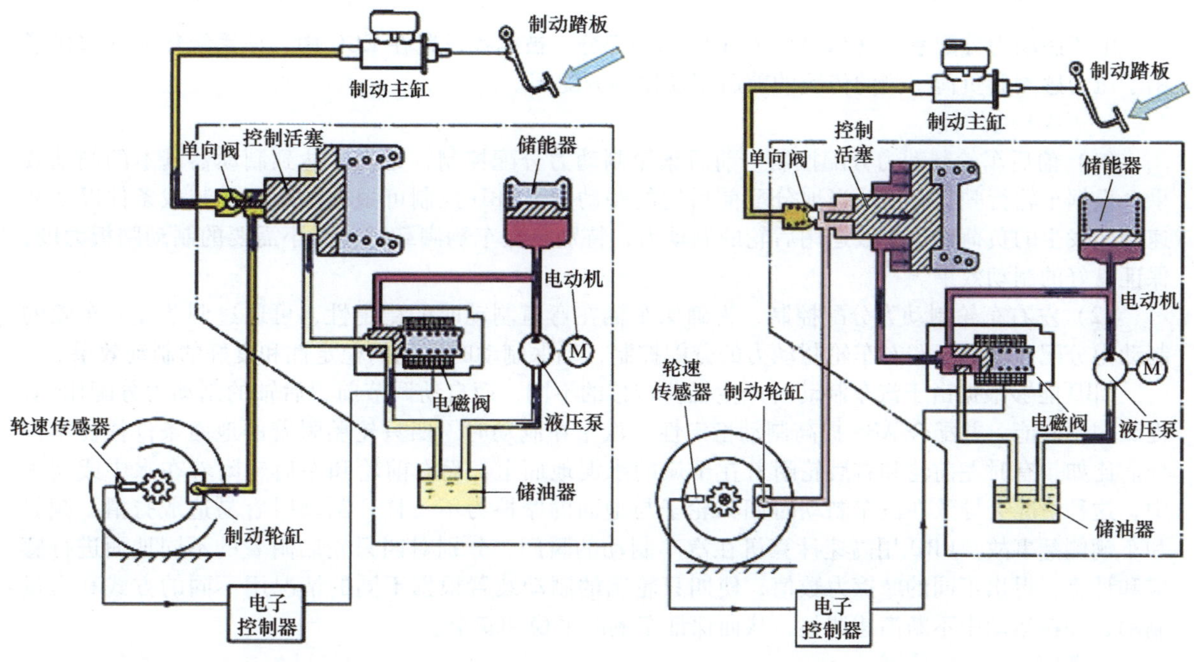


图 9-1-10 ABS 不工作（常规制动过程）

图 9-1-11 ABS 工作（减压过程）

（3）保压过程 图 9-1-12 所示为 ABS 工作（保压过程），输入电磁阀断电关闭，输出电磁阀通电关闭。调压缸活塞位置保持不变，制动分泵制动液压力不变。

（4）增压过程 图 9-1-13 所示为 ABS 工作（增压过程），输入电磁阀断电关闭，输出电磁阀断电打开泄压。调压缸活塞在弹簧作用下上移，容积减小，制动分泵制动液压力增大。

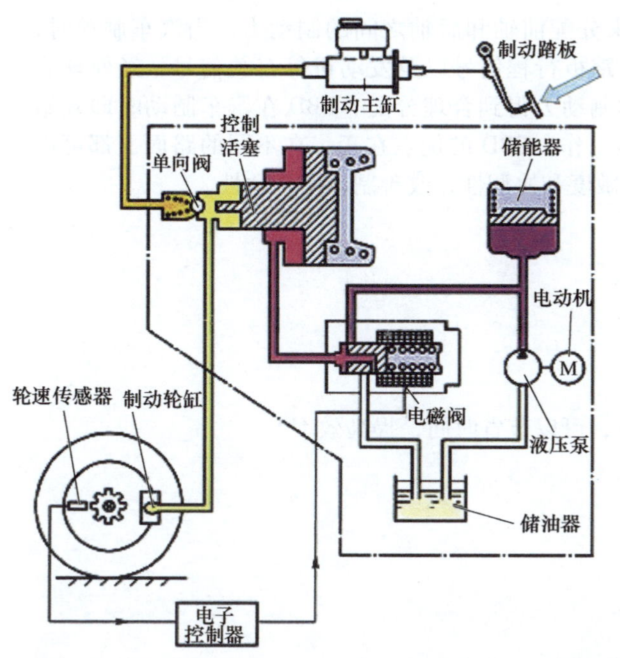


图 9-1-12 ABS 工作（保压过程）

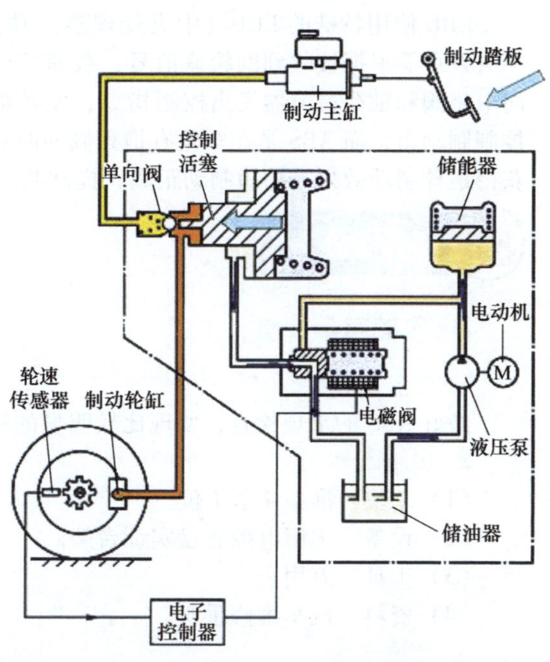


图 9-1-13 ABS 工作（增压过程）

## 知识点四 EBD

电子制动力分配系统（EBD）为 ABS 的一部分，被编程设置在 ECU 中，该系统集成并取代了用于压力感测和负荷感测的传统的前后制动比例分配阀。

### 1. EBD 的作用

（1）前后车轮制动力分配控制　前后车轮制动力分配控制，是为了达到制动器基本的制动效果，根据车轮行驶状况而适当地分配前后轮的制动力。EBD 控制可根据由车辆的装载条件以及减速度而发生的负荷变化有效运用后轮的制动力，特别是在车辆满载时，减小需要的制动踏板力度，保证良好的制动效果。

（2）左右车轮制动力分配控制　为确保车辆在弯道制动时的稳定性，可通过调节左右车轮的制动力分配，来进行左右车轮制动力的分配控制，确保制动时车辆的稳定性和良好的制动效果。

EBD 能够根据由于汽车制动时产生轴荷转移的不同，而自动调节前、后轴的制动力分配比例，提高制动效能，并配合 ABS 提高制动稳定性。汽车在制动时，四只轮胎附着的地面条件往往不一样。比如，有时左前轮和右后轮附着在干燥的水泥地面上，而右前轮和左后轮附着在水中或泥水中，这种情况会导致在汽车制动时四只轮子与地面的摩擦力不一样，制动时容易造成打滑、倾斜和车辆侧翻事故。EBD 用高速计算机在汽车制动的瞬间，分别对四只轮胎附着的不同地面进行感应和计算，得出不同的摩擦力数值，使四只轮胎的制动装置根据不同的情况用不同的方式和力量制动，并在运动中不断高速调整，从而保证车辆的平稳和安全。

### 2. EBD 的工作原理

从工作原理来讲，EBD 是 ABS 的一个附加作用系统，可以提高 ABS 的效用，共同为行车安全添筹加码，即使车载 ABS 失效，EBD 也能保证车辆不会出现因甩尾而导致翻车等恶性事件的发生。同时，它还能较大地减少 ABS 工作时的振噪感，不需要增加任何的硬件配置，成本比较低。在车轮轻微制动时，EBD 功能就起作用，转弯时尤其如此，速度传感器记录四个车轮的转速信息，ECU 计算车轮的转速。如果后轮滑移率增大，则调节制动压力，使后轮制动压力降低。EBD 功能可以保证较高的侧向力和合理的制动力分配。

EBD 使用特殊的 ECU（中央处理器）功能来分配前轴和后轴之间的制动力。当汽车制动时，中央处理器根据接收到的轮速信号、载荷信号、踏板行程信号以及发动机等有关信号，经处理后向电磁阀和轴荷调节器发出控制指令，使各轴的制动力得到合理分配。EBD 在汽车制动时即开始控制制动力，而 ABS 是在车轮有抱死倾向时开始工作。EBD 的优点在于，在不同的路面上都可以获得最佳制动效果，缩短制动距离，提高制动灵敏度和协调性，改善制动的舒适性。

## ABS 的常规检查

### 1. 任务描述

做好 ABS 的常规检查，发现比较明显的故障，可以节省时间，提高效率。

### 2. 实施条件

（1）工位　准备 4 个工位。

（2）设备　丰田电控底盘实训台架。

（3）工具　万用表。

（4）资料　汽车维修手册。

### 3. 实施步骤

在检查 ABS 时，首先应判别是 ECU 内部故障，还是 ECU 外部的控制电路故障。

完成 ABS 的常规检查检修操作并规范填写工单：

| 任务名称 | | 学生姓名 | | 组别 | | 工位号 | | |
|---|---|---|---|---|---|---|---|---|
| | | 用时 | | | | 零件号 | | |
| 序号 | 操作步骤 | | | 使用工量具 | 检测数据 | 测量标准 | 结果分析 | 小计 |
| 1 | 检查制动液液面是否在规定范围内 | | | | | | | |
| 2 | 检查所有继电器、熔丝是否完好，插接是否牢固 | | | | | | | |
| 3 | 检查电子控制装置导线插头、插座是否连接良好，有无损坏，搭铁是否良好 | | | | | | | |
| 4 | 检查电动液压泵、液压单元、四个轮速传感器、制动液液面指示灯开关的导线插头、插座和导线的连接是否良好 | | | | | | | |
| 5 | 检查传感器头与齿圈间隙是否符合规定，传感头有无脏污 | | | | | | | |
| 6 | 检查蓄电池电压是否在规定范围内 | | | | | | | |
| 7 | 检查驻车制动器是否完全释放 | | | | | | | |
| 8 | 检查轮胎花纹高度是否符合要求 | | | | | | | |
| 9 | 更换与补充制动液。制动液具有较强的吸湿性，当制动液中含有水分后，其沸点降低，制动时容易产生“气阻”，使制动性能下降。因此，一般要求每两年或一年更换制动液。很多 ABS 具有液压助力，由于储能器可能蓄积有制动液，因此，在更换或补充制动液时应按一定的程序进行 | | | | | | | |
| 10 | 制动系统的排气。在进行空气排除之前，应检查液压制动系统中的管路及其插头是否破裂或松动，检查储液室的液位是否符合要求。ABS 的排气方法有仪器排气和手动排气等，应根据不同的车型和条件进行选择 | | | | | | | |
| 总分 | | 100 | | 总计 | | | | |
| 教师签名 | | | | 得分 | | | | |

### 4. 评价与反馈

| 名称 | | 组别 | | 学生姓名 | | 工位号 | |
|---|---|---|---|---|---|---|---|
| | | 用时 | | | | 零件号 | |
| 序号 | 考核项目 | 评分标准 | 分数 | 学生自评 | 小组互评 | 教师评价 | 小计 |
| 1 | 团队协作 | 是否协同<br>有效工作 | 10 | | | | |
| 2 | 工作态度 | 是否积极主动<br>追求精益求精 | 10 | | | | |
| 3 | 任务方案 | 是否正确合理 | 20 | | | | |
| 4 | 任务完成情况 | 操作方法正确<br>数据正确记录<br>分析结果正确 | 30 | | | | |
| 5 | 安全规范 | 有无安全隐患<br>设备、工量具使用规范标准<br>遵守劳动纪律 | 20 | | | | |
| 6 | 现场 7S | 是否做到 | 10 | | | | |
| 总分 | | 100 | | | | | |
| 教师签名 | | | | 总计 | | | |

2021 年汽车类技能高考真题（来源于毕业学生口述）：

【题干】制动系统中的 ABS，中文意思是（ ）。

选项：A. 制动防抱死系统　　B. 车身稳定系统

C. 电子驻车系统　　D. 驱动防滑系统

【答案】A

【解析】汽车 ABS 是一种安全控制制动系统，目前已经成为轿车及客车的标准配置。ABS 既有普通制动系统的制动功能，又能防止车轮制动抱死。

【难易度】基础题

【考纲知识点】3-10. 掌握制动系统的基本结构及工作原理，会诊断及检修制动系统故障。

**一、判断题**

1. ABS 最早是用在铁路机车和飞机上。（ ）
2. 当路面的制动力大于附着力时，车轮即出现抱死不转而纯滑移的现象。（ ）
3. 当 ABS 出现故障时，汽车就没有了制动功能。（ ）
4. 所有 ABS 控制范围一般为 15~180km/h。（ ）
5. 霍尔式轮速传感器输出的电压信号强弱随车速的变化而变化。（ ）

**二、单选题**

1. 下列叙述不正确的是（ ）。

A. 制动时，转动转向盘，会感到转向盘有轻微的振动

B. 制动时，制动踏板会有轻微下沉

C. 制动时，ABS 继电器不断动作，这也是 ABS 正常起作用的正常现象

D. 装有 ABS 的汽车，在制动后期，不会出现车轮抱死现象

2. 为避免灰尘与飞溅的水、泥等对传感器工作的影响，在安装前车速传感器加注（ ）。

A. 机油　　B. 工作液　　C. 润滑脂　　D. ATF

3. 循环式制动压力调节器是在制动总缸与轮缸之间（ ）一个电磁阀，直接控制轮缸的制动压力。

A. 串联　　B. 并联　　C. 都可以　　D. 以上答案均不正确

4. 循环式制动压力调节器在升压过程中，电磁阀处于“升压”位置，此时电磁线圈的通入电流为（ ）。

A. 0　　B. 较小电流　　C. 最大电流　　D. 均不正确

5. 循环式制动压力调节器在保压过程中，电磁阀处于“保压”位置，此时电磁线圈的通入电流为（ ）。

A. 0　　B. 较小电流　　C. 最大电流　　D. 均不正确

6. 循环式制动压力调节器在减压过程中，电磁阀处于“减压”位置，此时电磁线圈的通入电流为（ ）。

A. 0　　B. 较小电流　　C. 最大电流　　D. 均不正确

## 任务二 ASR 的检修

ASR 是制动控制系统的重要部分，制动控制系统主要组成部件的布置和组成如图 9-2-1 所示，

在熟悉制动控制系统主要组成部件的布置和结构基础上，掌握传感器、制动压力调节器、副节气门、ECU 等部件的作用及类型、结构及原理、维护与检修方法。

ASR 英文全称为 Anti Slip Regulation，顾名思义，即防止驱动轮在起步或加速阶段打滑的控制系统。而且在不同的车系中使用的英文缩写各不相同，但其系统的组成与原理基本相同。

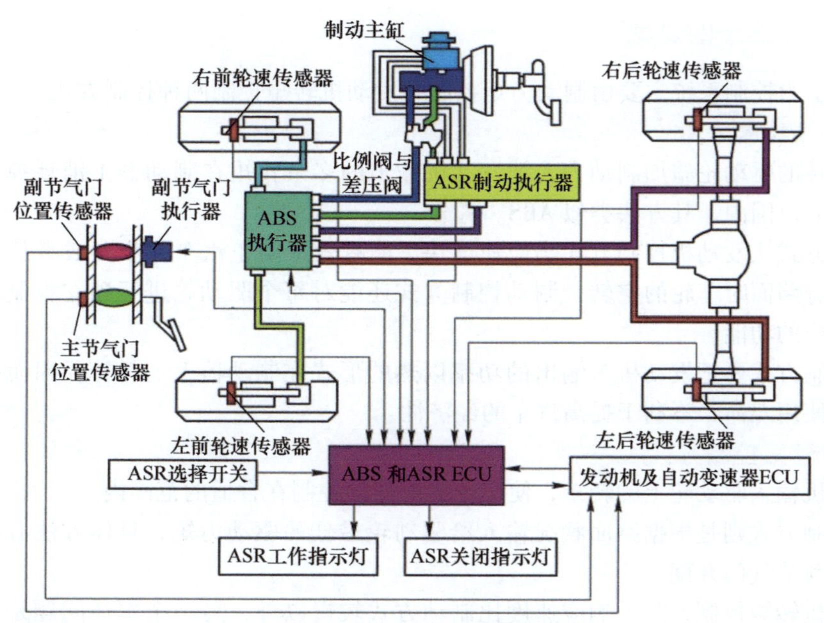


图 9-2-1 ASR 的基本组成

## 学习目标

| 知识目标 | 能力目标 | 素养目标 |
| --- | --- | --- |
| 1. 了解 ASR 的组成、安装位置及分类 | 1. 学生应能对各种 ASR 进行说明，能独立完成对 ASR 的检测工作 | 1. 能够在工作过程中与小组其他成员合作、交流，养成团队合作意识，锻炼沟通能力 |
| 2. 了解 ASR 各部件的工作原理 | 2. 掌握 ASR 各部件的常见故障与排除 | 2. 提升认识问题、分析问题和解决问题的能力 |
| 3. 了解 ASR 与 ABS 的区别和共同点 | 3. 掌握 ASR 的测试方法及系统故障 | 3. 养成一丝不苟、精益求精的工匠精神 |

## 职业素养

教育、科技、人才是全面建设社会主义现代化国家的基础性、战略性支撑。必须坚持科技是第一生产力、人才是第一资源、创新是第一动力，深入实施科教兴国战略、人才强国战略、创新驱动发展战略，开辟发展新领域新赛道，不断塑造发展新动能新优势。

## 资讯信息

### 知识点一 ASR 的功用

ASR 的作用是在驱动过程中通过控制发动机的输出转矩和差速器的锁紧系数等，控制作用于驱动轮上的驱动力矩，以及通过调节驱动轮上的制动压力控制作用于驱动轮上的制动力矩，最终实现对驱动轮牵引力矩的控制，从而防止汽车在加速过程中打滑，特别是防止汽车在非对称路面或在转弯时驱动轮的空转，以保持汽车行驶方向的稳定性和操纵性，维持汽车的最佳驱动力以及提高汽车的平顺性。

## 知识点二　ASR 的类型

目前，牵引力控制系统主要由制动力矩控制和发动机转矩控制两种控制方式。

### 1. 制动力矩控制方式

对将要空转的驱动轮施加制动力，把发动机输出的多余转矩在制动器上消耗掉，控制车轮的滑移率在期望的范围内，其方法类似 ABS。

制动控制方式比发动机控制方式响应速度快，能有效地防止汽车起步时或者从高附着路面突然跃变到低附着路面时车轮的空转。制动控制方式还能对每个驱动轮进行独立控制，与差速器锁止装置具有同样的功能。

但这种控制方式要把发动机多输出的功率以热的形式在制动器上消耗掉，因而制动器发热严重，影响它的使用寿命，不利于提高汽车的经济性。

### 2. 发动机转矩控制方式

控制发动机输入驱动轮上的转矩，使车轮的滑移率控制在合适的范围内。

发动机控制方式则是根据路面状况输入给驱动轮最佳的驱动力矩，具体方法有改变燃料喷射量、点火时间和节气门开度。

采用发动机转矩控制，除了响应速度比制动方式较慢以外，另一个本质问题是在非对称附着系数路面不能实现最佳驱动控制，其效能和 ABS 控制系统低选的情形相似，为了实现驱动力最佳控制，即最大限度地提高汽车的经济性、动力性、方向稳定性及可操纵性，目前正在朝着发动机转矩、车轮制动两者综合控制的方向发展。

## 知识点三　ASR 的组成

由于 ASR 与 ABS 之间有许多共同之处，因而一般将 ASR 与 ABS 组合在一起，构成具有 ABS/ASR 的系统。ASR 与 ABS 共用轮速传感器和 ECU，只是在通往驱动轮制动轮缸的制动管路中增设了一个 ASR 制动压力调节器，在由加速踏板控制的主节气门上方增设了一个由步进电机控制的副节气门，并在主、副节气门处各设置了一个节气门位置传感器。

### 1. ASR 传感器

ASR 传感器主要是指轮速传感器和节气门位置传感器。轮速传感器与 ABS 共用，而节气门位置传感器与发动机控制系统共用。

（1）轮速传感器　一般轮速传感器与 ABS 共用，主要完成驱动轮和从动轮车速的检测，产生与轮速成正比的正弦交流信号，经过处理后并将轮速信号传送给 ABS 和 ASR 的控制单元 ECU。

（2）节气门开度传感器　节气门开度传感器用于检测主、副节气门的开启角度和位置，并将这些信号传送给发动机和自动变速器的 ECU。

（3）ASR 选择开关　ASR 选择开关是 ASR 专用的信号输入装置，将 ASR 选择开关关闭，ASR 就不起作用。比如，在需要将汽车驱动轮悬空转动来检查汽车传动系统或其他系统故障时，ASR 则可能对驱动轮施加制动，影响故障的检查。这时，关闭 ASR 选择开关，使 ASR 退出工作，就可避免这种影响。

### 2. 副节气门

ASR 通过改变发动机副节气门的开度，控制进入发动机气缸的空气量，以达到控制发动机输出功率的目的。副节气门驱动装置安装在节气门壳体上，一般是由步进电机和传动机构组成的，如图 9-2-2 所示。步进电机根据 ASR ECU 的控制脉冲转动规定的转角，通过传动机构带动辅助节气门转动。在 ASR 不起作用时，辅助节气门在回位弹簧弹力作用下处于全开位置，进入发动机的空气量由驾驶人通过控制主节气门的开度决定。当需要减小发动机的驱动力来控制驱动轮滑转时，ASR ECU 输出信号，使辅助节气门驱动装置动作，改变辅助节气门的开度，从而达到控制发动机的输出功率，抑制驱动轮滑转的目的。

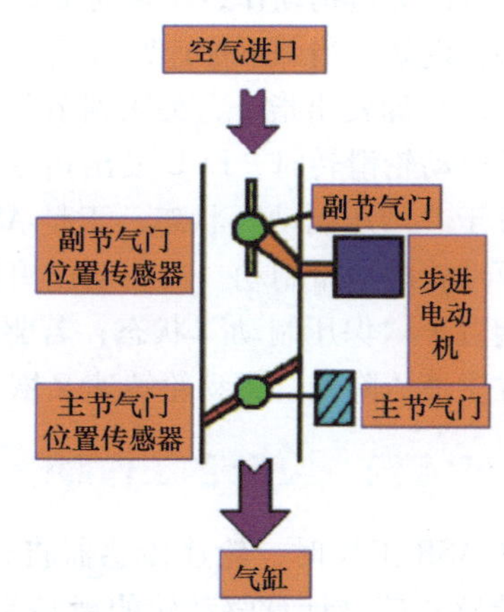

图 9-2-2 副节气门

### 3. 制动压力调节器

与 ABS 一样，ASR 也需要控制驱动轮与路面之间的运动状态，使轮胎与路面之间的附着系数达到最佳。ASR 制动压力调节器的结构形式有独立式和组合式两种。独立式 ASR 制动压力调节器与 ABS 制动压力调节器在结构上各自分开，而组合式制动压力调节器将 ABS 和 ASR 制动压力调节器组合为一体。两种类型的 ASR 制动压力调节器在结构形式上虽然有所不同，但其主要部件都是液压泵总成和电磁阀总成。

（1）液压泵总成　液压泵总成由一个电动机驱动的液压柱塞泵和一个蓄能器组成，如图 9-2-3 所示。其中，电动柱塞泵的功能是从制动主缸储液罐中泵出制动液，升压后送到蓄能器。蓄能器的功能是存储高压制动液，并在 ASR 工作时向驱动轮制动轮缸提供制动液压。蓄能器内油压最大为 7MPa，只能对滑转的驱动轮进行适量的制动，达不到全制动的程度。

（2）电磁阀总成　电磁阀总成主要由三个三位三通电磁阀组成，即蓄能器切断电磁阀、制动主缸切断电磁阀、储液罐切断电磁阀以及压力开关等组成，如图 9-2-4 所示。其中，蓄能器切断电磁阀的功能是在 ASR 工作时，将制动液由蓄能器中传送到车轮制动轮缸；制动主缸切断电磁阀的功能是当蓄能器中的制动液传送给车轮制动轮缸时，防止制动液流回到制动主缸；储液罐切断电磁阀的功能是在 ASR 工作中将车轮制动轮缸中的制动液传送回制动主缸中；压力开关的作用是调节蓄能器中的压力。

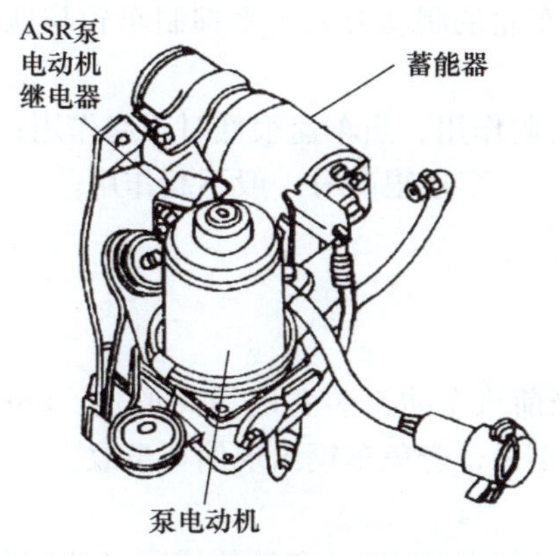

图 9-2-3 液压泵总成

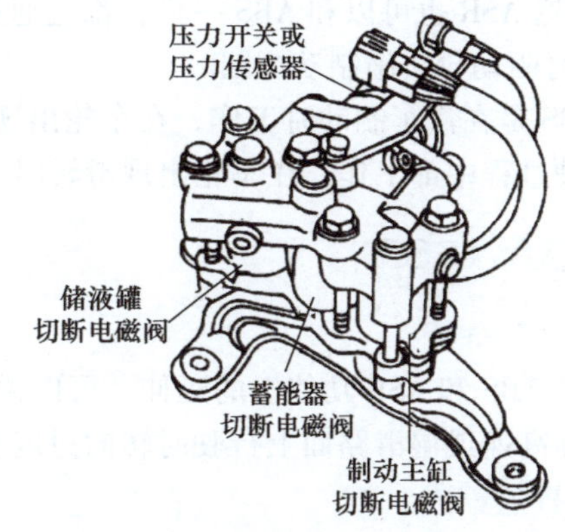

图 9-2-4 电磁阀总成

### 4. ECU

ASR 的 ECU 是以微处理器为核心，配以输入输出电路及电源等组成，是汽车 ASR 的控制中枢。ASR 控制器与 ABS ECU 通常组合在一起。ECU 的主要功能是把各轮速传感器信号进行比较、分析和判断，再通过精确计算得出驱动轮的滑转状况，形成相应的指令，控制制动压力调节装置与副节气门等机构动作，实现对驱动轮转速的调整，将滑转率控制在最佳范围内，以达到最优驱动效果。例如，当踩下加速踏板后，主节气门迅速开启，驱动轮加速。若驱动轮滑移率超过设定值后，ECU 即发出指令，关闭副节气门，减少发动机进气量，从而使发动机输出转矩降低。当只有一侧驱动轮滑转时，ECU 发出指令，接通 ASR 制动压力调节器电磁阀，并将 ABS 压力调节器电磁阀置于“增压制动”状态，于是 ASR 蓄能器高压制动液使制动轮缸的液压力迅速升高，实现对滑转驱动轮的适量制动。当制动作用后，驱动轮加速度立即减小，ECU 将 ABS 压力调节器的三位电磁阀置于“保压制动”状态；若驱动轮转速降低太多，电磁阀就处于“减压制动”状态，使制动轮缸中液压降低，驱动轮转速又恢复升高。

## 知识点四　ASR 的工作原理

在 ASR 工作时，轮速传感器将行驶汽车车轮的转速转变为电信号，输送给 ECU。ECU 根据轮速传感器信号计算驱动轮的滑转率，如果滑转率超出了目标范围，ECU 再综合考虑参考节气门开度信号、发动机转速信号等因素确定控制方式，输出控制信号，减小副节气门的开度。此时，即使主节气门的开度不变，发动机的进气量也会因副节气门开度的减小而减少。如果驱动轮的滑移率仍未降低到设定的控制范围内，ECU 又会控制 ASR 制动执行器（压力调节器）和 ABS 执行器（制动压力调节器），对驱动轮施加一定的制动压力，则驱动轮上就会作用一个制动力矩，使驱动轮的转速降低，从而使该驱动轮的滑移率降低到设定的控制范围内。具体的控制方式主要有控制发动机的输出功率、控制驱动轮的制动力矩和控制防滑差速锁等方式。

## 知识点五　ASR 与 ABS 的区别

ASR 与 ABS 的区别如下：

1）ABS 与 ASR 都是用来控制车轮相对地面的滑动，以使车轮与地面的附着力达到最大，但 ABS 控制的是汽车制动时所有轮的“拖滑”，主要是用来提高制动效果和确保制动安全；而 ASR 是控制驱动轮的“滑转”，用于提高汽车起步、加速以及在滑溜路面行驶时的牵引力和确保行驶稳定性。

2）虽然 ASR 也可以和 ABS 一样，都是通过控制车轮的制动力大小来抑制车轮与地面的滑动，但 ASR 只对驱动轮实施制动控制。

3）ABS 是在汽车制动时工作，在车轮出现抱死时起作用，当车速很低时不起作用；而 ASR 是在汽车行驶过程中都工作，在车轮出现滑转时起作用，当车速很高时一般不起作用。

## 知识点六　ESP

### 1. ESP 的作用

ESP 是 ABS 和 ASR 功能上的延伸，可以说是在当前汽车防滑装置的最高形式。ESP 能够主动纠正车辆在高速或湿滑路面上行驶时转向过度和转向不足，避免车辆出现偏移事故。

### 2. ESP 的组成

ESP 系统由控制单元及转向传感器（监测转向盘的转向角度）、车轮传感器（监测各车轮的速度转动）、侧滑传感器（监测车体绕垂直轴线转动的状态）、横向加速度传感器（监测汽车转弯时的离心力）等组成。

### 3. ESP 的工作原理

在一定的路面条件和车辆负载条件下，车轮能够提供的最大附着力为定值，即在极限情况下，车轮受到的纵向力（沿车轮滚动方向）与侧向力（垂直车轮滚动方向）为此消彼长关系。ESP 可分别控制各轮纵向的制动力，对侧向力施加影响，从而提高车辆的操控性能。

在转弯时，一种可行的控制策略为：当车辆有转向不足的倾向时，系统可以向转弯内侧的后轮施加制动力，由于此轮纵向力的增加，所能提供的侧向力减小，随之对车身产生帮助转向的力矩；当有转向过度的倾向时，系统可以向转弯外侧的前轮施加制动力，由于此轮纵向力的增加，所能提供的侧向力减小，随之对车身产生抵抗转向的力矩，从而保证了行驶的稳定。部分的 ESP 系统还会在车辆失控时降低发动机的动力。

## ASR 的常规检查

### 1. 任务描述

当怀疑或诊断出 TRC 液压部件有故障时，需拆下进行检修或更换。

### 2. 实施条件

（1）工位　准备 4 个工位。

（2）设备　丰田电控底盘实训台架。

（3）工具　万用表。

（4）资料　汽车维修手册。

### 3. 实施步骤

在检查 ASR 控制系统时，首先应判别是 ECU 内部故障，还是 ECU 外部的控制电路故障。

完成 ASR 检修操作并规范填写工单：

<table>
<tr><td rowspan="2">任务名称</td><td rowspan="2"></td><td>学生姓名</td><td></td><td>组别</td><td></td><td>工位号</td><td colspan="2"></td></tr>
<tr><td>用时</td><td colspan="3"></td><td>零件号</td><td colspan="2"></td></tr>
<tr><td>序号</td><td colspan="2">操作步骤</td><td>使用工量具</td><td>检测数据</td><td>测量标准</td><td>结果分析</td><td>小计</td></tr>
<tr><td>1</td><td colspan="2">检查制动液液面是否在规定范围内</td><td></td><td></td><td></td><td></td><td></td></tr>
<tr><td>2</td><td colspan="2">检查所有继电器、熔丝是否完好，插接是否牢固</td><td></td><td></td><td></td><td></td><td></td></tr>
<tr><td>3</td><td colspan="2">检查电子控制装置导线插头、插座是否连接良好，有无损坏，搭铁是否良好</td><td></td><td></td><td></td><td></td><td></td></tr>
<tr><td>4</td><td colspan="2">检查电动液压泵、液压单元、四个轮速传感器、制动液液面指示灯开关的导线插头、插座和导线的连接是否良好</td><td></td><td></td><td></td><td></td><td></td></tr>
<tr><td>5</td><td colspan="2">检查传感器头与齿圈间隙是否符合规定，传感头有无脏污</td><td></td><td></td><td></td><td></td><td></td></tr>
<tr><td>6</td><td colspan="2">检查蓄电池电压是否在规定范围内</td><td></td><td></td><td></td><td></td><td></td></tr>
<tr><td>7</td><td colspan="2">检查驻车制动器是否完全释放</td><td></td><td></td><td></td><td></td><td></td></tr>
<tr><td>8</td><td colspan="2">检查轮胎花纹高度是否符合要求</td><td></td><td></td><td></td><td></td><td></td></tr>
<tr><td>9</td><td colspan="2">更换与补充制动液。制动液具有较强的吸湿性，当制动液中含有水分后，其沸点降低，制动时容易产生“气阻”，使制动性能下降。因此，一般要求每两年或一年更换制动液</td><td></td><td></td><td></td><td></td><td></td></tr>
<tr><td>10</td><td colspan="2">TRC 泵与蓄压器总成的拆卸与安装其螺栓的拧紧力矩为 46N · m</td><td></td><td></td><td></td><td></td><td></td></tr>
<tr><td colspan="2">总分</td><td colspan="2">100</td><td>总计</td><td colspan="3"></td></tr>
<tr><td colspan="2">教师签名</td><td colspan="2"></td><td>得分</td><td colspan="3"></td></tr>
</table>

### 4. 评价与反馈

<table>
<tr><td rowspan="2">名称</td><td rowspan="2"></td><td>组别</td><td></td><td>学生姓名</td><td></td><td>工位号</td><td></td></tr>
<tr><td>用时</td><td></td><td></td><td></td><td>零件号</td><td></td></tr>
<tr><td>序号</td><td>考核项目</td><td>评分标准</td><td>分数</td><td>学生自评</td><td>小组互评</td><td>教师评价</td><td>小计</td></tr>
<tr><td>1</td><td>团队协作</td><td>是否协同<br>有效工作</td><td>10</td><td></td><td></td><td></td><td></td></tr>
<tr><td>2</td><td>工作态度</td><td>是否积极主动<br>追求精益求精</td><td>10</td><td></td><td></td><td></td><td></td></tr>
<tr><td>3</td><td>任务方案</td><td>是否正确合理</td><td>20</td><td></td><td></td><td></td><td></td></tr>
<tr><td>4</td><td>任务完成情况</td><td>操作方法正确<br>数据正确记录<br>分析结果正确</td><td>30</td><td></td><td></td><td></td><td></td></tr>
<tr><td>5</td><td>安全规范</td><td>有无安全隐患<br>设备、工量具使用规范标准<br>遵守劳动纪律</td><td>20</td><td></td><td></td><td></td><td></td></tr>
<tr><td>6</td><td>现场 7S</td><td>是否做到</td><td>10</td><td></td><td></td><td></td><td></td></tr>
<tr><td colspan="2">总分</td><td colspan="6">100</td></tr>
<tr><td colspan="2">教师签名</td><td colspan="2"></td><td colspan="3">总计</td><td></td></tr>
</table>

2020 年汽车类技能高考真题（来源于毕业学生口述）：

【题干】ABS 和 ASR 共用（　　）传感器和 ECU。

选项：A. 节气门位置　　B. 车速

C. 轮速　　D. 发动机转速

【答案】C

【解析】ASR 传感器主要是指轮速传感器和节气门位置传感器。轮速传感器与 ABS 共用，而节气门位置传感器则与发动机控制系统共用。

【难易度】基础题

【考纲知识点】3-10. 掌握制动系统的基本结构及工作原理，会诊断及检修制动系统故障。

**一、判断题**

1. ASR 专用的信号输入装置是 ASR 选择开关，将 ASR 选择开关关闭，ASR 就不起作用。（　　）

2. 所谓的单独方式是 ASR 制动压力调节器和 ABS 制动压力调节器在结构上是一体的。（　　）

3. ASR 处于关闭状态时，发动机副节气门会自动处于完全打开位置。（　　）

**二、单选题**

1. 带有单独方式 ASR 制动压力调节器的制动系统中，正常制动时 ASR 不起作用，电磁阀（　　），阀在左位，调压缸的活塞被回位弹簧推至右边极限位置。

A. 不通电　　B. 半通电　　C. 都不正确　　D. 都正确

2. 在下列防滑控制方式中，反应时间最短的是（　　）。

A. 发动机输出功率控制　　B. 驱动轮制动控制

C. 防滑差速锁控制　　D. 差速锁与发动机输出功率综合控制

# 项目十

# 电控动力转向系统的检修

## 【项目概述】

动力转向系统（图 10-1-1）是将发动机输出的部分机械能转化为压力能（或电能），并在驾驶人控制下，对转向传动机构或转向器中某一传动件施加不同方向的辅助作用力，使转向轮偏摆，以实现汽车转向的一系列装置。汽车采用动力转向系统后，转向所需的能量，只有小部分是驾驶人提供的体能，而大部分是发动机驱动的油泵、空气压缩机或发电机所提供的液压能、气压能或电能，从而减轻了驾驶人的转向操纵力。

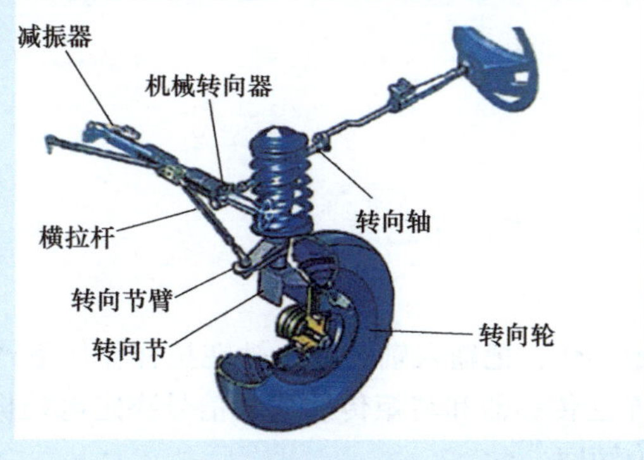


图 10-1-1 动力转向系统

# 任务一　电控液力助力转向系统的检修

## 任务描述

一辆 2019 款 POLO 劲情轿车，客户进厂报修时的故障现象：车主抱怨该车转向沉重，转向控制警告灯亮起，转向盘自动回位能力下降。你的主管将此检查任务交给你，你能制订检测计划和维修方案吗？

## 学习目标

| 知识目标 | 能力目标 | 素养目标 |
|---|---|---|
| 1. 能描述电控液力助力转向系统的作用、类型和结构 | 1. 能正确使用万用表、示波器和故障诊断仪进行系统故障检测与判断 | 1. 能够在工作过程中与小组其他成员合作、交流，培养团队合作意识，锻炼沟通能力 |
| 2. 能正确识读电控液力助力转向系统的电路图 | 2. 能对电控液力助力转向系统组件进行检查与测试 | 2. 提升认识问题、分析问题和解决问题的能力 |
| 3. 能够正确认识电控液力助力转向系统的工作原理和工作特性 | 3. 能对电控液力助力转向系统故障进行分析 | 3. 养成一丝不苟、精益求精的工匠精神 |

## 职业素养

深入实施人才强国战略，坚持尊重劳动、尊重知识、尊重人才、尊重创造，完善人才战略布局，加快建设世界重要人才中心和创新高地，着力形成人才国际竞争的比较优势，把各方面优秀人才集聚到党和人民事业中来。

## 资讯信息

### 知识点一　电控液力助力转向系统的作用和组成

#### 1. 电控液力助力转向系统的作用

当转向轴转动时，转矩传感器开始工作，把输入轴和输出轴在扭杆作用下产生的相对转动角位移变成电信号传给 ECU，ECU 根据车速传感器和转矩传感器的信号决定电动机的旋转方向和助力电流的大小，从而完成实时控制助力转向。

#### 2. 电控液力助力转向系统的组成

电控液力助力转向系统的主要组成部分有液压泵、油管、压力流体控制阀、V 带、储油罐、液压反应装置和液流分配阀等。新增的电控系统包括车速传感器、电磁阀、转向 ECU 等。这种助力方式是将一部分发动机动力输出转化成液压泵压力，对转向系统施加辅助作用力，从而使轮胎转向。

### 知识点二　电控液力助力转向系统的分类

电控液力助力转向系统是在传统的液压动力转向系统的基础上，加以改进，ECU 根据检测到的车速信号，控制电磁阀，使转向动力放大倍率实现连续可调，从而满足高、低速时的转向助力要求。根据控制方式不同，电控液力助力转向系统可分为流量控制式、反力控制式和阀灵敏控制

式三种形式。

### 1. 流量控制式助力转向系统

流量控制式助力转向系统是 ECU 根据车速传感器的信号，控制电磁阀的开启程度，从而控制转向动力缸活塞两侧油室的旁路液压油流量，以控制转向力的大小。

流量控制式助力转向系统主要由车速传感器、电磁阀、整体式动力转向控制阀、动力转向油泵和 ECU 等组成。电磁阀安装在通向转向动力缸活塞两侧油室的油道之间，当电磁阀的阀针完全开启时，两油道就被电磁阀旁路。

### 2. 反力控制式助力转向系统

反力控制式动力转向系统主要由转向控制阀、电磁阀、分流阀、转向动力缸、转向油泵、储油罐和 ECU 组成。可按照车速的高低，来控制反力室中的油压，进而控制施加在转向盘上转向力的大小，例如日本丰田、雷克萨斯 LS400 轿车即采用此种助力转向系统。

### 3. 阀灵敏控制式助力转向系统

阀灵敏控制式助力转向系统主要由转向控制阀、分流阀、电液比例阀、转向动力缸、转向油泵、储油箱、车速传感器（图中未画出）及 ECU 等组成。该系统在转向控制阀的转子阀做了局部改进，并增加了电磁阀、车速传感器和 ECU 等。

## 知识点三　电控液力助力转向系统的结构和工作原理

### 1. 流量控制式助力转向系统的工作原理

图 10-1-2 所示为日产蓝鸟轿车上使用的一种流量控制式助力转向系统的基本组成，该系统是在一般液压动力转向系统上增加了旁通流量控制阀、车速传感器、转向角速度传感器、ECU 和控制开关等元件。

（1）汽车静止或低速行驶时

汽车在低速范围内运行时，ECU 输出一个大的电流，使电磁阀的开度增加，由分流阀分出的液流流过电磁阀回到储油罐中的液流增加。因此，油压反力室压力减小，作用于柱塞的背压减小，于是柱塞推动控制阀杆的力减小。

（2）汽车中、高速行驶时

汽车转向盘在中、高速直行微量转动时，控制阀杆根据扭杆的扭转角度而转动，转阀的开度减小，转阀里面的压力增加，流向电磁阀和油压反力室中的液流量增加。当车速增加时，ECU 输出电流减小，电磁阀开度减小，流入油压反力室中的液流量增加，反力增大，使柱塞推动控制阀杆的力变大。

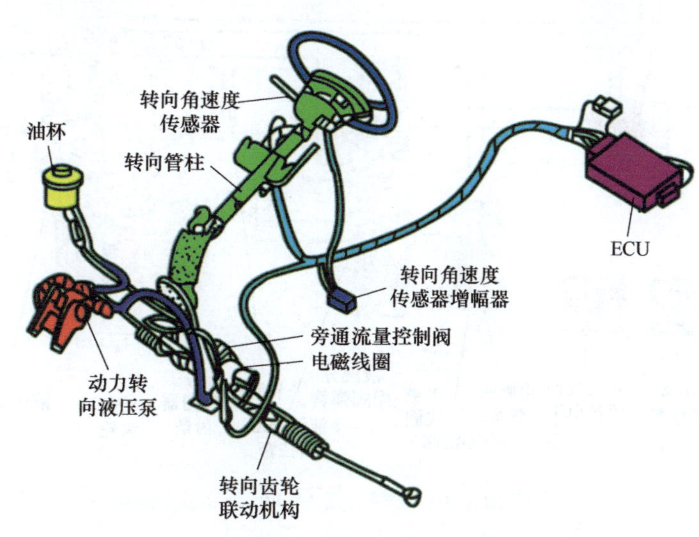


图 10-1-2　日产蓝鸟轿车流量控制式助力转向系统

流量控制式助力转向系统的结构原理图如图 10-1-3 所示。蓝鸟轿车流量控制式助力转向系统的优点是在原来液压动力转向功能的基础上再增加压力流量控制功能，所以结构简单，成本低。其缺点是当流向动力转向机构的液压油降低到极限值时，对于快速转向会产生压力不足、响应慢等缺点。

**2. 反力控制式助力转向系统的组成和原理**

反力控制式助力转向系统主要由转向控制阀、液流分配阀、电磁阀、转向动力缸、转向油泵、储油罐、车速传感器及ECU等组成。轿车反力控制式助力转向系统的结构原理图如图10-1-4所示。

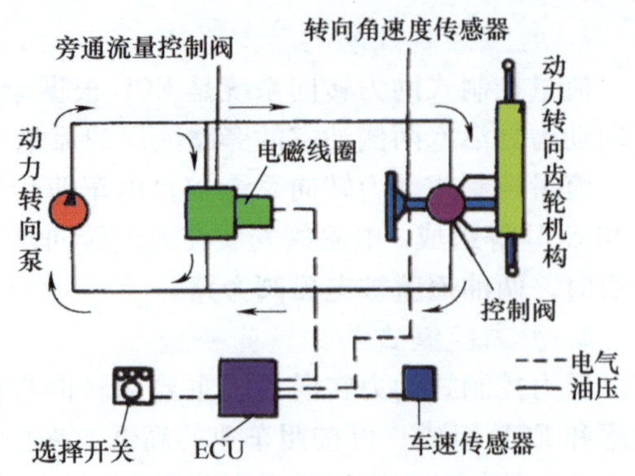


图10-1-3 蓝鸟轿车流量控制式助力转向系统的结构原理图

(1) 转向控制阀　转向控制阀是在传统的整体转阀式动力转向控制阀的基础上增设了液压反应装置而构成。扭杆的下端用销子与转阀阀体（与转向齿轮一体）相连，上端通过销子与转阀阀芯相连，而转阀阀芯又与转向轴的末端固定在一起，因而转向轴可通过扭杆带动转向齿轮转动。当转向力增大，扭杆发生扭转变形时，转阀阀体和转阀阀芯之间将发生相对转动，于是就改变了阀体与阀芯之间油道的通、断关系和工作油液的流动方向，从而实现转向助力作用。

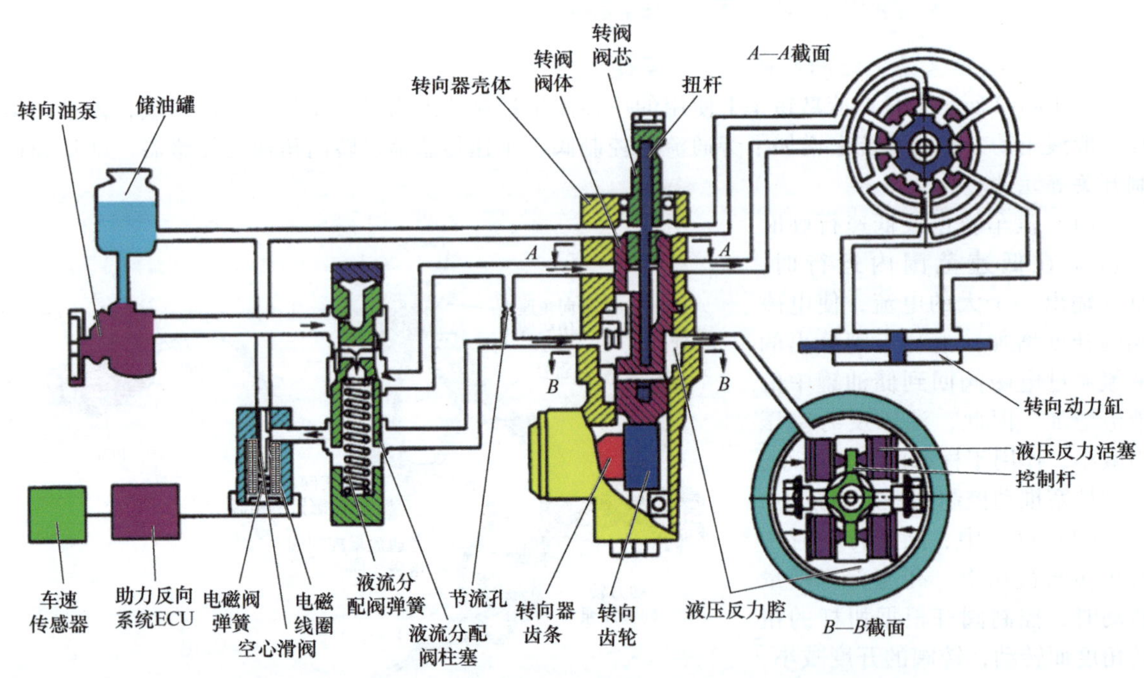


图10-1-4 雷克萨斯LS400轿车反力控制式助力转向系统的结构原理图

(2) 液压反应装置　液压反应装置位于转阀下面，它由液压反力腔、四个液压反力活塞和控制杆等组成。转向盘转动时，与转向轴连接的转阀阀芯带动控制杆转动，将推动相应的两个活塞克服反力腔中的液压力而移动。

(3) 液流分配阀　液流分配阀主要由分配阀柱塞和分配阀弹簧组成，分配阀柱塞上有承压锥面，壳体上有四个孔，分别连通转向油泵、转向控制阀、电磁阀和液压反力腔。液流分配阀的作用是将来自转向油泵的油液向控制阀一侧和电磁阀一侧分流，按照车速和转向要求，改变控制阀一侧与电磁阀一侧的油压，确保电磁阀一侧具有稳定的油液流量。

（4）节流孔　节流孔的作用是把供给转向控制阀的一部分流量分配到液压反力腔一侧。

（5）电磁阀　电磁阀装在齿轮齿条转向器的壳体上，由电磁线圈、空心滑阀和弹簧组成。空心滑阀上有阀孔和固定小孔（图中未标出），壳体上有两个孔，一个通向储油罐，另一个通向液流分配阀。

### 3. 反力控制式助力转向系统的工作原理

（1）直线行驶　当汽车直线行驶时，转阀不工作。此时管路中的油压很低，液流分配阀柱塞在其弹簧的作用下处于上极限位置，分配阀开启。从转向油泵输出的油液经液流分配阀流入转阀，并从回油管流回储油罐，还有一部分油液经液流分配阀和电磁阀流回储油罐。整个油路畅通，动力转向系统无助力作用。此时液压反力腔中活塞背面作用的油压力很小。

（2）汽车转向　当转动转向盘，转向动力缸产生辅助转向力时，转向油泵输出的油液压力升高，在液流分配阀柱塞承压锥面上产生向下的推力，柱塞下移，关闭分配阀。这样，转向油泵经液流分配阀通向电磁阀和液压反力腔的油路被切断，但这时仍有少量的油液可以通过节流孔流进液压反力腔，液压反力腔中的油压不再随转阀中油压的增大而增大，而是通过电控系统根据车速进行调节。

反力控制式助力转向系统的优点是具有较大的选择转向力的自由度，转向刚度大，驾驶人能感受到路面情况，可以获得稳定的操作手感等。其缺点是结构复杂，且价格高。

## 知识点四　电控液力助力转向系统的特点

电子液压助力原理与机械式液压助力原理完全相同，而与机械式液压助力最大的区别就是不再使用由发动机通过传动带驱动的液压泵，而是换成了电力驱动的电子泵。

1）优点：电子液压助力的优势首先体现在能耗上，首先，由电能驱动的电子泵使用发电机和蓄电池输出的电能，不再消耗发动机本身的动力。其次，能够通过对车速传感器、横向加速度传感器、转向角速度传感器等信息的处理，通过实时改变电子泵的流量来改变转向助力的力度大小，实现随速可变助力功能。

2）缺点：

① 电子液压助力成本更高。相对于机械式的液压助力系统，加入了电控系统。换上电子泵后，电子液压助力的制造成本更高，技术也更加复杂，维护维修的难度和成本也随之提高。

② 可靠性不及机械液压助力。电子液压助力除了会出现转向机构和液压机构的故障外，还增加了电气系统出现故障的可能性，因而可靠性不及传统液压助力系统。

③ 助力力度有限。虽然使用电子泵有明显优势，但是，电子泵需要由发电机的电能驱动，而车载发电机本身的功率和蓄电池能够提供的最大电流都有限，所以电子泵的功率也受到限制，能承载的负荷也有限。

## 电控液压转向系统的检修

### 1. 任务描述

以下将以大众 POLO 轿车的电控液压转向系统检修为例介电控转向系统的检修方法。该型轿车使用电控液力助力转向系统的结构和工作原理在前面已介绍。

### 2. 实施条件

（1）工位　准备 4 个工位。

（2）设备　大众 POLO 劲情轿车 4 台。

（3）工具　KT600 诊断仪或原厂诊断仪 VAS 5051、万用表、通用工具一套、“三件套”一套。

（4）资料　汽车维修手册。

### 3. 实施步骤

完成电控液压转向系统的检查并规范填写工单：

| 任务名称 | | 学生姓名 | | 组别 | | 工位号 | | |
|---|---|---|---|---|---|---|---|---|
| | | 用时 | | | | 零件号 | | |
| 序号 | 操作步骤 | | | 使用工量具 | 检测数据 | 测量标准 | 结果分析 | 小计 |
| 1 | 对转向系统的目检和功能检查如下：<br>1）检查是否有裂缝或裂开<br>2）检查转向横拉杆球头和转向机构的间隙<br>3）目检橡胶防尘套和保护套是否损坏和漏油<br>4）检查电气和液压管路、软管是否有擦痕、切口和弯折<br>5）检查液压管路、螺纹插头和转向机构是否损坏 | | | | | | | |
| 2 | 转向系统排气如下：<br>1）抬起车辆，直至前车轮悬空<br>2）拆下左前车轮，拆下左前轮罩外壳<br>3）检查液压油油位，如有必要进行添加<br>4）起动发动机并让其怠速运转 5s<br>5）关闭发动机并检查液压油油位 | | | | | | | |
| 3 | 系统的密封性检查如下：<br>1）拆卸左前车轮及消声板<br>2）发动机怠速运转<br>3）左右旋转转向盘至极限位置并最多保持 5~10s，这样做的目的是使系统中出现最高压力，以便进行泄漏检查<br>4）检查压力管路和回流管路的密封性，观察是否有油液泄漏<br>5）检查所有管路插头和软管插头的固定位置和密封性<br>6）检查电动泵组的密封性，如果存在泄漏，更换电动泵组<br>7）检查液压油储液罐的密封性，如果存在泄漏，更换储液罐<br>8）检查液压油油位，如有必要进行添加 | | | | | | | |
| 4 | 助力转向器的液压油油位检查如下：<br>1）如有必要，应拆卸空气滤清器壳体<br>2）拆下蓄电池和蓄电池支架<br>3）旋出电动泵组上的密封盖<br>4）用干净的抹布擦拭油尺<br>5）用手拧紧密封盖<br>6）检查液压油油位 | | | | | | | |
| 总分 | 100 | | | 总计 | | | | |
| 教师签名 | | | | 得分 | | | | |

### 4. 评价与反馈

| 名称 | | 组别 | | 学生姓名 | | 工位号 | |
|---|---|---|---|---|---|---|---|
| | | 用时 | | | | 零件号 | |
| 序号 | 考核项目 | 评分标准 | 分数 | 学生自评 | 小组互评 | 教师评价 | 小计 |
| 1 | 团队协作 | 是否协同<br>有效工作 | 10 | | | | |

（续）

| 序号 | 考核项目 | 评分标准 | 分数 | 学生自评 | 小组互评 | 教师评价 | 小计 |
|---|---|---|---|---|---|---|---|
| 2 | 工作态度 | 是否积极主动<br>追求精益求精 | 10 | | | | |
| 3 | 任务方案 | 是否正确合理 | 20 | | | | |
| 4 | 任务完成情况 | 操作方法正确<br>数据正确记录<br>分析结果正确 | 30 | | | | |
| 5 | 安全规范 | 有无安全隐患<br>设备、工量具使用规范标准<br>遵守劳动纪律 | 20 | | | | |
| 6 | 现场 7S | 是否做到 | 10 | | | | |
| 总分 | | 100 | | | | | |
| 教师签名 | | | | 总计 | | | |

## 故障案例

### 捷达 GT 轿车转向过程故障排除案例分析

#### 1. 故障现象

一辆捷达 GT 轿车，在转动转向盘进行转向时会出现“吱、吱”异响。

#### 2. 诊断分析

出现“吱、吱”异响，手摸处感到异常振手，类似于转向打到头的现象，是油压偏高，产生异响。

维修过程如下：

捷达 GT 轿车带有转向助力装置，由于其部件不易拆解维修，通常采用换件修理法。来回转动转向盘，认真检查，在转向过程中，用手摸动力泵和高压管，出现“吱、吱”声时，手摸处感到异常振手，类似于转向打到头的现象，可能是油路不畅引起，于是又更换了高压油管，但故障仍未消失。于是将液压油放掉，继续检查，细心观察，终于发现了问题。原来，高压油储液罐的进油直径稍小，而且油孔中有一飞边，挡住了 1/3 的油道。更换储液罐并进行加油排气，再起动发动机，转动转向盘，故障即消失。再将换下来的动力泵和高压油管换回去，转向试车，一切正常，说明转向动力泵等没有故障，故障在储液罐。

## 巩固提升

**一、判断题**

1. 汽车转向系统的作用是保证汽车转向。（　　）
2. 在流量控制式助力转向系统中，主要起作用的部件是扭力杆。（　　）
3. 为了提高行车的安全性，转向轴可以有少许转向移动。（　　）

**二、单选题**

1. 在低速时，转向系统需要的助力（　　）。

A. 较大　　B. 较小　　C. 中等　　D. 不确定

2. 液压式电控助力转向系统中，助力来自（　　）。

A. 液压油泵和油缸　　B. 发动机　　C. 电动油泵　　D. 齿轮齿条

## 任务二 电动助力转向系统的检修

### 任务描述

电动助力转向系统由于工作压力和工作灵敏度高，外廓尺寸较小，获得了广泛的采用。在采用气压制动或空气悬架的大型车辆上，也有采用气压制动转向的，但这类转向系统的共同缺点是结构复杂、消耗功率大，容易产生泄漏，转向力不易有效控制等。随着电子技术的进一步发展，越来越多的轿车上采用了电动助力转向系统，它是一种直接依靠电动机提供辅助转矩的电控动力转向系统。电动助力转向系统的基本结构如图 10-2-1 所示。

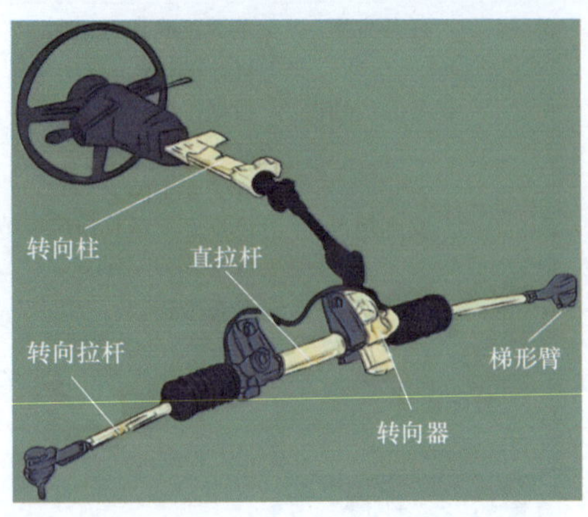


图 10-2-1 电动助力转向系统的基本结构

### 学习目标

| 知识目标 | 能力目标 | 素养目标 |
| --- | --- | --- |
| 1. 能描述电动助力转向系统的作用、类型和结构 | 1. 能正确使用万用表、示波器和故障诊断仪进行系统故障检测与判断 | 1. 能够在工作过程中与小组其他成员合作、交流，培养团队合作意识，锻炼沟通能力 |
| 2. 能正确识读电控液力助力转向系统电路图 | 2. 能对电动助力转向系统组件进行检查与测试 | 2. 提升认识问题、分析问题和解决问题的能力 |
| 3. 能够正确认识电动助力转向系统的工作原理和工作特性 | 3. 能对电动助力转向系统故障进行分析 | 3. 养成一丝不苟、精益求精的工匠精神 |

### 职业素养

教育、科技、人才是全面建设社会主义现代化国家的基础性、战略性支撑。必须坚持科技是第一生产力、人才是第一资源、创新是第一动力，深入实施科教兴国战略、人才强国战略、创新驱动发展战略，开辟发展新领域新赛道，不断塑造发展新动能新优势。

### 资讯信息

#### 知识点一 电动助力转向系统的组成和原理

电动助力转向系统主要包括机械式转向器、转矩传感器、减速机构、离合器、电动机、ECU 和车速传感器等，其结构如图 10-2-2 所示。电动助力转向系统的基本原理是根据汽车行驶速度（车速传感器输出信号）、转矩及转向角信号，由 ECU 控制电动机及减速机构产生助力转矩，使汽车在低速、中速和高速下都能获得最佳的转向效果。电动机连同离合器和减速齿轮一起，通过一个橡胶底座安装在左车架上。

**1. 转矩传感器**

转矩传感器的结构如图 10-2-3 所示，其用于检测作用于转向盘上转矩信号的大小，目前采用较多的是扭杆式电位计传感器，它是在转向轴位置加一根扭杆，通过扭杆检测输入轴与输出

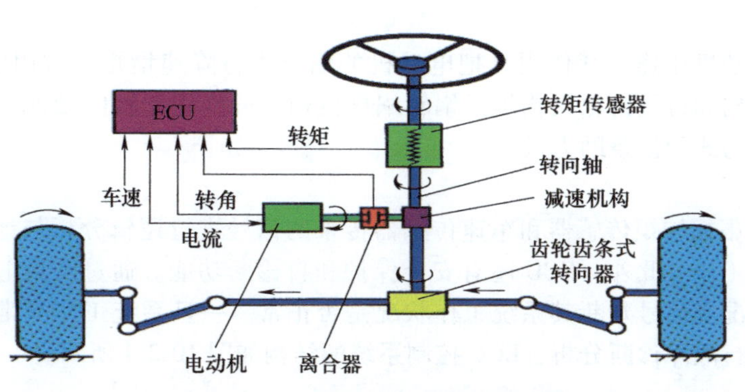


图 10-2-2　电动助力转向系统的结构

轴的相对扭转位移得到转矩。转矩传感器的作用是测量驾驶人作用在转向盘上力矩的大小与方向。转矩传感器有接触式与非接触式两种，非接触式因其体积小、精度高而被广泛采用，但其成本较高。

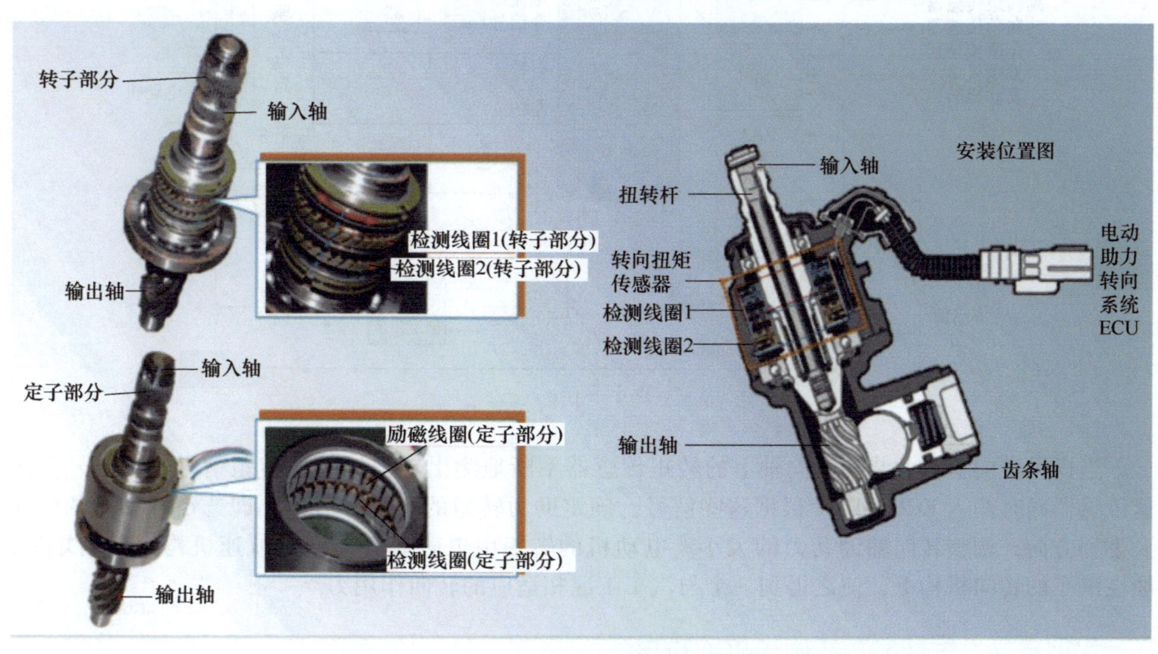


图 10-2-3　转矩传感器的结构

## 2. 电磁离合器

电磁离合器是在不加动力的情况下，离合器可消除电动机惯性的影响。同时，在系统发生故障时，因离合器分离，可以恢复手动控制转向。当电流通过集电环进入电磁离合器线圈时，主动轮产生电磁吸力，带花键的压板被吸引与主动轮压紧，于是电动机的动力经过轴、主动轮、压板、花键、从动轴传递给执行机构。

## 3. 电动机

电动机的功能是根据 ECU 的指令产生相应的输出转矩，电动机是影响电动助力转向系统性能的主要因素之一。通常采用无刷永磁式直流电动机，要求其低速转矩大、波动小、惯量小、尺寸小、重量轻，可靠性高、控制性能好，正反转控制。电动机的功用是根据 ECU 的指令输出适当的辅助转矩。目前，采用较多的是永磁式直流电动机，分为有刷式和无刷式两种。

**4. 减速机构**

减速机构与电动机相连，其作用是把电动机的输出进行降速增矩，常用的有蜗轮蜗杆机构、循环球螺杆螺母机构和行星齿轮机构等。蜗轮蜗杆机构一般应用于转向轴助力式，行星齿轮机构一般应用于齿轮助力式和齿条助力式。

**5. ECU**

ECU 的功能是根据转矩传感器和车速传感器传来的信号进行逻辑分析与计算，并发出指令控制电动机和离合器工作。此外，ECU 还有安全保护和自诊断功能。通过采集电动机的电流、发电机电压、发动机工况等信号判断其系统工作状况是否正常。一旦系统工作异常，将自动取消助力作用，同时还将进行故障诊断分析，ECU 控制系统的结构如图 10-2-4 所示。

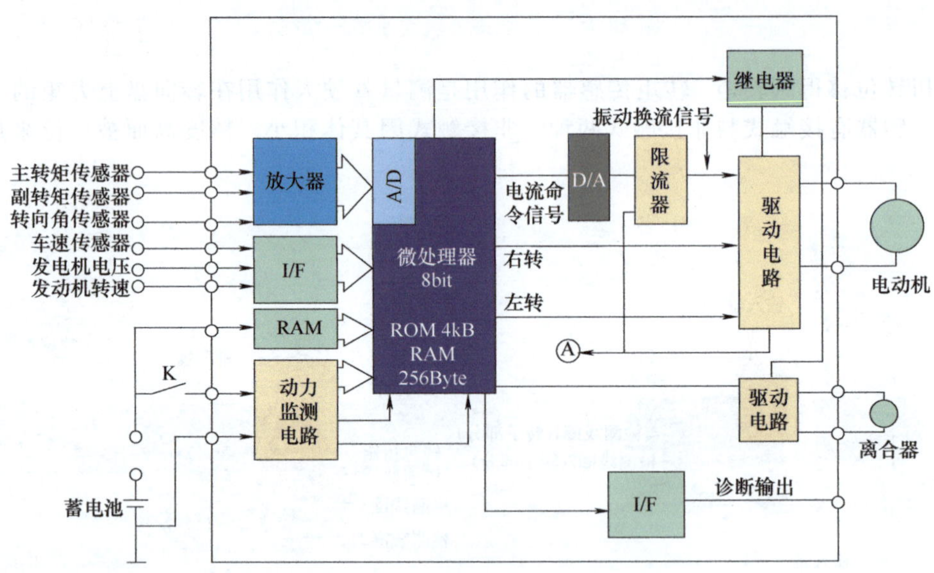


图 10-2-4 ECU 控制系统的结构

当操纵转向盘时，装在转向轴上的转矩传感器不断地测出转向轴上的转矩信号，该信号与车速传感器同时输入 ECU，ECU 根据这些信号，确定助力转矩的大小和方向，即选定电动机的电流大小和方向，调整转向辅助动力的大小。电动机的转矩由电磁离合器通过减速机构减速增矩后，加在汽车的转向机构上，使之得到一个与汽车工况相适应的转向作用力。

## 知识点二 电动助力转向系统的特点

电动助力转向系统与液压助力系统一样，仍然是基于齿轮齿条式转向机构，只不过助力机构由复杂的液压机构变成了依靠电动机产生助力的系统。电动助力转向系统的结构非常简单，没有液压泵、储液罐、液压管路和转向柱阀体，而是由传感器、控制单元和助力电机构成。在转向柱位置安装了转矩传感器。当转向盘转动时，转矩传感器探测到转动力矩，并将之转化成电信号传给控制器，车速传感器也同时将信号传给控制器，控制器运算够供给电机适当的电压，驱动电机转动，电动机通过减速机构将转矩放大，推动转向柱或转向拉杆运动，实现助力。

1）优点：结构简单紧凑，制造成本低，工艺相对简单，后期的维护也更加简单。系统损耗低（不会像液压助力一样有助力液损耗），运行噪声小，不会有液压泵或电子泵运转的噪声，提升舒适性。助力力度能够随速可变，满足车辆高速和低速行驶时对助力大小的不同需求，响应速度较液压助力系统更快更直接。同时，电动助力转向有着良好的经济性，纯电能驱动，较机械液压助力能耗低。

2）缺点：首先是可靠性的问题，虽然现在电动助力转向技术已经非常成熟，但是电子系统还是要比纯机械结构“娇气”一些。其次，电动助力转向遇到的仍然是功率的瓶颈问题，对于目前的大多数车辆来说，使用的都是12V的电源系统，能够带动的助力电机功率有限，不适用于对转向系统的负载能力要求较高并且需要精准操控性的车型。

## 2007年款迈腾1.8TSI自动变速档车型转向沉重故障排除案例分析

### 1. 故障现象

在行驶过程中，电动助力转向系统故障警告灯忽然点亮，车辆的转向感觉沉重。

### 2. 故障分析

出现转向沉重，系统故障警告灯忽然点亮，排除电路刮擦导致的故障原因，需要对转矩传感器进行检测。

### 3. 故障诊断与排除

在一般的电动助力转向系统程序处理中，设置了故障诊断功能，在程序运行中，实时监测各传感器信号，当发现故障时，立即停止电动机的工作，转变为手动转向模式。当系统故障灯亮时，可利用VAS 5052A诊断ECU，选择02-44-004.01，进入动力转向的自诊断功能，检查故障码存储器，读得故障码“00573，转向转矩传感器——G269不可靠信号”。此故障码不能用仪器清除，是车辆的实时故障码。

将车辆举升以后，观察转向器，其外观并没有任何碰损痕迹，电控机械助力转向系统的辅助控制单元与驱动电机外壳接合，转向器上部，系统的转矩传感器与转向ECU之间只有不到20cm长的外露线束，而且线束外表完好，暂时可排除电路刮擦导致的故障原因，需要对转矩传感器进行检测。

本车的转向转矩传感器G269是一种磁阻传感器，转向柱的连接元件与转向柱万向节相连，在其外部有一个电磁转子，它有24个交替变换的磁极区域，磁阻的传感器元件固定在转向器连接块上。当转动转向盘时，转向柱连接元件通过转矩杆带动转向器齿轮转动，根据转矩，两个连接件间会产生相对运动，使磁极转子和磁阻的传感器元件产生相对转动，导致传感器磁阻改变，该磁阻的变化就反映了转矩的变化，由此形成交变电压信号，从而测得转向转矩大小，并将测得的转矩信号传递给转向系统辅助控制单元J500。

**判断题**

1. ECU的功能是根据转矩传感器和车速传感器传来的信号进行逻辑分析与计算，并发出指令控制电动机和离合器工作。 （ ）
2. 电动助力转向系统缩写为EPS。 （ ）
3. 对于电动助力转向系统，车速信号是一个重要的信号来源。 （ ）

# 项目十一

# 电控悬架系统的检修

## 【项目概述】

传统的悬架系统主要由弹性元件、减振装置和导向机构组成，其中，弹性元件、减振装置（还包括轮胎）的综合特性决定了汽车的行驶性、操纵性和乘坐的舒适性。

由于传统悬架系统使用的是定刚度的弹簧和定阻尼系数的减振器，只能适应特定的行驶条件，无法满足多变的路面状况和汽车行驶状况，而且这种悬架只能被动地承受地面对车身的各种作用力，无法针对各种情况主动地进行调节，所以传统悬架系统又称为被动悬架系统。

随着汽车电子技术的发展，出现了汽车电控悬架系统。电控悬架系统的最大优点在于它能使悬架随不同的路况和行驶状态做出不同的反应，既能使汽车达到令人满意的乘坐舒适性，又能使汽车达到最佳的操纵稳定性。

# 任务 主动电控悬架系统的检修

电控悬架系统是以 ECU 为控制核心，根据车身高度、转向盘转角、车速和制动等信号，经过运算分析后，输出控制信号，控制各种电磁阀和步进电机，对汽车悬架参数，如弹簧刚度、减振器阻尼系数、倾斜刚度和车身高度进行控制，从而提高汽车的乘坐舒适性和操纵稳定性的悬架系统，如图 11-1-1 所示。根据结构的不同，电控悬架可分为电控空气悬架和电控液压悬架，本任务只讨论应用较多的电控空气悬架。

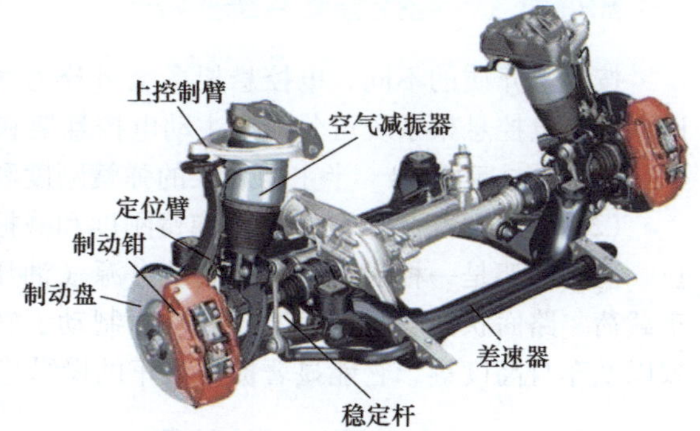

图 11-1-1 电控悬架系统

| 知识目标 | 能力目标 | 素养目标 |
|---|---|---|
| 1. 熟悉电控悬架系统的结构 | 1. 通过以下的学习，学生应能对各种电控悬架系统进行说明，能独立完成对电控悬架系统的检测工作 | 1. 能够在工作过程中与小组其他成员合作、交流，培养团队合作意识，锻炼沟通能力 |
| 2. 掌握电控悬架系统的基本检查与调整 | 2. 掌握电控悬架系统各部件的常见故障与排除 | 2. 提升认识问题、分析问题和解决问题的能力 |
| 3. 能正确检测电控悬架系统的各种传感器 | 3. 掌握电控悬架系统的各项传感器工作原理及过程，并据此判断其系统故障 | 3. 养成一丝不苟、精益求精的工匠精神 |

广泛践行社会主义核心价值观，弘扬以伟大建党精神为源头的中国共产党人精神谱系，深入开展社会主义核心价值观宣传教育，深化爱国主义、集体主义、社会主义教育，着力培养担当民族复兴大任的时代新人。

## 知识点一 电控悬架系统的功能

电控悬架系统的基本目的是通过控制调节悬架的刚度和阻尼系数，使汽车的悬架特性与道路状况和行驶状态相适应，从而改善汽车行驶的平顺性和操纵的稳定性，其基本功能有如下：

### 1. 车高调整

无论车辆的负载多少，都可以保持汽车高度一定，车身保持水平，从而使前照灯光束方向保持不变。当汽车在坏路面上行驶时，可以升高车身，防止车桥与路面相碰。当汽车高速行驶时，又可以降低车身，以便减小空气阻力，提高操纵稳定性。

### 2. 减振器阻尼系数控制

通过对减振器阻尼系数的调整，防止汽车起步或急加速时车尾下蹲、紧急制动时的车头下沉、汽车急转弯时车身横向摇摆、汽车换档时车身纵向摇动等，提高行驶平顺性和操纵稳定性。

### 3. 弹簧刚度控制

针对不同工况，调整弹簧弹性系数，改善汽车的乘坐舒适性与操纵稳定性。

## 知识点二 电控悬架系统的种类

按传力介质的不同，电控悬架系统可分为气压式电控悬架和油压式电控悬架两种。按控制理论不同，电控悬架系统可分为半主动电控悬架和主动电控悬架两大类。

（1）半主动悬架 半主动悬架的弹簧刚度和减振器阻尼系数的其中一个可以调整。

（2）主动悬架 主动悬架的弹簧刚度和减振器阻尼系数都可以调整。

主动悬架是一种能供给和控制动力源（油压、空气压）的装置。根据各种传感器检测到的汽车载荷、路面状况、行驶速度、起动、制动、转向等状况的变化，自动调整悬架的刚度、阻尼系数以及车身高度等，它能显著提高汽车的操纵稳定性和乘坐舒适性。

## 知识点三 电控悬架系统的组成与工作原理

传统的不能控制的悬架类型在轿车上基本被淘汰，取而代之的是电控悬架，电控悬架可分为车高控制系统、刚度控制系统、阻尼控制系统和综合控制系统。

### 1. 轿车可控悬架的组成

轿车可控悬架由传感器、控制器和执行器三部分组成，如图 11-1-2 所示。

（1）传感器

1）高度传感器。高度传感器是电控悬架上最常见的传感器，负责监测车底高度的变化。它可以是霍尔效应传感器，一种以磁场为工作媒体，将物体的运动参量转变为数字电压的形式输出，使 ECU 能精确地测算出行驶高度，补偿道路的变化，防止车底刮到路面的凸出物。也可以采用光电二极管和光电晶体管，将车辆乘坐高度变化的信号传送至 ECU。

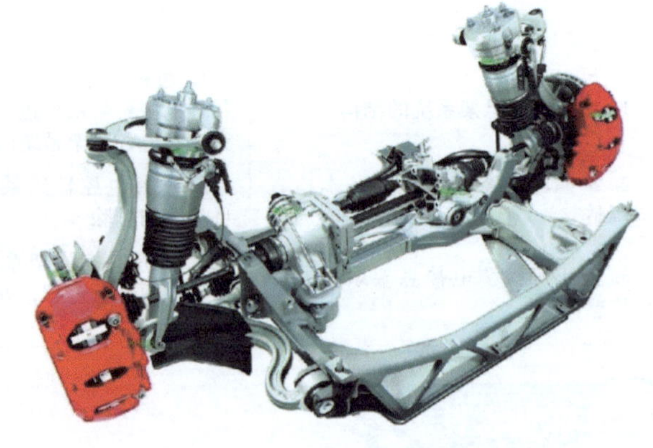

图 11-1-2 电控悬架的结构

2）速度传感器。速度传感器反映汽车行驶的速度，它多装配在变速器输出轴上，速度传感器有一个齿轮与变速器输出轴啮合，传感器将齿轮转速变化信号传送至 ECU，ECU 据此做出调节悬架的信号。

3）转向角速度传感器。转向角速度传感器监测驾驶人转动转向盘的角度和速度，以便对急转弯进行调整。这种传感器一般装在转向柱上，利用光电二极管读取转向盘的角度和速度。

（2）控制器 电控悬架的控制器是 ECU，而辅助 ECU 工作的是各种传感器，它们向 ECU 输入各种数据，帮助计算机对悬架设置进行调整。

（3）执行器 执行器是完成具体目标的器件，应用在可控悬架系统里，例如电机、高度控制阀、悬架控制执行器、高度控制开关、模式选择开关、停车灯开关等。

### 2. 电控空气悬架的组成及工作原理

（1）电控空气悬架的组成 电控空气悬架由空气弹簧减振器、水平传感器、供气总成和蓄压器等组成。

（2）电控空气悬架的工作原理 控制单元根据右前水平传感器、左前水平传感器、右后水平传感器、左后水平传感器传来的水平高度信息经过计算处理后向供气总成输出控制指令，供气总

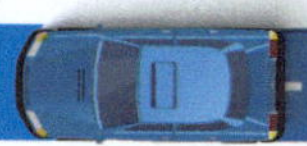



成收到控制单元的指令后分别向右前空气弹簧减振器、左前空气弹簧减振器、右后空气弹簧减振器、左后空气弹簧减振器进行分别控制其供气的大小，从而实现高度以及舒适度控制。

空气弹簧压力较小时的伸长过程：如图 11-1-3 所示，活塞被拉着向上运动，一部分机油流过活塞阀，另一部分机油通过工作腔内的孔流往 PDC 阀。由于控制压力（空气弹簧压力）及液体流过 PDC 的阻力变小了，因而减振力（阻尼力）就减小了。

空气弹簧压力较大时的伸长过程：如图 11-1-3 所示，由于控制压力（空气弹簧压力）及液体流过 PDC 阀的阻力增大，大部分液体（取决于控制压力）必须流过活塞阀，因而减振力（阻尼力）就增大。

空气弹簧压力较大时的压缩过程：如图 11-1-4 所示，由于控制压力（空气弹簧压力）及液体流过 PDC 阀的阻力增大，大部分液体（取决于控制压力）必须流过底阀，因而减振力（阻尼力）就增大。

空气弹簧压力较小时的压缩过程：如图 11-1-4 所示，活塞被向下压，阻尼力由底阀和（在一定程度上）液体流过该阀的阻力所决定。活塞杆压出的机油一部分经底阀流入储油腔，另一部分机油经工作腔内的孔流向 PDC 阀。由于控制压力（空气弹簧压力）及液体流过 PDC 阀的阻力变小，因而减振力（阻尼力）就减小。

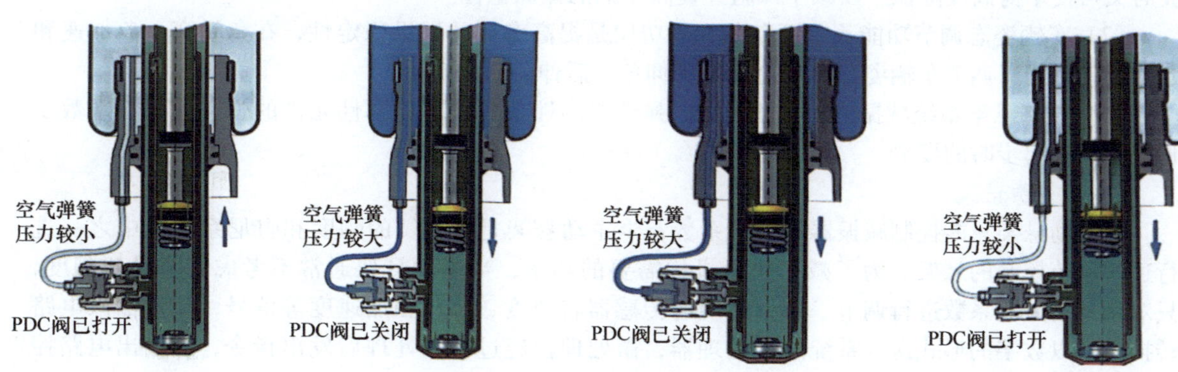


图 11-1-3　空气弹簧压力较小、较大伸长示意图　　图 11-1-4　空气弹簧压力较小、较大压缩示意图

## 知识点四　电控液压悬架系统的结构与工作原理

1）电控液压悬架系统的结构如图 11-1-5 所示。

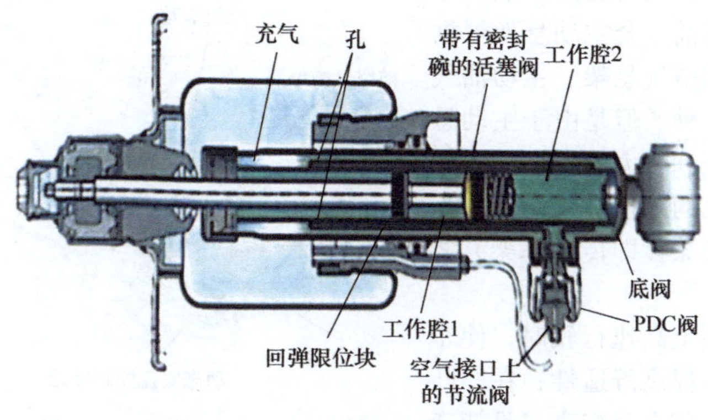


图 11-1-5　电控液压悬架系统的结构

2）电控液压悬架系统的工作原理。压缩行程时，减振器被压缩，汽车车轮移近车身，减振器

内的活塞向下移动，下腔的容积减小，油压升高。大部分油液冲开流通阀流入上腔，由于上腔被活塞杆占去了一部分空间，因而上腔增加的容积小于下腔减小的容积，于是另一部分油液就推开压缩阀，流回到储油缸内。油液通过阀孔时，受到一定的节流阻力。为克服这种节流阻力而消耗了振动能量，使振动衰减。伸张行程时，减振器受拉伸，车轮远离车身，减振器活塞向上移动，上腔油压升高，流通阀被关闭，上腔内的油液压开伸张阀流入下腔。由于活塞杆的存在，自上腔流来的油液不足以充满下腔增加的容积，促使下腔产生一定的真空度，以致储油缸中的油液推开补偿阀流进下腔进行补充。这些阀的节流作用对悬架在伸张运动时起到阻尼作用。

## 知识点五　全主动悬架与半主动悬架

电控悬架系统是用空气弹簧代替金属弹簧，用波压减振器和空气弹簧中的介质进行减振器阻尼系数与弹簧刚度的有级调节和车高的自动调节控制。

电控悬架系统具有以下功能：

（1）车高调节功能　不管车辆负载在规定范围内如何变化，都可以保证车高一定，可大大减少汽车在转向时产生的侧倾。当车辆在凹凸不平的道路上行驶时可提高车身高度，当车辆高速行驶时又可使车身高度降低，以减小风阻并提高车辆的操纵稳定性。

（2）车辆姿态调节功能　车辆姿态调节功用是提高车辆的操纵稳定性，在急转弯、急加速和紧急制动时可以调节车辆姿态的变化（减少仰角、后伸角、侧倾角）。

（3）控制悬架系统减振力和弹性元件的弹性或刚性系数　利用弹性元件的弹性或刚性系数变化控制车辆起步时的姿势。

### 1. 半主动悬架

半主动悬架只能控制减振器的阻尼系数，半主动悬架是对弹簧的刚度和阻尼系数其中之一进行适时调节控制的悬架。为了减小执行机构需要的功率，半主动悬架通常不考虑调节悬架刚度，只对悬架的阻尼系数进行调节。悬架系统的传感器将速度、位移和加速度等信号，经过输入电路转换后，以数字的形式送入系统的微处理器，微处理器经过计算处理后发出指令，经输出电路控制步进电机动作，经阀杆调节阀门，从而调节阻尼系数，以达到控制车身振动。

### 2. 全主动悬架

全主动悬架可以控制减振器的阻尼系数、弹簧的刚度、悬架的高度，图 11-1-6 所示为全主动悬架的结构。

全主动悬架是对弹簧的刚度和阻尼系数均能进行适时调节，可以同时提高车辆的平顺性和操纵稳定性。目前，全主动悬架根据控制的介质可分为主动空气悬架、主动油气悬架和主动液力悬架三种。但是由于主动悬架需要复杂的控制系统和较大的外部动力源驱动，因此，目前常见的电控悬架通常是介于全主动悬架和被动悬架（即传统基架）之间的半主动基架。

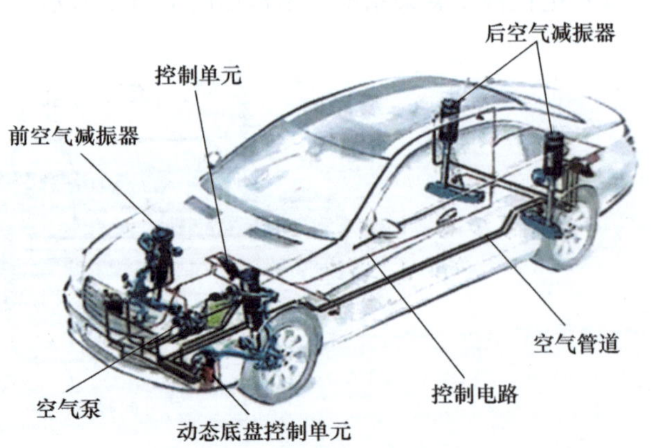

图 11-1-6　全主动悬架的结构

功能：在水平路面上高速行驶时，使车身变低、弹簧变软，以提高舒适性；在凹凸不平的路面上行驶时，使车身变高、悬架变硬，以消除颠簸，提高通过性；防止纵向仰头和栽头及横向倾斜，以提高舒适性和操纵稳定性。

## 电控悬架系统的检查与维修

### 1. 任务描述

电控悬架系统一般都设有自诊断系统，随时监测系统的工作情况。当系统出现故障时，可通过自诊断系统获取故障信息，以帮助维修人员检修。

### 2. 实施条件

（1）工位　准备4个工位。

（2）设备　丰田雷克萨斯汽车一辆或相应发动机台架4台。

（3）工具　万用表、通用工具一套、发动机舱防护罩一套、“三件套”一套。

（4）资料　汽车维修手册。

### 3. 注意事项

检修过程中应注意的事项如下：

1）当用千斤顶将汽车顶起时，应将高度控制 ON/OFF 开关拨到“OFF”位置。如果在高度控制 ON/OFF 开关拨到 ON 位置的情况下顶起汽车，则 ECU 中会记录一个故障码。如果记录了故障码，务必将其从存储器中清除掉。

2）在放下千斤顶前，应将汽车下面所有的物体搬走。

3）在汽车移动之前，应起动发动机将汽车的高度调整到正常状态。

4）前安全气囊碰撞传感器安装在空气压缩机和1号车身高度控制阀上面。

### 4. 实施步骤

完成电控悬架系统的检查并规范填写工单：

<table>
<tr><td rowspan="2">任务名称</td><td rowspan="2"></td><td>学生姓名</td><td></td><td>组别</td><td></td><td colspan="2">工位号</td><td colspan="2"></td></tr>
<tr><td>用时</td><td colspan="3"></td><td colspan="2">零件号</td><td colspan="2"></td></tr>
<tr><td>序号</td><td colspan="4">操作步骤</td><td>使用工量具</td><td>检测数据</td><td>测量标准</td><td>结果分析</td><td>小计</td></tr>
<tr><td>1</td><td colspan="4">1. 汽车高度调整功能的检查<br>1）检查轮胎充气是否正确<br>2）检查汽车高度<br>3）起动发动机，将高度控制开关从 Normal 位置切换到 High 位置<br>4）在汽车处于 High 模式下，起动发动机并将高度控制开关从 High 位置切换到 Normal 位置</td><td></td><td></td><td></td><td></td><td></td></tr>
<tr><td>2</td><td colspan="4">2. 漏气的检查<br>1）将高度控制开关拨到 High 位置使汽车高度上升，使发动机熄火<br>2）在空气软管和软管插头处涂肥皂水，检查是否漏气</td><td></td><td></td><td></td><td></td><td></td></tr>
<tr><td>3</td><td colspan="4">3. 汽车高度的调整<br>在进行汽车高度调整时，必须将高度控制开关处于 Normal 位置。应在水平面上进行高度调整，务必将汽车的高度调整到标准范围以内<br>1）检查汽车高度<br>2）调整汽车高度</td><td></td><td></td><td></td><td></td><td></td></tr>
<tr><td>4</td><td colspan="4">4. 故障码显示<br>1）将点火开关转到 ON 位置<br>2）用专用导线连接 TDCL 或检查插接器端子 Te 与端子 E<br>3）在仪表盘上读取高度控制“ NORM”指示灯显示的故障码<br>4）利用故障码表检查故障情况<br>5）检查完毕后，将端子 Te 与端子 E 脱开，并关闭显示器</td><td></td><td></td><td></td><td></td><td></td></tr>
</table>

（续）

| 序号 | 操作步骤 | 使用工量具 | 检测数据 | 测量标准 | 结果分析 | 小计 |
|---|---|---|---|---|---|---|
| 5 | 5. 清除故障码<br>1）关闭点火开关，拆下 1 号接线盒中的 ECU-B 熔丝 10s 以上<br>2）关闭点火开关，将高度控制插接器端子 9（端子 CLE）与端子 8（端子 E）短接，同时使诊断插接器端子 Ts 与端子 E 短接 | | | | | |
| 总分 | 100 | 总计 | | | | |
| 教师签名 | | 得分 | | | | |

## 5. 评价与反馈

| 名称 | | 组别 | | 学生姓名 | | 工位号 | |
|---|---|---|---|---|---|---|---|
| | | 用时 | | | | 零件号 | |
| 序号 | 考核项目 | 评分标准 | 分数 | 学生自评 | 小组互评 | 教师评价 | 小计 |
| 1 | 团队协作 | 是否协同<br>有效工作 | 10 | | | | |
| 2 | 工作态度 | 是否积极主动<br>追求精益求精 | 10 | | | | |
| 3 | 任务方案 | 是否正确合理 | 20 | | | | |
| 4 | 任务完成情况 | 操作方法正确<br>数据正确记录<br>分析结果正确 | 30 | | | | |
| 5 | 安全规范 | 有无安全隐患<br>设备、工量具使用规范标准<br>遵守劳动纪律 | 20 | | | | |
| 6 | 现场 7S | 是否做到 | 10 | | | | |
| 总分 | | 100 | | | | | |
| 教师签名 | | | | 总计 | | | |

**判断题**

1. 电控悬架的控制器是 ECU。（ ）
2. 电动助力转向系统缩写为 EPS。（ ）
3. 对于电动助力转向系统，车速信号是一个重要的信号来源。（ ）

# 参 考 文 献

[1] 黄嘉宁，高维滨. 汽车检修实训教程 [M]. 北京：北京邮电大学出版社，2008.
[2] 陈德阳. 汽车底盘构造图册 [M]. 北京：人民交通出版社，2010.
[3] 陈德阳. 大众系列轿车发动机结构与检修图册 [M]. 北京：人民交通出版社，2010.
[4] 蒋璐璐. 汽车电气系统检修 [M]. 北京：清华大学出版社，2011.
[5] 吴涛. 汽车电气系统检修 [M]. 北京：电子工业出版社，2011.
[6] 宋波舰. 汽车发动机电控系统维修 [M]. 北京：人民交通出版社，2012.
[7] 杨智勇，刘波. 捷达轿车维修手册 [M]. 北京：化学工业出版社，2013.
[8] 杨智勇. 桑塔纳轿车维修手册 [M]. 北京：化学工业出版社，2013.